카운피아 교원연수원
온라인 과정에서도
만나실 수 있습니다.

사춘기들을 위한

감정놀이 수업 1, 2, 3

2015 개정 교육과정 적용

말썽 끝, 공감 시작

이진영 저

학지사

머리말

저는 사춘기를 '흔들리는 꽃'에 비유하길 좋아합니다. 그 존재만으로도 아름답고 귀중한 꽃과 같은 존재이지만 방황과 일탈, 문제행동 같은 흔들림에서 자유롭지 못하기 때문이죠. 그러나 "흔들리지 않고 피는 꽃이 어디 있으랴."라는 말처럼 사춘기의 흔들림은 분명 훗날 '나'다운 삶을 살아가는 데 자양분이 되어 별과 같이 빛날 것입니다.

흔들리는 사춘기와 함께하다 보면 '나는 어떤 선생님이 되어야 할까?' 하는 고민에 빠지게 됩니다. 교직에 들어선 제가 처음으로 선택한 것은 112, 즉 경찰관 같은 선생님이었습니다. 사실 험상궂은 제 외모에 딱! 어울리는 스타일이기도 했었습니다. 문제행동을 일으켰던 사춘기들의 감정은 뒤로한 채, 외적으로 드러난 행동만을 가지고 옳고 그름을 판단하였고 잘못된 행동에 대해서는 호되게 꾸짖었습니다. 시시비비를 따지기 위해 이리저리 열심히 뛰어다녔지만 아이러니하게도 아이들은 점차 저를 멀리하였습니다. 사춘기들은 경찰관 같은 선생님을 원하지 않았던 것입니다.

그다음으로 제가 선택한 선생님은 119, 소방관 같은 선생님으로 문제행동의 옳고 그름은 나중으로 하고 외적으로 드러난 감정을 소화시키기 위해 노력하였습니다. 확실히 전보다는 사춘기들이 마음을 열어 주었습니다. 자신들의 어떠한 행동도, 어떠한 말도 수용해 주는 선생님을 싫어할 학생은 어디에도 없었습니다. 이때 제 서랍에는 사춘기들이 좋아할 만한 간식거리로 넘쳐났습니다. 기분이 좋지 않은 사춘기들에게 사탕과 초콜릿만큼 위로가 되는 것이 없었기 때문입니다. 아마 상비약 같은 존재였나 봅니다. 그러나 이 또한 근본적인 해결책이 되지는 못하였습니다. 문제행동을 일으켰던 감정에 대해 깊게 생각할 시간을 허락지 않기에 근본적으로 해소되지 않았던 감정은 2차적인 문제행동을 불러일으켰기 때문입니다. 시간이 지날수록 사춘기들의 문제행동 강도는 세졌고 매일매일이 전쟁통이었습니다.

그렇게 몇 년, 교사로서의 자부심보다 사춘기들에게 죄를 짓고 있는 것만 같은 느낌을 떨쳐 버릴 수 없었습니다. 아이들에게 진정 도움이 되는 선생님이 되고 싶었습니다. 많은 경험을 해 온 선배님들께 조언을 구하기도 하고 스스로 답을 찾기 위해 대학원을 다니기도 하였습니다. 그렇게 사춘기에 대해 알아 가기 시작하였습니다. 그들에 대해 알아 가면 알아 갈수록 사춘기는 빨리 넘겨야 할 극복의 대상이 아닌, 나는 누구인지, 어떤 존재인지에 대해 고민하기 좋은 시기임을 느꼈습니다. 그리고 감정표현이 서툰 사춘기이지만 서로의 감정을 보듬어 줄 수 있다는 확신까지 가질 수 있었습니다. 그렇게 시작된 것이 감정놀이입니다. 자신의 감정 하나만으로도 버거워하던 아이들이 서로의 고민에 관심을 가지고 다가가는 것을 보면 그동안의 고생과 고민이 헛되지 않았음을 느낍니다.

이제는 더 이상 사춘기가 두렵지 않습니다. 왜 그들이 그토록 흔들리는지 이유를 알기 때문입니다. 이 순간 흔들리는 것은 사춘기뿐만이 아닐 것입니다. 이 책을 읽는 선생님도, 그리고 이 글을 쓰는 저도 진정한 스승이 되기 위해 수없이 흔들리고 있습니다. 하지만 흔들리지 않고 변함없는 사실 한 가지는 사춘기는 선생님을 사랑하고 선생님도 사춘기를 사랑한다는 것입니다. 이 책에 수록된 감정놀이들이 선생님과 사춘기의 사랑을 더 끈끈하게 만들어 주길 기원합니다.

나만의 교실에서 운영되던 감정놀이 수업을 책으로 만들어 주신 학지사 관계자들과 사랑하는 샛별이, 봄이에게 고마움을 전합니다.

2019년

사춘기의 감정을 소중히 여기는 교사 이진영

일러두기

이 책은 교육부인가 02-5호 카운피아원격교육연수원(www.counpia.com)의 '놀이로 배우는 학교상담과 감정 수업' 교원연수 과정의 참고 도서로, 학생들의 생활지도 및 인성교육에 최적화된 감정코칭 프로그램을 교육 현장에 널리 확산시키고자 이진영 선생님(강진 계산초등학교)과 학지사(카운피아)가 공동 기획하여 집필한 학교 현장 중심의 실행 매뉴얼입니다.

이 책을 교원연수 과정 및 감정일기, 감정그래프 등과 함께 사용하시면 각종 인성교육 수업은 물론, 창의적 체험활동, 자유학기제 수업에 활용 가능한 '마음성장' 집단상담 프로그램으로도 이용하실 수 있습니다.

이 책의 활용법

서로의 감정을 소중히 여김으로써 올바른 감정표현을 다짐하는 또래 감정코칭의 세계에 오신 여러분을 환영합니다. 이 책은 또래 감정코칭이란 무엇인지, 그 철학과 방법을 어떻게 알아갈 것인지에 대한 정보를 담고 있습니다. 본격적인 또래 감정코칭의 세계로 들어서기 전, 꼭 알아 두어야 하는 것들에 대해 살펴보도록 합시다.

Q. 또래 감정코칭이란 무엇인가요?

친구의 감정을 알아차리고 다가가서 공감을 통해 올바른 감정표현을 돕는 사춘기들의 약속이랍니다.

Q. 또래 감정코칭의 철학과 방법을 어떻게 사춘기들에게 전할 수 있을까요?

감정놀이를 통하여 또래 감정코칭이 가진 긍정적인 힘을 함양할 수 있습니다.

Q. 감정놀이란 무엇인가요?

놀이가 가진 즐거움과 자발성에 감정요소를 녹여 놓은 것으로 친구의 감정을 어떻게 헤아릴 수 있는지, 올바른 감정표현이란 무엇인지 생각해 볼 수 있는 움직임입니다.

또래 감정코칭과 감정놀이에 대해서는 2장과 3장에서 더 자세히 알아보도록 하겠습니다.

이제는 또래 감정코칭의 긍정적인 힘을 담고 있는 감정놀이의 활용법에 대해 알아보도록 합시다.

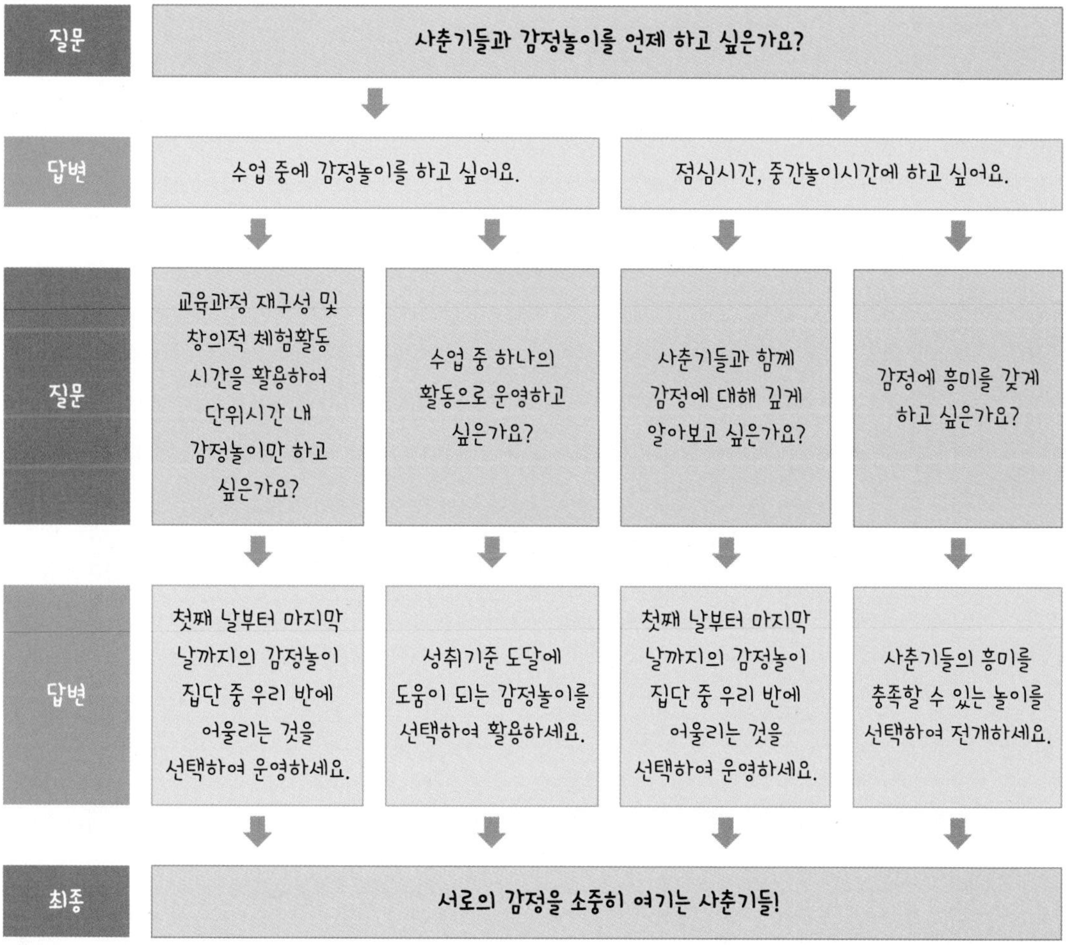

선생님의 의도에 따라 감정놀이는 수업 중에 전개되기도 하고, 점심시간, 중간놀이시간 같은 틈새시간에 운영되기도 한답니다. 감정놀이를 통하여 사춘기들의 울렁이는 감정을 보듬어 주러 함께 떠나 볼까요?

또래 감정코칭(대단원)의 철학과 방법을 익히기 위하여 일정 기준에 따라 나눈 12개의 중단원을 하루하루에 비유해 놓은 것입니다.

첫째 날.
감정여행 준비하기

해당하는 날(중단원)의 목표입니다.

처음은 늘 두렵습니다. 그러나 함께하는 이와 미래에 대한 정보가 있다면 두려움은 어느새 설렘과 기대로 바뀌곤 합니다.
'감정여행 준비하기'와 관련된 감정놀이를 통하여 또래 감정코칭에 참여하는 학생들의 마음의 벽을 허물고 프로그램에 참여하고자 하는 의욕을 불러일으킬 수 있도록 합니다.

1-1 감정놀이의 목적

닫혀 있던 마음의 문을 활짝 열어 이야기할 수 있는 분위기를 조성합니다.

1-2 감정놀이의 목적

앞으로 전개될 또래 감정코칭에 대한 정보를 제공함으로써 기대감을 가질 수 있도록 합니다.

해당하는 날(중단원)의 목적을 달성하는 데 도움이 되는 감정놀이 집단(소단원)의 목표입니다.

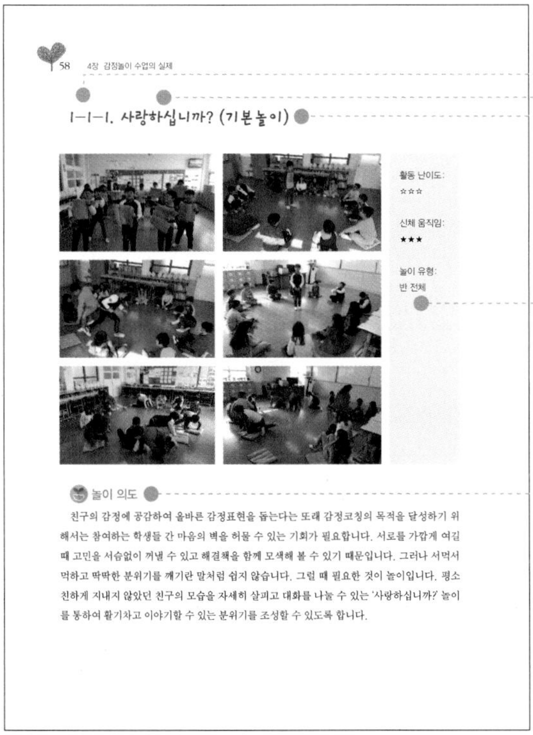
58 4장 감정놀이 수업의 실제

1-1-1. 사랑하십니까? (기본놀이)

활동 난이도: ☆☆☆

신체 움직임: ★★★

놀이 유형: 반 전체

놀이 의도

친구의 감정에 공감하여 올바른 감정표현을 돕는다는 또래 감정코칭의 목적을 달성하기 위해서는 참여하는 학생들 간 마음의 벽을 허물 수 있는 기회가 필요합니다. 서로를 가깝게 여길 때 고민을 서슴없이 꺼낼 수 있고 해결책을 함께 모색해 볼 수 있기 때문입니다. 그러나 서먹서먹하고 딱딱한 분위기를 깨기란 말처럼 쉽지 않습니다. 그럴 때 필요한 것이 놀이입니다. 평소 친하게 지내지 않았던 친구의 모습을 자세히 살피고 대화를 나눌 수 있는 '사랑하십니까?' 놀이를 통하여 활기차고 이야기할 수 있는 분위기를 조성할 수 있도록 합니다.

감정놀이에 붙은 고유번호입니다. 몇째 날-몇 번째 감정놀이 집단-몇 번째 놀이인지를 의미합니다.

놀이의 제목입니다.

기본놀이: 또래 감정코칭의 철학과 방법을 익히는 데 가장 기초와 근본이 되는 놀이입니다.

변형놀이: 기본놀이의 목적과 성격을 유지하되 수준과 방법에만 차이를 둔 놀이를 의미합니다.

활동 난이도

0개(☆☆☆) 사춘기 전체가 즐길 수 있는 놀이
1개(★☆☆) 사춘기 초기 이상이 즐길 수 있는 놀이
2개(★★☆) 사춘기 중기 이상이 즐길 수 있는 놀이
3개(★★★) 사춘기 후기 이상이 즐길 수 있는 놀이

신체 움직임

0개(☆☆☆) 자신의 책상에서만 이루어지는 움직임
1개(★☆☆) 모둠 안에서의 움직임
2개(★★☆) 교실 안에서의 자유로운 움직임
3개(★★★) 격렬해서 땀이 날 정도의 움직임

놀이의 목적이나 이론적 배경이 포함되어 있습니다.

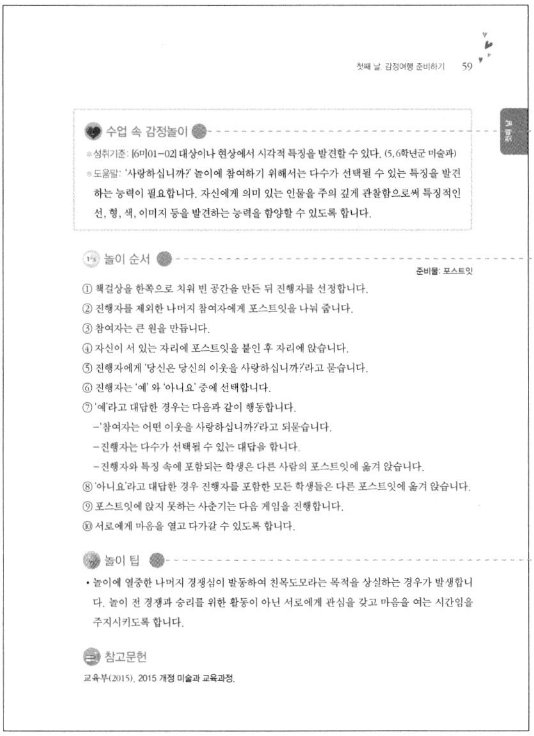
첫째 날. 감정여행 준비하기 59

수업 속 감정놀이

※성취기준: [6미01-02] 대상이나 현상에서 시각적 특징을 발견할 수 있다. (5,6학년군 미술과)

※도움말: '사랑하십니까?' 놀이에 참여하기 위해서는 다수가 선택될 수 있는 특징을 발견하는 능력이 필요합니다. 자신에게 의미 있는 인물을 주의 깊게 관찰함으로써 특징적인 선, 형, 색, 이미지 등을 발견하는 능력을 함양할 수 있도록 합니다.

놀이 순서

준비물: 포스트잇

① 책걸상을 한쪽으로 치워 빈 공간을 만든 뒤 진행자를 선정합니다.
② 진행자를 제외한 나머지 참여자에게 포스트잇을 나눠 줍니다.
③ 참여자는 큰 원을 만듭니다.
④ 자신이 서 있는 자리에 포스트잇을 붙인 후 자리에 앉습니다.
⑤ 진행자에게 '당신은 당신의 이웃을 사랑하십니까?'라고 묻습니다.
⑥ 진행자는 '예' 와 '아니요' 중에 선택합니다.
⑦ '예'라고 대답한 경우는 다음과 같이 행동합니다.
 -'참여자는 어떤 이웃을 사랑하십니까?'라고 되묻습니다.
 -진행자는 다수가 선택될 수 있는 대답을 합니다.
 -진행자와 특징 속에 포함되는 학생은 다른 사람의 포스트잇에 옮겨 앉습니다.
⑧ '아니요'라고 대답한 경우 진행자를 포함한 모든 학생들은 다른 포스트잇에 옮겨 앉습니다.
⑨ 포스트잇에 앉지 못하는 사춘기는 다음 게임을 진행합니다.
⑩ 서로에게 마음을 열고 다가갈 수 있도록 합니다.

놀이 팁

• 놀이에 열중한 나머지 경쟁심이 발동하여 친목도모라는 목적을 상실하는 경우가 발생합니다. 놀이 전 경쟁과 승리를 위한 활동이 아닌 서로에게 관심을 갖고 마음을 여는 시간임을 주지시키도록 합니다.

참고문헌

교육부(2015). 2015 개정 미술과 교육과정.

감정놀이를 수업 중에 운영하기 위하여 교육과정을 재구성할 때 도움이 될 만한 내용입니다.

놀이에 필요한 준비물과 놀이 순서입니다.

사춘기들과 감정놀이를 하면서 느꼈던 점이나 놀이 시 도움이 될 만한 팁(Tip)입니다.

차례

4장 감정놀이 수업의 실제 • 55

부록 감정놀이 수업에 맛을 더하다 • 327

1장

노답 사춘기

1. 내가 만난 강력한 사춘기

2. No답 사춘기?

3. Know답 사춘기!

1. 내가 만난 강력한 사춘기

커다란 몸집, 카리스마 넘치는 얼굴을 가진 저는 초등학교 선생님입니다. 주변 선생님들은 가끔 제 인상을 부러워하곤 합니다. 인상 한번 팍 쓰면 울며 떼쓰는 학생도, 복도에서 뛰어다니는 학생도 순한 양이 되기 때문이죠. 그렇게 평화로운 하루하루를 보내던 중, 새로운 학교로 전근을 가게 되었습니다. 사실 매번 그랬기에, 이번 학교도 평탄할 것이라 생각하며 교문에 들어섰습니다. 새로운 선생님들과 간단한 인사를 나눈 후 교실에 가려니 이전과 다르게 심장이 쿵쾅쿵쾅 뛰는 것을 느꼈습니다. 이때 아마도 직감했나 봅니다. 큰일이 다가올 것을…….

날뛰는 가슴을 부여잡은 채 아무 일 없다는 듯 무표정으로 앞문을 열었습니다. 나를 보고 흠칫 놀라는 사춘기들의 모습에 나름 만족하며 근엄한 자세로 교탁에 섰습니다. 웃음기 없는 얼굴로 일 년을 함께할 아이들과 어색한 첫 인사를 나누는데 눈빛이 심상치 않은 학생 한 명이 눈에 띄었습니다. 고수는 고수를 알아보는 법. 이 사춘기를 어떻게 잡느냐에 따라 일 년의 평탄함이 결정될 것임을 직감할 수 있었습니다. 그렇게 총성 없는 전쟁 같은 오전시간이 지나고 점심식사 시간이 되었습니다. 밥을 먹고 있는데 남학생 한 명이 헐레벌떡 뛰어와 다급히 저를 찾았습니다. 그 아이를 따라가니 두준이가 머리를 움켜쥔 채 울고 있었습니다. 진정시킨 후 이야기를 들어 보니 은영이가 자신의 물병을 떨어뜨렸단 이유로 머리를 때렸다는 것이었습니다. 사건현장을 은밀히 떠나려던 은영이를 불러 세웠습니다.

선생님: 은영아, 네가 그런 거야?

은 영: 네.

선생님: 왜 그랬니?

은 영: 두준이가 제 물병을 떨어뜨려서요.

선생님: 그게 전부야?

은 영: 네. 화가 났어요.

선생님: 화가 났다고 해서 친구의 머리를 때리는 것은 잘못된 행동이란다.

은 영: 네.

선생님: 선생님이 처음이니까 그냥 넘어간다. 알겠지?

은 영: 네.

최대한 화를 참으며 설명했습니다. 사실 '초장에 확 잡아 버릴까?' 하는 생각도 들었습니다. 그러나 개학 첫날부터 무서운 선생님이라는 낙인을 스스로 찍는 것 같아 최대한 감정을 조절하며 타일렀습니다. 나와 은영이는 이때부터 삐걱거리기 시작했나 봅니다.

둘째 날이 밝았습니다. 누가 시키지 않았음에도 불구하고 독서를 하고 있는 학생들의 모습을 보며 대견한 마음이 들었습니다. 순조로운 1, 2교시 수업을 마친 후 간단한 업무를 처리할 요량으로 컴퓨터 앞에 앉았습니다. 그런데 갑자기 모니터가 팍 하고 나가 버렸습니다. 등골이 서늘해지면서 '설마 우리 반일까?'라는 생각이 머리를 스쳤습니다. 서둘러 밖에 나가 보니, 아니나 다를까 은영이가 물병을 든 채 불안한 눈빛으로 저를 쳐다봅니다. 마음을 가라앉히고 자초지종을 들어 보니, 함께 장난을 치던 은혁이가 남자화장실로 도망가기에 물병에 물을 담아 화장실 문 너머로 뿌렸다는 것이었습니다. 운이 나쁘게 그 물이 콘센트에 들어가 이 사달이 난 것입니다. 실수다, 괜찮다 하며 스스로를 위로하려 했으나 어제 일도 있고 행정실장님께 한 소리를 들을 것이 분명하기에 짜증이 머리끝까지 났습니다. 제대로 한소리 하려던 찰나, 시설 관계자분들이 오셔서 일단 참았습니다. 그분들에게 있었던 일을 말씀드리고 은영이에게 면담을 요청했습니다.

선생님: 은영아, 선생님이 어떻게 하면 좋겠니?

은 영: 뭘요?

선생님: 이틀 연속 사고를 치는 은영이를 말이다.

은 영: 제가 무슨 사고를 쳐요. 그리고 아까는 은혁이가 먼저 시비를 걸었거든요.

선생님: 그래, 은혁이가 잘못을 했다고 치자. 그렇다고 해서 친구에게 물을 뿌리면 되겠니?

은 영: 그 애한테는 그래도 돼요. 그리고 물에 맞지도 않았는데요, 뭘.

선생님: 만약 은혁이가 물에 맞았다면 어떻게 되었겠니? 수업도 못 듣고 참…….

은 영: 아니, 선생님은 왜 제 편은 안 들고 다른 친구들 편만 들어요?

선생님: 내가 누구 편을 들었다고 그래? 있는 사실 그대로를 이야기하는데.

은 영: 선생님들은 다 똑같아요. 제 말을 듣지 않아요.

잘못을 뉘우치지 않는 은영이가 미웠습니다. 그러나 곰곰이 생각해 보니, 어제 일도 오늘 일도 은영이의 편에서 생각하지 않았던 것은 사실이었습니다. 참을 인(忍) 세 번이면 은영이를 바꿀 수 있으리라는 생각에 한 번 더 참았습니다.

오지 않을 것 같은 셋째 날이 밝았습니다. 이 날을 얼마나 기다렸는지 모릅니다. 출장이 예정되어 있었기 때문입니다. 학교 박을 벗어나는 것은 선생님이나 학생 모두에게 즐거운 일임에 분명합니다. 업무와 관련된 연수를 듣고 집으로 향하는데 전화벨이 다급하게 울렸습니다. 전화를 받아드는 순간 흥분한 학부모님의 목소리가 들렸습니다. 자세히 들어 보니, 제가 출장 간 사이에 은영이가 동수를 교실에 2시간 동안이나 가둬 놓았다는 것이었습니다. 순간 귀를 의심했습니다. '어떻게 친구를 그렇게 오랜 시간 가둘 수 있는가!' 놀람도 잠시 사건의 중심에 또 은영이가 있다는 사실에 화가 머리끝까지 치밀어 올랐습니다. 그날 저녁 아내에게 이제까지 있었던 일들을 토로하며 내일 학교에 가자마자 가만두지 않겠다고 다짐했습니다. 울분을 토해 낸 뒤 잠자리에 누었는데 이 이야기가 계속 머리에 맴돌았습니다.

아들: 엄마 학교 가기 싫어요.

엄마: 학교에서 무슨 일 있었니?

아들: 아이들이 제 말을 무시하고 듣지 않아요. 저와 이야기하려 하지 않아요.

엄마: 그래도 네가 선생인데 가야지.

초등학교부터 대학원까지 그리고 선생님으로 살아온 삶 중 학교를 가기 싫은 것은 그날이 처음이었을 것입니다. 마음을 추스르며 겨우 잠자리에 들었습니다.

결전의 날이 밝았습니다. 출근하자마자 교실 뒷문을 '쾅' 열고 은영이를 찾았습니다. 은영이는 선생님이 왜 한껏 인상을 쓰며 자신을 부르는지 전혀 모르는 눈치였습니다.

선생님: 너 정말 이렇게 행동할 거야?

은 영: …….

선생님: 너 때문에 선생님이 얼마나 힘든지 알아?

은 영: …….

선생님: 너 어제 왜 동수를 교실에 2시간 동안이나 가뒀어?

은　영: 술래잡기하다가요.

선생님: 그게 잡기놀이야? 너 지금 무슨 행동을 한 건지 알아?

은　영: …….

선생님: 감금은 범죄야 범죄!

은　영: 술래가 밖으로 나오지 못하게 하려고 그랬어요. 그냥 놀이였어요.

선생님: 놀이라도 이건 너무 심하잖아.

은　영: 동수가 술래라서 그랬어요. 그리고 다른 친구들도 있었는데 왜 저에게만 그러세요?

선생님: 다른 애들도 문을 잡고 있었다고?

은　영: 그건 아니지만.

선생님: 거봐! 네가 그런 거 아니야? 2시간 동안이나 친구를 가둔 것은 범죄라고.

은　영: 놀이라니까요. 선생님은 왜 내가 무슨 말을 해도 믿지도 않고 들어 주지도 않아요?

소리를 치는 나에게 버럭 대드는 은영을 보는 순간 움찔했습니다. 이제까지 이런 경험을 해 보지 못했기 때문입니다. 나에게 덤벼드는 사춘기가 있을 것이라 예상치 못하며 살아왔는데 그 어려운 것을 은영이가 한 것입니다. '열은 받지만 체벌은 안 돼.' '속이 답답해.' '이렇게는 못살아.' 등의 생각으로 머릿속이 복잡했습니다. 결국 은영이 부모님을 호출하기로 했습니다. 이렇게 은영이 어머님, 은영이, 나의 삼자대면이 시작되었습니다.

선생님: 어머니 바쁘신데 시간 내 주셔서 감사합니다.

어머니: 면목 없습니다.

선생님: 이제까지 있었던 일에 대해서는 이미 전화로 말씀드렸습니다.

어머니: 네.

선생님: 좋은 말로 다독여도 보고 기다려도 보았지만 은영이가 전혀 반성하는 모습을 보이지 않아 어떻게 하면 좋을지 어머니와 이야기 나누고 싶었습니다.

어머니: 죄송합니다.

연신 죄송하다는 말을 반복하던 어머니는 결국 참고 있던 눈물을 흘리셨습니다. 나는 이런 어머니의 모습을 보면 은영이가 속을 차릴 것이라 생각했습니다. 그러나 은영이가 내뱉은 말은 저의 예상에서 빗나갔습니다.

은 영: 선생님, 제가 꼭 이 자리에 있어야 해요?

선생님: 어머니가 왜 이 자리에 오셨는지 생각해 봐.

은 영: 엄마, 울지 마. 나는 울 만큼 잘못 안 했어.

이 말을 내뱉은 은영이는 자리를 박차고 일어나 복도로 나가 버렸습니다. 당장이라도 뒤쫓아 가서 끌고 오고 싶었지만 어머니와 이야기를 계속하기 위해 참았습니다.

어머니: 은영이가 제가 우는 것을 정말 싫어해요.

선생님: 네. 그럴 수도 있죠.

어머니: 어린 시절 은영이에게 큰 아픔이 있었어요.

선생님: 어떤 아픔이 있었나요?

어머니: ……

선생님: 말씀하고 싶지 않다면 하지 않으셔도 됩니다.

어머니: 2학년 때일까요? 갑자기 학교를 가고 싶지 않다고 하는 거예요. 먹고 살기 바쁠 때라 그냥 그러려니 넘겼어요.

선생님: 네.

어머니: 그렇게 며칠, 아니 한 달이 지났을까요. 우연히 은영이 팔에 있는 멍 자국을 보게 되었어요.

선생님: 학교폭력을 당한 건가요?

어머니: 네. 따돌림을 당했대요. 어린 것이 얼마나 힘들었겠어요. 그것도 모르고…….

선생님: 상심이 크셨겠어요.

어머니: 속상한 마음에 선생님과 상담도 해 보았지만 따돌림은 계속되었어요. 결국 은영이와 이야기해서 이 학교로 전학을 오게 되었답니다.

선생님: 그랬군요.

어머니: 네. 그때부터일까요? 자신의 이야기를 들어 주지 않거나 상대가 나에게 피해를 주었다고 생각하면 그렇게 화를 내요.

선생님: …… 은영이가 큰 아픔을 겪었군요.

어머니의 말을 들으며 머리가 무엇에 맞은 것처럼 '띵' 하였습니다. 그리고 은영이가 나에게 자주 했던 말인 "왜 내 이야기를 들어 주지 않아요?" "왜 친구들 편만 들어요?"라는 말이 맴돌았습니다. 은영이는 자신의 이야기에 귀 기울여 달라며 계속 아우성치고 있었던 것이었습니다. 단 한 번도 은영이의 입장에서 생각해 보려 노력하지 않고 그저 문제아라고만 생각한 제가 창피했습니다. 나중에야 들었지만 은영이는 어머니께 드릴 휴지를 들고 한참 동안 복도에서 기다리고 있었다고 합니다.

2. No답 사춘기?

어머님과 상담했던 그날 지난 세월을 떠올리며 나는 어떤 선생님이었는지 제 자신을 돌아보았습니다. 위로받고 싶은 마음에 평소 친하게 지냈던 친구에게 그동안 있었던 일들을 모두 털어놓았습니다. 이야기를 들은 친구는 사춘기는 'No답'이니 신경 쓰지 말라는 조언을 해 주었습니다. 그 말을 들은 순간 위로는커녕 무엇에 체한 것처럼 답답하여 견딜 수 없었습니다. '너는 당장 해 줄 수 있는 것이 없어. 그냥 포기해.'라고 외치는 친구에게 '아니다. 나는 사춘기를 바른 길로 인도할 수 있다. 그리고 사춘기도 충분히 서로를 배려하고 존중할 수 있다.'라고 말하고 싶었나 봅니다. 그러나 그들을 잘 모르기에 입을 닫을 수밖에 없었습니다.

이러한 사연은 저만 가지고 있는 것이 아닐 것입니다. 대한민국 선생님이라면 그리고 사춘기와 함께 동고동락하는 사람이라면 누구나 가지고 있는 아픔이자 현실입니다. 모든 선생님들은 학기 초 이런 다짐을 합니다. '친절한 선생님이 되어야지.' '학생들의 이야기에 귀 기울이는 선생님이 되어야지.' '학생의 편에서 마음을 이해해 주는 선생님이 되어야지.'라고 말입니다. 그러나 그 다짐도 잠시 사춘기들의 문제행동에 스트레스를 받아 결국 화를 내버리는 자신을 발견하게 됩니다. 사실 사춘기를 맡은 선생님은 사건 사고로부터 자유롭지 못합니다. 하루도 빠지지 않고 걸려오는 민원전화와 씨름하다 보면 어느새 하루가 다 가 버리고 맙니다. 아름다울 것만 같던 사춘기들과의 만남이 고난과 역경이 되는 이러한 현실, 이제는 악순환을 끊을 무언가가 필요합니다.

3. Know답 사춘기!

친구와 통화를 마친 후 'No답'이라는 단어가 계속 머릿속을 맴돌았습니다. '정말 시간이 지날수록 무시하는 것만이 답일까?'라는 생각에 'No'라고 대답하고 싶었습니다. 사춘기를 탓하기보다 미워하기보다 제대로 알아보고 싶은 마음이 강해졌습니다. 'No답'이 아니라 'Know답'이라고 말하고 싶었던 것이었습니다. 그때부터 사춘기에 관심을 갖고 하나둘씩 알아보기 시작하였습니다. 사춘기, 도대체 어떤 존재인지 함께 알아볼까요?

Q. 사춘기의 시작은 언제인가요?

A. 사춘기에 접어든 학생들은 급격한 신체변화를 겪습니다. 특히 이마와 피부에 오돌토돌 올라오는 여드름은 사춘기의 80~90%가 겪는 체내 피부질환으로 그 시작을 알리는 대명사이기도 합니다. 과거에는 사춘기를 중학교 1학년에서 고등학교 3학년 사이의 학생들로 보았으나 서구화된 음식습관으로 인해 빨라진 신체발달과 다양한 매체로부터 무분별하게 접하는 성적인 정보로 인하여 성에 대해 눈을 뜨는 시기가 빨라져 최근에는 그 시작을 초등학교 4학년[1)]으로 보는 것이 학계의 동향입니다.

Q. 사춘기도 시기가 있나요?

A. 사춘기는 크게 초기, 중기, 후기로 나눌 수 있습니다. 사춘기 초기에 해당하는 학생들은 초등학교 4학년부터 중학교 1학년 사이이며, 이 시기의 사춘기들은 폭발적으로 증가한 이성에 대한 관심으로 인하여 연예인을 동경하거나 관심을 끌기 위해 도리어 다투거나 허세적인 이중적인 모습을 보이기도 합니다. 사춘기 중기는 중학교 2학년부터 고등학교 1학년 사이의 학생들로, 불안한 정서는 초기보다 더 심해지나 자아의식이 발달함에 따라 자신의 행동을 억제하려는 모습을 보이기도 합니다. 특히 부모와 어른, 세상에 대한 부정적인 시각이 강하며 자신의 인생을 화려하게 계획하는 경향을 가지고 있습니다. 사춘기 후기는 고등학교 2학년부터 3학년 사이

1) 여학생을 기준으로 하였을 때, 그 시작을 4학년으로 보는 것이 적당하며 남학생은 1~2년 더 늦게 사춘기가 찾아오기도 합니다.

의 학생들로, 사회적 · 정서적으로 안정되는 시기이며 자신의 진로를 개척하기 위하여 현실과 이상을 타협시키는 모습을 보입니다.

Q. 어른들을 향한 사춘기의 반항, 그 이유는 무엇인가요?

A. 사춘기는 스스로 신체적 · 정신적으로 완성단계에 이르렀다고 생각합니다. 즉, 어른이 되었다고 생각하는 것이죠. 이에 보호자였던 부모로부터 독립하려 애쓰며 성인과 동등한 위치로 대우해 주기를 바랍니다. 그러나 여전히 아이로만 바라보는 어른들의 태도에 이내 곧 실망하게 되고, 이러한 허탈한 마음은 무례함, 공격적인 행동, 거짓말, 방황, 도둑질 등의 문제행동으로 연결되기도 합니다. 사춘기의 반항적인 행동은 어른들의 권위에 대한 도전이자 반기인 것입니다.

Q. 친구들과의 갈등, 그 이유는 무엇인가요?

A. 사춘기는 부모님과 선생님의 관심보다 친구들의 우정을 더 소중하게 여기며 가치 있게 생각합니다. 아울러 어른에게 실망한 사춘기는 또래관계에서 더욱 위로받고 조언을 얻으려는 모습을 보입니다. 이렇게 소중한 또래관계임에도 불구하고 표현하는 방법이 서툴러서 집단 내에서 돋보이기 위해 다툼과 갈등이 끊이지 않기도 합니다. 학교폭력, 따돌림, 친구와의 다툼 이 모든 것들은 서로의 감정을 이해하지 못함에서 발생하는 현상입니다.

Q. 사춘기는 왜 감정조절을 어려워할까요?

A. 대뇌 바깥 부분에 위치하며 많은 신경세포들이 모여 있는 대뇌피질은 위치에 따라 전두엽, 두정엽, 후두엽, 측두엽 네 부분으로 구분할 수 있습니다. 이 중 전두엽은 감정조절과 깊은 관련을 가지고 있습니다. 미 국립정신건강연구소의 제이 기드(Jay Giedd) 박사와 그의 동료들은 연구를 진행하던 중 전두엽에 관한 흥미로운 사실 한 가지를 알게 됩니다. 바로 여자는 11세, 남자는 12세[2)]에 이 전두엽이 성인 이상으로 커졌다가 돌연히 방향을 바꾸어 작아지는 U자 형태를 띠는 것이었습니다. 이는 전두엽이 청소년 시기에 발달에 매진함을 의미합니다. 이처럼 전두엽이 열심히 발달하는 동안 이성적인 판단이라는 본연의 업무에 빈틈을 보이는데, 이러한 이유로 타인의 감정을 파악하거나 자신의 감정을 조절하는 데 어려움을 겪는 것입니다. 사춘기의 불안

---

2) 자기공명장치(fMRI)를 활용하여 1,800여 명 청소년의 뇌를 추적 연구한 결과.

한 감정조절 이유는 뇌에 있었습니다.

Q. 사춘기의 불안한 감정, 다른 이유는 없나요?

A. 사춘기의 불안한 감정의 이유는 대뇌피질과 시상하부 사이에 위치한 변연계에서도 찾을 수 있습니다. 변연계는 기억에 관여하는 해마, 몸의 항상성을 유지하는 시상하부, 생각을 조절하는 대상회로, 감정과 두려움을 관할하는 편도체로 구성되어 있는데 특히 편도체는 부정적인 감정 처리와 관련 있습니다. 사춘기들과 함께하다 보면 사소한 일에 슬픔을 느낀 학생이 하루 종일 그 상태를 벗어나지 못하거나 점점 그 강도가 심해지는 것을 발견할 수 있습니다. 이때 관여하는 것이 편도체입니다. 부정적인 선행사건으로 인하여 활성화된 편도체가 이성적인 사고를 관장하는 전두엽의 기능을 마비시키고 부정적인 감정에만 집중하도록 만들기 때문입니다. 이러한 이유로 변연계를 감정의 뇌라고도 부르기도 합니다. 그렇다면 변연계는 언제 완성이 될까요? 바로 사춘기입니다. 성호르몬의 영향으로 이성의 뇌인 전두엽[3]보다 변연계가 먼저 성숙에 이르게 되는데 강한 슬픔, 분노, 공포에 휩싸인 사춘기의 경우 변연계가 전두엽보다 먼저 반응하여 자신과 타인에게 해가 되는 행동을 선택하게 만들기도 합니다. 사춘기의 감정적이고 공격적인 표현, 전두엽과 변연계의 발달 차이에서 발생하는 현상이기도 합니다(Somerville, Jones, & Casey, 2010).

Q. 문제행동을 일삼는 사춘기 어떻게 대해야 할까요?

A. 사건, 사고를 달고 사는 사춘기를 보며 선생님은 고민합니다. 다시는 문제행동을 일으키지 않을 정도로 무섭게 호통을 칠 것인지, 그럴 만한 이유가 있을 것이라 생각하며 이야기를 들어 줄 것인지 말입니다. 나에게 맡겨진 사랑하는 제자들을 더 나은 방향으로 인도하고 싶지만 어떤 자세가 진정 도움이 될지 모르기에 망설입니다. 자녀의 감정에 반응하는 부모의 유형에 대해 고민한 존 가트맨(John Gottman) 박사의 연구결과는 사춘기를 대하는 교사의 자세에 시사하는 바가 큽니다. 그는 억압형, 축소전환형, 방임형, 감정코칭형으로 부모를 분류하였는데 사춘기들의 문제행동을 대하는 교사의 자세 또한 이와 비슷한 양상을 보이기 때문입니다. 각각의 유형의 특징에 대해서 좀 더 자세히 살펴보도록 합시다.

3) 전두엽은 여자의 경우 20대 중반, 남자의 경우 20대 후반 30대에 완성단계에 다다릅니다.

Q. 억압형 선생님의 특징은 무엇인가요?

A. 억압형 선생님은 문제행동을 참지 못하고 비난하며 이는 나쁜 성격, 행동에서 비롯된 것이라 여겨 훈계를 하는 유형입니다. "난 선생이고, 넌 학생이야."라는 대사처럼 억압형 선생님의 마음에는 '학생은 이런 모습이어야 해.'라는 생각이 강하게 자리 잡고 있습니다. 이러한 유형은 사춘기가 자신이 생각한 기준에서 벗어날 경우 이를 인정하지 않을 뿐 아니라 권위에 대한 도전으로 여겨 불쾌해하는 특징을 가지고 있습니다. 억압형 선생님과 함께한 사춘기는 잦은 비난과 훈계로 인하여 스스로를 나쁜 사람으로 여기며 이로 인한 답답한 마음을 술, 담배, 폭력 등의 강한 자극으로 달래려는 모습을 보이기도 합니다.

Q. 축소전환형 선생님의 특징은 무엇인가요?

A. 축소전환형 선생님은 사춘기의 문제행동보다는 불편한 분위기를 참지 못하는 유형입니다. 이 유형의 선생님은 분노, 슬픔 등의 부정적인 감정을 보이는 사춘기로 인하여 반 분위기가 흐트러지는 것을 염려하여 다양한 방법을 동원함으로써 최대한 빨리 기쁘거나 즐거운 분위기로 바꾸려 노력합니다. 특히 무거운 분위기를 탈피하기 위하여 좋아하는 간식을 주거나 재미있는 영화를 보여 주는 등의 달콤한 제안을 선택하기도 합니다. 겉으로 보기에는 웃음이 넘치고 화기애애한 것 같으나 문제행동을 불러일으켰던 부정적 감정을 직접 대면해서 해결하려 하지 않기에 근본적인 해결책이 되지 못한다는 문제점을 가지고 있습니다. 축소전환형 선생님과 함께한 사춘기는 화를 냈다 금세 웃는 일관성 없는 자신의 모습에 혼란스러워하거나 자신감이 결여된 모습을 보이기도 합니다.

Q. 방임형 선생님의 특징은 무엇인가요?

A. 방임형 선생님은 문제행동을 무조건적으로 허용하는 형태입니다. 이 유형의 선생님은 사춘기의 문제행동을 성장의 과정에서 발생하는 자연스러운 현상으로 여기기에 부정적인 감정을 어떻게 조절하고 표현해야 하는지 알려 주지 않습니다. 이러한 선생님과 함께한 사춘기는 브레이크가 고장난 자동차처럼 계속 질주하여 결국 가출, 학교폭력 등 자신과 타인에게 피해가 되는 행동을 일삼기도 합니다.

Q. 감정코칭형 선생님의 특징은 무엇인가요?

A. 감정코칭형 선생님은 감정은 수용하되 감정으로 인한 행동에 스스로 한계를 정할 수 있도록 선도하는 형태입니다. 이 유형의 선생님은 문제행동을 보일 때야말로 좋은 교육을 할 수 있는 기회로 여기므로 강한 감정[4]을 표현하는 사춘기에게 다가가 감정은 삶에 있어서 자연스러운 것이나 감정으로 인한 행동에는 어느 정도의 한계가 필요함을 알려 주어 올바른 감정표현 방식을 찾을 수 있도록 도움을 줍니다.

지금까지 사춘기의 특성과 문제행동을 대하는 선생님의 유형에 대해 알아보았습니다. 사춘기는 뇌의 발달과 신체변화로 인한 심리적 충격, 사회적 역할에 대한 부담감, 학업으로 인한 스트레스 등으로 혼란스러운 상태입니다. 이러한 사춘기는 선생님의 관심과 사랑을 기다리고 있습니다. 사춘기를 'No답'이라 여겨 포기하는 것이 아니라 그들을 알아 가면서 힘이 되어 주는 것은 어떨까요?

참고문헌

고영희(2013). 초등학교 고학년의 사춘기 초기 적응을 위한 교육과정기준 개발 연구. 고려대학교 대학원 박사학위논문.

박미자(2013). 중학생, 기적을 부르는 나이 30년 현장 교사가 전하는 부모가 알아야 할 중학생의 모든 것. 서울: 들녘.

이연희(2001). 성인 여드름 지식정도 및 실태 조사 연구. 중앙대학교 대학원 석사학위논문.

조민희(2010). 초등학생의 신체적 · 심리사회적 사춘기 체험과 학교적응 · 담임교사스트레스의 관계. 홍익대학교 대학원 석사학위논문.

최남숙(2013). 사춘기 발달지표 분류에 의한 뇌기능 차이 연구. 서울불교대학원 대학교 석사학위논문.

Somerville, L. H., Jones, R. M., & Casey, B. J. (2010). A time of change: Behavioral and neural correlates of adolescent sensitivity to appetitive and aversive environmental cues. *Brain and cognition, 72*(1), 124-133.

4) 강한 감정이란 슬픔, 분노, 공포 등의 감정으로 인하여 혼란스러워 갈피를 잡지 못하는 상태를 의미합니다.

2장

포기하지 마

1. 감정코칭과의 첫 만남

2. 은영이의 감정코칭

3. 또래 감정코칭의 시작

1. 감정코칭과의 첫 만남

사춘기에 대해 알아 갈수록 은영이에게 미안했습니다. 그러나 이 또한 좋은 선생님이 되기 위한 과정일 것이라며 스스로를 다독였습니다. 시간이 지날수록 사춘기를 알고 싶다에서 도움의 손길을 내밀고 싶다로, 사춘기의 불안한 감정을 보듬어 주고 싶다고 마음이 변해 갔습니다. 나도 모르게 그들에게 마음을 열고 있는 것이었습니다. 구체적인 도움을 주기 위해 그 동안의 경험과 새롭게 공부한 내용을 바탕으로 사춘기의 감정표현 특징에 대해 정리해 나갔습니다.

- 사람마다 감정을 수용할 수 있는 그릇이 있으며 그 크기는 각기 다르다.
- 가득 채워진 그릇은 감정표현이라는 수단을 통해 비우게 된다.
- 같은 상황일지라도 각 사람이 느끼는 감정은 다를 수 있으며 감정그릇을 채우는 양 또한 일정하지 않을 수 있다.
- 사춘기의 감정그릇은 흔들림이 잦아 다 차지 않더라도 넘치는 경우가 발생한다. 그때의 넘침은 공격적이고 충동적인 행동으로 나타나기도 한다.
- 다른 세대에 비해 사춘기는 공격적이고 충동적인 감정표현을 통하여 감정그릇을 비우는 경향이 높다.

은영이는 또래에 비해 감정그릇이 작아 감정표현이 잦았습니다. 감정그릇이 작다고 해서 나쁜 것은 아닙니다. 넘치는 흥은 수업시간의 분위기를 밝게 만들었고 친구들을 즐겁게 해 줬습니다. 하지만 그 그릇이 넘칠 때마다 주변 사람들을 힘들게 한 건 사실입니다. 은영이를 계속 관찰한 결과, 한 가지 사실을 더 알게 되었습니다. 친구들이 자신의 말을 들어 주지 않거나 따돌림을 당한다고 생각할 때 분노라는 감정을 느꼈는데 그 정도가 다른 친구들에 비해 매우 크다는 것이었습니다. 그리고 서운한 감정은 이내 공격적인 문제행동으로 이어졌습니다. 이는 은영이의 과거와 상관이 있었습니다. 그럴 때마다 출동하여 시시비비를 가리는 것은 선생님인 내 몫이었으나 점점 은영이에 대해 알아 간다는 것에 감사하였습니다. 그렇게 몇 달, 사춘기와 생활하며 나름대로 한 가지 결론을 내렸습니다.

'사춘기 자체가 문제는 아니다. 감정으로 인한 행동이 문제일 뿐이다.'

사춘기를 거치지 않고 어른이 되는 사람은 없습니다. 사춘기는 누구에게나 주어진 시간이자 성장의 기간입니다. 그럼에도 불구하고 사춘기를 자녀로 둔 부모님의 반응은 '힘들다'와 '다행이다'로 나뉩니다. 사춘기를 심하게 겪고 있는 자녀와 함께하는 부모님은 매일이 가시밭길입니다. 아들, 딸의 심기를 건드리지 않기 위해 방문을 열 때도 조심히, 걸어 다닐 때도 까치발을 들고 다닐 정도입니다. 물론 제 사춘기 시절의 이야기라 이렇게 자세히 알고 있는 것은 아닙니다. 반대로, 사춘기가 언제 끝났는지도 모를 정도로 무난하게 넘어가는 사람들도 있습니다. 급격한 변화, 불안한 정서는 모든 사춘기에게 해당되나 누구는 힘든 시간을, 누구는 편안한 시간을 보낸다는 것이 이상할 정도입니다. 사실 이 두 시각은 주변 사람들이 사춘기를 바라보는 눈입니다. 아픔 없는 성장이 없듯 모든 사춘기는 성인이 되기 위해 수없는 고민과 방황을 거듭합니다. 그리고 다양한 감정들을 마주하며 살아갑니다. 이때 감정을 어떻게 처리하느냐에 따라 자신과 주변 사람에게 고통을 주기도, 평안을 주기도 합니다. 문제는 사춘기 자체가 아니라 감정으로 인한 행동인 것입니다. 사춘기들의 올바른 감정표현을 돕기 위해 선배교사와 상담도 해 보고 전문서적과 논문들을 살펴보기도 하였습니다. 그러던 중 이름부터 매력적인 감정코칭을 접하게 되었습니다. 그리고 감정코칭에 대해 알아 갈수록 확신이 생겼습니다.

'그들 스스로 감정표현에 한계를 정할 수 있으리라.'

감정코칭의 5단계 '감정 **포**착하기' '좋은 **기**회로 삼기' '공감**하**기' '**지**금의 감정에 이름 붙이기' '해결책 **마**련하기'는 이렇게 외치고 있습니다. '포기하지 마!' 사춘기, 포기할 대상이 아닌 보듬어 주어야 할 존재입니다. 올바른 감정표현의 첫걸음인 감정코칭에 대해 자세히 알아봅시다.

Q. 감정이란 무엇인가요?

A. 감정을 의미하는 영어 단어인 'emotion'은 라틴어 'emovere'에 어원을 두고 있습니다. '일으키다'의 'movere'에 '바깥'의 접두사 'e'가 붙은 'emovere'는 '외부적인 행동을 불러일으키다.'라는 뜻을 가지고 있습니다. 사람은 살아가며 다양한 문제에 직면하게 되는데, 이러한 문제를 해결하다 보면 좌절이나 성취 등의 감정을 맛보게 됩니다. 이렇게 발생한 감정은 내적인 반응이

나 외적인 행동을 불러일으키기 마련입니다. 이는 감정의 어원 'emovere'가 가진 뜻처럼 내적이든 외적이든 행동을 불러일으킴을 의미합니다. 감정과 혼동하여 사용하는 단어인 기분과 비교해 보면 그 의미를 더 정확하게 파악할 수 있습니다. 기분은 원인이 일반적이거나 불분명한 마음의 상태를 의미하나 감정은 특정 사건에 의해 발생되는 강렬한 느낌으로 원인이 비교적 분명하다는 특징을 가지고 있기 때문입니다. 이제까지의 내용을 종합하면 감정은 '우리의 삶에 큰 영향력을 행사하며, 내적 · 외적 반응을 수반하는 강렬한 느낌'으로 정리할 수 있습니다.

Q. 감정코칭의 기본 철학은 무엇인가요?

A. 문제행동을 일삼는 사춘기를 보고 있으면 속이 부글부글 끓거나 화가 머리끝까지 치밀기도 합니다. 이런 선생님의 마음을 아는지 모르는지 사춘기는 더 큰 사건 사고로 보답합니다. 이스라엘 출신 하임 기너트(Haim G. Ginott) 박사는 이런 사춘기의 문제행동을 수정하기보다 그들의 감정을 헤아려 주는 것이 효과적이라 하였습니다. 뉴욕 대학교 심리학과 교수이자 심리상담가로 활동하던 그는 흡연, 음주, 가출을 일삼는 뉴욕의 문제아들과 상담 도중 공감이나 감정 헤아림이 문제행동 감소에 더 효과적임을 발견하였기 때문입니다. 이러한 경험을 바탕으로 『부모와 아이 사이』 『부모와 십대 사이』 『교사와 학생 사이』라는 책을 발간하기도 하였습니다. 물론 문제행동을 일삼는 사춘기들이 하루아침에 변하기는 어렵습니다. 그러나 감정코칭의 철학인 공감, 존중, 감정지지가 차곡차곡 쌓이다 보면 언젠가는 올바른 길을 걷고 있는 사춘기들의 모습을 볼 수 있을 것입니다.

Q. 감정코칭의 목적은 무엇인가요?

A. 매사추세츠공과대학교(MIT)에서 수학과 물리학을 전공한 존 가트맨(John Gottman) 박사는 아동심리학에 매력을 느껴 위스콘신대학교에서 임상심리학 박사학위를 취득하게 됩니다. 그는 하임 기너트의 교육철학을 체계적으로 연구하고 검증하여 누구나 쉽게 활용할 수 있는 상담기법으로 발전시켰는데 그것이 바로 감정코칭입니다. 감정코칭은 강한 감정을 표현하는 사춘기를 피하지 않고 다가가서 감정은 존중하되, 감정으로 인한 행동에는 한계가 있음을 느끼게 한 후 자신의 감정표현에 스스로 제한을 둘 수 있도록 도와줌으로써 좀 더 바람직한 방향으로 이끌어 주는 것을 목적으로 합니다.

Q. 감정코칭은 어떻게 하는 것인가요?

A. 가트맨 박사는 감정코칭을 5단계로 제시하였습니다. 1단계 '감정 포착하기'는 사춘기의 작은 감정을 놓치지 않고 재빨리 알아차리는 것을, 2단계 '좋은 기회로 삼기'는 강한 감정을 보이는 순간을 피하지 않고 다가감으로써 감정코칭의 좋은 기회로 삼는 것을, 3단계 '공감하기'는 경청하는 자세와 감정 헤아리기로 타인의 감정을 나의 것처럼 여기는 것을, 4단계 '지금의 감정에 이름 붙이기'는 불명확한 감정에 이름을 붙임으로써 명료화하는 것을, 5단계 '해결책 마련하기'는 강한 감정을 불러일으켰던 사건의 해결책을 마련하고 행동에 한계를 정하는 것을 목표로 하고 있습니다.

Q. '감정 포착하기' 단계의 특징은 무엇인가요?

A. 감정코칭의 첫 번째 단계는 '감정 포착하기'입니다. 격변기를 겪고 있는 사춘기라 할지라도 매번 감정을 드러내지는 않습니다. 특히 자존심이 강한 사춘기들은 타인에게 얕보이기 싫어하는 마음에 자신이 처한 상황을 티내지 않고 오히려 숨겨 두려 합니다. 감정은 표현하는 것이 아니라 감추는 것이 미덕이라는 통념이 지배적인 우리나라 문화 또한 한몫합니다. 하지만 정신적 소모는 어디서든 티가 나기 마련입니다. 평소 사춘기의 표정 및 말투, 행동에 반영되어 있는 감정에 민감하게 반응하여 감정코칭의 좋은 기회로 삼을 수 있도록 합니다.

Q. '좋은 기회로 삼기' 단계의 특징은 무엇인가요?

A. 두 번째 단계는 '좋은 기회로 삼기'입니다. 가트맨 박사는 강한 감정표현의 순간을 사춘기와 대화할 수 있고 문제행동을 수정할 수 있는 좋은 기회라고 하였습니다. 대뇌에서 가장 넓은 면적을 차지하고 있는 '전두엽'은 생각, 계획, 판단의 역할을 수행합니다. 그러나 공포, 분노 등의 부정적 감정상태에서는 전두엽이 제 기능을 발휘하지 못하게 되어 공격적이고 충동적인 행동으로 연결되기도 합니다. 사실 감정을 강하게 표현하는 것은 누군가의 도움을 절실하게 원하는 몸부림에 지나지 않습니다. 감정으로 인하여 힘들어하는 사춘기가 있다면 다가가서 지지해줌으로써 마비된 전두엽이 제 기능을 회복할 수 있도록 도와주어야 합니다. 가트맨 박사의 말처럼 강한 감정을 표현할 때야말로 감정교육을 시작할 수 있는 적기임을 기억하고 다가가야 할 것입니다.

Q. '공감하기' 단계의 특징은 무엇인가요?

A. 세 번째 단계는 감정에 '공감하기'입니다. 공감이란 상대방의 입장이 되어 생각하고 그의 감정을 나의 것처럼 여기는 것을 의미합니다. 공감의 다른 이름은 감정 소방관입니다. 소방관이 화재를 진압하듯 공감은 격해졌던 감정을 추스르게 하는 힘이 있기 때문입니다. 효과적인 공감이 되기 위해서는 인지적 · 정의적 · 신체적 요소가 모두 충족되어야 합니다. 인지적 요소는 공감적 듣기를 통하여 타인의 감정을 파악하는 정신적 힘을, 정의적 요소는 파악한 감정을 나의 것처럼 여기는 마음의 힘을, 신체적 요소는 상대의 감정을 보듬어 주는 공감적 표현을 실천하는 힘을 의미합니다. 강한 감정을 보이는 사춘기에게 다가가 그들의 이야기에 귀 기울이거나 따뜻한 말 한마디를 건넴으로써 그들에게 든든한 힘이 될 수 있도록 합니다.

Q. '지금의 감정에 이름 붙이기' 단계의 특징은 무엇인가요?

A. 네 번째 단계는 '지금의 감정에 이름 붙이기'입니다. 가트맨 박사는 감정에 이름 붙이기를 감정이라는 문에 손잡이를 달아 주는 것에 비유하였습니다. 문에 달려 있는 손잡이가 문을 열고 닫을 수 있도록 도와주듯이 감정의 손잡이 또한 감정을 조절하고 감정으로 인한 문제행동을 통제하는 데 도움을 주기 때문입니다. 불명확한 감정은 마음을 어지럽히고 올바르지 않은 감정표현으로 연결되기 마련입니다. 불확실한 감정으로 힘들어하는 사춘기에게 다가가 감정에 이름을 지어 붙일 수 있도록 도와줌으로써 자신의 상태를 명확하게 인식할 수 있도록 합니다.

Q. '해결책 마련하기' 단계의 특징은 무엇인가요?

A. 다섯 번째 단계는 '해결책 마련하기'입니다. 자신과 타인에게 해가 되는 감정표현을 보이는 사춘기에게 다가가 감정은 존중하되 행동에는 문제가 있음을 정확하게 알린 후 해결책을 함께 모색해 보는 단계입니다. 문제행동 뒤에는 강한 감정을 불러일으켰던 선행사건이 존재하기 마련입니다. 선행사건이 무엇인지 돌아보고 이를 해결할 수 있는 방안을 스스로 또는 부모님, 선생님과 함께 생각 및 평가해 봄으로써 구체적으로 실천에 옮길 수 있도록 합니다.

Q. 감정코칭, 사춘기에게 도움이 될까요?

A. 신체변화, 학업 스트레스 등으로 인하여 심리적으로 혼란을 겪는 사춘기는 다양한 방법으로 자신의 감정을 표현합니다. 여기서 문제가 되는 것은 스스로와 타인에게 해가 되는 감정표현

입니다. 가트맨 박사는 감정은 존중하되 그로 인한 행동에는 반드시 한계가 있어야 한다고 하였습니다. 감정코칭을 통하여 감정표현에 한계를 정해 놓은 사춘기는 부정적인 감정이 들었을 때 감정을 조절할 수 있는 장치를 가동함으로써 문제행동을 사전에 예방할 수 있는 반면, 그렇지 않은 사춘기는 브레이크 없이 마음이 시키는 대로 행동함으로써 자신과 타인에게 해가 되는 감정표현을 할 수도 있습니다. '존중'과 '한계'의 감정코칭, 사춘기들의 널뛰는 감정을 보듬어 주기에 충분한 존재입니다.

Q. 학교에서 감정코칭을 적용할 수 있을까요?

A. 최근 감정코칭이 가진 긍정적인 힘을 교육현장에 적용하고자 하는 새로운 바람들이 다양하게 불고 있습니다. 이규연(2012)은 감정코칭 프로그램이 아동의 사회적 기술인 협동, 자기주장, 공감, 자기통제 능력을 증진시킴을, 박연주(2013)는 의사소통, 신뢰감, 친근감, 개방성, 이해성 항목에 긍정적인 향상과 대인관계 능력 함양에 도움이 됨을, 이순규(2015)는 학교적응력의 하위 요인인 교사관계, 교우관계, 수업태도, 학교규칙에 있어 긍정적인 향상을 보임을, 김지혜(2015)는 자신의 감정을 표현하는 방법을 익히고 타인의 감정을 존중함으로써 교우관계의 하위 요인인 신뢰감 · 존중감 · 친밀감 향상에 효과적임을 밝혀냈습니다.

Q. 감정코칭을 전개하려는 교사에게 필요한 것은 무엇인가요?

A. 감정코칭을 전개하고자 하는 교사에게 필요한 것은 인내심과 감정조절입니다. 감정조절은 사춘기에게 필요할 것 같은데 교사에게도 필요하다니 많은 선생님이 의아해하실 것입니다. 문제행동을 대면한 선생님이 있다고 가정하여 봅시다. 이런 상황에서 대부분의 교사는 분노라는 감정에 맞닥뜨리게 됩니다. 만약 이때 감정을 조절하지 못하고 화를 내거나 소리를 지른다면 이는 감정코칭이 시작되기도 전에 둘의 관계를 어그러뜨리는 장애물이 되어 버립니다. 인내심과 감정조절, 이 둘은 감정코칭을 원하는 교사에게 반드시 필요한 것이라 할 수 있습니다.

Q. 감정코칭 시 유의할 점은 무엇인가요?

A. 감정코칭을 할 때 염두에 두어야 할 것은 크게 세 가지입니다. 첫째, 오래 참음입니다. 감정코칭의 결과는 하루아침에 드러나지 않습니다. 때로는 변화가 더디게 나타나 효과가 없는 것처럼 보이기도 합니다. 그러나 작은 물줄기가 큰 바위를 구멍 내듯 감정을 존중하고 배려하는

선생님의 노력은 헛되지 않을 것이며 바른 방향으로 나아가는 사춘기를 만나게 될 것입니다. 둘째, 안전입니다. 자신과 타인에게 위해를 가하는 등의 위험한 상황에서는, 우선 행동을 멈추게 한 후 감정코칭에 임하는 것이 바람직합니다. 셋째, 자발성입니다. 타인의 강요로 참여하거나 교사의 일방적인 요구로 설정해 버린 감정표현의 한계는 시간낭비에 지나지 않습니다. 문제해결의 주체가 자신임을 느낄 때 적극성을 가지고 참여하게 되며 이는 자연스럽게 실천하고자 의지로 연결되기 때문입니다. '오래 참음' '안전' '자발성'이 함께하는 감정코칭을 통하여 격변기를 겪고 있는 사춘기에게 감정조절은 무엇인지, 올바른 감정표현은 어떤 것인지 생각해 볼 수 있도록 합니다.

참고문헌

김지혜(2015). 감정코칭이 초등학생 교우관계에 미치는 효과. 대구교육대학교 대학원 석사학위논문.

김향숙(2001). 한국어 감정표현 관용어 연구. 인하대학교 대학원 박사학위논문.

김현정(2016). 감정코칭의 효과에 대한 뇌과학적 이해. 서울교육대학교 대학원 석사학위논문.

박연주(2013). 감정코칭 프로그램이 초등학생의 자기조절력, 자아존중감 및 대인관계 능력에 미치는 영향. 경상대학교 대학원 석사학위논문.

오명근(2012). 효과적인 교회 교육을 위한 사람의 감정과 감정 코칭 활용에 관한 연구. 장로회신학대학교 대학원 석사학위논문.

이규연(2012). 감성코칭 프로그램이 아동의 자기조절능력, 자기격려 및 사회적 기술 향상에 미치는 효과. 대전대학교 대학원 석사학위논문.

이순규(2015). 자기 감정코칭 프로그램이 초등학생의 학교 적응력에 미치는 영향. 청주교육대학교 대학원 석사학위논문.

2. 은영이의 감정코칭

사춘기의 올바른 감정표현을 돕겠다는 생각아래 그들의 이야기에 더 귀 기울이고 다가가려 노력하였습니다. 그러던 중 평소와 다른 은영이의 모습을 포착하게 되었습니다. 어두운 표정, 평소에 찾아볼 수 없는 진지함, 의자와 하나된 몸. 이건 분명 은영이에게 무슨 일이 생긴 것을 의미하는 것이었습니다. 하교 후 은영이를 잠깐 불러 이야기를 나눴습니다.

선생님: 은영아, 명절 동안 무슨 일 있었니?

은 영: 아니요.

선생님: 그렇구나. 오늘의 은영이는 매우 낯선 것 같아. 평소와 다른 모습인데?

은 영: 사실 좀 우울해요.

선생님: 무엇이 은영이를 우울하게 만들었니?

은 영: 그게……. 아니에요.

선생님: 아직 말하고 싶지 않구나.

은 영: 네. 다음에 말씀드릴게요.

선생님: 그래. 말하고 싶거든 언제든지 선생님을 찾아와. 기다리고 있을게.

은 영: 네. 안녕히 계세요.

아무리 생각해도 이상했습니다. 하루아침에 철이 든 건 아닌지 잠시 동안 행복한 생각도 해 보았습니다. 은영이와 이야기를 마친 후 어머님께 전화를 드려 명절 동안 무슨 일이 있었는지 여쭤 보았습니다. 어머니도 최근 은영이가 주눅든 듯한 모습을 자주 보인다며 걱정이 이만저만 아니라고 하셨습니다. 그렇게 은영이를 예의 주시하던 차 드디어 사건이 터지고 말았습니다. 바로 은영이가 집에 들어가지 않은 것이었습니다. 드디어 사건의 끝판왕이라고 불리는 가출을 한 것입니다. 예전 같으면 화부터 냈을 터인데 이제는 은영이만 생각났습니다. 혹시 무슨 일이 생긴 것은 아닌지, 어디서 나쁜 친구들과 어울리고 있는 것은 아닌지 오만 생각이 다 들었습니다. 평소 친하게 지냈던 친구들에게 수소문한 결과, 은영이가 자주 갔던 장소를 알아냈습니다. 학원, 놀이터, 체육관, PC방, 노래방 등 은영이가 있을 만한 곳은 모두 가 보았습니다. 그렇게 한참을 헤맨 끝에 노래방에서 은영이를 만날 수 있었습니다. 지금도 노래방 한편에 쭈그려 앉아 울고 있던 그 모습을 잊을 수 없습니다. 만나자마자 묻고 싶은 것이 한가득이었지만 우선 토닥여 주었습니다. 한참을 울던 은영이는 감정이 누그러졌는지 왜 집을 나오게 되었는지 이야기해 주었습니다.

은 영: 최근 많이 힘들었어요.

선생님: 어떤 일이 있었니?

은 영: 제가 엄청난 사실을 알아 버렸어요.

선생님: 그게 뭔데?

은 영: 지금 엄마 아빠가 진짜 부모님이 아니래요.

선생님: 무슨 말이니?

은 영: 제가 어릴 때 입양되었대요.

선생님: 정말?

은 영: 네. 이모들이 그랬어요.

선생님: 좀 더 자세히 이야기해 줄 수 있겠니?

은 영: 명절에 친척들이 하는 이야기를 들었어요.

선생님: 잘못 들은 것은 아니고?

은 영: 네. 피곤해서 방에 들어가서 자려고 누워 있었는데 밖에서 이모들이 그렇게 말했어요.

선생님: 그랬구나. 어머님께는 말씀드려 보았니?

은 영: 아니요. 무서워서 말 못하겠어요.

은영이가 힘겹게 꺼낸 이야기에 잠시 동안 할 말을 잃었습니다. 그 어린 나이에 감당할 수 있을지 걱정이 되었기 때문입니다. 은영이는 이모들의 말을 들은 후 사진첩을 살펴보았다고 합니다. 그런데 정말 태어났을 때와 돌 사진이 없는 것을 보고 자신이 입양되었음을 확신하였다고 하였습니다. 은영이와 대화를 계속 이어 나갔습니다.

선생님: 정말 많이 힘들었겠다.

은 영: 네. 다 거짓말이면 좋겠어요.

선생님: 선생님도 은영이와 같은 처지에 있다면 그렇게 생각할 것 같아.

은 영: 주변 사람들도 다 미워요.

선생님: 왜?

은 영: 내가 이 일을 알게 된 것도 이모들 때문이고, 그리고 엄마 아빠를 안 닮았다고 말한 사람들도 다 미워요.

선생님: 은영아 어머니가 걱정하고 있을 텐데 선생님이 전화를 드려도 괜찮겠니?

은 영: 네.

은영이에게 허락을 구한 후 어머니와 통화하였습니다. 그리고 은영이와 나눴던 이야기를 말씀드렸습니다. 어머니도 이제 알았는지 한동안 말을 잇지 못하셨습니다.

선생님: 어머니 은영이가 말한 것이 사실인가요?

어머니: …….

선생님: 오해하고 있는 것은 아닌가요?

어머니: 다 제 잘못이에요. 사실대로 말할까 말까 많이 망설였었어요. 그런데 우물쭈물하다가 여기까지 와 버렸네요.

선생님: 그럼, 입양되었다는 것이 사실인가 보네요.

어머니: 네. 저희 부부에게 오랫동안 자녀가 없었어요. 그래서 오랜 고민 끝에 갓 돌이 지난 은영이를 입양하게 되었답니다.

선생님: 그랬군요.

어머니: 요새 사춘기라 그런지 말을 잘 듣지 않아 이모들에게 조언을 구한다는 것이…….

선생님: 은영이가 말하더라고요. 자기가 자는 줄 알았을 거라고.

어머니: 은영이가 들었을 거라고 꿈에도 생각하지 못했어요. 그래서 최근 태어날 때 이야기를 자주 물어보았나 보네요. 그냥 얼버무리고 말았는데. 이미 알고 있었나 봐요.

선생님: 네. 어머니 괜찮으신가요?

어머니: 은영이에게 너무 미안해요. 앞으로 어떻게 해야 하죠?

선생님: 어머님도 생각할 시간이 필요하신 것 같네요. 제가 은영이와 함께 있으니 걱정하시마세요. 제가 안전하게 귀가시키겠습니다.

어머니: 네. 선생님 감사하고 죄송합니다.

어머니와 통화를 마친 후 은영이에게 갔습니다. 은영이는 앞으로 부모님을 어떻게 대해야 하는지 혼란스러워하고 있었습니다. 하지만 부모님은 자신을 사랑하며 끝까지 함께할 것이라는 믿음에는 변함이 없었습니다. 오늘보다 더 좋은 감정코칭의 기회는 없겠다는 생각이 머리를 스쳤습니다. 충격적인 사실을 알게 된 은영이의 감정은 존중하지만 다시는 가출이라는 극단적인 선택을 막아야겠다고 생각했기 때문입니다. 은영이의 감정에 공감 및 경청하며 감정코칭을 이어 나갔습니다.

선생님: 은영아, 네가 충격적인 사실을 알게 되어 혼란스럽다는 것은 충분히 이해한단다.

은 영: 네, 힘들어요.

선생님: 그런데 네가 집을 나오면서 어떤 일들이 벌어졌니?

은 영: 엄마 아빠가 걱정해요.

선생님: 그리고?

은 영: 선생님도 저를 찾기 위해 고생했어요.

선생님: 그래. 선생님과 부모님이 너를 찾기 위해 노력도 했지만 무슨 일이 발생하지 않았는지 걱정을 많이 했단다.

은 영: 죄송해요.

선생님: 물론 가장 답답한 것은 너라는 것 이해해. 하지만 가출은 올바른 방법이 아니란다.

은 영: 네.

은영이에게 현재의 감정은 존중하되 감정으로 인한 행동에는 한계가 있음을 분명히 알려 주었습니다. 그리고 앞으로 어떻게 해야 하는지 해결책을 모색해 보았습니다.

선생님: 은영아, 앞으로 어떻게 했으면 좋겠니?

은 영: 집에 가고 싶어요. 그리고 부모님이 평소같이 나를 사랑해 주고 예뻐해 주셨으면 좋겠어요.

선생님: 그렇구나. 너의 바람대로 되기 위해서는 네 자세가 가장 중요할 것 같구나.

은 영: 그럴 것 같아요. 제가 평소처럼 행동해야 할 것 같아요.

선생님: 좋은 생각이야. 네가 입양되었다는 사실을 안 것 이외에 아무것도 변한 것은 없단다.

은 영: 맞아요. 저만 그 자리로 돌아가면 돼요. 지금 생각해 보면 엄마 아빠에게 너무 많은 잘못을 한 것 같아요.

선생님: 어떤 잘못?

은 영: 부모님 말씀을 안 들었어요. 그리고 최근에는 제 잘못 때문에 엄마가 학교에 오셨어요.

선생님: 많이 후회스러운가 보구나.

은 영: 네. 이제는 사고를 치지 않아야겠어요.

선생님: 좋은 생각이구나.

은 영: 사고를 치지 않는 것이 이제까지 키워 주신 은혜에 보답하는 길인 것 같아요.

선생님: 좋아. 선생님도 네 생각에 동의한단다. 그리고 우울하거나 슬픈 감정이 들었을 때는 어떻게 행동하는 것이 좋을까?

은 영: 조절해야죠.

선생님: 어떻게?

은 영: 오늘처럼 집을 나오면 안 돼요.

선생님: 왜 그렇게 생각하니?

은 영: 모두에게 걱정을 끼치니까요. 그리고 저도 무서웠어요.

선생님: 그래. 가출은 모두에게 좋지 않은 선택이야. 무엇보다 너에게.

은 영: 그리고 친구들에게 부드럽게 말해야겠어요. 친한 친구가 그랬어요. 가끔 제 말투로 인하여 상처를 받는다고.

선생님: 아주 많은 것을 느꼈구나. 금방 선생님과 이야기했던 것을 실천해 주었으면 좋겠다.

은 영: 꼭 실천할 거예요.

선생님: 그리고 무엇보다 부모님은 너를 사랑한다는 것을 잊지 않았으면 좋겠구나. 네가 말한 것처럼 부모님께 집에 늦게 들어가서 죄송하다고 말씀드리고 평소처럼 행동하면 된단다.

은 영: 선생님, 감사합니다. 오늘 제 이야기를 들어 주셔서요.

은영이와 깊은 이야기를 나눴습니다. 자신의 행동 중 고치고 싶은 것을 생각해 본 후 앞으로의 계획도 수립해 보았습니다. 이야기를 마칠 즈음 은영이 부모님께서 걱정되셨는지 직접 찾아오셨습니다. 은영이는 나와 약속한 것이 있어서 그런지 씩씩하게 부모님의 품에 안겼습니다. 어머니 아버지도 그런 은영이를 따뜻하게 안아 주셨습니다. 은영이를 집에 보낸 후 그 자리에 한참을 앉아 있었습니다. 은영이를 찾기 위해 이리저리 뛰어다니느라 힘들었던 것도 있지만 온전히 그의 편이 되어 이야기를 들어 주었다는 뿌듯함이 더 컸던 것 같습니다. 이제는 나와 함께하는 사춘기들을 올바른 길로 인도할 수 있겠다는 자신감까지 생겼습니다. 하지만 현실은 생각과 같지 않았습니다. 과연 무슨 일이 있었던 것일까요?

3. 또래 감정코칭의 시작

은영이와의 첫 번째 감정코칭을 마친 후 학생들의 작은 감정표현 하나도 놓치지 않기 위해 노력하였습니다. 그러나 사춘기의 감정을 포착하기란 말처럼 쉽지 않았습니다. 한편으로는 자신의 속내를 드러내지 않는 사춘기들이 야속하기까지 하였습니다. 그러던 찰나 한 사건이 발생하였습니다. 그 사건의 중심에는 승환이가 있었습니다. 승환이는 매우 평범한 학생이었습니다. 잘 웃지도 화를 내지도 않으며 자신에게 맡겨진 일을 묵묵히 수행하는 아이였습니다. 친구들은 감정표현이 거의 없는 승환이에게 돌부처라는 별명을 지어 부를 정도였습니다. 그랬던 승환이가 화를 내며 친구를 때린 것이었습니다. 이 사실을 처음 들었을 때 잘못 들은 줄 알았습니다. 승환이가 친구를 때릴 것이라고는 상상조차 못했기 때문입니다. 승환이에게 상담을 요청했습니다.

선생님: 승환아, 괜찮니?

승 환: 네.

선생님: 오늘 친구와 다퉜다고 들었어.

승 환: 네.

선생님: 둘 사이에 무슨 일이 있었니?

승 환: 제가 그만하라고 했는데 형진이가 자꾸 장난을 쳐서 화가 났어요.

선생님: 평소 승환이 모습과 많이 다르구나.

승 환: 네. 요새 기분이 안 좋아요.

선생님: 무슨 일 있니?

승 환: 아니요.

승환이는 입을 꾹 다문 채 '네' '아니요'만 번갈아 가며 대답하였습니다. 이야기를 거부하는 승환이와 더 이상 상담을 진행하는 것은 별 의미가 없는 듯하였습니다. 답답한 마음에 그리고 도와주고 싶은 마음에 평소 친하게 지내던 보람이에게 면담을 신청하였습니다.

선생님: 보람아, 요새 승환이에게 무슨 일이 있니?

보　람: 그게…….

선생님: 알고 있다면 선생님에게 말해 주면 좋겠구나. 승환이와 이야기를 해 보았는데 통 말을 해 주지 않아 선생님이 어떻게 도와주어야 할지 모르겠어.

보　람: 사실 요새 승환이 집에 문제가 있어요.

선생님: 어떤 문제?

보　람: 부모님이 이혼을 하셨대요.

선생님: 아, 그렇구나.

보　람: 학교 끝나면 동생들도 돌봐야 하고……. 그래서 요새 저랑도 잘 못 놀아요.

선생님: 그런 일이 있었구나. 승환이가 많이 힘들겠다.

보　람: 네. 승환이가 선생님께는 아직 말을 안 했나 봐요. 저는 한 줄 알았는데.

승환이의 일을 겪으며 친구 같은 선생님, 학생의 말에 귀 기울이는 선생님이 되는 것은 제 노력이 아닌 사춘기의 마음 열기에 달려 있음을 느꼈습니다. 그런데 돌이켜 보면 저 또한 사춘기 때 그랬습니다. 고민이 생겼을 때 선생님과 이야기하는 것보다 친구들과 이야기하는 것이 편했고 그게 위안이자 해결책이었습니다. 하루의 절반을 같이하고 생각과 관심사가 비슷하며 말이 잘 통하는 친구가 선생님보다 편한 것은 당연지사입니다. 만약 이렇게 소중한 친구가 감정코칭을 해 준다면 어떨까요? 그렇게 시작된 또래 감정코칭을 Q&A로 함께 알아봅시다.

Q. 또래란 무엇인가요?

A. 어른의 보살핌을 받던 연약한 아이들은 성장함에 따라 자연스럽게 또래 집단에 참여하게 됩니다. 또래 집단에 참여하면서부터 달라지는 것이 있습니다. 바로 관계 변화입니다. 이제까지 부모나 선생님으로부터 일방적인 지시를 받는 종속적인 관계에 있었다면 또래 집단에 참여하면서부터는 동등한 위치에서 서로 협의, 상의, 조언을 주고받을 수 있는 수평적인 관계로 전환되는 것입니다. 가비(Garvey, 1986)는 이러한 관점에서 또래를 '대등한 위치를 가진 동반자'로 정의하였습니다.

Q. 또래의 기능은 무엇인가요?

A. 또래관계는 삶에 있어서 매우 중요한 부분으로 평생에 걸쳐 영향력을 행사합니다. 특히 맞벌이 부부 등으로 가정의 기능이 약화된 오늘날은 과거 가정에서 담당하였던 고민상담 및 정서, 사회적 안정 역할까지 또래관계가 대신하기도 합니다. 바람직한 인간관계 및 자아정체성 형성이라는 과업을 수행 중인 사춘기에게 있어 또래는 상호작용의 대상 그 이상을 넘어 정서적 동반자, 지지자의 의미를 가진다고 할 수 있습니다.

Q. 사춘기에게 또래는 어떤 존재인가요?

A. 또래 집단에 소속된 사춘기는 서툰 감정표현으로 서로 상처를 주고받기도 합니다. 그러나 언제 그랬냐는 듯이 금세 화해하고 웃는 것을 보면 서로의 마음을 가장 잘 이해해 주는 것은 친구임에 틀림없습니다. 실제로 사춘기의 고민상담 대상을 조사한 결과, 40.7%로 친구가 1위를 차지하기도 하였습니다.[1] '눈빛만 보아도 널 알아 언제나 나에게 위로가 돼 준 너'라는 노랫말처럼 친구는 내가 가장 힘들 때 찾아가 고민을 털어놓을 수 있는 안식처이자 위로의 존재입니다.

Q. 또래 감정코칭, 꼭 필요할까요?

A. 사춘기를 대상으로 고민 내용을 조사한 결과, 1위는 성적, 2위는 직업선택, 3위는 외모, 4위는 친구 등으로 나타났습니다.[2] 입시 위주로 흘러가는 우리나라 교육 현실을 단편적으로 보여주는 사례로, 삶을 살아가는 지혜를 배우기보다 좋은 성적을 얻기 위해 발버둥치는 안타까운 현실을 그대로 반영하고 있습니다. 이렇게 공부하기에도 바쁜 학생들에게 자신과 타인의 감정상태를 인식하고 공감하며 감정표현에 스스로 제약을 두는 또래 감정코칭은 사치처럼 여겨질 수 있습니다. 그러나 타인을 배려하지 않는 마음에서 발생하는 사건, 사고나 감정을 조절하지 못하여 발생하는 범죄가 끊이지 않는 이때 가장 필요한 것은 올바른 감정표현을 돕는 교육이 아닐까 생각합니다.

---

1) 통계청(2016. 5. 18., 25,233가구, 13~18세). 친구(40.7%), 어머니(25.6%), 스스로 해결(20.5%), 형제자매(4.5%), 아버지(4.0%), 선생님(2.8%), 기타(1.1%), 선후배(0.8%).

2) 통계청(2016. 5. 18., 25,233가구, 13~18세). 5위 건강, 6위 용돈부족, 7위 경제적 어려움, 8위 인터넷 중독, 9위 가정환경 그 외는 이성교제, 학교폭력, 흡연, 음주, 기타.

Q. 또래 감정코칭, 사춘기끼리 가능할까요?

A. 감정코칭을 전개하기 위해서는 타인의 관점에서 바라볼 수 있는 조망수용능력이 필요합니다. 조망수용은 타인의 입장을 추론하는 인지조망수용과 타인의 감정이나 정서적 반응을 평가하는 감정조망수용으로 구성되어 있습니다(Selman, 1980). 셀만은 조망수용의 발달을 '자기중심적 관점' '주관적 조망수용' '자기반성적 조망수용' '상호적 조망수용' '사회적 조망수용' 5단계로 제시하였는데 사춘기는 자신과 타인을 객관적으로 바라볼 수 있는 힘을 가진 '상호적 조망수용'과 사회적 관습의 필요성을 인식하는 '사회적 조망수용'에 해당합니다. 이 시기는 자신과 타인의 관점이 서로 다름을 인정하고 친구의 입장에서 생각하거나 감정을 이해하려 노력하며 사회적 관습 및 양심을 바탕으로 감정으로 인한 행동에 한계를 정할 수 있다는 특징을 가지고 있습니다. 서로의 감정을 알아차리고 배려하며 존중하는 또래 감정코칭, 사춘기도 충분히 해낼 수 있습니다.

Q. 또래 감정코칭의 단계는 어떻게 되나요?

A. 현행 교육과정(2015 개정 교육과정)을 분석해 본 결과, 올바른 감정표현만을 강조할 뿐 감정의 개념과 소중함에 대해서는 극히 일부분만 다루고 있었습니다. 감정에 대한 스스로의 정의 없이 올바른 감정표현만을 강조하는 것은 사춘기로 하여금 감정조절과 감정으로 인한 행동에 한계를 정해 놓을 필요성을 느끼지 못하게 하며 혹 부정적인 감정으로 힘들 때 자기 자신을 사랑하지 못한다는 문제점을 가지고 있습니다. 감정교육의 시작은 감정이 무엇인지 이해하는 것이며 마지막은 나에게 발생하는 긍정적 · 부정적 감정 모두를 소중히 여기는 것이라 할 수 있습니다. 이에 기존 감정코칭의 5단계에 '감정 이해하기'와 '소중히 여기기' 단계를 추가하여 총 7단계의 또래 감정코칭을 구성하였습니다.

Q. 각 단계의 목표는 무엇인가요?

A. 1단계 '감정 이해하기'에서는 다양한 감정단어의 종류와 의미를 파악해 봄으로써 감정에 대한 이해를 돕는 것을, 2단계 '감정 알아차리기'에서는 대표감정을 활용하여 자신의 감정을 들여다보는 것을, 3단계 '좋은 기회로 삼기'에서는 친구의 강한 감정표현 순간을 포착하여 다가가려는 마음을 갖는 것을, 4단계 '감정에 공감하기'에서는 공감이 필요한 친구에게 다가가 위로와 조언을 해 주는 것을, 5단계 '지금의 감정에 이름 붙이기'에서는 감정에 이름을 붙여 봄으로써 감

정을 조절할 수 있는 힘을 함양하는 것을, 6단계 '해결책 마련하기'에서는 감정에 한계를 정해 놓음으로써 올바른 감정표현을 다짐하는 것을, 7단계 '소중히 여기기'에서는 자신과 친구의 감정을 소중히 여기며 또래 감정코칭을 꾸준히 실천하려는 마음을 갖는 것을 목표로 하고 있습니다.

Q. 또래 감정코칭의 특징은 무엇인가요?

A. 격변기를 겪고 있는 사춘기는 시한폭탄과 같습니다. 언제 어디서 사건 사고를 일으켜도 이상하지 않을 만큼 예민하고 격양되어 있습니다. 이는 신체변화, 뇌 발달, 무거워진 사회적 기대감 등의 산물입니다. 이런 사춘기에게 필요한 것은 예방입니다. 이에 또래 감정코칭은 기존 감정코칭의 철학에 예방적 성격을 매우 강화해 놓았습니다. 일이 일어나기 전에 미리 대처하여 막는다는 예방의 사전적 의미처럼 강한 감정에 휩싸이기 전 올바른 감정표현이란 무엇인지 생각해 보는 시간을 가짐으로써 적절하게 대처할 수 있도록 하였습니다.

Q. 또래 감정코칭에서 예방은 어떤 것을 의미하나요?

A. 얼마 전 독감이 크게 유행한 적이 있습니다. 저희 반 몇몇 학생들도 독감으로 힘든 겨울을 보냈었습니다. 10월 정도가 되면 많은 사람들은 건강한 겨울나기를 위하여 예방주사를 찾습니다. 예방주사가 독감의 70~90%[3)]를 예방할 수 있다니 그 효과는 대단히 크다고 할 수 있습니다. 또래 감정코칭은 마치 예방주사와 같습니다. 강한 감정에 휩싸여 이성적인 힘을 잃기 전 올바른 감정표현에 대해 생각해 보는 시간을 가짐으로써 자신과 주변 사람 모두에게 건강한 사춘기를 선사하기 때문입니다. 또래 감정코칭에서 예방은 크게 두 가지로 볼 수 있습니다. 첫 번째는 친구가 강한 감정을 표현하기 전 감정을 알아차림으로 자신과 타인에게 해가 되는 감정표현을 예방하는 것입니다. 두 번째는 올바른 감정표현에 대해 사전에 생각 및 한계를 설정해 놓음으로써 강한 감정에 휩싸였을지라도 그 선을 넘지 않도록 하는 것입니다. 심리적 기반이자 위로를 받을 수 있는 또래 집단의 긍정적인 힘을 바탕으로 또래 감정코칭을 전개함으로써 서로에게 든든한 지원군이 될 수 있도록 합니다.

---

3) 건강한 성인 기준

참고문헌

고영희(2013). 초등학교 고학년의 사춘기 초기 적응을 위한 교육과정기준 개발 연구. 고려대학교 대학원 박사학위논문.

박애경(2010). 또래관계 증진 프로그램이 초등학생의 분노조절력 및 학교생활 적응력에 미치는 효과. 숙명여자대학교 교육대학원 석사학위논문.

박옥철(2004). 초등학생의 사회적 조망수용능력과 친구 간 갈등해결전략 관계 연구. 한국교원대학교 대학원 석사학위논문.

Garvey, C. (1986). *Children's talk Cambrige.* MA: Harvard University Press.

Selmen, R. L. (1980). *The Growth of Interpersonal Understanding: Developmental and Clinical Analyes.* New York: Academic Press.

3장

감정놀이 수업

1. 또래 감정코칭과 놀이의 만남

2. 감정놀이와 수업의 컬래버레이션

1. 또래 감정코칭과 놀이의 만남

문제만 일으키는 사춘기들이 서로의 감정을 보듬어 줄 수 있다는 가능성에 한 번, 서로의 이야기에 귀 기울이고 조언하는 상상에 두 번 설렜습니다. 이제는 어떻게 또래 감정코칭의 정신과 방법을 알려 주고 실천하고자 하는 의지를 불러일으킬 것인가만 남았습니다. 제가 바라는 모습들을 정리해 보았습니다.

- 즐거움 속에서 또래 감정코칭을 접하면 좋겠다.
- 자발적인 분위기 속에서 또래 감정코칭이 실천되면 좋겠다.

또래 감정코칭의 방법을 고민하던 중 술래잡기 하는 아이들을 보게 되었습니다. 누가 시키지 않아도 자기들끼리 삼삼오오 모여 이야기하고 뛰어다니는 모습이 정말 보기 좋았습니다. 그리고 끊이지 않는 웃음소리가 마치 음악소리 같았습니다. 놀이로 또래 감정코칭의 방법을 배울 수 있다면 얼마나 좋을까라는 생각이 머리를 스쳤습니다. 그때부터 또래 감정코칭의 방법을 익힐 수 있는 놀이를 하나둘씩 만들기 시작하였습니다. 그리고 그 이름을 감정놀이라 붙였습니다. 감정놀이 Q&A로 함께 알아봅시다.

Q. 감정놀이란 무엇인가요?

A. '여러 사람이 모여서 즐겁게 노는 활동'인 놀이를 바라보는 시각은 크게 두 가지입니다. 바로 여가시간을 활용하여 즐거움을 추구하는 것과 놀이가 지니는 교육적 가치를 높게 인정하여 학습의 일환으로 보는 것입니다. 감정놀이는 후자의 입장을 취하고 있습니다. 감정놀이란 놀이가 가진 즐거움, 자발성을 바탕으로 또래 감정코칭이 가진 긍정적인 효과를 함양하기 위한 움직임으로 정의할 수 있습니다.

Q. 감정놀이의 효과는 무엇인가요?

A. 감정놀이는 인지적 · 정의적 · 사회적 발달을 돕습니다. 첫째, 인지능력을 향상시킵니다. 놀이는 아이들에게 있어 세상을 연결하는 창인 동시에 경험의 대상으로 놀이를 통하여 세상을

이해하려는 특성을 가지고 있습니다. 놀이를 매개체로 습득한 다양한 경험을 동화 및 조절함으로써 인지 세계를 넓혀 갈 수 있습니다. 둘째, 감정의 성숙을 돕습니다. 놀이에 참여하는 사춘기의 표정은 매우 다양합니다. 승패에 따라 기쁘기도 슬프기도 합니다. 이처럼 놀이는 사춘기에게 다양한 감정을 선물하는데 자신에게 발생한 감정을 해소 및 해결해 나가며 올바른 감정표현에 대해 생각해 볼 수 있습니다. 셋째, 사회성을 습득할 수 있습니다. 놀이에 참여하기 위해서는 정해진 규칙에 순응함으로써 성실히 이행하려는 마음가짐과 다른 사람들과 적극적으로 의사소통하려는 마음이 필요합니다. 이러한 일련의 과정에 참여하며 사회 구성원으로서 필요한 생활습관을 형성할 수 있습니다.

Q. 감정놀이는 어떤 특징을 가지고 있나요?

A. 감정놀이를 전개하기 위해서는 특별한 노력이나 준비물이 필요치 않습니다. 빈 종이, 빈 박스, 포스트잇 등 주변에서 쉽게 구할 수 있는 물건들이면 충분합니다. 아울러 어린 시절 한번쯤 해 보았을 놀이에 감정요소를 포함시켜 놓아 그 방법이 어렵지 않으므로 언제, 어디서든 쉽고 부담 없이 즐길 수 있다는 장점을 가지고 있습니다.

2. 감정놀이와 수업의 컬래버레이션

하나둘 만들어지는 감정놀이를 보며 아빠 미소를 감출 수 없었습니다. 그러나 이내 한 가지 고민이 나를 괴롭혔습니다. 바로 감정놀이를 언제, 어떻게 교실에서 실천할 것인가 대한 방법상의 문제였습니다. 사실 이 문제는 또래 감정코칭을 계획할 때부터 해결되지 않은 과제이기도 하였습니다. 안 그래도 가르칠 것이 한가득인 판에 감정놀이까지 하려니 너무 부담이 되었기 때문입니다. 그렇다고 해서 대충하기도 싫었습니다. 은영이를 비롯한 사춘기들의 마음속 깊은 곳에 있는 감정을 끌어올려 마주할 수 있는 기회를 제공함으로써 감정은 더 이상 짐이 아니라 소중한 존재임을 깨닫게 하고 싶었습니다. 어쩌면 메마른 지식이 아닌 실천할 수 있는 마음의 울림을 주고 싶었는지도 모릅니다. 마음의 울림이 있는 감정놀이 수업을 위해서는 단 한 가지 '충분한 시간'만 있으면 완벽했습니다. 그러던 차에 성취기준을 중심으로 한 교육과정 재구성을 접하게 되었고 어쩌면 놀이와 수업의 아름다운 조화를 이룰 수 있겠다는 생각이 들었습니다. 사춘기들의 자발성을 바탕으로 자신뿐만 아니라 친구의 감정을 소중히 여길 수 있는 수업을 할 수 있다니 정말 매력적이었습니다.

놀이와 수업의 아름다운 컬래버레이션(collaboration) 감정놀이 수업 Q&A로 함께 알아봅시다.

Q. 감정놀이 수업이란 무엇인가요?

A. '감정놀이'와 '감정놀이 수업'의 가장 큰 차이점은 '수업 중 이루어지는가?'입니다. '감정놀이'는 자발성, 능동성, 재미를 추구하는 움직임에 감정요소를 녹여 놓은 것이지만 '감정놀이 수업'은 또래 감정코칭과 관련된 놀이를 수업 중에 전개하므로 올바른 감정표현에 대해 알고 실천하면 좋겠다는 교사의 의도성이 포함되어 있는 행위이기 때문입니다. 즉, 보물찾기는 놀이이고, 공감의 방법이 적힌 종이를 찾아보며 공감의 방법을 익히는 활동은 감정놀이이며, 교육과정 재구성을 바탕으로 한 수업 중 감정놀이는 감정놀이 수업이라 할 수 있습니다.

Q. 감정놀이 수업을 위해 꼭 필요한 과정이 있나요?

A. 감정놀이 수업을 위해서는 교육과정 재구성이 반드시 동반되어야 합니다. 교육과정 재구성이란 국가수준 교육과정에 제시된 성취기준을 바탕으로 학년, 학급의 실태를 반영하여 수업을 계획하고, 실행하며, 평가하는 것을 의미합니다.

Q. 감정놀이와 관련된 성취기준 어떻게 찾을 수 있나요?

A. 수업 중 감정놀이를 활용하기 위해서는 다음을 거쳐야 합니다. 첫 번째, 국가수준 교육과정에서 해당 놀이와 관련된 성취기준을 찾습니다. 두 번째, 성취기준을 분석함으로써 어떻게 수업을 이끌어 나갈 것인지 구상합니다. 세 번째, 성취기준을 바탕으로 교육과정을 재구성합니다. 마지막으로, 재구성된 내용을 바탕으로 감정놀이 수업을 전개합니다. 감정놀이 하나를 전개하기 위해서 이렇게 많은 과정을 거쳐야 한다니 걱정부터 앞섭니다. 사춘기의 감정보다 선생님의 감정을 먼저 챙겨야 하는 비상사태가 발생할 것만 같습니다. 이러한 사태를 예방하기 위해 각각의 감정놀이에 관련된 성취기준과 도움말을 수록해 놓았습니다. 단, 이 두 개의 자료는 예시에 불과하며 감정놀이를 전개하는 선생님의 관점에 따라 성취기준 및 재구성 방향이 달라질 수 있습니다.

Q. 감정놀이에 제시된 성취기준의 학년과 교과를 꼭 지켜야 하나요?

A. 각각의 감정놀이마다 성취기준을 제시해 놓은 목적은 수업 중 감정놀이를 전개하는 데 도움이 되기 위함입니다. 앞서 밝힌 바와 같이 제시된 성취기준과 도움말은 예시자료에 지나지 않습니다. 감정놀이에 제시된 성취기준이 현재 맡고 있는 학년과 다를 경우 해당 학년의 성취기준에 맞게 놀이방법과 소재를 바꾸거나 중간놀이시간, 점심시간, 방과후시간 같은 틈새시간을 확보하여 놀이를 전개할 수 있습니다.

Q. 수업 중 감정놀이를 어떻게 활용할 수 있나요?

A. 감정놀이 수업을 운영하는 방법은 크게 두 가지입니다. 첫 번째, 단위시간 내에 감정놀이만을 운영하는 것입니다. 단, 선택한 감정놀이가 해당 성취기준을 도달하는 데 효과적이라는 확신이 있어야 가능합니다. 두 번째, 감정놀이를 수업 중 하나의 활동으로 활용하는 것입니다. 전체 수업의 흐름은 유지하되 감정놀이를 도입 또는 전개, 정리에 사용함으로써 수업목표에 도달할 수 있습니다.

Q. 꼭 수업시간에만 감정놀이를 해야 하나요?

A. 물론 교육과정 재구성 없이 감정놀이를 전개할 수도 있습니다. 그러나 이는 교사와 학생에게 별도의 시간을 확보해야 한다는 부담감을 줄 수 있습니다. 감정놀이 수업의 형태는 다양합니다. 교과 수업시간을 활용할 수도 있고 중간놀이시간, 점심시간 등 틈새시간에 운영할 수도 있습니다. 아울러 창의적 체험활동 동아리 시간에 감정놀이 부서를 조직하여 다른 반 친구들과 함께 모여 즐길 수도 있습니다.

Q. 첫째 날부터 열두째 날은 어떤 것을 의미하나요?

A. 또래 감정코칭을 교실에서 실천하기 위해서는 그 방법을 알아보는 시간이 필요합니다. 이때 감정놀이가 또래 감정코칭이란 무엇인지, 어떻게 해야 하는 것인지 알려 주는 도구가 됩니다. 감정놀이가 가장 작은 단위의 학습내용이라면 또래 감정코칭이 가진 철학이 최종 목적이 되는 것입니다. 정리하자면 또래 감정코칭이 대단원 주제가 되고 각각의 날이 중단원이 되며 감정놀이 집단이 소단원이 되는 것입니다. 4장 '감정놀이의 실제'의 구성을 살펴보면 좀 더 쉽게 이해할 수 있습니다. 중단원을 의미하는 첫째 날에는 참여하는 친구들과의 어색한 분위기를 날려

버리는 아이스브레이킹(1-1)과 관련된 놀이들과 또래 감정코칭에 대한 기대감을 높이는(1-2) 놀이들이 집단으로 수록되어 있습니다. 일정한 목적을 지닌 감정놀이 집단(소단원) 중 우리 반 사춘기에게 어울리는 것을 각각 선택하여 운영하였을 때 비로소 첫째 날 목표에 도달하였다 할 수 있으며 열두째 날까지의 감정놀이를 모두 마쳤을 때 또래 감정코칭의 철학과 방법을 익혔다 볼 수 있습니다.

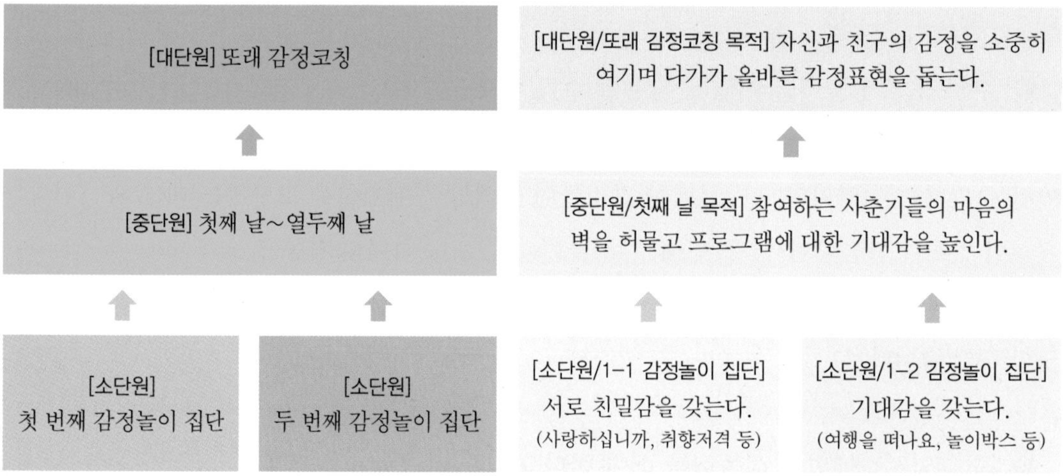

Q. 꼭 첫째 날에 있는 감정놀이부터 해야 하나요?

A. 상황에 따라 다릅니다. 첫째, 반 전체가 감정 전문가가 되어 또래 감정코칭이 지닌 철학과 긍정적인 힘을 교실에서 실천하고자 할 때에는 첫째 날부터 운영하는 것이 좋습니다. 또래 감정코칭의 각 단계는 나아갈 방향과 위계를 가지고 있습니다. 이는 다음 단계로 넘어가기 위해서는 전 단계에서 알아야 할 것들이 존재함을 의미합니다. 셋째 날 대표감정 선정하기를 예로 들어 봅시다. 셋째 날은 자신과 타인의 감정을 알아차리는 데 활용되는 대표감정을 선정하는 것을 목표로 하고 있습니다. 이 목표에 도달하기 위해서는 다양한 감정단어의 의미를 파악하는 것이 필요한데 그 뜻을 알아야 우두머리 성격을 띠는 대표감정을 고를 수 있기 때문입니다. 대표감정 선정과 관련된 놀이는 둘째 날에 있으므로 셋째 날 놀이를 전개하기 전 반드시 둘째 날의 감정놀이를 교실에서 운영하는 것이 필요합니다. 감정이란 무엇인지를 생각해 보는 첫째 날부터 감정의 소중함을 나누는 열두째 날까지의 감정놀이를 통하여 서로의 감정에 귀 기울이는 문화를 조성할 수 있습니다. 둘째, 수업 중 하나의 활동으로 감정놀이를 활용하는 경우 그 순서를 지키

지 않아도 됩니다. 이때는 수업의 목표에 도달하는 것이 또래 감정코칭이 가지는 긍정적인 힘을 함양하는 것보다 더 중요하기 때문입니다. 상황에 적합한 방법을 선택하여 감정놀이를 전개함으로써 또래 감정코칭이 가진 긍정적인 힘을 느껴 보시기 바랍니다.

Q. 기본놀이와 변형놀이는 각각 무엇을 의미하나요?

A. 기본놀이란 또래 감정코칭의 철학과 방법을 익히는 데 가장 기초와 근본이 되는 놀이를 의미합니다. 다만 학생의 수준과 학급의 특색이 다양한 점을 고려하여 기본놀이의 목적과 성격을 유지하되 수준과 방법에만 차이를 둔 변형놀이를 추가로 제시하였습니다. 기본놀이와 변형놀이 중 우리 반에게 적합한 것을 선택하여 운영함으로써 보다 효과적으로 또래 감정코칭의 목표에 도달할 수 있도록 합니다.

Q. 기본놀이와 변형놀이 중 하나만 선택해서 운영해도 되나요?

A. 각 반의 상황에 따라 다릅니다. 기본놀이와 변형놀이 중 하나를 선택하여 운영하였음에도 불구하고 해당하는 날(중단원)의 목표에 도달이 되지 않았다고 판단되는 경우 중복되지 않은 다른 놀이를 전개할 수 있습니다. 목표에 도달했다고 판단되었을지라도 이제까지 감정에 대해 깊게 생각해 본 적이 없는 사춘기들의 현실을 고려하여 다른 놀이를 전개함으로써 해당 주제에 대해 더 깊게 생각해 볼 수 있습니다. 물론 시간이 허락하는 한에서 말입니다.

Q. 활동 난이도는 무엇을 의미하나요?

A. 선생님께서 맡고 있는 학년에게 보다 적합한 감정놀이를 선택할 수 있도록 각각의 감정놀이 상단에 활동 난이도를 표기해 놓았습니다. 별 0개(☆☆☆)는 사춘기 전체가, 별 1개(★☆☆)는 사춘기 초기 이상이, 별 2개(★★☆)는 사춘기 중기 이상이, 별 3개(★★★)는 사춘기 후기 이상이 즐길 수 있는 놀이임을 의미합니다. 이 또한 예시자료에 불과하므로 놀이 소재 및 방법을 변형하여 모두가 즐길 수 있는 감정놀이로 재탄생시킬 수 있습니다.

Q. 신체 움직임은 무엇을 의미하나요?

A. 같은 학년임에도 불구하고 각 반의 특성은 천차만별입니다. 어떤 학급은 움직이는 것을 매우 좋아하나 어떤 학급은 조용히 앉아 생각하는 것을 좋아하는 것처럼 말입니다. 이러한 점

을 고려하여 움직임의 정도를 각각의 감정놀이에 표기해 놓았습니다. 별 0개(☆☆☆)는 자신의 책상에서만 움직이는 것을, 별 1개(★☆☆)는 모둠 안에서 움직이는 것을, 별 2개(★★☆)는 교실 안에서 자유롭게 움직이는 것을, 별 3개(★★★)는 격렬해서 땀이 날 정도로 움직이는 것을 의미합니다. 우리 반에 딱 맞는 감정놀이를 선택하여 서로의 감정에 귀 기울이는 감정코칭을 실천해 보시기 바랍니다.

Q. 초등학교 저학년은 감정놀이 수업을 운영할 수 없나요?

A. 초등학교 저학년은 사춘기에 해당하지는 않습니다. 그러나 예방적 성격을 띠고 있는 또래 감정코칭의 특성을 고려할 때 초등학교 저학년부터 감정의 존재와 올바른 감정표현에 대해 생각해 보는 것은 사춘기가 되었을 때 매우 도움이 된다고 볼 수 있습니다. 감정놀이 상단에 표기된 활동 난이도를 참고하여 놀이를 선택 · 전개함으로써 저학년부터 사춘기의 변화를 준비할 수 있도록 합니다.

Q. 사춘기 초기를 대상으로 놀이수업 전개 시 고려해야 할 점은 무엇인가요?

A. 사춘기 초기와 놀이의 공통분모는 몰두입니다. 초등학교 4학년부터 중학교 1학년, 이 시기의 부모님들이 가장 많이 하는 잔소리는 아마도 '공부 좀 해라.'일 것입니다. 학습은 뒷전이고 자신이 하고 싶은 일에만 몰두하는 자녀를 볼 때면 속이 답답하기도 합니다. 이렇게 한 가지 일에 정신력을 쏟아붓는 것을 몰입이라고 하는데, 자기집착에서 그 근원을 찾을 수 있습니다. 신체변화의 시작점에 서 있는 사춘기 초기는 하루가 다르게 변하는 스스로의 모습에 많은 신경을 쓰게 되고 이는 곧 자기에 대한 관심으로 연결됩니다. 이러한 관심은 좋아하는 것에 몰입하는 긍정적인 방향으로 발전되기도 하나, 스스로를 지나치게 사랑하여 타인을 배려하지 않는 자기애(narcissism)에 빠지게도 합니다. 이에 사춘기 초기를 대상으로 놀이를 전개할 경우 협력요소가 두드러지거나 있는 그대로의 나를 발견할 수 있는 것을 선택함으로써 긍정적인 자아상을 형성할 수 있도록 합니다.

Q. 사춘기 중기를 대상으로 놀이수업 전개 시 고려해야 할 점은 무엇인가요?

A. 사춘기 중기와 놀이의 공통분모는 소통입니다. 중학교 2학년부터 고등학교 1학년 사이의 사춘기들은 가족으로부터 독립하고자 하는 의욕이 강해지며 또래에 대한 의존성이 높아지게

됩니다. 사춘기 이전의 가치판단 기준이 자신과 가족이었다면 사춘기 중기는 또래 문화나 규칙이 그 역할을 대신하는 것입니다. 그들에게 필요한 것은 건전한 또래 집단 문화입니다. 또래 집단의 문화가 건강할수록 판단은 명확해지고 옳은 길을 향해 나아갈 수 있기 때문입니다. 이에 사춘기 중기를 대상으로 놀이를 전개할 경우 소통과 협의, 토론이 중심이 되는 것을 선택하여 건전한 또래문화를 형성해 나갈 수 있도록 합니다.

Q. 사춘기 후기를 대상으로 놀이수업 전개 시 고려해야 할 점은 무엇인가요?

A. 사춘기 후기와 놀이의 공통분모는 공존입니다. 사춘기 초 · 중기가 저항과 독립의 아이콘이었다면 후기는 안정과 적응을 추구하는 모습을 보입니다. 더 이상 부모가 자신의 미래가 될 수 없음을 느낌에서 기인한 현상입니다. 고등학교 2학년부터 3학년 사이의 사춘기는 스스로 미래를 계획하고 개척하며 사회 구성원으로서 살아갈 준비를 합니다. 이러한 발걸음에 맞추어 사춘기 후기에게는 공존, 도덕적 규범 등의 요소가 녹아 있는 감정놀이를 선택함으로써 민주시민으로서 살아가는 데 필요한 능력을 습득할 수 있도록 합니다.

Q. 감정놀이 수업을 학생참여형 수업의 일부로 볼 수 있을까요?

A. 최근 교육의 패러다임이 학습자 중심으로 전환됨에 따라 '학생참여형 수업'이라는 단어를 심심치 않게 접할 수 있습니다. 학생참여형 수업은 다양한 학습방법을 바탕으로 자신이 관심 있고 흥미 있어 하는 주제에 대해 조사하거나 심도 있게 탐구하는 수업을 의미합니다. 교사가 중심이 되어 지식을 전달하던 종래의 수업과 반대되는 개념이라 할 수 있습니다. 사춘기는 가만히 앉아서 지식을 암기하는 것을 좋아하지 않습니다. 직접 몸으로 체험하고 토의 · 토론하는 것을 더 선호합니다. 이러한 긍정적인 움직임은 운동, 감각, 연상활동에 관여하는 두정엽을 활성화시켜 기억력을 높일 뿐만 아니라 몰입의 분위기를 조성하는 데 효과적입니다. 감정놀이 또한 학생들의 자발성이 중심이 되어 협력하거나 선의의 경쟁을 하며 또래 감정코칭의 목표에 다가간다는 점에서 학생참여형 수업의 방법으로 바라볼 수 있습니다.

Q. 감정놀이 수업 시 교사는 어떤 마음을 가져야 할까요?

A. 매년 2월 학교에서는 눈치싸움이 벌어집니다. 바로 사춘기의 절정을 달리는 초등학교 6학년, 중학교 2학년 담임을 서로 맡지 않기 위함이죠. 물론 이 두 학년이 가진 매력으로 인하여 매

년 자원하는 존경스러운 선생님이 계시기도 합니다. 자의든 타의든 사춘기와 함께하게 된 선생님은 어떠한 일이 발생할지라도 그들을 긍정적으로 바라보겠다는 마음을 가져야 합니다. 이는 피그말리온 효과와 관련 있습니다. 조각가 피그말리온은 자신이 조각한 여인상에 그만 사랑에 빠져 버리게 됩니다. 이를 지켜본 여신 아프로디테는 그의 정성과 진심에 반하여 생명을 불어넣어 주는데 이 신화에서 유래한 것이 피그말리온 효과입니다. 피그말리온 효과는 다양한 실험을 통하여 증명되었으며 학습 이외의 다양한 분야에서 활용되고 있습니다. 감정놀이 수업을 계획, 전개하는 교사에게 필요한 것은 자신이 조각한 조각상을 진심으로 아끼고 사랑하였던 피그말리온 같은 마음입니다. 사춘기를 문제아로 바라보는 것이 아니라 새로운 희망이자 더 나은 방향을 추구하는 긍정적인 존재로 바라볼 때 생명을 얻은 조각상처럼 올바른 감정표현을 다짐하고 실천하는 사춘기를 만날 수 있을 것입니다.

지금까지 또래 감정코칭과 관련된 다양한 감정놀이와 수업 중 감정놀이를 운영할 수 있는 방법에 대해 알아보았습니다. 실천 없는 지식은 허망한 것이며 행함 없는 배움은 무의미한 것에 지나지 않습니다. 각각의 감정놀이가 가진 특성과 운영방법을 세세하게 살펴본 후 우리 반 수준과 특성에 딱 맞는 감정놀이를 선택하여 운영해 보시기 바랍니다.

참고문헌

이인희(2007). 교실놀이를 활용한 학급경영이 초등학생 학교생활만족도에 미치는 영향. 대구교육대학교 대학원 석사학위논문.

조보원(2008). 놀이활동을 통한 수업이 초등학교 아동의 성취동기와 학업성취에 미치는 영향. 부산교육대학교 대학원 석사학위논문.

4장

감정놀이 수업의 실제

첫째 날. 감정여행 준비하기

둘째 날. 감정단어 의미 알기

셋째 날. 대표감정 선정하기

넷째 날. 대표감정 느끼기

다섯째 날. 자신의 감정 들여다보기

여섯째 날. 친구의 감정을 알아차리고 다가가기

일곱째 날. 친구의 감정에 공감하기

여덟째 날. 감정에 이름 붙이기

아홉째 날. 감정표현에 한계 정하기

열째 날. 해결책 모색하기

열한째 날. 감정 소중히 여기기

열두째 날. 감정여행 마치기

첫째 날.
감정여행 준비하기

처음은 늘 두렵습니다. 그러나 함께하는 이와 미래에 대한 정보가 있다면 두려움은 어느새 설렘과 기대로 바뀌곤 합니다.
'감정여행 준비하기'와 관련된 감정놀이를 통하여 또래 감정코칭에 참여하는 학생들의 마음의 벽을 허물고 프로그램에 참여하고자 하는 의욕을 불러일으킬 수 있도록 합니다.

1-1 감정놀이의 목적

닫혀 있던 마음의 문을 활짝 열어 이야기할 수 있는 분위기를 조성합니다.

1-2 감정놀이의 목적

앞으로 전개될 또래 감정코칭에 대한 정보를 제공함으로써 기대감을 가질 수 있도록 합니다.

1-1-1. 사랑하십니까? (기본놀이)

활동 난이도:
☆☆☆

신체 움직임:
★★★

놀이 유형:
반 전체

놀이 의도

친구의 감정에 공감하여 올바른 감정표현을 돕는다는 또래 감정코칭의 목적을 달성하기 위해서는 참여하는 학생들 간 마음의 벽을 허물 수 있는 기회가 필요합니다. 서로를 가깝게 여길 때 고민을 서슴없이 꺼낼 수 있고 해결책을 함께 모색해 볼 수 있기 때문입니다. 그러나 서먹서먹하고 딱딱한 분위기를 깨기란 말처럼 쉽지 않습니다. 그럴 때 필요한 것이 놀이입니다. 평소 친하게 지내지 않았던 친구의 모습을 자세히 살피고 대화를 나눌 수 있는 '사랑하십니까?' 놀이를 통하여 활기차고 이야기할 수 있는 분위기를 조성할 수 있도록 합니다.

수업 속 감정놀이

*성취기준: [6미01-02] 대상이나 현상에서 시각적 특징을 발견할 수 있다. (5,6학년군 미술과)

*도움말: '사랑하십니까?' 놀이에 참여하기 위해서는 다수가 선택될 수 있는 특징을 발견하는 능력이 필요합니다. 자신에게 의미 있는 인물을 주의 깊게 관찰함으로써 특징적인 선, 형, 색, 이미지 등을 발견하는 능력을 함양할 수 있도록 합니다.

놀이 순서

준비물: 포스트잇

① 책걸상을 한쪽으로 치워 빈 공간을 만든 뒤 진행자를 선정합니다.
② 진행자를 제외한 나머지 참여자에게 포스트잇을 나눠 줍니다.
③ 참여자는 큰 원을 만듭니다.
④ 자신이 서 있는 자리에 포스트잇을 붙인 후 자리에 앉습니다.
⑤ 진행자에게 '당신은 당신의 이웃을 사랑하십니까?'라고 묻습니다.
⑥ 진행자는 '예' 와 '아니요' 중에 선택합니다.
⑦ '예'라고 대답한 경우는 다음과 같이 행동합니다.
- '참여자는 어떤 이웃을 사랑하십니까?'라고 되묻습니다.
- 진행자는 다수가 선택될 수 있는 대답을 합니다.
- 진행자와 특징 속에 포함되는 학생은 다른 사람의 포스트잇에 옮겨 앉습니다.
⑧ '아니요'라고 대답한 경우 진행자를 포함한 모든 학생들은 다른 포스트잇에 옮겨 앉습니다.
⑨ 포스트잇에 앉지 못하는 사춘기는 다음 게임을 진행합니다.
⑩ 서로에게 마음을 열고 다가갈 수 있도록 합니다.

놀이 팁

• 놀이에 열중한 나머지 경쟁심이 발동하여 친목도모라는 목적을 상실하는 경우가 발생합니다. 놀이 전 경쟁과 승리를 위한 활동이 아닌 서로에게 관심을 갖고 마음을 여는 시간임을 주지시키도록 합니다.

참고문헌

교육부(2015). 2015 개정 미술과 교육과정.

1-1-2. 취향저격 (변형놀이)

활동 난이도:
☆☆☆

신체 움직임:
★☆☆

놀이 유형:
모둠

놀이 의도

마음이 흐르는 방향이라는 의미의 '취향'과 일정한 대상을 노린다는 의미인 '저격'의 합성어인 '취향저격'은 본인의 마음을 사로잡는 사람이나 사물에 사용하는 말입니다. 취향은 개인적인 성향이자 이제까지 살아온 삶의 흔적으로 어떤 것을 결정하거나 선택할 때 큰 영향을 미칩니다. 잡지에서 마음에 드는 사진 한 장을 선택할 때도 무작위로 선택하는 것처럼 보일 수 있으나 사실 자신의 취향과 현재의 감정이 반영된 것으로 볼 수 있습니다. 마음을 사로잡은 사진을 친구들에게 보여 주며 자신의 이름, 소속, 그 사진을 선택한 이유, 앞으로의 다짐 등을 소개하며 같은 취향을 가진 사춘기는 동질감을, 다른 취향을 가진 사춘기에게는 호기심을 느껴 다가갈 수 있는 기회를 갖도록 합니다.

수업 속 감정놀이

* 성취기준: [2국01-01] 상황에 어울리는 인사말을 주고받는다. (1, 2학년군 국어과)
* 도움말: 상황에 맞는 인사말(이름, 소속, 선택한 이유, 또래 감정코칭에 참여하게 된 동기, 앞으로의 다짐 등)을 주고받음으로써 감정놀이에 참여하는 학생들 간 원만한 관계를 형성할 수 있습니다.

놀이 순서

준비물: 잡지, 가위

① 모둠을 조직한 후 잡지를 준비합니다.

② 잡지를 살펴보며 마음에 드는 사진 한 장을 선택합니다.

③ 사진을 오립니다.

④ 선택한 사진을 모둠원에게 보여 주며 자신을 소개합니다.

⑤ 모둠원의 이야기에 경청합니다.

⑥ 서로에게 마음을 열고 다가갈 수 있도록 합니다.

놀이 팁

- 어린 시절 잡지, 신문은 쉽게 접할 수 있는 매체였습니다. 그러나 요새는 따로 신청을 하지 않고서는 만나기 어려운 존재가 되어 버렸습니다. '취향저격'은 반드시 잡지로만 해야 하는 놀이가 아닙니다. 사진, 그림 등 주변에서 쉽게 접할 수 있는 것으로 놀이를 전개해 보세요.
- 자기소개의 예시 자료는 다음과 같습니다.

> –안녕. 나는 6학년 ○○○이야. 내가 선택한 사진은 화를 내고 있는 사진이야. 6학년이 되면서 화를 잘 참지 못한다는 말을 자주 듣고 있어. 분노를 조절할 수 있는 방법에 대해 알아보고 싶어.

참고문헌

교육부(2015). 2015 개정 국어과 교육과정.

1-1-3. 첫인상을 말해 줘! (변형놀이)

활동 난이도:
☆☆☆

신체 움직임:
★★☆

놀이 유형:
반 전체

놀이 의도

선생님의 첫인상은 좋은 편이신가요? 저는 끝인상으로 점수를 따는 스타일입니다. 이 말 한마디로 '아! 이진영 선생님은 잘생긴 편이 아니구나.'를 느끼셨을 것입니다. 슬프지만 사실입니다. 첫인상은 오감 중 시각[1)]에 가장 큰 영향을 받는다고 합니다. 외모, 옷차림 등이 첫인상에 얼마나 큰 영향을 미치는지 알 수 있습니다. 그렇다면 첫인상을 형성하는 데는 얼마의 시간이 필요할까요? 정답은 2초에서 5초 사이입니다. 이 짧은 시간에 상대에 대한 첫인상을 형성한다니 놀랍지 않으신가요? 그런데 더 놀라운 것은 한번 형성된 첫인상은 쉽사리 바뀌지 않는다는 것입니다. 이를 초두효과라 부르는데, 먼저 제시된 정보가 추후 알게 된 정보보다 더 강력하게 영

1) 인간은 70%의 시각, 20%의 청각, 10%의 미각, 촉각, 후각으로 정보를 얻으며 살아갑니다.

향을 미치는 것을 의미합니다. '첫인상을 말해 줘!'는 감정놀이에 참여하는 사춘기 모두가 긍정적인 첫인상을 형성하면 얼마나 좋을까 하는 생각에서 탄생한 놀이입니다. 상대가 가진 장점, 좋은 점을 중심으로 서로 바라보고 친밀감을 형성할 수 있도록 합니다.

수업 속 감정놀이

＊영역: 창의적 체험활동 → 자율활동 → 자치 · 적응활동

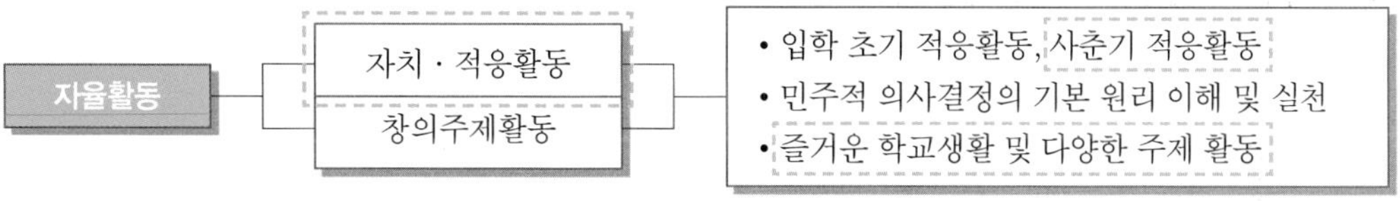

＊방법: 올바른 인간관계를 형성하기 위해서는 변화에 적응하는 능력과 적극적으로 대처하는 자세가 필요합니다. 서로를 알아 가는 놀이에 참여하여 긍정적인 첫인상을 형성하여 원만한 학교생활의 시작과 적응을 도울 수 있습니다.

놀이 순서

준비물: 빈 종이, 필기도구, 양면테이프, 가위, 포스트잇

① 양면테이프가 붙은 빈 종이 1장과 포스트잇 5장을 개인별로 나눠 줍니다.
② 양면테이프를 떼어낸 뒤 상대의 등 뒤에 붙여 줍니다.
③ 자리에서 일어나 평소 친하게 지내지 않았던 친구에게 다가갑니다.
④ "안녕하세요. 저는 ○○○입니다."로 자신을 소개합니다.
⑤ 상대에 대한 긍정적인 첫인상을 포스트잇에 적어 등 뒤의 종이에 붙입니다.
⑥ 정해진 시간이 되면 둥그렇게 앉아 가장 인상적인 점과 그 이유에 대해 발표합니다.

놀이 팁

• '예쁘다.'와 '웃는 모습이 예쁘다.'는 모두 긍정적인 첫인상에 해당하나 후자가 좀 더 기분 좋게 들립니다. 놀이에 참여하기 전 상대의 긍정적인 모습을 구체적으로 발견할 수 있도록, 예를 들어 안내하여 즐거운 감정놀이가 전개될 수 있도록 합니다.

참고문헌

교육부(2015). 2015 개정 교육과정 창의적 체험활동 해설.

1-1-4. 나의 명패 (변형놀이)

위에서 내려다본 태은이의 명패

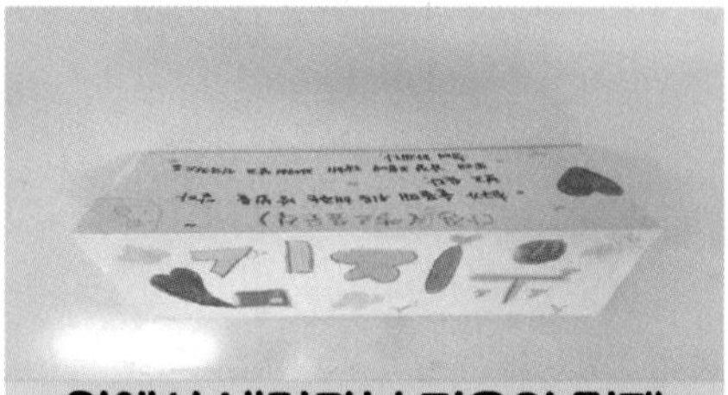

위에서 내려다본 지우의 명패

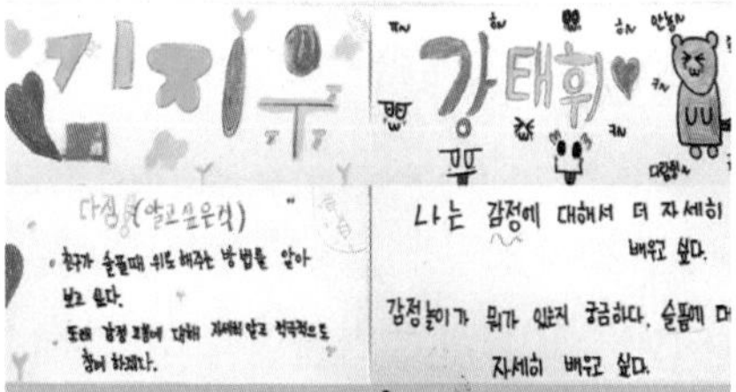

지우와 태휘의 다짐

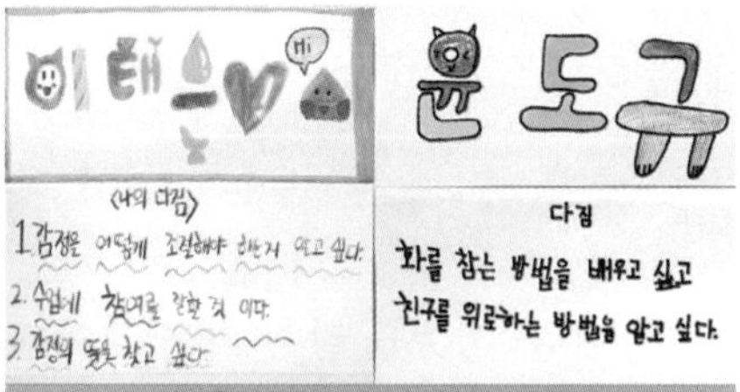

태은이와 도규의 다짐

활동 난이도:
☆☆☆

신체 움직임:
★★☆

놀이 유형:
반 전체

놀이 의도

'무섭게 생겼어요.' '재미있어요.' '마음이 따뜻해요.' 우리 반 사춘기가 제 명패에 남긴 글입니다. 첫 번째 글을 남긴 사춘기를 찾아내어 '너는 얼마나 선하게 생겼니?'라고 물어보고 싶지만 이 또한 관심이기에 고맙게 생각했던 슬픈 기억이 납니다. 3월 첫날, 아이들과 어떤 활동을 할 것인지 고민하는 선생님이 많습니다. 저마다 노하우가 있지만 저는 '나의 명패' 놀이를 많이 하곤 합니다. '나'라는 존재에 대해 생각해 보는 기회를 제공할 뿐만 아니라 상대로 하여금 호기심을 유발시켜 서로에게 다가갈 수 있는 여지를 주기 때문입니다. '나'를 담아 보는 '나의 명패' 놀이를 전개함으로 감정놀이에 참여하는 학생들 간 원만한 관계를 형성할 수 있도록 합니다.

수업 속 감정놀이

* 성취기준: [6미01-01] 자신의 특징을 다양한 방법으로 탐색할 수 있다. (5, 6학년군 미술과)
* 도움말: 자신의 외적·내적 특징을 마인드 맵, 브레인스토밍 등을 활용하여 찾아본 뒤 명패를 제작할 수 있습니다.

놀이 순서

준비물: 빈 종이, 색연필, 사인펜, 포스트잇, 풀

① 빈 종이 1장과 포스트잇 5장을 개인별로 나눠 줍니다.
② 명패를 꾸밀 때 필요한 색연필, 사인펜 등을 준비합니다.
③ 빈 종이를 4등분이 되도록 접습니다.
④ 앞면에는 이름을, 뒷면에는 소개 글과 또래 감정코칭에 참여하는 마음가짐 등을 적습니다.
⑤ 빈 종이 양끝을 풀로 붙여 삼각형이 되도록 합니다.
⑥ 자유롭게 돌아다니며 친구의 명패를 살펴봅니다.
⑦ 명패 주인에게 남기고 싶은 말을 포스트잇에 적어 명패에 붙입니다.
⑧ 붙어 있는 포스트잇 중 가장 인상적인 것을 발표합니다.

놀이 팁

- 사람은 친숙한 것을 선호하는 반면, 불편하거나 어색한 것을 피하고 싶어 하는 성향을 가지고 있습니다. 이는 명패에 대한 피드백을 남길 때 여실히 드러납니다. 교사의 안내가 없는 한, 열이면 열 대부분의 사춘기들은 평소 친분이 있는 친구의 명패를 찾아 떠날 것입니다. 어색한 분위기를 녹이고 프로그램에 참여하는 사춘기들끼리 친해질 수 있는 기회를 마련한다는 아이스브레이킹의 취지에 맞게 친한 친구에게 다가가기보다는 교류가 적은 친구의 명패를 유심히 살펴보고 피드백을 남길 수 있도록 합니다.

참고문헌

교육부(2015). 2015 개정 미술과 교육과정.

1-1-5. 이런 친구 저런 친구 (변형놀이)

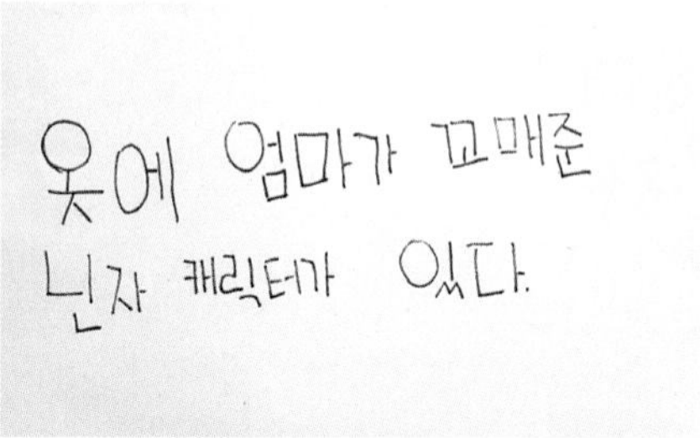

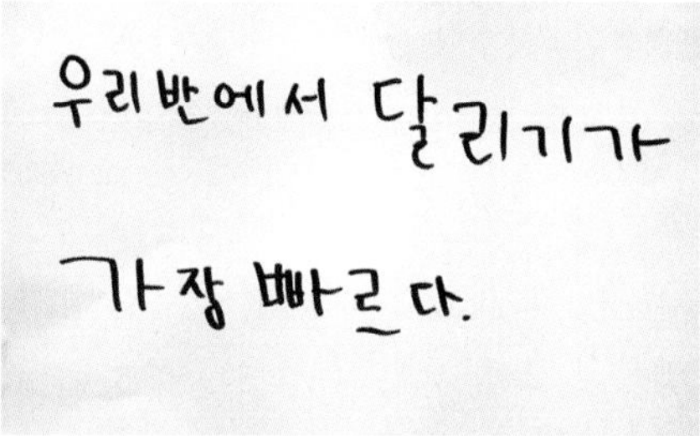

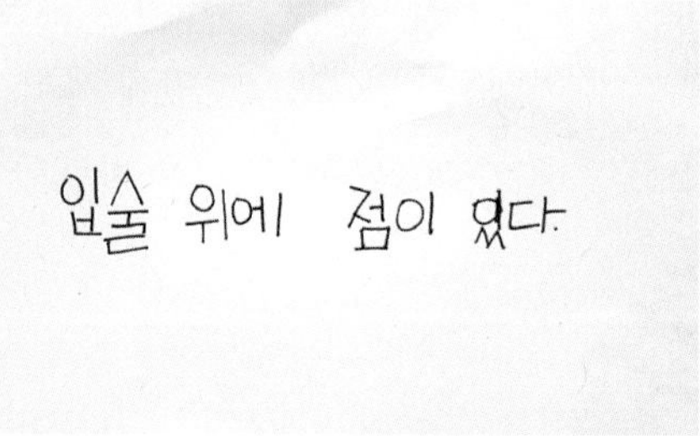

활동 난이도:
☆☆☆

신체 움직임:
★★☆

놀이 유형:
반 전체

놀이 의도

어려운 환경에서도 고운 품성을 잃지 않았던 신데렐라 이야기 다들 기억하시나요? 선은 권하고 악은 징계한다는 권선징악의 대표적인 이야기이기도 합니다. 신데렐라는 우여곡절 끝에 참석한 무도회에서 첫눈에 반한 왕자와 결혼을 하게 됩니다. 이때 이 둘을 연결해 주는 매개체가 무엇이었을까요? 정답은 유리구두입니다. 신데렐라 이야기를 들으며 사춘기들에게도 유리구두 같은 존재가 있다면 얼마나 좋을까 생각한 적이 있습니다. 어색한 사춘기들도 이러한 매개체가 있다면 금세 정을 나누는 사이가 될 수 있을 것이라 생각했기 때문입니다. 이렇게 탄생한 놀이가 '이런 친구 저런 친구'입니다. 이 놀이는 서로가 가진 모습 속에서 다가갈 수 있는 매개체를 발견하고 이를 계기로 이야기할 수 있는 분위기를 조성하는 것을 목적으로 하고 있습니다. 평소 친하게 지내지 않았던 친구의 모습을 유심히 살펴보면서 서로에게 관심을 갖는 '이런 친구 저런 친구' 놀이를 통하여 화기애애한 분위기를 만들어 봅시다.

수업 속 감정놀이

＊성취기준: [4도02-02] 친구의 소중함을 알고 친구와 사이좋게 지내며, 서로의 입장을 이해하고 인정한다. (3, 4학년군 도덕과)

＊도움말: 놀이를 통하여 사이좋은 친구의 첫걸음은 어색함을 이기고 서로에게 다가가는 것임을 알아차릴 수 있습니다.

놀이 순서

준비물: 빈 종이, 필기도구, 빈 통

① 빈 종이 1장을 개인별로 나눠 줍니다.
② 평소 친하게 지내지 않았던 친구의 모습을 유심히 살펴봅니다.
③ 모두가 동의할 수 있는 객관적인 특징 하나를 선택하여 빈 종이에 적습니다.
④ 종이를 접어 글자가 보이지 않도록 합니다.
⑤ 빈 통에 모은 뒤 제비뽑기를 합니다.
⑥ 특징에 해당하는 친구를 가장 빨리 찾아 선생님께 데리고 가는 사춘기가 승리합니다.

놀이 팁

- '착하다' '웃긴다' 등은 개인적인 생각일 뿐 다수의 소견은 아닐 수도 있습니다. 원만한 놀이를 전개하기 위해서는 모두가 동의할 수 있는 구체적인 특징을 발견하는 능력이 필요합니다. 본격적인 놀이에 앞서 친구를 유심히 관찰할 수 있는 시간을 마련하여 보다 객관적이고 그 친구에게만 있는 고유의 모습을 알아차릴 수 있도록 합니다.
- 모두가 동의할 수 있는 객관적인 특징의 예시는 다음과 같습니다.

–발 크기가 200mm인 친구
–머리를 붉은색으로 염색한 친구 등

참고문헌

교육부(2015). 2015 개정 도덕과 교육과정.

1-2-1. 여행을 떠나요 (기본놀이)

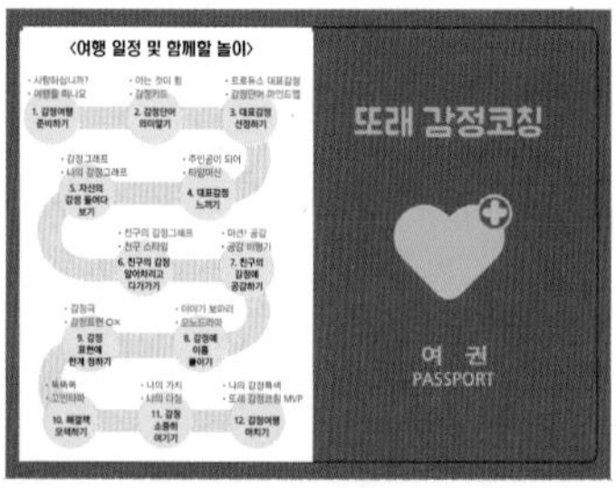

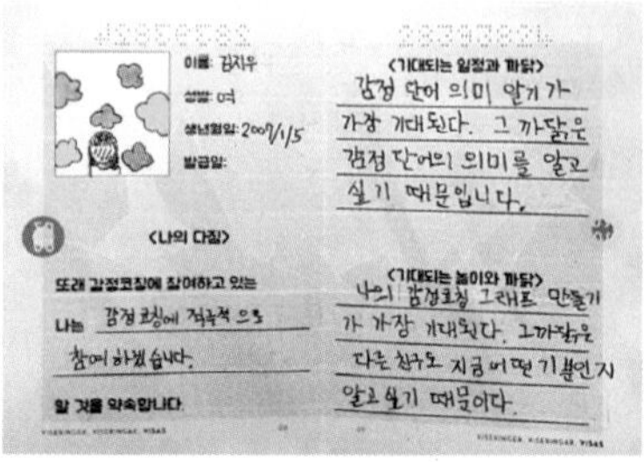

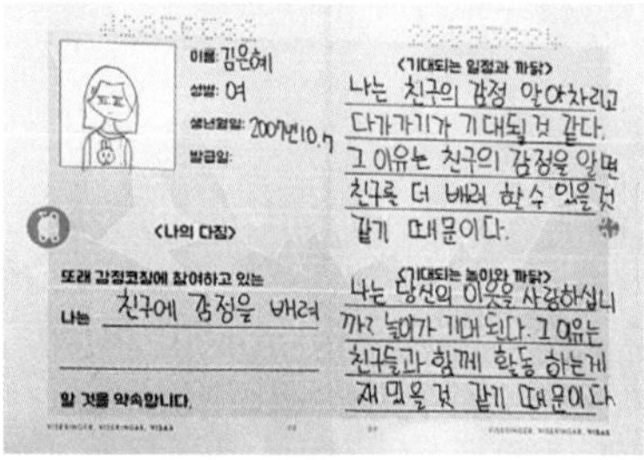

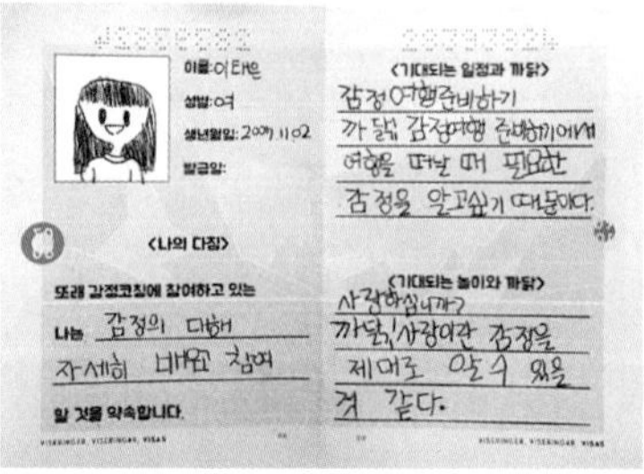

활동 난이도:
☆☆☆

신체 움직임:
☆☆☆

놀이 유형:
개인

놀이 의도

또래 감정코칭은 두 명 이상의 상호작용을 바탕으로 자신이 처한 상황을 돌아보고 더 나은 삶을 계획 · 실천한다는 점에서 집단상담과 방향을 같이합니다. 집단상담은 심리적 치료를 필요로 하는 사람을 대상으로만 운영되는 것이 아닙니다. 사춘기처럼 특정 시기에 해결해야 하는 과업으로 인하여 고통을 느끼거나 행동에 변화가 필요한 사람들의 자발적인 의지와 기대감으로 전개되기도 합니다. 이때 프로그램에 대한 높은 기대감은 참여하는 사람들로 하여금 자신의 속마음을 털어놓는 개방성과 타인의 감정과 의견을 받아들이는 수용성을 높여 주는 효과를 가지고 있습니다. 이에 '여행을 떠나요' 놀이를 통하여 앞으로 전개될 또래 감정코칭에 대한 정보를 공유함으로써 참여하고자 하는 의욕을 높이고 공동의 목표를 향해 나아가는 긍정적인 집단이 될 수 있도록 합니다.

수업 속 감정놀이

* 영역: 창의적 체험활동 → 자율활동 → 자치 · 적응활동
* 방법: 창의적 체험활동의 자율활동에서는 사춘기의 적응을 위한 프로그램을 학교가 자율적으로 편성 · 운영하여 학생 개인의 측면에서는 건전한 자아개념을 형성하고, 사회적인 측면에서는 청소년 문제를 해소할 수 있는 교육의 장을 마련할 것을 권장하고 있습니다. 창의적 체험활동을 활용하여 감정놀이를 전개함으로써 자기이해를 높이고 올바른 대인관계를 형성할 수 있도록 합니다.

놀이 순서

준비물: 또래 감정코칭 여권(부록 1), 가위, 필기도구

① 또래 감정코칭 여권(부록 1)을 개인별로 나눠 줍니다.
② 점선을 따라 오린 후 반으로 접어 책 모양으로 만듭니다.
③ 여권에 이름, 성별, 생년월일, 발급일, 다짐, 기대되는 일정과 놀이를 적습니다.
④ 완성된 여권을 살펴보며 또래 감정코칭에 성실히 임할 것을 다짐합니다.

놀이 팁

• 여권의 내용은 예시 자료이므로 참여하는 사춘기들의 흥미, 관심 등을 반영하여 그 내용을 수정 또는 변경할 수 있습니다.

참고문헌

교육부(2015). 2015 개정 교육과정 창의적 체험활동 해설.

1-2-2. 놀이박스 (변형놀이)

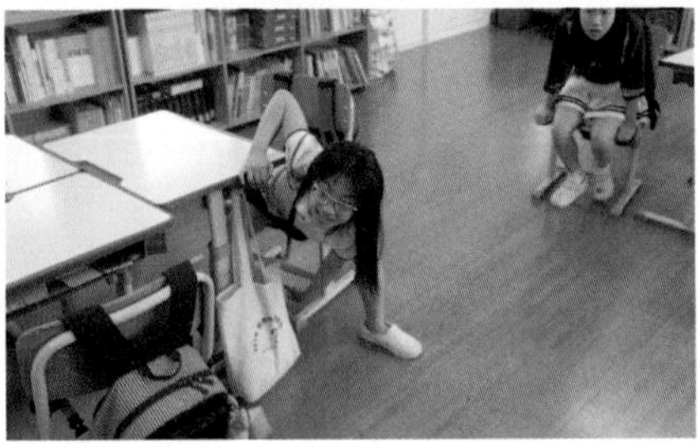

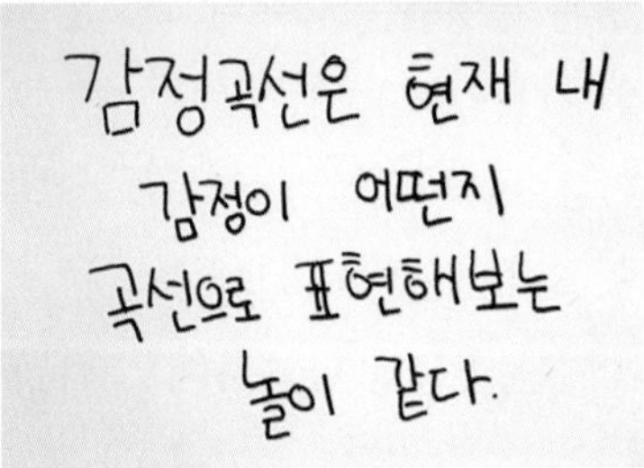

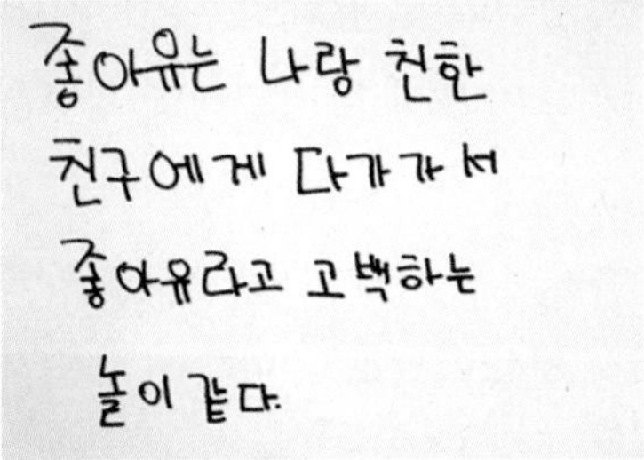

활동 난이도:
☆☆☆

신체 움직임:
☆☆☆

놀이 유형:
개인

놀이 의도

현란한 손짓으로 열었다 닫았다를 반복하는 철가방 안에 든 물건을 맞추는 놀이를 TV에서 한 번쯤 본 적이 있을 것입니다. 시청자인 저도 이리저리 살펴보며 어떻게든 맞춰 보겠다며 도전했던 기억이 생생합니다. 간단한 놀이인 것 같지만 이토록 재미있었던 이유는 무엇일까요? 바로 제한된 정보 제공에 있습니다. 정보가 적을수록 연상, 상상 활동이 활발해져 호기심을 자극하기 때문입니다. 박스 안에 있는 감정놀이 이름을 아주 살짝만 제시한 후 어떤 글자인지, 어떤 활동을 할 것 같은지 맞혀 보는 '놀이박스' 놀이를 통하여 또래 감정코칭에 대한 기대감을 높이고 적극적으로 참여하려는 의욕을 불러일으키도록 합니다.

수업 속 감정놀이

* 성취기준: [4미02-03] 연상, 상상하거나 대상을 관찰하여 주제를 탐색할 수 있다. (3, 4학년군 미술과)
* 도움말: 연상, 상상의 눈으로 감정놀이 이름을 바라봄으로써 또래 감정코칭이라는 대상을 탐색하도록 합시다.

놀이 순서

준비물: 빈 상자, 칼, 테이프, 빈 종이

① 빈 상자를 박스모양으로 만듭니다.
② 상자의 옆면을 칼로 잘라 문을 만듭니다.
③ 다양한 감정놀이 중 마음에 드는 이름을 선택하여 빈 종이에 적습니다.
④ 감정놀이 이름을 박스 안쪽에 붙입니다.
⑤ 상자의 문을 열어 글자를 조금만 보여 줍니다.
⑥ 어떤 글자인지 맞춰 봅니다.
⑦ 어떤 놀이일 것 같은지 예상하여 발표합니다.
⑧ 친구의 이야기를 경청하며 또래 감정코칭에 대한 기대감을 가집니다.

놀이 팁

- 저는 아직까지 철가방을 구하지 못했습니다. 만약 철가방을 활용하여 놀이를 전개한다면 폭발적인 호응을 얻을 수 있을 것입니다.
- '놀이박스'는 눈이 좋은 사람, 앞에 있는 사람일수록 유리한 놀이입니다. 이에 반 전체를 대상으로 하기보다 모둠원을 중심으로 놀이를 전개하여 사춘기들의 불평, 불만을 잠재우도록 합니다.

참고문헌

교육부(2015). 2015 개정 미술과 교육과정.

1-2-3. 싹트네 싹터요 (변형놀이)

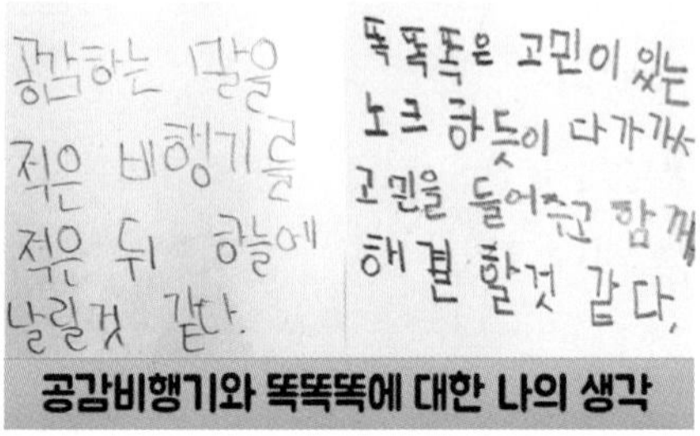

활동 난이도:
☆☆☆

신체 움직임:
★★☆

놀이 유형:
반 전체

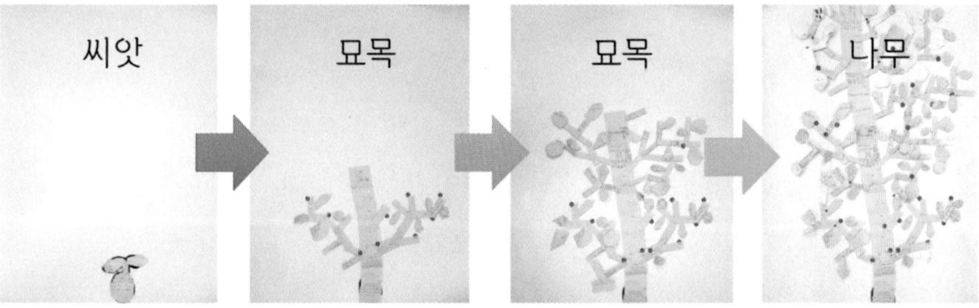

놀이 의도

또래 감정코칭의 긍정적인 힘은 자발성에서 비롯됩니다. 타인의 의지가 아닌 자발적인 의지로 다가갈 때 비로소 마음을 열고 대화할 수 있는 분위기가 형성되기 때문입니다. 자발적인 의지는 돈, 칭찬 같은 보상을 바라는 외재적 동기보다 친구를 위하는 마음과 성취감을 얻고자 하는 내재적 동기와 함께할 때 더욱 효과적입니다. 이에 하고 싶은 놀이나 활동을 포스트잇에 적어 새싹 모양으로 붙여 보는 '싹트네 싹터요' 놀이를 통하여 또래 감정코칭에 대한 정보와 기대감을 높일 뿐 아니라 내적 동기를 불러일으킴으로써 또래 감정코칭이 가진 목적에 도달할 수 있도록 합니다.

수업 속 감정놀이

* 성취기준: [4과13-01] 씨가 싹트거나 자라는 데 필요한 조건을 설명할 수 있다. (3, 4학년군 과학과)
* 도움말: 씨가 싹트거나 자라는 데 적당한 물과 온도가 필요하듯 또래 감정코칭 또한 참여하는 사람들의 자발성과 기대, 관심으로 무럭무럭 자랄 수 있음을 놀이를 통하여 느낄 수 있습니다.

놀이 순서

준비물: 전지, 빈 종이, 포스트잇, 필기도구

① 포스트잇 2장을 개인별로 나눠 줍니다.
② 다양한 감정놀이 중 마음에 드는 것을 선택하여 빈 종이에 적습니다.
③ 어떤 놀이일 것 같은지 예상하여 포스트잇에 적습니다.
④ 자신의 생각을 발표합니다.
⑤ 작성한 포스트잇을 활용하여 씨앗모양을 만듭니다.
⑥ 싹을 틔우기 위해서는 꾸준한 관심과 노력이 필요함을 알려 줍니다.
⑦ 또래 감정코칭에 관심을 갖고 적극적으로 참여할 수 있도록 합니다.

놀이 팁

- 감정놀이를 전개하다 보면 포스트잇로 된 다양한 소산물을 만날 수 있습니다. 포스트잇을 버리지 않고 모은 뒤 덧붙여서 점점 큰 나무로 성장시킬 수 있도록 합니다.

참고문헌

교육부(2015). 2015 개정 과학과 교육과정.

1-2-4. 큐레이톡 (변형놀이)

활동 난이도:
★☆☆

신체 움직임:
★★☆

놀이 유형:
반 전체

놀이 의도

한때 큐레이터와 관련된 드라마가 인기를 끌며 그 직업에 대한 선호도 또한 매우 높은 적이 있었습니다. 작품 수집 · 관리 · 전시를 총괄하는 큐레이터는 예술과 일반 사람들을 연결해 주는 가교 역할을 수행합니다. 예술을 잘 모르는 저 같은 사람에게 매우 고마운 대상이라 할 수 있습니다. 만약 또래 감정코칭에도 큐레이터 같은 존재가 있다면 얼마나 좋을까요? 처음이라 막막했던 마음은 어느새 기대와 설렘으로 가득할 것입니다. 이러한 생각에서 탄생한 놀이가 '큐레이톡'입니다. 큐레이터와 Talk의 합성어인 '큐레이톡'은 또래 감정코칭과 관련된 그림, 친구들의 글을 살펴보며 앞으로의 일정에 대해 기대감을 갖는 놀이입니다. '큐레이톡' 놀이를 통하여 또래 감정코칭의 세계로 빠져 봅시다.

수업 속 감정놀이

*성취기준: [6실05-01] 일과 직업의 의미와 중요성을 이해한다. (5, 6학년군 실과)

*도움말: 다양한 직업과 일에 대해 알아본 후 큐레이터가 되어 활동해 봄으로써 직업의 중요성을 느끼는 동시에 또래 감정코칭에 대한 기대감을 높일 수 있습니다.

놀이 순서

준비물: 단계별 대표그림(부록 2), 포스터잇, 필기도구

① 단계별 대표그림(부록 2)을 준비하여 교실에 전시합니다.
② 포스트잇 7장을 개인별로 나눠 줍니다.
③ 교실을 자유롭게 돌아다니며 그림을 살펴봅니다.
④ 또래 감정코칭 각 단계에 대한 생각이나 느낌을 포스트잇에 적어 붙입니다.
⑤ 친구들의 생각을 살펴보며 또래 감정코칭에 참여하고자 하는 기대감을 높입니다.

놀이 팁

- 부록 2의 사진과 그림은 예시 자료이므로 허용적인 분위기를 조성하여 학급실태에 따라 수정 · 보완할 수 있습니다. 사춘기들의 지적 호기심을 자극하도록 합니다.
- 사춘기 초기를 대상으로 놀이를 전개할 경우 사진에 간단한 설명을 덧붙여서 막연함을 느끼지 않도록 합니다.

참고문헌

교육부(2015). 2015 개정 실과(기술 · 가정)/정보과 교육과정.

둘째 날.
감정단어 의미 알기

첫째 날 놀이를 마친 사춘기들의 반응은 어떤가요? 또래 감정코칭에 참여하고자 하는 열정이 가득하지 않은가요? 이제는 그들에게 감정이란 무엇인지 알려 주어야 할 때입니다.
'감정단어 의미 알기'와 관련된 감정놀이를 통하여 다양한 감정단어의 의미를 파악해 봄으로써 자신과 타인의 감정을 알아차릴 수 있는 기반을 마련하여 봅시다.

2-1 감정놀이의 목적

다양한 감정단어의 의미를 파악해 봄으로써 감정에 대한 이해를 돕습니다.

2-2 감정놀이의 목적

감정단어가 가진 의미를 심층 탐구하며 대표감정을 선정할 수 있는 역량을 함양할 수 있도록 합니다.

2-1-1. 아는 것이 힘! (기본놀이)

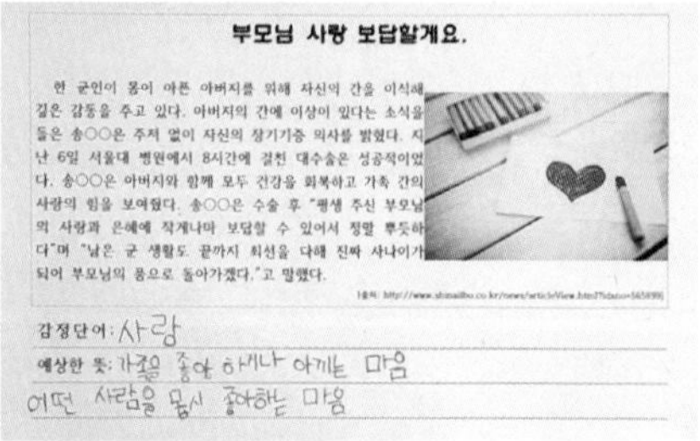

부모님 사랑 보답할게요.

한 군인이 몸이 아픈 아버지를 위해 자신의 간을 이식해 깊은 감동을 주고 있다. 아버지의 간에 이상이 있다는 소식을 들은 송○○은 주저 없이 자신의 장기기증 의사를 밝혔다. 지난 6일 서울대 병원에서 8시간에 걸친 대수술은 성공적이었다. 송○○은 아버지와 함께 모두 건강을 회복하고 가족 간의 사랑의 힘을 보여줬다. 송○○은 수술 후 "평생 주신 부모님의 사랑과 은혜에 작게나마 보답할 수 있어서 정말 뿌듯하다"며 "남은 군 생활도 끝까지 최선을 다해 진짜 사나이가 되어 부모님의 품으로 돌아가겠다."고 말했다.

감정단어: 사랑
예상한 뜻: 가족을 좋아 하거나 아끼는 마음
어떤 사람을 몹시 좋아하는 마음

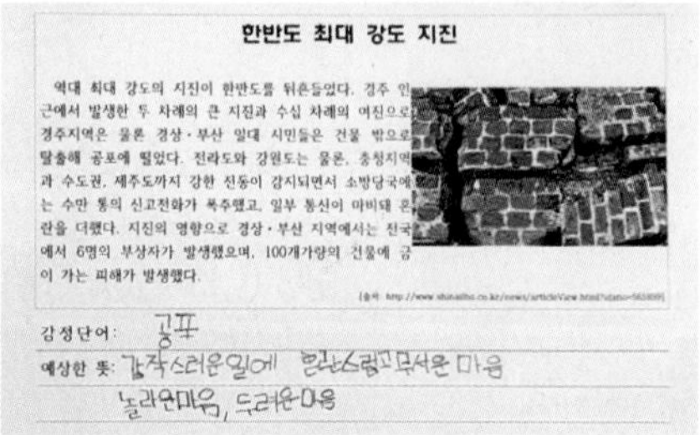

한반도 최대 강도 지진

역대 최대 강도의 지진이 한반도를 뒤흔들었다. 경주 인근에서 발생한 두 차례의 큰 지진과 수십 차례의 여진으로 경주지역은 물론 경상·부산 일대 시민들은 건물 밖으로 탈출해 공포에 떨었다. 전라도와 강원도는 물론, 충청지역과 수도권, 제주도까지 강한 진동이 감지되면서 소방당국에는 수만 통의 신고전화가 폭주했고, 일부 통신이 마비돼 혼란을 더했다. 지진의 영향으로 경상·부산 지역에서는 전국에서 6명의 부상자가 발생했으며, 100개가량의 건물에 금이 가는 피해가 발생했다.

감정단어: 공포
예상한 뜻: 갑작스러운 일에 혼란스럽고 무서운 마음
놀라운 마음, 두려운 마음

활동 난이도:
★☆☆

신체 움직임:
★☆☆

놀이 유형:
개인

놀이 의도

감정이란 무엇일까요? 삶에서 없어선 안 될 존재인 건 분명한데 한 문장으로 정의하기란 참 까다롭습니다. 감정같이 큰 단위의 개념을 이해하기 위해서는 숲보다는 나무를 보는 지혜가 필요합니다. 시냇물이 모여 큰 강을 이루듯 감정단어가 가진 뜻을 하나씩 알아 갈 때 비로소 감정이란 무엇인지, 어떤 특징을 지니고 있는지 알아차릴 수 있기 때문입니다. 교과서에 등장하거나 비교적 사춘기들에게 친숙한 감정단어의 의미를 파악해 보는 '아는 것이 힘!' 놀이를 통하여 감정이해의 첫걸음을 내딛도록 합니다.

수업 속 감정놀이

＊성취기준: [4국04-01] 낱말을 분류하고 국어사전에서 찾는다. (3, 4학년군 국어과)

＊도움말: 낱말 분류에 대한 기초적인 지식을 바탕으로 국어사전에서 낱말을 정확하게 찾는 방법을 알아본 뒤 자신이 알지 못하는 감정단어의 의미를 찾아봅니다.

놀이 순서

준비물: 신문기사(부록 3), 국어사전, 감정단어(부록 4), 필기도구

① 모둠을 조직한 후 신문기사(부록 3)와 국어사전을 개인별로 나눠 줍니다.

② 신문기사를 살펴보며 감정단어를 찾아봅니다.

③ 감정단어의 의미를 예상해 봅니다.

④ 자신의 예상이 맞는지 국어사전에서 찾아 확인합니다.

⑤ 감정단어(부록 4)를 개인별로 제시합니다.

⑥ 의미를 알고 있는 것에 ○표시를 합니다.

⑦ 알지 못하는 감정단어는 국어사전을 활용하여 의미를 파악합니다.

⑧ 자신이 찾은 감정단어의 의미를 친구들과 공유합니다.

⑨ 감정단어를 살펴보며 감정이란 무엇인지 생각해 볼 수 있도록 합니다.

놀이 팁

- 2005년 연구에 따르면 우리말 중 감정을 표현하는 단어가 430여 개 정도 된다고 하나(박인조, 2005) 언어가 지닌 변화와 창조성이라는 특성을 감안하면 10여 년이 흐른 지금 더 많은 감정단어가 존재할 것으로 예상됩니다. 부록 4의 감정단어는 교과서에 등장하거나 사춘기들에게 비교적 친숙한 것을 선정해 놓은 것이므로 학급 사정에 따라 추가하거나 뺄 수 있습니다.

참고문헌

교육부(2015). 2015 개정 국어과 교육과정.

박인조(2005). 한국어 감정단어의 목록 작성과 차원 탐색. 한국심리학회지 사회 및 성격, 19(1), 109-129.

2-1-2. 선택 (변형놀이)

활동 난이도:
☆☆☆

신체 움직임:
★★★

놀이 유형:
개인

놀이 의도

우리 반 버럭이 태훈이는 한번 화가 나면 자신의 분에 못 이겨 '내가 지금 기분이 좋지 않으니 조심하라.'는 듯 동네방네 돌아다니며 티를 내는 습관을 가지고 있었습니다. 이날도 무슨 일 때문인지 화가 잔뜩 났고 이러다 사고 칠까 하는 두려운 마음에 태훈이를 불렀습니다. 그런데 태훈이와 이야기하며 정말 놀라운 사실 한 가지를 발견하였습니다. 바로 자신이 화가 났다는 사실을 전혀 인지하지 못하고 있다는 것이었습니다. 아니 누가 봐도 분에 가득 차 있는데 선생님을 놀리려고 연기하는 것이 아닌가 하는 의구심까지 들었습니다. 의아한 마음에 왜 씩씩거리면서 돌아다녔냐고 물어보니 답답한 마음에 그랬다고 대답하였습니다. 비단 태훈이만의 이야기는 아닐 것입니다. 강한 분노, 두려움, 슬픔을 표현하는 사춘기와 이야기를 하다 보면 현재 느끼는 감정을 정확하게 표현하지 못하는 경우를 발견하곤 합니다. 이렇게 헤아리지 못한 감정은 이내 답답함으로 연결되고 사춘기의 불안한 정서를 가중시켜 더욱 혼란에 빠뜨리기도 합니다. 이럴 때 필요한 것이 감정단어입니다. 풍부한 감정단어 어휘력은 현재의 감정을 인식하는 데 힘이 되는 것은 물론 강한 감정을 불러일으켰던 근원과 해결의 실마리를 찾는 데 도움이 되기 때문입니다. 감정단어가 가진 힘 놀랍지 않으신가요? 올바른 감정단어의 뜻을 찾아보는 '선택' 놀이를 통하여 감정이해 및 조절의 밑바탕을 마련할 수 있도록 합니다.

수업 속 감정놀이

* 성취기준: [2국04-04] 글자, 낱말, 문장을 관심 있게 살펴보고 흥미를 가진다. (1, 2학년군 국어과)

* 도움말: 일상생활에서 자주 사용하는 감정단어를 활용한 놀이를 통하여 글자, 낱말, 문장을 호기심 있게 살펴보며 나아가 탐구하는 자세를 기를 수 있습니다.

놀이 순서

준비물: 빈 종이, 감정단어 의미 및 짧은 글(부록 6), 필기도구

① 놀이에 활용할 감정단어를 선택한 후 감정단어 의미를 부록 6에서 확인합니다.
② 각각의 종이에 올바른 뜻과 그렇지 않은 뜻을 적습니다.
③ 두 명의 사춘기를 등을 맞대어 서게 한 후 앞으로 한 발짝씩 나아가도록 합니다.
④ 두 사춘기 사이에 올바른 의미와 그렇지 않은 의미가 적힌 종이를 둡니다.
⑤ 선택한 감정단어를 말합니다.
⑥ 시작이라는 소리에 등을 돌려 올바른 의미를 찾도록 합니다.
⑦ 올바른 의미를 먼저 집어 드는 사춘기가 승리합니다.

놀이 팁

- 서로 자신이 먼저 잡았다고 주장하는 경우 친구들의 의견을 참고하거나 가위바위보 등의 다른 수단을 통하여 승자를 가릴 수 있도록 합니다.

참고문헌

교육부(2015). 2015 개정 국어과 교육과정.

2-1-3. 열려라 참깨 (변형놀이)

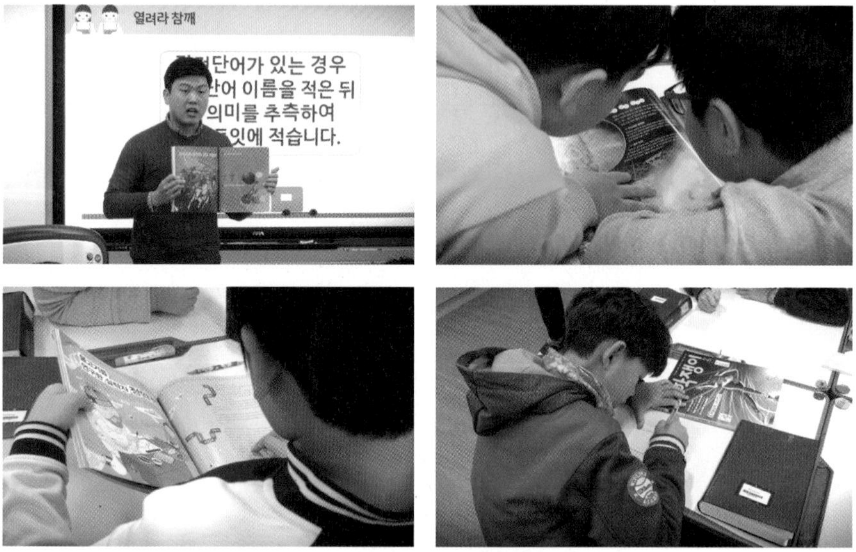

추측한 의미	행복이란 친구들과 함께 놀이를 하거나 기쁜일이 있을때 쓰는 말인거 같다.	짜증은 누군가 날 치고 갈때 짜증 날때이다	신나는 이란 친구들과 함께 협동하며 놀았다는 을때 신난다라고 말을 쓴다.	공포영화를 보다 오빠가 놀래켜서 무섭다.
국어사전에서 찾은 의미	사람들이 생활속에서 기쁘고 즐거운 만족을 느끼는 상태에 있는것	짜증난다 뜻; 기분이 나쁘거나 귀찮아 싫은 표시를 한다	어떤 일에 흥미나 열성이 생겨 기분이 매우 좋다.	위험이나 위협을 느껴 마음이 떨리고 불안하다.

활동 난이도:
★☆☆

신체 움직임:
★☆☆

놀이 유형:
모둠

놀이 의도

사람은 언어와 비언어로 된 메시지를 주고받으며 살아갑니다. 언어를 통한 의사소통은 생각이나 감정을 정확하게 전달할 수 있는 반면, 쉽게 왜곡될 수 있다는 이중성을 가지고 있습니다. 이는 정확한 의사소통을 위해서는 자신이 의도한 바를 효과적으로 전달할 수 있는 어휘력이 뒷받침되어야 함을 시사합니다. 감정표현도 마찬가지입니다. 열 마디 말보다 현재 자신이 느끼는 감정을 한 단어로 표현하는 것이 더 효과적인 것처럼 말입니다. 사춘기들이 자주 보는 잡지에서 감정단어를 찾고 문맥이나 배경지식을 활용하여 의미를 추론해 보는 '열려라 참깨'를 통하여 감정단어와 친해지는 시간을 가져 보시기 바랍니다.

수업 속 감정놀이

* 성취기준: [4국02-03] 글에서 낱말의 의미나 생략된 내용을 짐작한다. (3, 4학년군 국어과)
* 도움말: 놀이를 통하여 문맥을 바탕으로 모르는 단어의 의미를 짐작, 추측하는 방법을 익힐 수 있습니다.

놀이 순서

준비물: 잡지, 포스트잇, 필기도구, 국어사전

① 모둠을 조직한 후 모둠별로 잡지를 준비합니다.
② 포스트잇 3장을 개인별로 나눠 줍니다.
③ 가위바위보를 통하여 순서를 정합니다.
④ 순서에 따라 잡지의 아무 곳이나 펴서 감정단어가 있는지 살펴봅니다.
⑤ 감정단어가 있는 경우 글의 전체적인 흐름을 바탕으로 감정단어의 의미를 추측하여 포스트잇에 적습니다.
⑥ 감정단어가 없는 경우 다음 사람에게 기회를 넘깁니다.
⑦ 국어사전을 활용하여 정확한 의미를 파악해 봅니다.
⑧ 자신이 찾은 감정단어를 모둠원과 공유합니다.

놀이 팁

- 연예인이 등장하는 잡지를 활용할 경우 사춘기들의 폭발적인 호응을 얻을 수 있습니다.
- '낫 놓고 기역 자도 모른다.'라는 속담처럼 감정단어를 눈앞에 두고 찾지 못하는 사춘기들이 있습니다. 이러한 경우 감정단어의 조건(주관성, 비의도성, 신체적 반응)에 대해 알아본 후 놀이를 전개하여도 좋습니다.

참고문헌

교육부(2015). 2015 개정 국어과 교육과정.

2-1-4. 알고 쓰신감? (변형놀이)

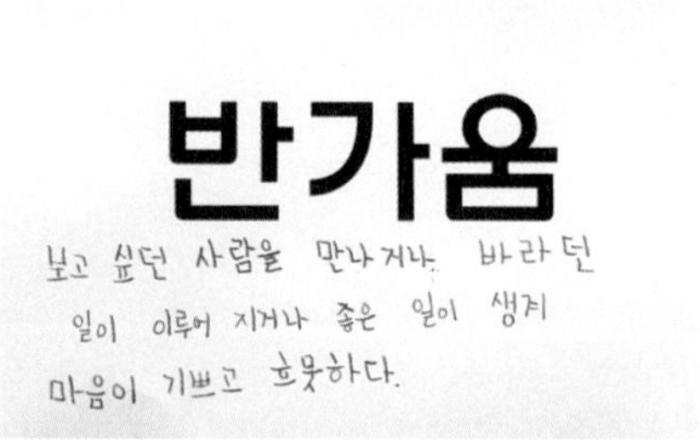

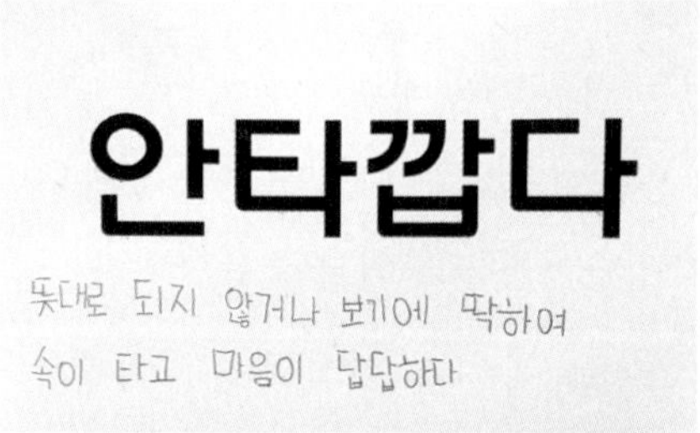

활동 난이도:
★☆☆

신체 움직임:
★★☆

놀이 유형:
개인

놀이 의도

'재미있다'와 '흥겹다'는 '즐겁다'라는 긍정적인 상태를 나타내는 감정단어이나 전자는 아기자기하게 즐거운 상태를, 후자는 매우 흥이 나게 즐거운 상태를 의미합니다. 즉, '흥겹다'가 '재미있다'보다 상대적으로 더 강한 위치에 있으며 격양된 상태를 의미합니다. 두 단어의 차이를 알고 있는 사춘기는 감정상태에 따라 적절한 단어를 활용할 것이나 그렇지 않은 사춘기는 '즐겁다'로 뭉뚱그려 표현할 것입니다. 이처럼 감정단어의 의미를 정확하게 파악해 두는 것은 자신의 감정을 보다 효과적으로 표현하는 데 도움이 된답니다. 이에 실생활에서 자주 사용하나 의미를 애매모호하게 알고 있는 것들을 활용한 '알고 쓰신감?' 놀이를 통하여 감정단어의 정확한 뜻을 알아보도록 합니다.

수업 속 감정놀이

* 성취기준: [4국04-01] 낱말을 분류하고 국어사전에서 찾는다. (3, 4학년군 국어과)
* 도움말: 낱말의 기본형에 대해 알아본 후 모르는 감정단어를 국어사전에서 찾아 의미를 확인할 수 있습니다.

놀이 순서

준비물: 감정단어(부록 4), 빈 종이, 국어사전, 필기도구

① 책걸상을 옆으로 밀어 공간을 만듭니다.
② 빈 종이에 감정단어(부록 4)의 이름을 적은 뒤 감정단어 이름이 보이지 않도록 교실 가운데에 뒤집어 놓습니다.
③ 감정단어 옆에 국어사전을 놓아둡니다.
④ 시작이라는 소리에 맞추어 종이를 뒤집어 감정단어를 확인합니다.
⑤ 의미를 아는 경우에는 그 감정단어를 가지고 갑니다.
⑥ 의미를 알지 못하는 경우에는 국어사전을 활용하여 의미를 파악하여 봅니다.
⑦ 감정단어가 모두 소진되면 제자리로 돌아갑니다.
⑧ 자신이 가지고 있는 단어의 의미를 친구들에게 설명합니다.

놀이 팁

- '알아 두면 고맙고 쓰임이 많은 신기한 감정단어'의 준말인 '알고 쓰신감?'은 한 TV프로그램에서 아이디어를 얻어 만든 놀이입니다. 여행 중 알게 된 사실과 느낀 점을 공유하는 프로그램을 보며 사춘기들도 언젠가 감정을 주제로 서로 진지하게 이야기 나누면 좋겠다는 희망을 제목에 담아 보았습니다.
- '알고 쓰신감?'은 '감정단어를 제대로 알고 쓰고 있는가?'와 '감정단어 의미를 알아 두면 도움이 된다.'는 두 가지 의미를 가지고 있습니다. 놀이 전 제목만으로 어떤 놀이일 것 같은지 예상해 보는 것도 재미있습니다.

참고문헌

교육부(2015). 2015 개정 국어과 교육과정.

2-1-5. 감정단어의 조건 (변형놀이)

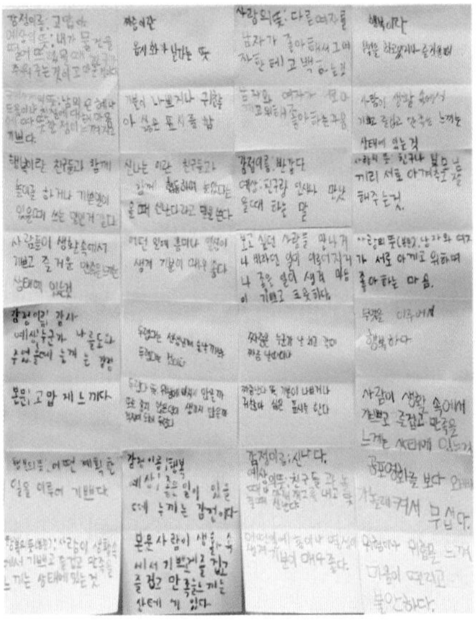

활동 난이도:
★☆☆

신체 움직임:
★★☆

놀이 유형:
개인

놀이 의도

'생각하다' '고민하다'를 감정단어라고 할 수 있을까요? 그렇다면 '사랑한다' '고맙다'는 어떤가요? 전자는 애매모호하지만 후자는 감정단어임에 틀림없습니다. 감정단어가 되기 위해서는 주관성, 비의도성, 신체적 반응 수반이라는 이 세 가지 조건이 충족되어야 합니다(차경미, 2013). 주관성이란 동일한 상황, 같은 자극일지라도 받아들이는 사람에 따라 차이를 보이는 것을, 비의도성이란 스스로의 의지와 상관없이 발생하는 것을, 신체적 반응이란 말 그대로 내적 · 외적 변화를 일으키는 것을 의미합니다. 자신이 생활하는 공간에서 세 가지 조건을 만족하는 감정단어를 찾아보는 '감정단어의 조건' 놀이에 참여하며 감정단어가 가진 특성과 의미를 이해해 봅시다.

수업 속 감정놀이

＊성취기준: [2국05-02] 인물의 모습, 행동, 마음을 상상하며 그림책, 시나 노래, 이야기를 감상한다. (1, 2학년군 국어과)

＊도움말: 감정단어가 포함되어 있는 그림책을 찾아본 뒤 작품의 내용이나 표현에서 오는 느낌과 분위기를 살려서 노래하거나 낭독 혹은 낭송함으로써 감정단어의 의미를 파악할 뿐 아니라 작품의 수용 능력을 향상시킬 수 있습니다.

놀이 순서

준비물: 책, 포스트잇, 필기도구, 국어사전

① 포스트잇 3장을 개인별로 나눠 줍니다.

② 포스트잇을 반으로 접습니다.

③ 감정단어가 될 수 있는 조건에 대하여 알아봅니다.

④ 도서관을 방문하여 다양한 책의 제목을 살펴봅니다.

⑤ 책 제목에 감정단어가 포함된 것을 찾아봅니다.

⑥ 삽화, 책의 내용 등으로 감정단어의 의미를 짐작해 봅니다.

⑦ 예상한 의미를 포스트잇 상단에 적어 책에 붙입니다.

⑧ 국어사전을 활용하여 정확한 의미를 파악한 후 포스트잇 하단에 기록합니다.

⑨ 예상한 뜻과 국어사전에서 찾은 뜻을 비교하여 봅니다.

놀이 팁

• 그림책의 삽화는 단순히 내용을 보조하는 역할에 그치지 않습니다. 문자에 담지 않은 내용을 의도적으로 담아 두기도 합니다. 초등학교 저학년의 경우 그림책을 적극적으로 놀이에 활용하여 감정단어의 의미를 예상해 볼 수 있도록 합니다.

참고문헌

교육부(2015). 2015 개정 국어과 교육과정.

차경미(2013). 감정 어휘 교육 내용 연구. 서울대학교 대학원 석사학위논문.

2-2-1. 감정카드 (기본놀이)

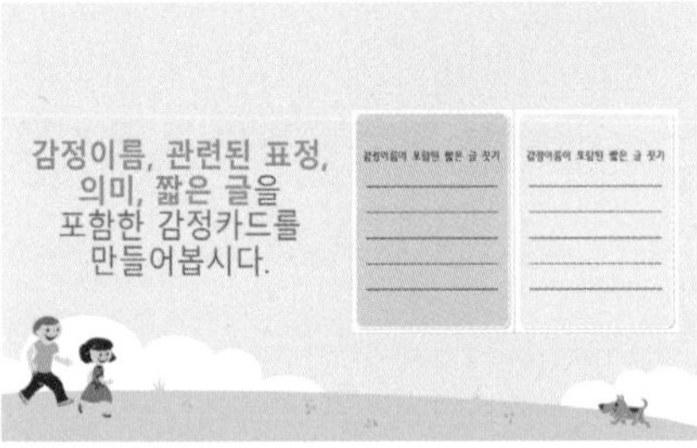

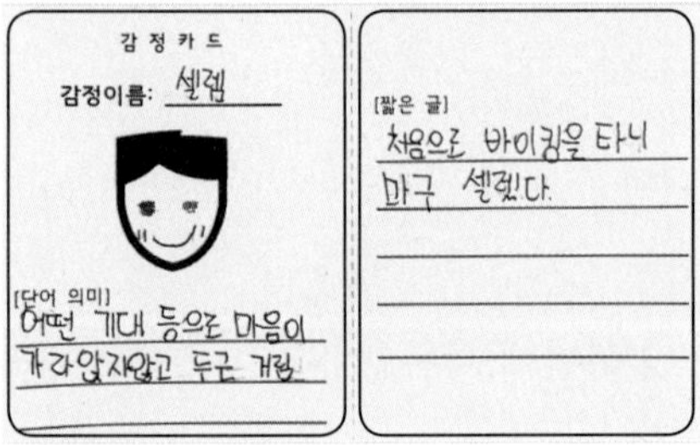

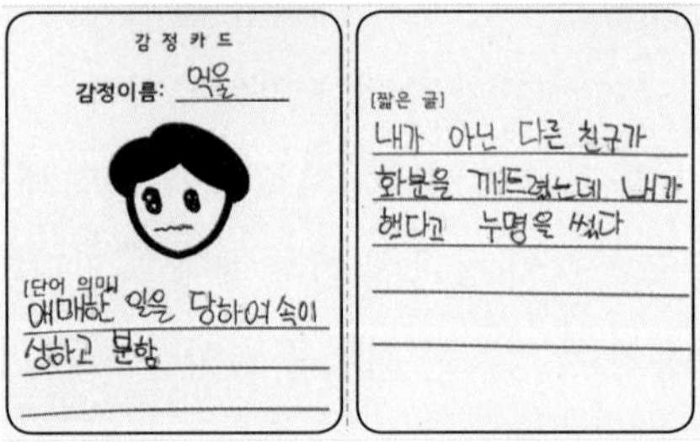

활동 난이도:
★☆☆

신체 움직임:
☆☆☆

놀이 유형:
개인

놀이 의도

문제행동을 보이는 사춘기와 상담을 하다 보면 '싫어서요' '짜증나서요' 등의 몇몇 단어로 자신의 감정을 대변하곤 합니다. 이는 폭발한 감정을 추스르지 못한 이유도 있겠으나 어떤 감정단어를 활용하여 자신의 감정을 표현할지 모름에서 발생하는 현상이기도 합니다. 만약 '짜증'이라는 단어 대신 '서운함'이라고 자신의 감정을 정확히 표현했다면 어땠을까요? 선생님은 '서운함'이라는 감정의 근원이 무엇인지, 어떤 도움을 줄 수 있는지 빠르고 정확하게 파악할 수 있었을 것입니다. 이처럼 감정단어는 감정파악뿐만 아니라 해소에도 많은 도움을 준답니다. 감정단어의 의미, 표정, 짧은 글이 포함된 '감정카드'를 제작해 보며 감정단어가 가진 의미와 특성에 대해 알아볼 뿐만 아니라 자신의 감정을 들여다보고 타인의 감정을 알아차릴 수 있는 기반을 마련해 봅시다.

수업 속 감정놀이

* 성취기준: [4국04-01] 낱말을 분류하고 국어사전에서 찾는다. (3, 4학년군 국어과)
* 도움말: 모르는 감정단어를 국어사전에서 찾아 의미를 파악한 후 감정카드를 완성할 수 있습니다.

놀이 순서

준비물: 감정카드(부록 5), 필기도구, 풀

① 감정카드(부록 5)를 준비합니다.

② 점선을 따라 오린 후 일점쇄선을 중심으로 접습니다.

③ 풀을 이용하여 양면을 붙입니다.

④ 선호하는 감정단어를 선택하되, 서로 겹치지 않도록 합니다.

⑤ 자신이 선택한 감정단어 이름을 적습니다.

⑥ 선택한 감정에 어울리는 표정을 그립니다.

⑦ 국어사전을 활용하여 감정단어의 의미를 파악하여 기록합니다.

⑧ 감정단어를 활용한 짧은 글을 짓습니다.

⑨ 제작한 감정카드를 발표합니다.

놀이 팁

- 하나의 감정카드를 제작하는 데 5분 정도 소요됩니다. 20분이라는 시간 안에 놀이를 마치기 위해서는 한 사람당 2개 정도의 감정카드를 제작하는 것이 바람직합니다.
- 제약된 시간으로, 제작하지 못한 감정카드는 부록 6의 감정단어 의미 및 짧은 글을 참고하여 쉽게 완성할 수 있습니다.

참고문헌

교육부(2015). 2015 개정 국어과 교육과정.

2-2-2. 빙산의 일각 (변형놀이)

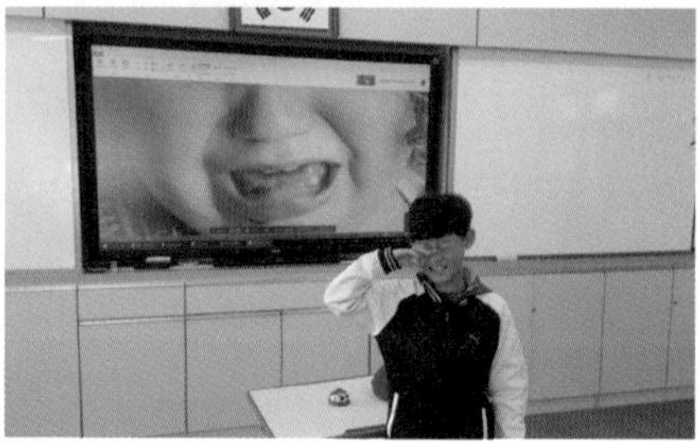

활동 난이도:
☆☆☆

신체 움직임:
★★★

놀이 유형:
모둠

놀이 의도

'표정으로 말한다.' 참으로 아이러니한 문구입니다. 말은 입에서 나오기 마련인데 표정으로 말한다니 앞뒤가 전혀 맞지 않는 것만 같습니다. 그러나 한 연구에 따르면 우리는 10%의 언어와 90%의 준언어적 · 비언어적 수단을 활용하여 의사를 표현하며 살아간다고 합니다. 이는 억양, 강세 등의 준언어적 수단과 몸짓, 자세, 표정 같은 비언어적 수단이 의사소통에서 얼마나 중요한 역할을 행사하는지 알 수 있습니다. 그럼에도 불구하고 감정을 드러내 본 경험이 부족하기에 감정은 드러내는 것보다 감추는 것이 미덕이라는 우리나라의 문화 때문에 자신의 감정을 마음껏 표정, 몸짓에 담아오지 못한 것이 현실입니다. 이에 표정의 일부분을 살펴본 뒤 어떤 감정을 표현한 것인지 감정단어 이름과 의미를 맞혀 보는 '빙산의 일각' 놀이를 통하여 언어적 · 준언어적 · 비언어적 정보의 일관성을 강화함으로써 정확한 의사표현과 소통의 기반을 마련하도록 합니다.

수업 속 감정놀이

*성취기준: [2국01-03] 자신의 감정을 표현하며 대화를 나눈다. (1, 2학년군 국어과)

*도움말: 놀이를 통하여 감정에 어울리는 표정에 대하여 알아본 후 대화를 나눔으로써 타인과의 관계를 유지하고 발전시키는 능력을 기를 수 있습니다.

놀이 순서

준비물: 다양한 표정(부록 7), 종, 실물화상기

① 다양한 표정이 드러난 사진(부록 7)을 준비합니다.
② 책걸상을 옆으로 밀어 공간을 만듭니다.
③ 모둠을 조직합니다. 단, 각 모둠원의 수는 동일하게 합니다.
④ 출발점을 정한 뒤 각 모둠의 첫 번째 주자가 나올 수 있도록 합니다.
⑤ 실물화상기를 활용하여 사진의 일부분만 보여 줍니다.
⑥ 정답을 알아차린 사춘기는 앞으로 나와 종을 칩니다.
⑦ 감정단어 이름과 의미를 말한 후 사진과 같은 표정을 짓습니다.

놀이 팁

- 실물화상기가 없는 경우 인물의 표정을 크게 인쇄하여 일부만 보이도록 접은 뒤 보여줌으로써 놀이를 전개할 수 있습니다.

참고문헌

교육부(2015). 2015 개정 국어과 교육과정.

2-2-3. 나는야 시인

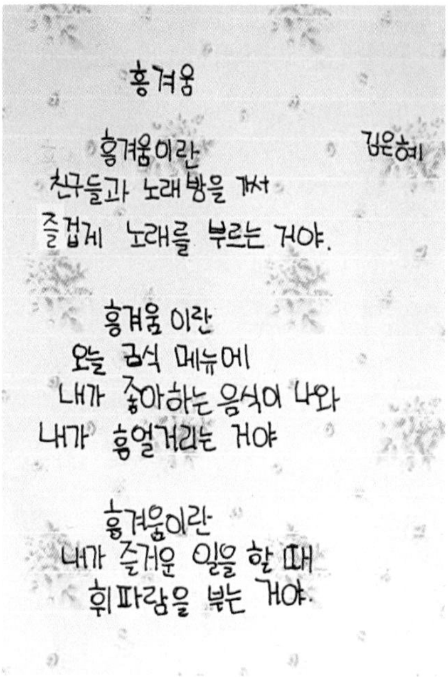

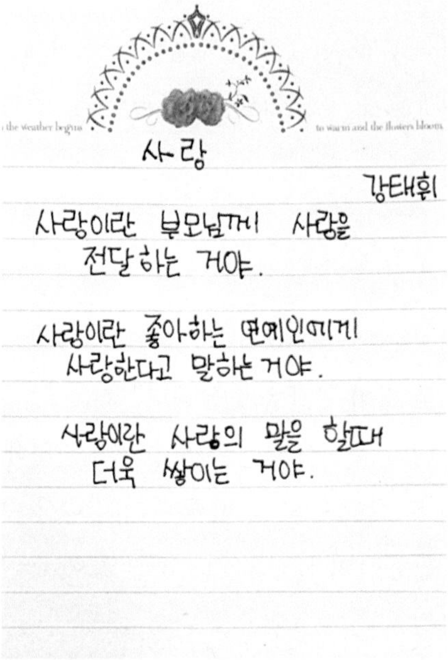

활동 난이도:
☆☆☆

신체 움직임:
☆☆☆

놀이 유형:
개인

놀이 의도

봄 꽃 피는 날

용혜원

봄 꽃 피는 날 난 알았습니다
내 마음에 사랑나무
한 그루 서 있었다는 걸

봄 꽃 피는 날 난 알았습니다
내 마음도 꽃이 활짝
피어났다는 걸

봄 꽃 피는 날 난 알았습니다
그대가 나를 보고
활짝 웃는 이유를

〈봄 꽃 피는 날〉을 읽으며 사랑하고 싶거나 사랑하는 사람이 보고 싶지는 않으셨나요? 시는 읽는 이로 하여금 풍부한 감정을 느낄 수 있도록 돕는데, 이는 시가 가진 정서적 환기라는 매력적인 요인에서 기인합니다. 그렇다면 아름다운 시는 어떻게 탄생하는 것일까요? 많은 시인들은 수없는 고민에 고민을 반복해야 비로소 사람들의 마음에 울림을 줄 수 있는 한 구절이 탄생한다고 말합니다. 여기서 말하는 고민은 아마도 주제를 자신만의 용어로 표현하기 위한 노력일 것입니다. '나는야 시인'은 사춘기들이 직접 시인이 되어 감정단어가 가진 아름다움을 표현해 보는 놀이입니다. 놀이에 참여하며 다양한 감정단어의 의미를 사색하고 표현하며 나눌 수 있도록 합니다.

수업 속 감정놀이

* 성취기준: [6국05-03] 비유적 표현의 특성과 효과를 살려 생각과 느낌을 다양하게 표현한다. (5, 6학년군 국어과)

* 도움말: 감정과 관련된 개성적 · 독창적 표현이 드러난 시를 지으며 문학이 개인의 성장을 돕는 자양분이 됨을 경험할 수 있습니다.

놀이 순서

준비물: 편지지, 필기도구

① 편지지를 개인별로 나눠 줍니다.
② 감정단어를 소재로 한 시를 소개합니다.
③ 시로 표현하고 싶은 감정단어를 선택합니다.
④ 눈을 감고 감정단어에 대해 생각해 봅니다.
⑤ 아름다운 언어로 감정단어를 표현합니다.
⑥ 편지지에 시를 적고 어울리는 그림을 그립니다.
⑦ 전시를 통하여 친구들과 나눕니다.

놀이 팁

- 사춘기들의 시를 한 데 모아 엮으면 훌륭한 학급문집이 된답니다.
- 감정단어를 시로 표현하기 어려워하는 경우 언제 그런 감정을 느꼈는지 떠올려 보도록 하는 것이 도움이 됩니다.

참고문헌

교육부(2015). 2015 개정 국어과 교육과정.

2-2-4. 감정단어 스피드퀴즈 (변형놀이)

활동 난이도:
☆☆☆

신체 움직임:
★★☆

놀이 유형:
모둠

놀이 의도

시험을 앞둔 사춘기 태민이가 있습니다. 초조한 태민이는 다리를 떨며 '짜증나'를 연신 남발합니다. 이를 안타깝게 여긴 민국이는 다가가서 안정시켜 주고 싶지만 현재의 감정이 시험으로 인한 '초조'인지 다른 일로 인한 '짜증'인지 확신할 수 없어 머뭇거리기만 합니다. 이처럼 잘못된 감정표현은 상대에게 혼란을 주어 감정에 대한 공감과 지지를 망설이게 만듭니다. 만약 태민이가 자신의 감정을 올바른 단어로 표현했다면 어땠을까요? 아마도 민국이의 위로를 받으며 불안감을 줄일 수 있는 방법을 찾으려 노력하지 않았을까요? 감정단어의 의미를 아는 것은 감정을 이해하는 데 도움이 될 뿐만 아니라 감정조절, 올바른 감정표현과도 깊은 관련을 맺고 있습니다. 다양한 감정단어의 의미를 파악한 후 몸짓, 표정 등으로 설명해 보는 '감정단어 스피드퀴즈' 놀이를 통하여 감정단어가 가진 긍정적인 힘을 느껴 보시기 바랍니다.

수업 속 감정놀이

* 성취기준: [6국01-01] 구어 의사소통의 특성을 바탕으로 하여 듣기 · 말하기 활동을 한다. (5, 6학년군 국어과)
* 도움말: 언어적 · 준언어적 · 비언어적 표현을 활용한 놀이에 참여함으로써 구어 의사소통이 화자와 청자가 소통하며 의미를 구성하는 과정임을 느낄 수 있습니다.

놀이 순서

준비물: 감정카드(부록 5)

① 제작한 감정카드(부록 5)를 준비합니다.
② 감정카드를 무작위로 섞은 뒤 다시 모읍니다.
③ 모둠을 조직한 뒤 가위바위보를 통하여 순서를 정합니다.
④ 첫 번째 사춘기에게 감정카드를 보여 줍니다.
⑤ 감정카드를 본 사춘기는 말, 표정, 몸짓을 활용하여 설명합니다.
⑥ 나머지 사춘기는 어떤 감정단어를 표현하는 것인지 맞춥니다.
⑦ 정답을 맞히거나 패스일 경우 다음 주자에게 설명의 기회를 넘깁니다.
⑧ 정해진 시간 안에 가장 많은 감정단어를 맞힌 모둠이 승리합니다.

놀이 팁

- 슬픔이라는 단어를 어떻게 표현하는 것이 효과적일까요? 우는 모습으로? 사랑하는 사람과 이별했을 때 느끼는 감정을 설명으로? 감정단어는 하나이지만 설명하는 방법은 수없이 다양합니다. 놀이 전 허용적인 분위기를 조성하여 창의적이고 재미있는 표현들이 나올 수 있도록 합니다.

참고문헌

교육부(2015). 2015 개정 국어과 교육과정.

2-2-5. 몸으로 말해요 (변형놀이)

활동 난이도:
☆☆☆

신체 움직임:
★★☆

놀이 유형:
모둠

놀이 의도

분명 힘든 것 같은데 아무것도 아니라며 애써 자신을 포장하는 사춘기가 있습니다. 괜찮다는 말에 안주하고 다가가기를 멈추는 것은 그의 짐을 줄여 주는 데 전혀 도움이 되지 않습니다. 정말 괜찮은지, 표면적으로 드러난 정보 이외에 숨겨진 감정은 없는지 파악해 보는 지혜가 필요합니다. 꼭꼭 숨겨진 사춘기의 감정, 어떻게 알아차릴 수 있을까요? 바로 준언어적 · 비언어적 정보를 활용하는 것입니다. '말로는 속여도 눈길은 속이지 못한다.'라는 속담처럼 몸짓, 표정에 드러난 감정은 감추거나 속이기 쉽지 않기 때문입니다. 친구의 올바른 감정표현을 돕는 또래 감정코칭, 그 시작은 드러나거나 감춰진 친구의 감정을 알아차리는 것에서부터 시작됩니다. 이에 몸짓, 표정 등의 정보로부터 감정단어를 맞춰 보는 '몸으로 말해요' 놀이를 통하여 감정단어가 가진 의미를 파악해 보는 동시에 친구의 감정을 헤아리고 다가갈 수 있는 소양을 습득할 수 있도록 합니다.

수업 속 감정놀이

* 성취기준: [4국01-04] 적절한 표정, 몸짓, 말투로 말한다. (3, 4학년군 국어과)
* 도움말: 언어적 표현을 보강하는 표정, 몸짓, 말투에 대해 알아본 뒤 놀이를 통하여 상황에 어울리는 표정, 몸짓을 연습해 볼 수 있습니다.

놀이 순서

준비물: 빈 종이, 감정단어(부록 4), 빈 통

① 빈 종이에 감정단어(부록 4) 이름을 적은 뒤 빈 통에 넣습니다.
② 모둠을 조직합니다. 단, 각 모둠원의 수는 동일하게 합니다.
③ 첫 번째로 도전할 모둠을 선정합니다.
④ 모둠원을 한 줄로 세웁니다.
⑤ 앞사람을 제외한 나머지는 뒤로 돌아서게 합니다.
⑥ 앞에 있는 사람은 감정단어를 제비뽑기 한 뒤 어울리는 표정, 몸짓을 생각해 봅니다.
⑦ 생각을 마친 후 다음 사람의 등을 쳐서 자신을 보게 합니다.
⑧ 표정, 몸짓으로 감정단어를 표현합니다. 단, 말을 할 수는 없습니다.
⑨ 앞사람의 행동을 반복합니다.
⑩ 마지막 사람은 표정, 몸짓을 바탕으로 감정단어 이름을 맞춰 봅니다.
⑪ 정해진 시간 안에 가장 많이 맞힌 팀이 승리합니다.

놀이 팁

• 정답을 맞히기를 어려워하는 경우 빈 통에 있는 감정단어의 이름을 보기로 제시한 뒤 선택하게 할 수 있습니다.

참고문헌

교육부(2015). 2015 개정 국어과 교육과정.

2-2-6. 바른말 지킴이 (변형놀이)

활동 난이도:
★★☆

신체 움직임:
☆☆☆

놀이 유형:
개인

놀이 의도

'ㅇㅈ' '반박불가' '실화냐?' 대체 무슨 말일까요? 요상하게 생긴 이 단어들은 사춘기가 자주 사용하는 은어입니다. 주로 급식을 먹는 학생들이 사용하기에 '급식체'라 불리기도 합니다. 사실 은어가 나쁜 점만 있는 것은 아닙니다. 또래 집단의 결속력을 높이고 친밀감을 주고받는다는 순기능을 가지고 있기도 합니다. 그러나 언어파괴, 도덕적 해이, 의사소통 단절이라는 문제점 또한 간과할 수 없는 부분입니다. 특히 문제가 되는 것은 다른 세대, 즉 부모님, 선생님, 가족과의 의사소통 단절입니다. 사춘기가 사용하는 은어가 낯선 어른들을 위해 은어 해설집이 있을 정도이니 소통에 얼마나 걸림돌이 되는지 알 수 있습니다. 자신의 언어습관을 되돌아본 후 바른 감정단어로 대체해 보는 '바른말 지킴이' 놀이를 통하여 감정단어가 가진 의미에 대해 깊게 생각해 보는 동시에 부모님을 비롯한 어른들과 소통할 수 있는 기반을 마련할 수 있도록 합니다.

수업 속 감정놀이

* 성취기준: [6국04-06] 일상생활에서 국어를 바르게 사용하는 태도를 지닌다. (5, 6학년군 국어과)
* 도움말: 놀이를 통하여 감정을 표현하는 은어, 비속어를 올바른 단어로 고쳐 보며 자신의 국어 사용 태도를 점검해 볼 수 있습니다.

놀이 순서

준비물: 빈 종이(8절), 스마트기기, 색연필 등

① 개인별로 빈 종이를 나눠 줍니다.
② 자신이 사용하는 은어 중 감정표현과 관련된 것이 있는지 생각해 봅니다.
③ 스마트기기를 활용하여 감정표현과 관련된 은어를 조사해 봅니다.
④ 조사한 내용을 바탕으로 8쪽 책을 제작합니다.
⑤ 제작한 책을 전시하여 친구들과 공유합니다.

놀이 팁

• 8쪽 책을 만드는 방법은 다음과 같습니다.

8절 도화지를 준비합니다. → 8등분으로 접은 뒤 펍니다. → 반으로 접은 뒤 선을 따라 반만 오립니다 → 양 날개를 양방향으로 오므립니다. → 책모양으로 접습니다.

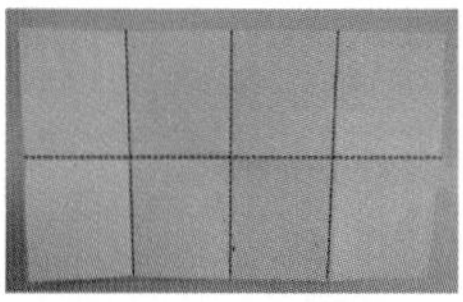
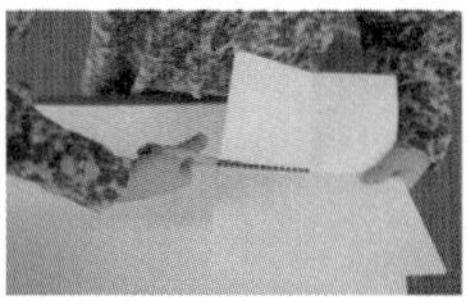

참고문헌

교육부(2015). 2015 개정 국어과 교육과정.

셋째 날.
대표감정 선정하기

감정단어의 의미를 파악하는 것은 단순히 그 뜻을 알아보는 것을 넘어 감정이 무엇인지, 자신과 타인의 감정을 어떻게 알아차릴 수 있는지에 대한 길라잡이 역할을 수행합니다. 이제는 다양한 감정단어 중 대표성을 띠는 감정단어를 선택할 시간입니다.
'대표감정 선정하기'와 관련된 감정놀이를 통하여 감정표현 도구에 활용될 대표감정을 선정해 봅시다.

3-1 감정놀이의 목적

여러 가지 기준으로 감정을 분류해 보고 대표감정을 선정합니다.

3-2 감정놀이의 목적

다양한 감정단어를 대표감정을 중심으로 유목화하여 기억함으로써 자신과 타인의 감정을 알아차리는 데 활용할 수 있도록 합니다.

3-1-1. 프로듀스 대표감정 (기본놀이)

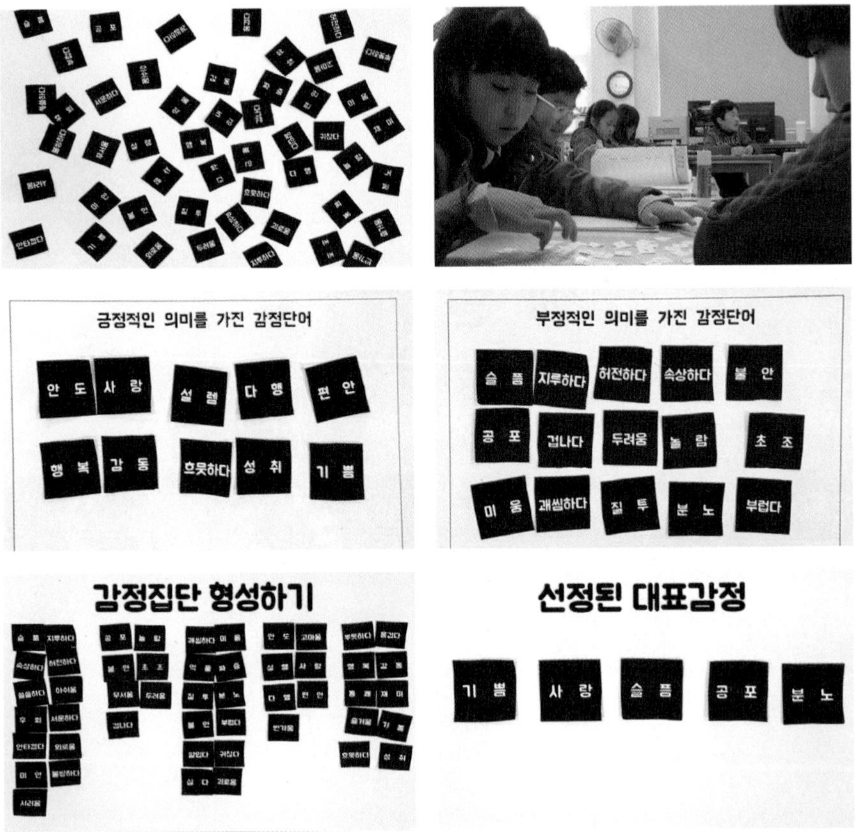

활동 난이도:
☆☆☆

신체 움직임:
☆☆☆

놀이 유형:
반 전체

놀이 의도

감정이라는 단어에 대표가 붙으니 우두머리의 성격이 한층 강화된 것처럼 느껴집니다. 단어에서 풍기는 뉘앙스처럼 대표감정이란 다양한 감정단어를 포괄할 수 있는 힘을 가진 단어를 의미합니다. 또래 감정코칭에서는 이러한 대표감정을 감정을 표현하는 도구나 감정으로 인한 행동에 한계를 정할 때 활용하고 있습니다. 이렇게 유용한 대표감정, 어떻게 선정하는 것이 좋을까요? 단번에 선정하기보다 몇 단계 절차를 거칠 때 보다 포괄적이고 대표성을 띠는 단어를 선택할 수 있습니다. 첫 번째 단계는 직관을 바탕으로 긍정적 · 부정적 감정으로 나누는 '대분류'입니다. 두 번째 단계는 앞서 나눠 놓은 감정단어를 재분류하여 감정집단[1]을 형성하는 '소분류'

1) 감정집단이란 감정단어들의 모임을 의미합니다.

입니다. 세 번째 단계는 각각의 감정집단에서 대표성을 띠는 단어를 선택하는 '선택'입니다. 이러한 과정이 녹아 있는 '프로듀스 대표감정' 놀이를 통하여 대표감정을 선정함으로써 자신과 타인의 감정을 알아차리는 데 활용될 수 있도록 합니다.

수업 속 감정놀이

* 성취기준: [4국04-02] 낱말과 낱말의 의미 관계를 파악합니다. (3, 4학년군 국어과)
* 도움말: 낱말들이 비슷한 말, 반대말, 상·하위어 등의 의미 관계를 가지고 있음을 알아본 뒤 감정단어를 일정 기준에 의하여 분류해 봄으로 대표감정을 선정할 수 있습니다.

놀이 순서

준비물: 감정카드(부록 5)

① 제작해 놓은 감정카드(부록 5)를 준비합니다.
② 감정카드를 긍정적·부정적 감정으로 구분합니다.
③ 긍정적인 감정을 두 가지 기준으로 분류합니다.
④ 부정적인 감정을 세 가지 기준으로 분류합니다.
⑤ 각각의 감정집단에서 가장 대표성을 띠는 감정단어를 선정합니다.

놀이 팁

- 또래 감정코칭에서 사용하고 있는 감정단어는 3:7의 비율을 따르고 있습니다. 여기서 말하는 3은 쾌 감정을, 7은 불쾌 감정을 의미합니다. 이는 우리나라 말 중 감정단어가 차지하는 비율과 동일합니다. 부정적인 감정의 수가 더 많은 것을 고려하여 긍정적인 감정은 두 가지 기준으로, 부정적인 감정은 세 가지 기준으로 분류하고 있으나 구성원의 의견에 따라 변경할 수 있습니다.

참고문헌

교육부(2015). 2015 개정 국어과 교육과정.
박인조, 민경환(2005). 한국어 감정단어의 목록 작성과 차원 탐색. 한국심리학회지 사회 및 성격, 19(1).

3-1-2. 대표감정 토너먼트 (변형놀이)

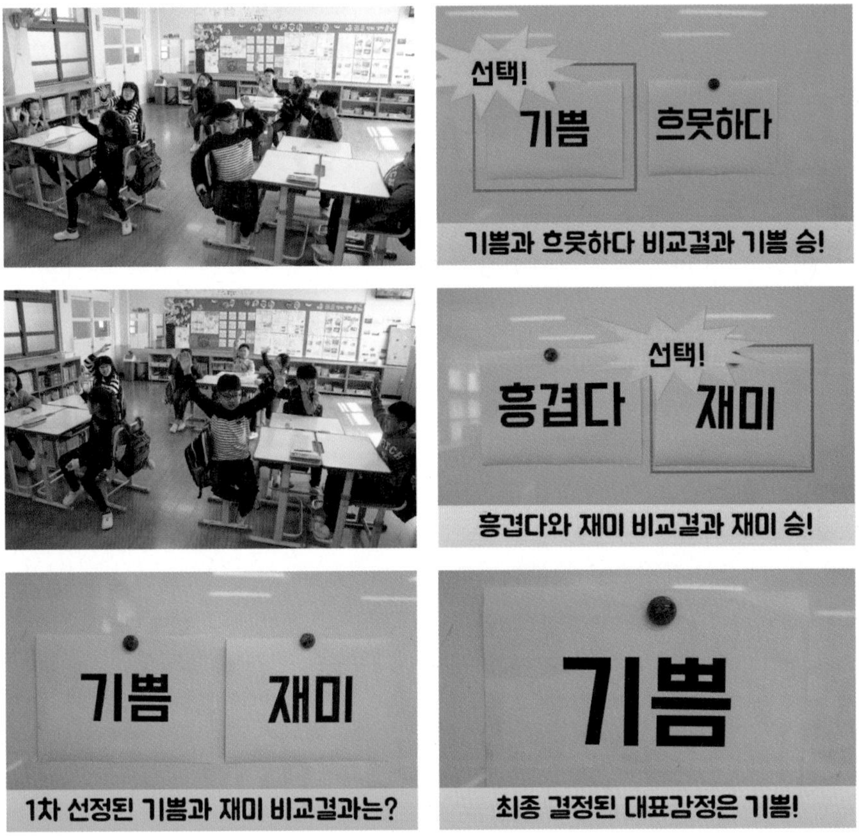

활동 난이도:
☆☆☆

신체 움직임:
☆☆☆

놀이 유형:
반 전체

놀이 의도

'프로듀스 대표감정' 놀이에서는 대표감정을 선정하기 위하여 '대분류' '소분류' '선택'의 단계를 거쳤습니다. 그러나 대표감정 선정이라는 목적에 효과적으로 도달할 수 있다면 참여하는 구성원의 수준에 따라 그 단계를 간소화하거나 변화를 주어도 좋습니다. 특히 감정단어에 대한 경험이 적은 사춘기 초기를 대상으로 놀이를 전개할 경우 더 많은 정보를 제공하거나 선택의 폭을 좁혀 주는 것이 대표감정 선정에 효과적입니다. 이에 포괄성이 큰 단어와 그렇지 않은 감정단어를 동시에 제공한 뒤 대표감정에 어울리는 것을 선택해 보는 '대표감정 토너먼트' 놀이를 통하여 초등학교 저학년, 사춘기 초기도 어렵지 않게 대표감정을 선정해 봅시다.

수업 속 감정놀이

*성취기준: [4국04-02] 낱말과 낱말의 의미 관계를 파악한다. (3, 4학년군 국어과)

*도움말: 감정단어 간의 의미 관계에 대해 알아본 후 일정한 기준에 의해서 선택, 분류함으로써 대표감정을 선정할 수 있습니다.

놀이 순서

준비물: 빈 종이, 필기도구

① 같은 감정집단에 소속된 감정단어의 이름을 빈 종이에 각각 적습니다.

② 포괄성이 큰 단어와 그렇지 않은 단어를 동시에 제시합니다.

③ 두 단어 중 대표성을 띠는 단어를 선정합니다.

④ 2개의 단어가 남을 때까지 반복합니다.

⑤ 최후까지 살아남는 단어를 대표감정으로 선정합니다.

놀이 팁

• 감정단어를 제시하는 순서에 대한 사전 고민이 필요합니다. 대표감정격인 '사랑' '고마움'을 처음부터 보여 주는 것은 자칫 혼란을 줄 수 있습니다. 이에 대표성을 띠는 단어와 그렇지 않은 단어를 제시한 후 선택할 수 있도록 하여 사춘기들의 의사결정에 도움이 되도록 합니다.

• 우리 반에서 분류한 감정집단은 다음과 같습니다.

긍정적 감정		부정적 감정		
1집단	2집단	3집단	4집단	5집단
기쁨, 즐거움, 재미, 홍겹다, 통쾌, 행복, 감동, 흐뭇하다, 성취, 뿌듯하다	사랑, 안도, 편안, 다행, 고마움, 반가움, 설렘	슬픔, 후회, 미안, 아쉬움, 외로움, 허전하다, 지루하다, 쓸쓸하다, 속상하다, 서러움, 서운하다, 불쌍하다, 안타깝다	공포, 두려움, 무서움, 겁나다, 불안, 초조, 놀람	분노, 질투, 얄밉다, 부럽다, 싫다, 귀찮다, 불만, 괴로움, 미움, 괘씸하다, 억울, 짜증
10개	7개	13개	7개	12개

참고문헌

교육부(2015). 2015 개정 국어과 교육과정.

3-1-3. 손을 잡아요 (변형놀이)

활동 난이도:
☆☆☆

신체 움직임:
★★☆

놀이 유형:
반 전체

놀이 의도

현재 선생님의 감정은 어떠한가요? 혹시 '기쁨' '긍지' '사랑' '공포' '분노' '연민' '수치' '좌절' '분노' 중 해당하는 것이 있지는 않으신가요? 이 단어들은 우리나라 사람들이 자주 사용하는 감정단어이자 다른 단어들을 포괄할 수 있는 힘을 가진 것들이랍니다(이준웅 외, 2008). 여기에는 신기한 사실 한 가지가 숨어 있습니다. 바로 '연민' '수치'는 다른 문화권에서 보기 힘든 감정범주라는 것입니다. 이는 각 문화마다 독특한 감정단어 체계를 갖추고 있음을 의미합니다. 각 나라마다 특징적인 감정단어 체계를 가지고 있듯 특정 세대마다 자주 통용되거나 친숙한 감정단어가 있기 마련입니다. 이러한 단어 중 대표감정이 선정된다면 또래 감정코칭이 가진 목적에 보다 효율적으로 도달할 수 있을 것입니다. 이에 참여하는 구성원의 협의를 바탕으로 대표감정을 선정해 보는 '손을 잡아요' 놀이를 통하여 우리 반에 딱 맞는 대표감정을 골라 보시기 바랍니다.

수업 속 감정놀이

* 성취기준: [4국01-02] 회의에서 의견을 적극적으로 교환한다. (3, 4학년군 국어과)
* 도움말: 적절한 근거를 들어 의견 제안하기, 다른 사람의 의견 경청하기, 자신의 의견과 다른 사람의 의견 비교하기에 대해 알아본 후 대표감정을 선정하는 회의에 능동적으로 참여하여 의사결정의 기초 능력을 기를 수 있습니다.

놀이 순서

준비물: 감정단어(부록 4), 빈 종이, 필기도구, 양면테이프, 가위

① 책걸상을 한쪽으로 치워 빈 공간을 만듭니다.
② 빈 종이에 감정단어(부록 4) 이름을 적습니다.
③ 감정단어 이름이 적힌 종이를 개인별로 나눠 줍니다.
④ 양면테이프를 활용하여 감정단어 이름을 배에 붙입니다.
⑤ 첫 번째로, 긍정적 · 부정적 감정을 가진 친구끼리 손을 잡습니다.
⑥ 두 번째로, 의미가 비슷한 친구끼리 손을 잡으며 감정집단을 형성합니다.
⑦ 분류한 감정단어를 함께 살펴봅니다.
⑧ 각 집단 중 가장 대표성을 띠는 감정단어를 선정합니다.

놀이 팁

- 대표감정은 정해진 것이 아닙니다. 감정놀이에 참여하는 사춘기들의 협의에 따라 다르게 선정할 수도 있습니다. 물론 대표성과 상징성을 띠는 단어 중 선택되어야 한다는 전제는 변하지 않아야 합니다.

참고문헌

교육부(2015). 2015 개정 국어과 교육과정.

이준웅, 서현주, 나은경, 김현석(2008). 정서 단어 분류를 통한 정서의 구성 차원 및 위계적 범주에 관한 연구. 한국언론학회, 51(1), 85-116.

3-1-4. 톡톡톡 (변형놀이)

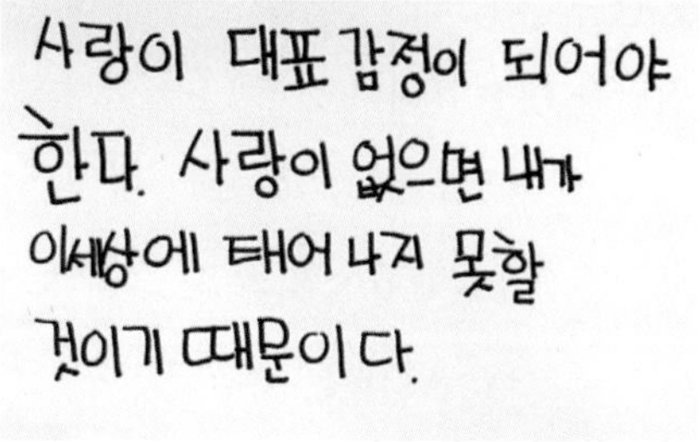

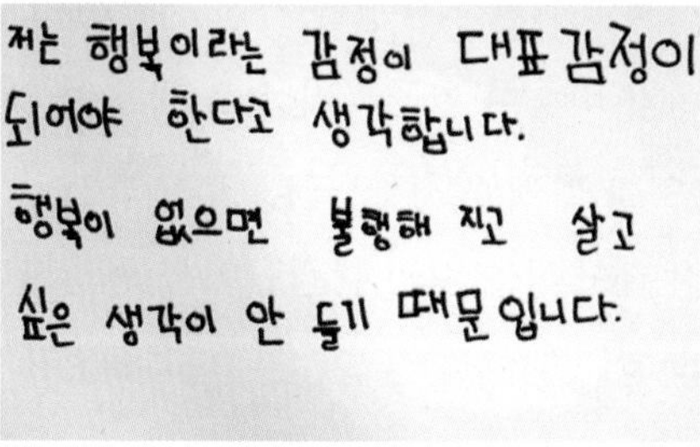

활동 난이도:
★★☆

신체 움직임:
☆☆☆

놀이 유형:
반 전체

놀이 의도

다양한 의견을 수용하고 꼼꼼히 따져 본 후 합리적 결론을 내려 보는 토론은 미래사회를 살아갈 사춘기들에게 반드시 필요한 능력 중 하나입니다. 토론이 가진 장점을 바탕으로 대표감정을 선정해 보는 '톡톡톡'은 자신이 선택한 감정단어가 대표감정이 되어야 한다는 사명감을 가지고 논리적인 주장과 타당한 근거를 제시해 보는 놀이입니다. 서로의 의견을 경청하고 존중하는 분위기 가운데서 이루어지는 '톡톡톡' 놀이를 통해 대표감정을 선정해 봅시다.

수업 속 감정놀이

* 성취기준: [9국01-05] 토론에서 타당한 근거를 들어 논박한다. (중학교 국어과)
* 도움말: 대표감정을 선정하는 토론에 참여하여 상대방의 주장을 비판적으로 듣고 신뢰성, 타당성, 공정성 등을 따져 본 후 논리적으로 반박하면서 토론 능력을 기를 수 있습니다.

놀이 순서

준비물: 빈 종이, 필기도구

① 토론에 적합한 책상배치를 합니다.
② 사회자 및 토론에 참여할 학생(패널)을 정합니다.
③ 사회자는 토론 과제, 패널을 청중에게 소개합니다.
④ 각각의 패널들은 겹치지 않게 감정단어 하나씩을 선택합니다.
⑤ 자신이 맡은 감정단어가 대표감정이 되어야 하는 이유에 대해 생각하여 빈 종이에 적습니다.
⑥ 자유 토론을 실시합니다.
⑦ 토론이 막바지를 향해 가면 사회자는 토론 내용을 요약하고 청중에게 질문하여 토론 참여를 유도합니다.
⑧ 패널들은 청중의 질문에 답변하며 대표감정 선정이라는 결론을 도출합니다. 단, 의견이 쉽게 모아지지 않는 경우 청중 투표로 선정합니다.

놀이 팁

- 소인수로 구성된 학습에서는 패널과 청중을 나누지 않고 놀이를 전개하도록 합니다.
- 원활한 토론을 위해서는 사회자, 패널, 청중의 성실한 역할수행이 요구됩니다. 각각의 패널들은 자신의 감정단어가 대표감정이 되어야 한다는 사명감을 갖고 적극적으로 참여해야 하며, 청중의 질문에 대해 즉석에서 명확한 답변을 할 수 있어야 합니다. 아울러 사회자의 진행이 토론의 성패를 좌우하므로 적임자를 선정하는 것이 중요합니다.

참고문헌

교육부(2015). 2015 개정 국어과 교육과정.

3-2-1. 감정단어 마인드맵 (기본놀이)

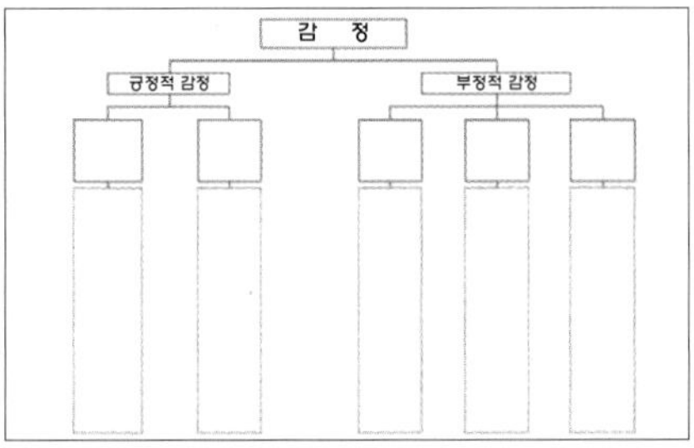

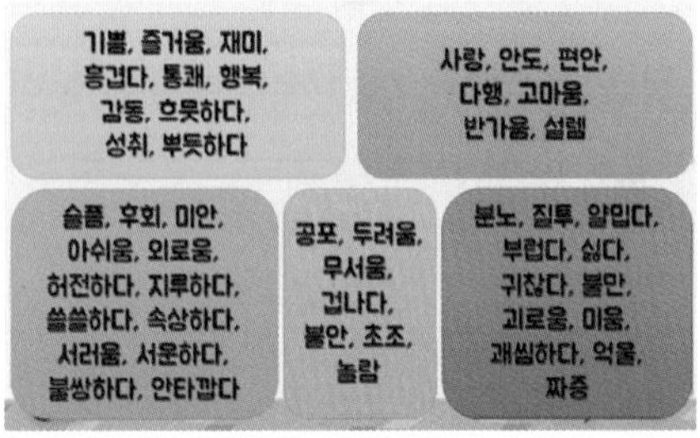

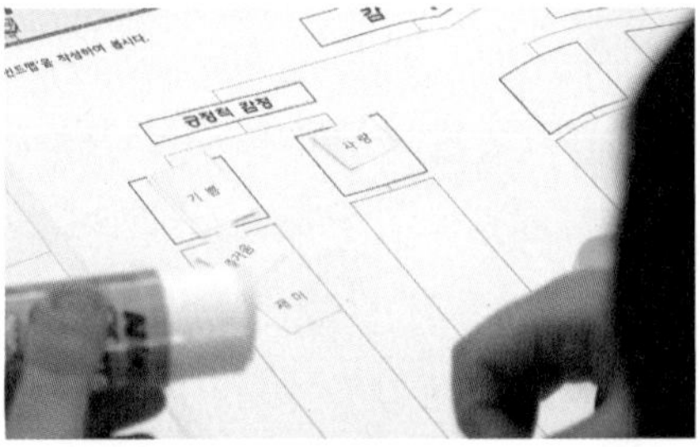

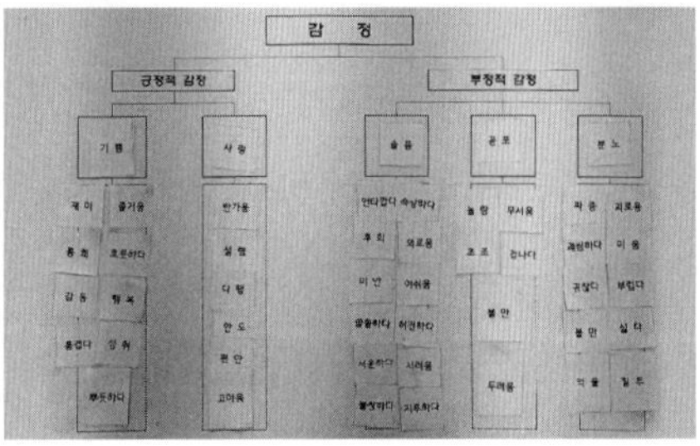

활동 난이도:
☆☆☆

신체 움직임:
☆☆☆

놀이 유형:
개인

놀이 의도

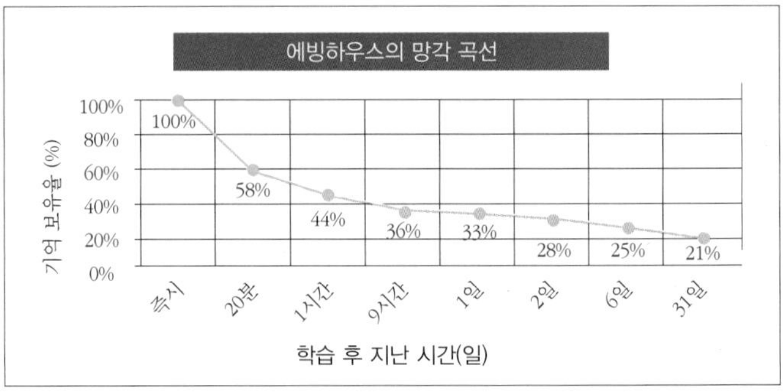

기억의 흐름을 연구한 독일의 심리학자 에빙하우스(Ebbinghaus)에 따르면 인간은 새로운 정보를 받아들인 즉시 잊어버리기 시작하며 1시간 후에는 56%만 남고 하루 뒤에는 33%만 기억한다고 합니다. 여기서 눈여겨봐야 할 것은 학습한 직후부터 20분까지의 손실률입니다. 다른 구간에 비해 큰 많은 망각을 보이는 이때 의식적으로 이루어지는 복습은 한정적인 기억력을 보완하는 데 도움이 됩니다. 이제까지 사춘기들이 다양한 감정단어 의미를 파악하는 데 노력하였다면 지금부터는 이를 오랫동안 기억할 수 있는 복습놀이가 필요한 때입니다. 감정단어의 이름과 뜻을 기억해 두어야 하는 까닭은 무엇일까요? 바로 강한 감정이 발생했을 때 현재의 감정에 이름을 붙이는 것과 비슷한 경험을 떠올리는 과정에서 감정단어가 단서의 역할을 수행하기 때문입니다. 이에 대표감정에 따른 하위감정을 유목화해 보는 '감정단어 마인드맵' 놀이를 통하여 감정단어를 오랫동안 기억할 수 있도록 합니다.

수업 속 감정놀이

＊성취기준: [4국04-02] 낱말과 낱말의 의미 관계를 파악한다. (3, 4학년군 국어과)

＊도움말: 비슷한 말, 반대말, 상・하위어 등을 고려하며 마인드맵을 완성해 봄으로써 감정단어가 가진 의미와 관계에 대하여 자세히 알아볼 수 있습니다.

놀이 순서

준비물: 감정단어(부록 4), 감정단어 마인드맵(부록 8), 가위, 풀

① 감정단어(부록 4)와 감정단어 마인드맵(부록 8), 가위, 풀을 개인별로 나눠 줍니다.

② 부록 4의 감정단어를 오리고, 5개의 감정집단으로 분류합니다.

③ 대표감정을 가장 위에, 하위 감정카드를 그 아래에 붙입니다.

④ 대표감정에 포함되는 감정단어를 복습합니다.

놀이 팁

• 대표감정 선정하기와 관련된 감정놀이를 했음에도 불구하고 마인드맵 구성에 망설이는 사춘기들을 발견하곤 합니다. 이는 학습 직후 겪는 망각의 현상입니다. 감정놀이 간의 틈을 줄여 망각을 최소화하시기 바랍니다.

참고문헌

교육부(2015). 2015 개정 국어과 교육과정.

3-2-2. 감정단어 할리갈리 (변형놀이)

활동 난이도:
☆☆☆

신체 움직임:
★☆☆

놀이 유형:
개인

놀이 의도

각 반에 '할리갈리' 정도는 하나씩 있을 것입니다. '할리갈리'의 인기비결은 무엇일까요? 바로 같은 종류의 과일이 5개가 되면 종을 치면 된다는 간단한 규칙에 있습니다. 남녀노소 모두에게 인기 있는 놀이들을 살펴보면 이해하기 쉬운 규칙, 긴장감, 집중력이라는 요소가 녹아 있습니다. '할리갈리'의 규칙을 적용해 놓은 '감정단어 할리갈리' 놀이를 통하여 감정단어가 가진 의미에 대해 다시 한번 되새겨 보고 유사한 감정끼리 유목화하여 기억할 수 있도록 합니다.

수업 속 감정놀이

* 영역: 창의적 체험활동 → 동아리활동 → 예술 · 체육활동
* 방법: 감정놀이 및 보드게임에 관심 · 취미가 있는 사춘기들을 모아 동아리를 조직, 운영하여 자신의 삶을 폭넓고 아름답게 가꿀 수 있는 심미적 감성 역량을 함양하고, 건전한 정신과 튼튼한 신체를 기를 수 있습니다.

놀이 순서

준비물: 감정카드(부록 5), 종

① 감정카드를 준비합니다.
② 바닥에 옹기종이 모여 앉은 후 종을 가운데 놓습니다.
③ 참여한 인원에게 똑같은 수의 감정카드를 나눠 줍니다.
④ 카드 내용이 보이지 않도록 뒤집어 놓습니다.
⑤ 가위바위보를 통하여 순서를 정합니다.
⑥ 순서에 따라 감정카드를 뒤집습니다.
⑦ 뒤집은 카드 모두가 같은 감정집단일 경우 재빨리 종을 칩니다.
⑧ 종을 가장 빨리 친 사람이 가져가되 잘못 종을 친 경우 가장 밑에 있는 감정카드를 참여하는 사람들에게 한 장씩 줍니다.
⑨ 카드를 모두 소진한 사람은 놀이에서 제외되며 끝까지 살아남는 사람이 승리합니다.

놀이 팁

• 기존 놀이 방식에 규칙이나 방법, 도구에 차별화를 둔 다양한 '할리갈리' 확장판들이 존재합니다. '감정단어 할리갈리' 또한 놀이 규칙을 변경하여 운영할 수 있습니다.

참고문헌

교육부(2015). 2015 개정 창의적 체험활동 교육과정.

3-2-3. 감정단어 스태킹 (변형놀이)

활동 난이도:
☆☆☆

신체 움직임:
★★☆

놀이 유형:
모둠

놀이 의도

12개의 플라스틱 재질의 컵을 최대한 빨리 쌓고 빨리 되돌려 놓는 스포츠 스태킹은 집중력과 협응력, 순발력을 기를 수 있는 스포츠입니다. '감정단어 스태킹'은 스포츠 스태킹에서 영감을 얻어 만든 것으로, 플라스틱 컵을 이리저리 옮기며 같은 감정집단끼리 모아 5개의 탑을 쌓은 뒤 재빨리 원상태로 돌려 놓는 감정놀이입니다. '감정단어 스태킹'을 통하여 감정단어를 재미있게 기억할 수 있도록 합니다.

수업 속 감정놀이

* 성취기준: [4체02-01] 속도를 향상시켜 자신의 기록을 단축하려는 속도 도전의 개념과 특성을 탐색한다. (3, 4학년군 체육과)
* 도움말: 감정단어를 활용하여 속도 도전 놀이를 진행할 수 있습니다.

놀이 순서

준비물: 감정단어(부록 4), 종이컵, 필기도구

① 책걸상을 한쪽으로 치워 빈 공간을 만듭니다.

② 모둠을 조직합니다.

③ 종이컵을 뒤집어 밑바닥이 보이도록 합니다.

④ 감정단어(부록 4)를 참고하여 컵의 밑바닥에 감정단어 이름을 적습니다.

⑤ 시작이라는 소리에 컵을 이리저리 옮기며 같은 감정집단끼리 모아 탑을 쌓습니다.

⑥ 탑을 모두 쌓은 뒤 허물어 처음 모양으로 되돌려 놓습니다.

⑦ 가장 먼저 임무를 완수한 모둠이 승리합니다.

놀이 팁

- '감정단어 스태킹'에 필요한 감정단어는 각 집단당 6개입니다.

참고문헌

교육부(2015). 2015 개정 체육과 교육과정.

3-2-4. 둥글게 둥글게 (변형놀이)

활동 난이도:
☆☆☆

신체 움직임:
★★★

놀이 유형:
반 전체

놀이 의도

‘둥글게 둥글게 둥글게 둥글게 빙글빙글 돌아가며 춤을 춥시다♪’라고 노래하면 떠오르는 놀이가 있지 않으신가요? 바로 진행자의 수신호에 따라 모였다 흩어졌다를 반복했던 놀이입니다. 이 놀이의 최종 승리자가 되기 위해서는 노래도 불러야 하고, 일정한 방향으로 움직이기도 해야 하며, 진행자의 작은 소리에도 귀 기울여야 하는 집중력이 필요합니다. 무엇에 집중한다는 것은 온전히 그것만을 생각하고 온 정신을 쏟아 부을 수 있는 열정이 동반되어야 합니다. 이러한 장점을 녹여 놓은 ‘둥글게 둥글게’ 감정놀이를 통하여 대표감정에 포함되는 하위 감정단어들을 즐겁게 복습할 수 있도록 합니다.

수업 속 감정놀이

* 성취기준: [4국04-02] 낱말과 낱말의 의미 관계를 파악한다. (3, 4학년군 국어과)
* 도움말: 놀이를 통하여 감정단어들 간의 비슷한 말, 반대말, 상·하위어 등 낱말의 의미 관계를 알아볼 수 있을 뿐 아니라 대표감정에 따른 감정단어를 파악하고 오랫동안 기억할 수 있습니다.

놀이 순서

준비물: 감정단어(부록 4), 빈 종이, 필기도구, 빈 통, 양면테이프

① 책걸상을 한쪽으로 치워 빈 공간을 만듭니다.
② 빈 종이에 감정단어(부록 4)의 이름을 적습니다.
③ 글자가 보이지 않도록 접은 후 빈 통에 모읍니다.
④ 감정단어를 제비뽑기 한 후 양면테이프를 활용하여 배에 붙입니다.
⑤ 큰 원을 만들어 선 뒤 손을 잡습니다.
⑥ 진행자를 선정합니다.
⑦ 노래를 부르며 시계방향으로 돕니다.
⑧ 노래 도중 진행자는 ○명을 외칩니다.
⑨ 진행자가 외친 숫자대로 모입니다. 단, 같은 감정집단에 소속된 친구끼리만 모일 수 있습니다.
⑩ 마지막까지 살아남는 사람이 승리합니다.

놀이 팁

- 모든 감정놀이를 전개할 때 가장 중요한 것은 안전입니다. 놀이 전 장애물을 치우고 뛰지 않도록 안내하여 안전하고 즐거운 놀이가 될 수 있도록 합니다.
- 진행자가 너무 큰 숫자를 외쳤을 때 모두가 탈락하는 현상이 발생하기도 하므로 2~4정도의 숫자를 외칠 수 있도록 합니다.

참고문헌

교육부(2015). 2015 개정 국어과 교육과정.

3-2-5. 감정단어 꼬리잡기 (변형놀이)

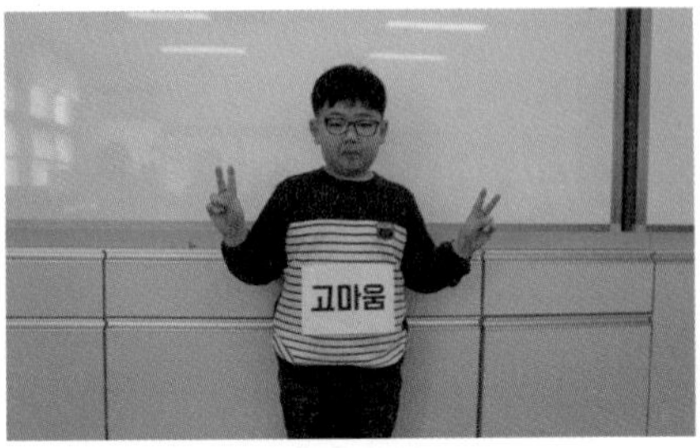

활동 난이도:
☆☆☆

신체 움직임:
★★★

놀이 유형:
모둠

놀이 의도

'감정단어 꼬리잡기'는 자신과 다른 감정집단의 꼬리를 잡기 위해 협동하며 움직이는 놀이입니다. '감정단어 꼬리잡기' 놀이의 목적은 상대의 꼬리를 잡는 것보다 자신의 속하는 감정집단을 찾아가는 데 있습니다. 이에 기존의 꼬리잡기와 달리 모든 학생들이 동시에 참가하여 대표감정을 찾아가는 과정이 포함되어 있습니다. 기억을 떠올려 자신의 감정집단을 찾고 협동하여 다른 집단의 꼬리를 잡는 '감정단어 꼬리잡기' 놀이를 통해 감정단어의 의미를 되새겨 볼 수 있도록 합니다.

수업 속 감정놀이

＊성취기준: [4체03-01] 단순한 규칙으로 이루어진 게임을 종합적으로 체험함으로써 공통의 목표 달성을 위해 정해진 규칙을 지키며 상대와 실력을 겨루는 경쟁의 의미를 탐색한다. (3, 4학년군 체육과)

＊도움말: 경쟁성, 관례화된 규칙을 가진 게임의 특성을 알아본 후 신체활동에 참여함으로써 감정단어의 위계성을 파악할 뿐 아니라 영역형 경쟁을 수행할 수 있는 기본 능력을 기를 수 있습니다.

놀이 순서

준비물: 감정단어(부록 4), 빈 종이, 필기도구, 빈 통, 양면테이프

① 모둠을 조직합니다. 각 모둠원의 수는 일치해야 합니다.
② 책걸상을 한쪽으로 치워 빈 공간을 만듭니다.
③ 빈 종이에 감정단어(부록 4)의 이름을 적습니다.
④ 글자가 보이지 않도록 접은 후 빈 통에 모읍니다.
⑤ 감정단어를 제비뽑기 한 후 양면테이프를 활용하여 감정단어를 배에 붙입니다.
⑥ 진행자의 구령에 맞추어 자신의 집단을 재빨리 찾아가 한 줄로 섭니다.
⑦ 앞사람의 옷을 잡아 기차형태를 만듭니다.
⑧ 가장 앞에 있는 사람은 다른 감정집단의 꼬리를 잡기 위해 움직입니다.
  -움직이는 도중에 대열이 흐트러지거나 끊어지면 제자리에 앉습니다.
  -다른 감정집단에게 꼬리를 잡히면 제자리에 앉습니다.
⑨ 마지막까지 살아남는 감정집단이 승리합니다.

놀이 팁

• 모둠 조직 후 남는 사춘기들에게는 진행자, 심판 등의 역할을 부여하여 소외되지 않도록 합니다.

참고문헌

교육부(2015). 2015 개정 체육과 교육과정.

3-2-6. 감정단어 러닝맨 (변형놀이)

활동 난이도:
☆☆☆

신체 움직임:
★★★

놀이 유형:
모둠

놀이 의도

'백 번 듣는 것보다 한 번 보는 것이 낫고, 백 번 보는 것보다 한 번 행하는 것이 낫다.'는 말처럼 몸을 움직이며 경험하는 것은 막연하게 알던 것을 구체적이고 정확하게 알아차릴 수 있는 기회를 제공합니다. 대부분의 사춘기들은 가만히 자리에 앉아서 공부하는 것보다 친구들과 이야기하며 움직이는 것을 더 선호합니다. 이는 뇌의 혈액순환과 관련 있습니다. 우리는 보통 뇌를 명령만을 하는 기관이라고 생각하나 반대로 몸의 움직임에 자극을 받기도 합니다. 학습 후 가벼운 움직임은 도리어 기억력을 높인다는 연구가 이를 뒷받침합니다. '감정단어 러닝맨'은 움직임이 주는 긍정적인 자극을 활용한 놀이입니다. 자신과 같은 감정집단에 소속된 감정단어를 떼는 놀이에 참여하며 대표감정에 소속되는 하위 감정단어를 다시 한 번 복습해 볼 수 있도록 합니다.

수업 속 감정놀이

* 성취기준: [4체03-02] 단순한 규칙으로 이루어진 게임을 수행하며 경쟁에 필요한 기본 기능을 탐색한다. (3, 4학년군 체육과)
* 도움말: 단순한 규칙으로 이루어진 신체활동에 참여하며 운동 기능과 전략, 대인관계 능력 등 게임을 효과적으로 수행할 수 있는 기본적인 능력을 갖출 수 있습니다.

놀이 순서

준비물: 감정단어(부록 4), 빈 종이, 양면테이프, 가위

① 다섯 모둠을 조직합니다. 각 모둠원의 숫자는 일치하여야 합니다.
② 책걸상을 한쪽으로 치워 빈 공간을 만듭니다.
③ 빈 종이에 감정단어(부록 4)의 이름을 적습니다.
④ 글자가 보이지 않도록 접은 후 빈 통에 모읍니다.
⑤ 감정단어를 제비뽑기 합니다.
⑥ 양면테이프를 활용하여 감정단어를 등에 붙입니다.
⑦ 자신과 같은 집단에 속해 있는 친구의 감정단어를 손으로 뗍니다.
⑧ 감정단어가 뜯긴 사람은 자리에 앉습니다.
⑨ 각 감정집단에서 최후까지 살아남는 사람이 승리합니다.

놀이 팁

- 유리테이프를 사용하면 누가 잡아당기지 않아도 떨어지는 경우가 더러 있습니다. 특히 털이나 매시 소재로 된 옷은 더욱 그러합니다. 이때는 양면테이프를 활용하는 것이 좋습니다.
- 좁거나 제한된 공간에서 놀이를 운영할 경우 선생님의 신호에만 움직일 수 있다는 규칙을 추가함으로써 안전사고를 미연에 예방할 수 있습니다.

참고문헌

교육부(2015). 2015 개정 체육과 교육과정.

넷째 날.
대표감정 느끼기

선생님의 반에서는 어떤 감정단어가 대표감정으로 선정되었나요? 감정놀이에 참여하는 사춘기들의 합의가 있다면 어떠한 감정단어라도 대표감정이 될 수 있답니다.
이제는 대표감정과 나의 관계에 대해 생각해 볼 때입니다. '대표감정 느끼기'와 관련된 감정놀이를 통하여 감정은 나의 생활과 밀접한 관계를 맺고 있으며 삶의 일부분임을 느껴 보도록 합시다.

4-1 감정놀이의 목적

애니메이션, 책, 영화 속 주인공의 감정을 간접 경험함으로써 나의 내면에 있는 감정과 마주할 수 있는 준비를 합니다.

4-2 감정놀이의 목적

대표감정과 관련된 기억을 떠올려 봄으로써 감정과 나의 관계에 대해 생각해 보도록 합니다.

4-1-1 주인공이 되어 (기본놀이)

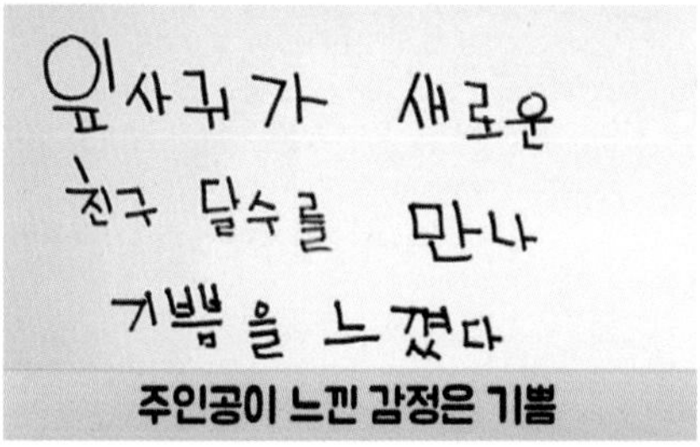

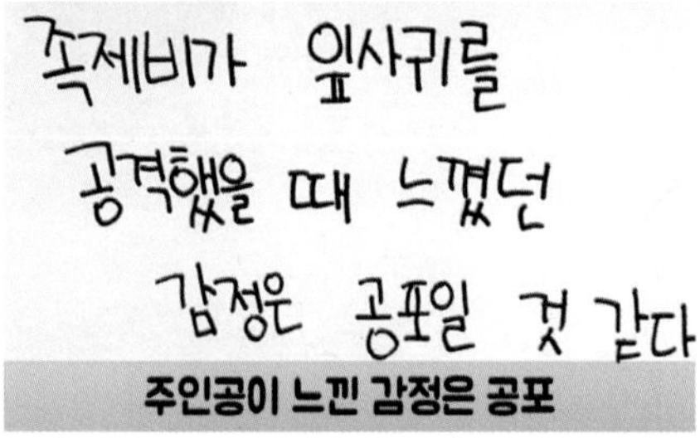

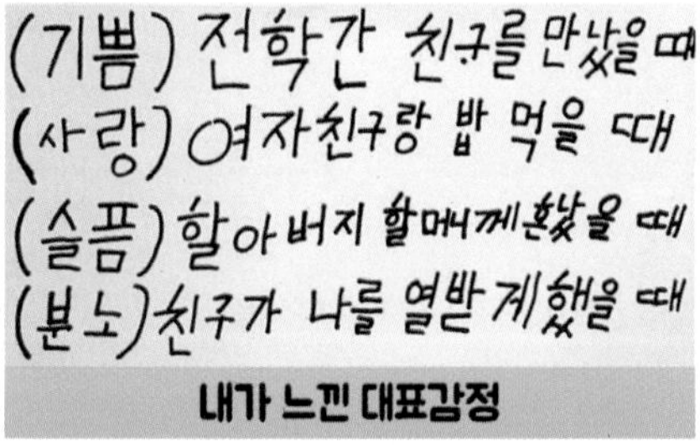

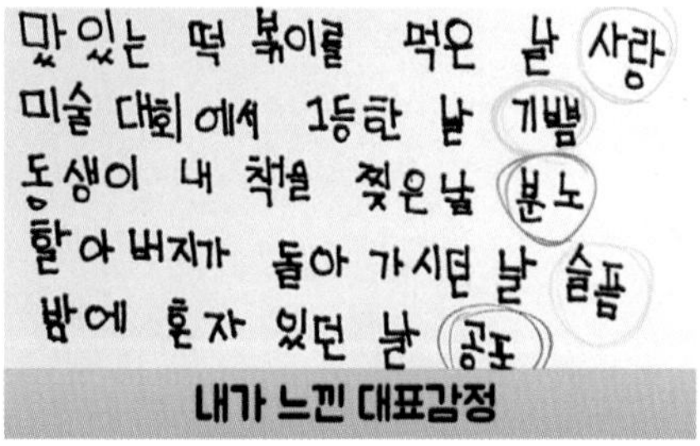

활동 난이도:
☆☆☆

신체 움직임:
★☆☆

놀이 유형:
모둠

놀이 의도

혹자는 사춘기 시절의 고민과 방황은 쓸데없는 것이며 성인이 되어서 해도 늦지 않다고 합니다. 그러나 알곡과 쭉정이가 바람에 명암이 엇갈리듯 자신에 대해 고민을 거듭한 사춘기는 갖은 고난과 시련에 맞서 싸울 수 있는 힘이 있으며 대처해 나갈 수 있는 용기를 낼 수 있습니다. 그렇다면 진정한 자신을 발견하기 위해서 필요한 것은 무엇일까요? 바로 내면의 감정과 마주하는 것입니다. 사람은 누구나 논리적으로 생각하고 이성적으로 판단하기를 원합니다. 그러나 사람은 감정의 동물이기에 이성적으로 판단하려는 그 순간마저도 잘할 수 있을까 하는 두려움에 지배당하게 됩니다. 결국 이성보다는 감정에 더 큰 영향을 받으며 삶을 살아가고 있는 것입니다. 이렇게 소중한 감정에 귀 기울일 때 그리고 그 모든 것을 나의 일부로 받아들일 수 있을 때 나는 누구인지, 어떠한 존재인지에 대해 대답할 수 있을 것입니다. 이에 주인공의 감정을 간접 경험해 보는 '주인공이 되어' 놀이를 통하여 나의 내면에 있는 감정과 마주할 수 있는 준비를 해봅시다.

수업 속 감정놀이

* 성취기준: [4국01-04] 적절한 표정, 몸짓, 말투로 말한다. (3, 4학년군 국어과)
* 도움말: 애니메이션의 한 장면을 시청한 후 적절한 표정, 몸짓, 말투로 말해 보며 주인공이 처한 감정과 상황을 간접 경험해 볼 수 있습니다.

놀이 순서

준비물: 매체, 빈 종이

① 모둠을 조직합니다.
② 감정놀이에 활용할 매체(애니메이션, 영화, 소설 등)를 선정합니다.
③ 매체를 살펴보며 주인공의 감정을 나의 것처럼 느낍니다.
④ 주인공이 처한 상황과 느끼고 있는 감정을 모둠원과 이야기 나눕니다.
⑤ 나도 이와 같은 감정을 느낀 적이 있는지 생각하여 빈 종이에 적습니다.
⑥ 친구들과 공유합니다.

놀이 팁

• 제가 활용한 애니메이션은 〈마당을 나온 암탉〉이지만, 영화, 소설 등으로도 놀이를 전개할 수 있습니다.

참고문헌

교육부(2015). 2015 개정 국어과 교육과정.

넷째 날

4-1-2. 감정모자 (변형놀이)

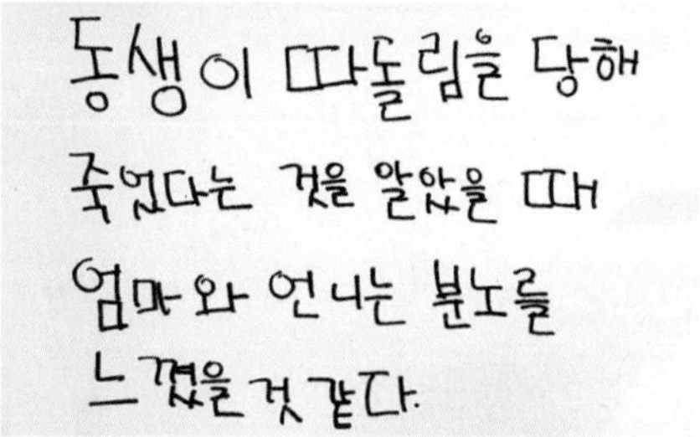

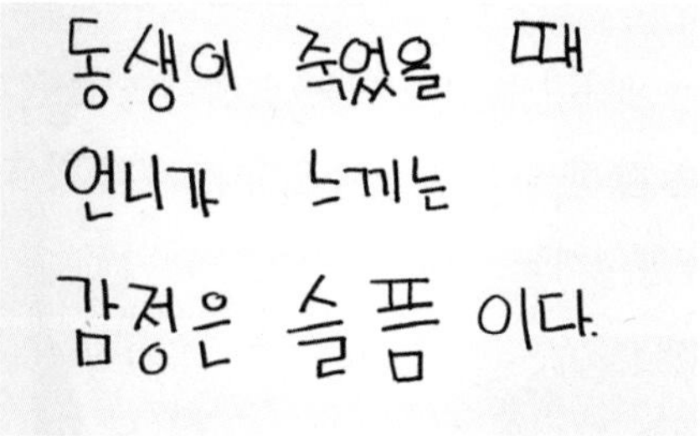

활동 난이도:
☆☆☆

신체 움직임:
★☆☆

놀이 유형:
모둠

놀이 의도

학교에서 아이들이 가장 좋아하는 시간은 언제일까요? 급식시간, 체육시간? 저마다 다르겠지만 저희 반 사춘기들은 영화 보는 시간을 매우 기다립니다. 저는 영화를 활용한 수업을 자주 하는 편인데 그때마다 아이들의 집중력은 가히 '짱'입니다. 그러나 아무리 좋은 약재도 잘못 쓰면 탈이 나듯 영화를 활용한 감정놀이에도 고려해야 할 것이 있습니다. 첫째, 적절한 주제를 선정하는 것입니다. 학교생활, 교우관계, 가족과의 갈등 등 실생활에서 벌어질 만한 소재를 다룬 영화는 자신의 삶과 닮았다는 점에서 감정이입 정도가 높아 보다 빠르게 타인의 경험에 간접적으로 참여할 수 있다는 효과를 가지고 있습니다. 둘째, 나이에 맞는 등급입니다. 영화는 주제, 선정성, 폭력성, 모방 위험 등을 고려하여 여러 등급으로 분류됩니다. 등급에 어울리지 않는 영화 시청 시 사춘기의 일반적인 지식과 경험으로는 수용하기 어려워 건전한 인격체로 성장하는 것을 저해할 수 있기 때문에 반드시 등급을 지키는 것이 필요합니다. 사춘기들이 좋아하는 영화를 활용하여 '감정모자' 놀이를 전개함으로써 주인공의 감정을 간접 경험할 수 있도록 합니다.

수업 속 감정놀이

* 성취기준: [6국02-05] 매체에 따른 다양한 읽기 방법을 이해하고 적절하게 적용하며 읽는다. (5, 6학년군 국어과)
* 도움말: 매체 유형에 따른 내용 파악 방법에 대해 알아본 후 놀이를 전개하여 주인공의 감정에 함께 참여할 수 있습니다.

놀이 순서

준비물: 영하, 모자

① 학생들의 연령에 적합한 영화를 선정합니다.
② 모둠을 조직합니다.
③ 색이 다른 모자 5개를 모둠별로 준비합니다.
④ 협의를 거쳐 대표감정에 어울리는 색을 정합니다.
⑤ 영화를 시청하며 주인공에게 감정이입합니다.
⑥ 주인공의 감정이 크게 드러난 부분에서 영상을 멈춥니다.
⑦ 주인공이 현재 느끼고 있는 대표감정이 무엇인지 생각해 봅니다.
⑧ 시작이라는 신호에 맞추어 해당하는 색의 모자를 재빨리 씁니다.
⑨ 나머지 부분을 시청하며 놀이를 반복합니다.
⑩ 영화를 모두 시청한 후 나도 이런 감정을 느낀 적이 있는지 생각해 봅니다.

놀이 팁

- 저는 영화 〈우아한 거짓말〉을 활용하여 놀이를 전개하였습니다.
- 종이를 이용하여 모자를 접은 뒤 놀이를 전개할 수도 있습니다.

참고문헌

교육부(2015). 2015 개정 국어과 교육과정.

4-1-3. 감정의자 (변형놀이)

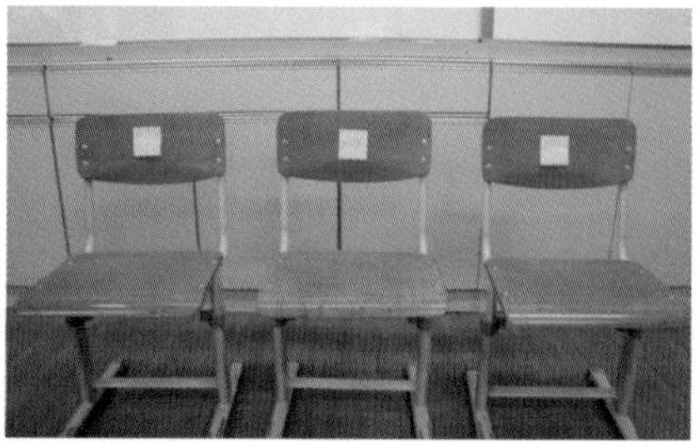

활동 난이도:

☆☆☆

신체 움직임:

★☆☆

놀이 유형:

모둠

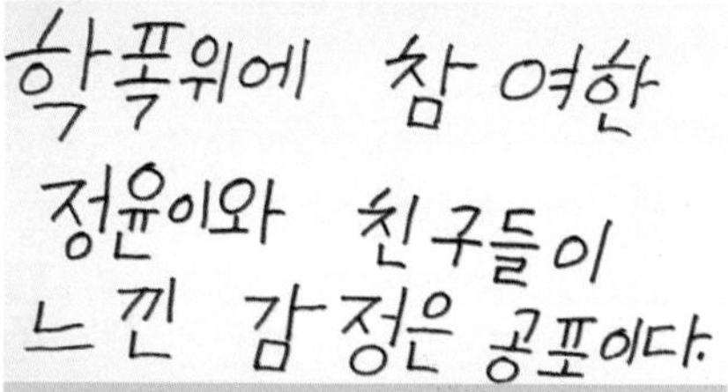

주인공이 느낀 감정은 공포!

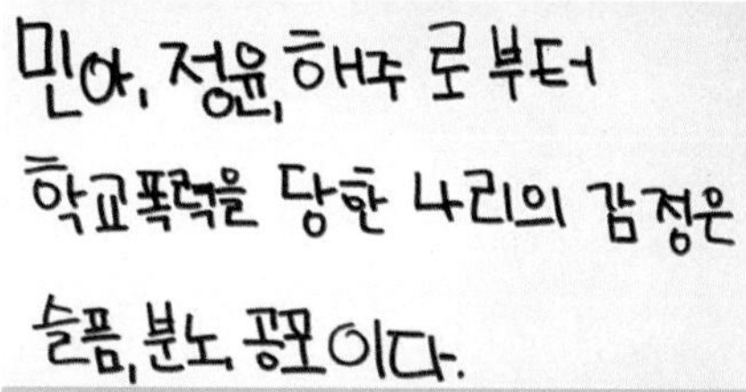

주인공이 느낀 감정은 슬픔, 분노, 공포!

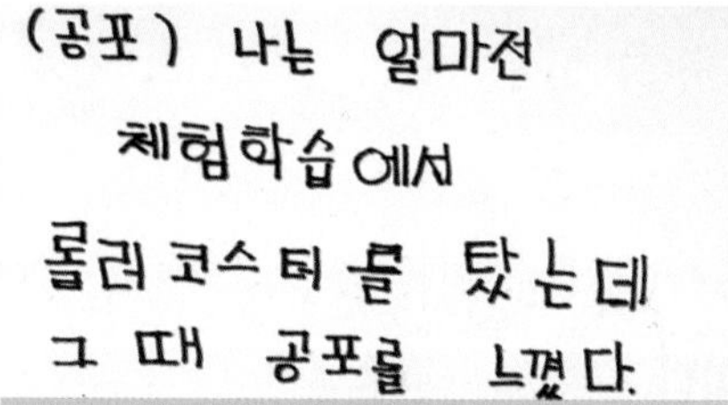

내가 경험한 공포

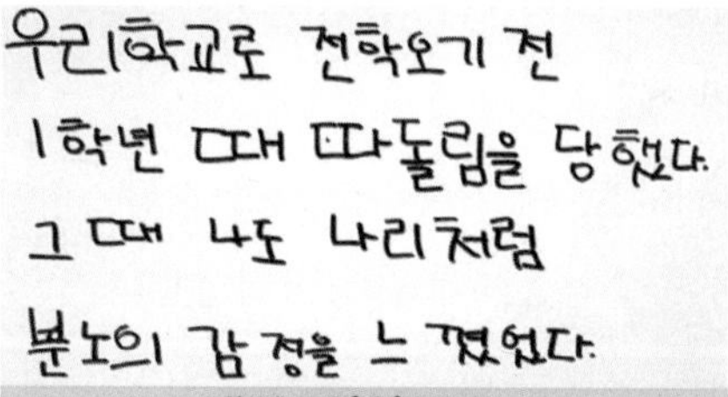

내가 경험한 분노

놀이 의도

선생님은 여행 좋아하시나요? 저는 여행이라는 단어만 들어도 설레고 두근거린답니다. 여행이 이토록 즐거운 이유는 무엇일까요? 바로 일상에서 벗어나 보고 싶었던 것을 보고, 먹고 싶었던 것을 먹으며, 가고 싶었던 곳을 가는 등 직접적인 체험을 할 수 있기 때문이 아닐까 생각합니다. 수업시간에 하품을 하는 학생들을 보면 수업도 여행처럼 직접적인 경험으로만 이루어진다면 얼마나 좋을까 생각하곤 합니다. 그러나 제한된 공간과 환경, 시간상 불가능한 것이 현실입니다. 그렇다고 해서 언어, 문자, 영상을 매개로 한 간접 경험이 꼭 나쁜 것만은 아닙니다. 배울 수 있는 폭이 넓고 학습자의 상상력을 자극할 수 있으며 시행착오를 줄일 수 있다는 장점을 가지고 있습니다. 이러한 간접 경험은 감정교육 시에도 유용하게 활용됩니다. 그동안 소중함을 잊고 살아서, 그리고 깊게 생각해 본 적이 없어서 꼭꼭 숨겨 왔던 감정과 마주하는 데 도움을 주기 때문입니다. 감정이입을 통하여 주인공의 감정을 간접 경험하는 '감정의자' 놀이를 통하여 내면에 숨겨진 대표감정과 마주할 수 있도록 합니다.

수업 속 감정놀이

* 성취기준: [4국02-05] 읽기 경험과 느낌을 다른 사람과 나누는 태도를 지닌다. (3, 4학년군 국어과)
* 도움말: 주인공의 감정이 드러난 작품을 읽고 글에 대한 경험과 느낌을 나누는 놀이에 참여하여 적극적으로 의미를 구성하는 독자를 기를 수 있습니다.

놀이 순서

준비물: 매체, 포스트잇, 필기도구

① 모둠을 조직합니다.
② 감정놀이에 활용할 매체(애니메이션, 영화, 소설 등)를 선정합니다.
③ 매체를 살펴보며 등장인물들의 감정을 나의 것처럼 느낍니다.
④ 등장인물의 수만큼 의자를 준비한 후 포스트잇에 등장인물의 이름을 적어 의자에 붙입니다.
⑤ 자신이 앉고 싶은 의자에 앉습니다.
⑥ 주인공이 되었다고 생각한 후 자신이 느낀 감정을 친구들과 나눕니다.
⑦ 이야기를 모두 마친 후 나도 이런 감정을 느낀 적이 있는지 생각해 봅니다.

놀이 팁

- 제가 활용한 매체는 소설이며 책 이름은『학폭위 열리는 날』입니다.
- 책을 천천히 자세하게 음미하며 읽으며, 감정이 발생했을 만한 상황을 찾아본 후 주인공에게 감정이입하여 놀이를 전개할 수 있습니다.

참고문헌

교육부(2015). 2015 개정 국어과 교육과정.

넷째 날

4-1-4. 웹툰작가 (변형놀이)

활동 난이도:
☆☆☆

신체 움직임:
☆☆☆

놀이 유형:
개인

놀이 의도

선생님들께서는 웹툰을 좋아하시나요? 웹툰이라 그 용어가 생소한 선생님들이 계실 것입니다. 웹툰이란 인터넷을 뜻하는 웹과 만화를 의미하는 카툰의 합성어로 인터넷에서 연재되는 만화를 총칭합니다. 최근 웹툰을 소재로 한 드라마, 영화 등이 등장함에 따라 웹툰 작가를 꿈으로 삼고 있는 사춘기가 늘고 있는 있을 정도로 청소년들에게 매우 인기가 많은 매체 중 하나랍니다. 사춘기들이 좋아하고 그들의 삶과 고민을 잘 반영하고 있는 웹툰을 살펴본 뒤 이어질 이야기를 만화로 표현해 보는 '웹툰작가' 놀이를 통하여 주인공의 대표감정을 간접 경험하여 봅시다.

수업 속 감정놀이

*성취기준: [4국05-03] 이야기의 흐름을 파악하여 이어질 내용을 상상하고 표현한다. (3, 4학년군 국어과)

*도움말: 전체적인 흐름이나 이어질 내용을 예측하면서 글을 읽은 후 이어질 이야기를 만화로 표현해 볼 수 있습니다.

놀이 순서

준비물: 매체, 빈 종이, 필기도구, 색연필

① 감정놀이에 활용할 매체(애니메이션, 영화, 소설 등)를 선정합니다.
② 매체를 살펴봅니다.
③ 주인공의 감정을 나의 것처럼 느낍니다.
④ 개인별로 빈 종이를 나눠 줍니다.
⑤ 다음 내용을 예상하여 봅니다.
⑥ 주인공의 감정이 드러나게 만화로 표현합니다.
⑦ 작품을 전시합니다.
⑧ 친구들이 그린 만화를 살펴봅니다.
⑨ 내가 만약 이런 상황에 놓여 있다면 어떤 감정을 느낄 것 같은지 생각해 봅니다.

놀이 팁

- 웹툰도 영화, 드라마처럼 연령제한이 있으므로 놀이에 적절한 웹툰을 선정하여 선정적이거나 폭력적인 것으로부터 사춘기들을 지킬 수 있도록 합니다.

참고문헌

교육부(2015). 2015 개정 국어과 교육과정.

4-2-1. 타임머신 (기본놀이)

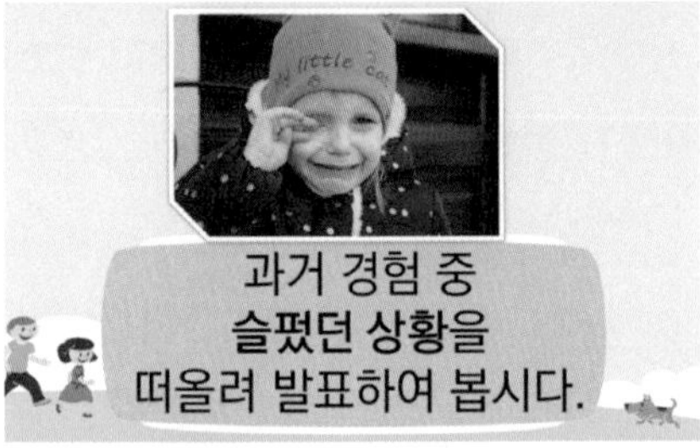

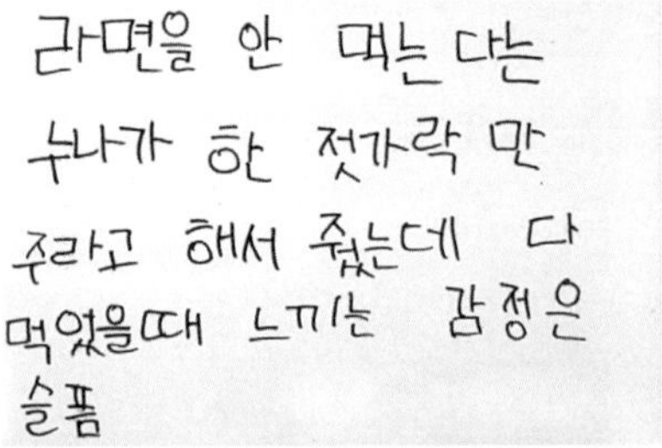

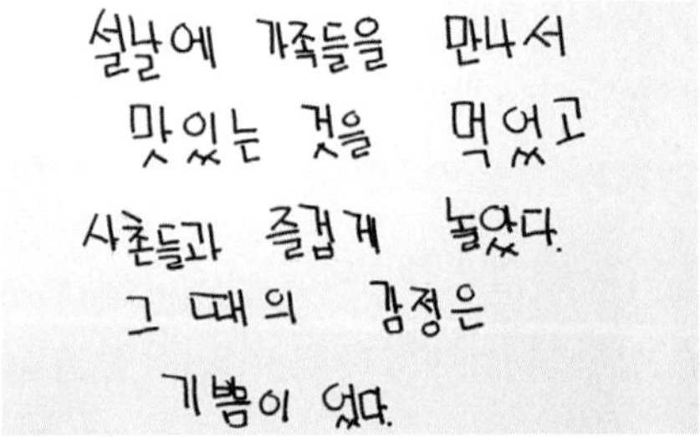

활동 난이도:
☆☆☆

신체 움직임:
★☆☆

놀이 유형:
반 전체

놀이 의도

애니메이션 및 영화 주인공의 감정에 공감하거나 비판하는 등의 간접 경험은 실제로 경험하지 않고 세상의 지혜를 배울 수 있다는 장점은 가지고 있으나 실천에 옮기지 않으면 무용지물에 불과하다는 한계 또한 가지고 있습니다. 이를 극복하기 위해서는 간접적으로 얻은 지식을 자신의 삶에 적용해 보는 등의 노력이 필요합니다. 대표감정을 느꼈던 자신의 삶을 떠올려 보고 친구들과 나누는 '타임머신' 놀이를 통하여 삶과 감정은 떼려야 뗄 수 없는 불가분의 관계임을 직접적으로 느낄 수 있도록 합니다.

수업 속 감정놀이

* 성취기준: [4국01-01] 대화의 즐거움을 알고 대화를 나눈다. (3, 4학년군 국어과)
* 도움말: 자신의 감정경험을 친구들과 공유하는 놀이에 참여하면서 대화의 즐거움을 깨닫고 능동적으로 의사소통에 참여하는 태도를 기를 수 있습니다.

놀이 순서

준비물: 빈 종이, 빈 통, 필기도구

① 큰 원을 만들어 앉습니다.
② 빈 종이를 개인별로 나눠 줍니다.
③ 과거 경험 중 대표감정을 느꼈던 상황을 떠올려 당시의 상황을 빈 종이에 적습니다.
④ 글자가 보이지 않게 접은 뒤 빈 통에 모읍니다.
⑤ 무작위로 하나를 꺼내 읽습니다.
⑥ 누구의 사연일지 예상하여 발표합니다.
⑦ 다섯 번의 기회 안에 주인공을 맞힌 경우 그 사람으로부터 자세한 이야기를 듣습니다.
⑧ 이야기를 들으며 나는 언제 이런 감정을 느꼈는지 생각해 봅니다.
⑨ 놀이를 통하여 감정은 나의 삶의 일부분이며 대부분의 감정에는 원인이 있음을 알아차립니다.

놀이 팁

- 대부분의 감정에는 원인과 결과가 있습니다. 이는 감정이 가진 특징으로 '기분' '정서'와 구분되는 기준이 되기도 합니다. 감정, 알아가면 갈수록 신기한 존재입니다.

참고문헌

교육부(2015). 2015 개정 국어과 교육과정.

넷째 날

4-2-2. 이야기 고무공 (변형놀이)

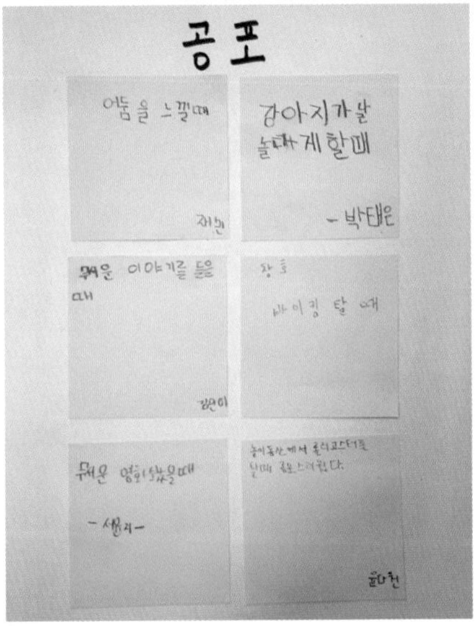

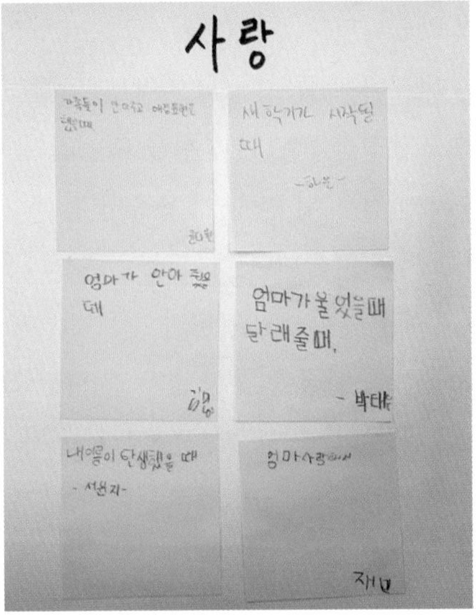

활동 난이도:
☆☆☆

신체 움직임:
★☆☆

놀이 유형:
모둠

놀이 의도

용량에 제한이 없고 평생 동안 보존되는 장기기억은 크게 외현기억과 암묵기억으로 구분할 수 있습니다. 외현기억은 사실, 불변의 진리, 일상적인 사건처럼 의식적으로 꺼내 설명할 수 있는 것을, 암묵기억은 운전, 자전거 타기처럼 기억하고 있다는 것을 인지하지는 못하지만 행동에 영향을 미치는 것을 의미합니다. 대표감정과 관련된 기억들은 주로 외현기억으로 암묵기억과 다르게 뇌에 저장된 기억을 인출하기 위해서는 의식적인 노력이나 자극이 필요합니다. '이야기 고무공'에서는 친구의 이야기가 그 자극의 역할을 수행합니다. 대표감정과 관련된 감정상황을 떠올리고 나누는 놀이에 참여하여 감정은 삶과 분리될 수 없으며 나의 일부임을 느낄 수 있도록 합니다.

수업 속 감정놀이

＊성취기준: [9국01-07] 여러 사람 앞에서 말할 때 부딪히는 어려움에 효과적으로 대처한다. (중학교 국어과)

＊도움말: '유창한 말하기'에 대해 가지고 있는 잘못된 생각이나 어려움을 점검한 뒤 불안감을 완화할 수 있는 물건인 고무공을 선택·활용하여 놀이를 전개함으로써 자신 있게 친구들과 이야기를 나눌 수 있도록 합니다.

놀이 순서

준비물: 포스트잇, 필기도구, 고무공

① 모둠을 조직합니다.
② 포스트잇 5장을 개인별로 나눠 줍니다.
③ 각각의 포스트잇에 대표감정을 느꼈던 상황을 떠올려 적습니다.
④ 진행자 한 명을 선정합니다.
⑤ 이야기를 듣고 싶은 사람에게 고무공을 던집니다.
⑥ 고무공을 받은 사람은 자신의 감정상황을 공유합니다.
⑦ 모든 사람의 이야기를 들을 때까지 반복합니다.
⑧ 이야기를 들으며 감정 발생은 자연스러운 것이며 그 원인이 있음을 느낍니다.

놀이 팁

- 부담감을 줄이는 도구가 꼭 고무공일 필요는 없습니다. 천으로 된 주사위도 좋고 가벼운 풍선도 좋습니다. 단, 무게가 있거나 날카로운 도구는 피하도록 합니다.

참고문헌

교육부(2015). 2015 개정 국어과 교육과정.

4-2-3. 감정고개 (변형놀이)

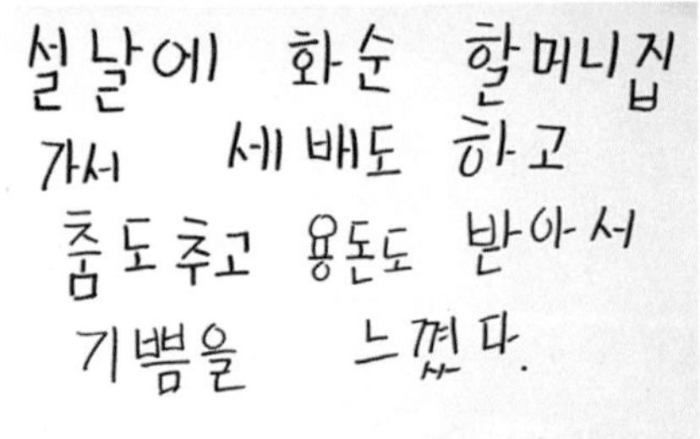

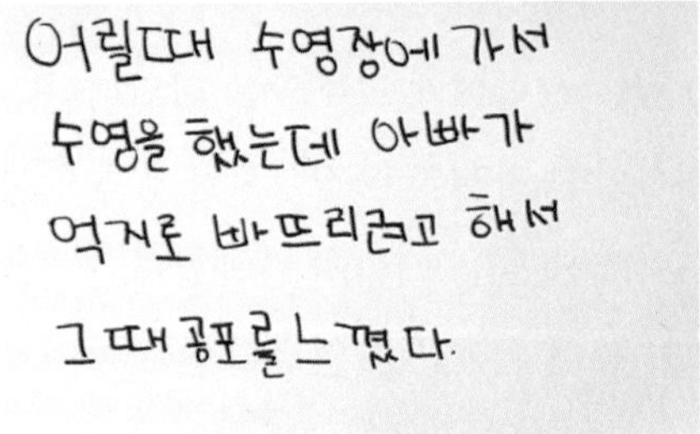

활동 난이도:
☆☆☆

신체 움직임:
★☆☆

놀이 유형:
반 전체

놀이 의도

허용된 스무 번의 질문을 통해 문제의 핵심에 도달하는 스무고개는 미국 한 방송국의 소재로 활용되다가 1960년대 한국의 라디오 오락프로그램으로 인기를 얻어 유명해진 놀이입니다. '감정고개'는 기존 게임방식과 달리 정답을 알아채도 미리 말하지 않습니다. 이는 게임의 목적이 문제를 내는 사람의 대표감정을 맞추는 데 있지 않고 그 상황과 감정을 연결하는 데 있기 때문입니다. 친구들의 질문과 출제자의 대답을 종합하여 대표감정과 감정상황을 추론해 봄으로써 감정은 매우 자연스러운 것이며 삶의 일부임을 느낄 수 있도록 합니다.

수업 속 감정놀이

* 성취기준: [9국01-03] 목적에 맞게 질문을 준비하여 면담한다. (중학교 국어과)
* 도움말: 친구의 대표감정을 알아차리기 위한 질문을 직접 구성해 보며 목적에 따라 질문할 내용이 달라져야 함을 느낄 수 있습니다.

놀이 순서

준비물: 빈 종이, 필기도구, 빈 통

① 빈 종이 1장을 개인별로 나눠 줍니다.
② 과거 경험 중 대표감정을 느꼈던 상황을 떠올려 적습니다.
③ 상황이 적힌 종이를 접어 빈 통에 모읍니다.
④ 제비뽑기를 통하여 문제를 낼 사춘기를 선정합니다.
⑤ 다섯 번의 질문을 합니다. 단, 감정단어를 활용한 질문은 하지 않습니다.
⑥ 질문을 들은 사춘기는 '예, 아니요'로만 대답합니다.
⑦ 다섯 번의 질문이 끝난 후 어떤 감정을 느꼈을 것 같은지 예상하여 거수합니다.
⑧ 감정을 맞춘 학생이 많은 경우 자신이 겪은 구체적인 상황을 설명합니다.
⑨ 이야기를 들으며 감정 발생은 자연스러운 것이며 그 원인이 있음을 느낍니다.

놀이 팁

• 매번 같은 질문을 던져 소중한 기회를 날려 버리는 사춘기들이 있습니다. 놀이 전 '한번 한 질문은 다시 하지 않기' 등의 규칙을 만들어 더욱 의미 있고 즐거운 놀이를 전개해 보시기 바랍니다.

참고문헌

교육부(2015). 2015 개정 국어과 교육과정.

넷째 날

4-2-4. 감정 캐릭터 (변형놀이)

활동 난이도:

☆☆☆

신체 움직임:

☆☆☆

놀이 유형:

개인

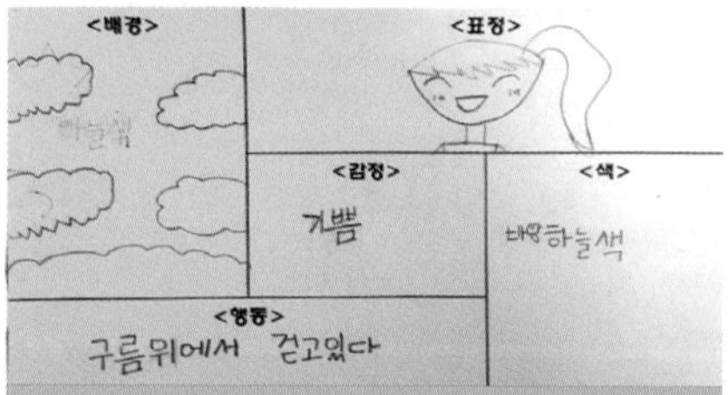

작품 구상서

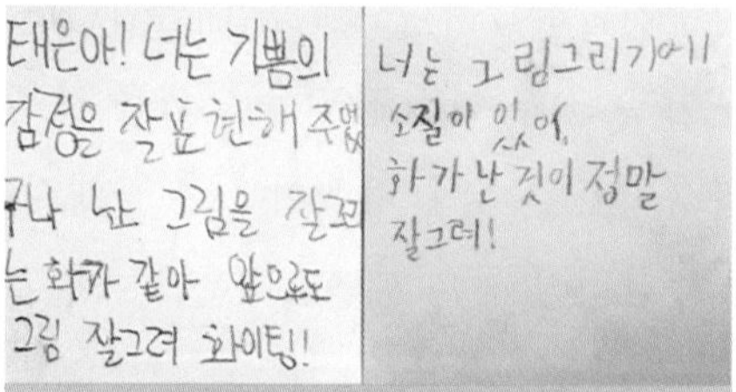

친구들의 긍정적인 피드백

놀이 의도

"감정은 포기할 수 없는 거야."라는 명대사를 남긴 만화영화 〈인사이드 아웃〉에는 '기쁨이' '슬픔이' '버럭이' '소심이' '까칠이'가 등장합니다. 밝은 미소와 하얀 치아가 아름다운 '기쁨이', 금방이라도 눈물을 왈칵 쏟아 버릴 것만 같은 '슬픔이', 화가 나면 머리에서 불을 뿜는 '버럭이', 초조한 눈과 마른 몸을 가진 '소심이', 깐깐하기로 둘째가라면 서러운 '까칠이'까지 캐릭터에는 감정단어가 가진 상징과 의미, 제작자의 감정경험이 고스란히 녹아 있습니다. 감정단어를 가지고 캐릭터를 만드는 것은 누구나 할 수 있으나 자신의 감정상황을 캐릭터에 녹이는 것은 본인만 할 수 있습니다. 대표감정과 관련된 경험을 떠올린 후 나만의 캐릭터를 만들어 보고 자연스럽게 내면의 감정과 대면할 수 있도록 합니다.

수업 속 감정놀이

＊성취기준: [4미02-02] 주제를 자유롭게 떠올릴 수 있다. (3, 4학년군 미술과)

＊도움말: 자신의 삶에서 의미 있었던 감정경험을 떠올린 후 캐릭터로 표현해 볼 수 있습니다.

놀이 순서

준비물: 〈인사이드 아웃〉 캐릭터, 빈 종이, 필기도구, 색연필, 포스트잇

① 〈인사이드 아웃〉에 등장하는 캐릭터를 살펴보며 특징을 발견합니다.

② 각각의 캐릭터에는 만든 이의 경험이 녹아 있음을 느낍니다.

③ 개인별로 빈 종이 1장과 포스트잇 3장을 나눠 줍니다.

④ 과거 경험 중 대표감정을 느꼈던 상황을 떠올려 봅니다.

⑤ 자신의 경험을 바탕으로 나만의 캐릭터를 만들어 봅니다.

⑥ 완성된 캐릭터를 전시합니다.

⑦ 전시된 친구의 감정 캐릭터를 살펴본 후 긍정적인 피드백을 포스트잇에 적어 붙여 줍니다.

놀이 팁

- 본격적인 작업 전 작품구상서를 작성해 봄으로써 개성 있는 나만의 캐릭터를 만들어 볼 수 있습니다.
- 나의 감정상황이 녹아 있는 캐릭터를 만들기 위해서는 과거 경험을 충분히 떠올릴 수 있는 시간이 필요합니다. 이때 감수성을 자극할 수 있는 음악을 들려주는 것도 좋은 방법입니다.

참고문헌

교육부(2015). 2015 개정 미술과 교육과정.

4-2-5. 대표감정 플립북 (변형놀이)

활동 난이도:
★☆☆

신체 움직임:
★★☆

놀이 유형:
개인

놀이 의도

친구가 부른 별명으로 인해 화가 난 나머지, 가방을 발로 찬 기찬이가 있습니다. 이때 기찬이가 느낀 감정은 분노로 친구가 별명을 부른 선행사건으로부터 발생하였으며 가방을 발로 차 버리는 강한 감정표현으로 나타났습니다. 이처럼 대부분의 감정에는 선행사건, 즉 원인이 존재하기 마련입니다. 감정에 원인과 결과가 있다는 것을 아는 것은 어떤 도움이 될까요? 바로 감정조절과 깊은 연관이 있습니다. 강한 감정을 불러일으켰던 원인의 해결책을 모색하여 분노라는 감정이 다른 감정으로 연결되는 악순환을 막을 수 있기 때문입니다. 대표감정과 관련된 경험을 떠올려 간단한 애니메이션으로 제작해 보는 '대표감정 플립북' 놀이를 통하여 감정상황을 되돌아보고 대부분의 감정에는 원인과 결과가 있음을 느껴 봅시다.

수업 속 감정놀이

* 성취기준: [6미02-03] 다양한 자료를 활용하여 아이디어와 관련된 표현 내용을 구체화할 수 있다. (5, 6학년군 미술과)
* 도움말: 대표감정과 관련된 자신의 경험을 플립북으로 시각화한 뒤 구체적인 상황과 내용을 친구들과 나눌 수 있습니다.

놀이 순서

준비물: 포스트잇, 필기도구

① 포스트잇 10장을 개인별로 나눠 줍니다.
② 과거 경험 중 대표감정을 느꼈던 상황을 떠올립니다.
③ 포스트잇 접착 면이 좌측 또는 우측이 되도록 놓습니다.
④ 연속되는 움직임을 생각하며 포스트잇에 그림을 그립니다.
⑤ 첫 장부터 빠르게 넘기며 움직임이 자연스러운지 확인합니다.
⑥ 친구의 플립북을 살펴봅니다.
⑦ 친구로부터 당시의 감정상황을 듣습니다.
⑧ 이야기를 들으며 감정 발생은 자연스러운 것이며 그 원인이 있음을 느낍니다.

놀이 팁

- 애니메이션 기법 중 하나인 플립북은 연속적으로 넘겼을 때 그림이 마치 살아 있는 효과를 느낄 수 있는 책을 의미합니다. 플립북은 장수가 많아질수록 그 움직임이 자연스러워집니다. 이에 제시된 포스트잇 외에 더 많이 원하는 사춘기들에게는 추가로 제시할 수 있도록 합니다.

참고문헌

교육부(2015). 2015 개정 미술과 교육과정.
네이버 지식백과(플립북).

다섯째 날.
자신의 감정 들여다보기

넷째 날 감정놀이까지 마친 사춘기에게 '감정이란 무엇일까?'라는 질문을 던져 보았습니다. 사실 큰 기대를 한 것은 아니었지만 자신들만의 언어를 활용하여 감정을 정의하는 모습을 보며 매우 놀랐던 기억이 납니다. 사춘기에게 감정은 더 이상 낯선 존재가 아닙니다. 자신의 삶의 일부이자 소중한 존재가 되어 가고 있습니다. 이제는 감정에 더욱 적극적으로 다가설 때입니다.
'자신의 감정 들여다보기'와 관련된 감정놀이를 통하여 스스로의 감정을 들여다보는 능력을 함양할 수 있도록 합니다.

5-1 감정놀이의 목적

다양한 감정표현 도구의 사용법을 알아봅니다.

5-2 감정놀이의 목적

감정표현 도구를 활용하여 자신의 감정을 들여다봅니다.

5-1-1. 감정그래프 (기본놀이)

애니메이션 시청하기

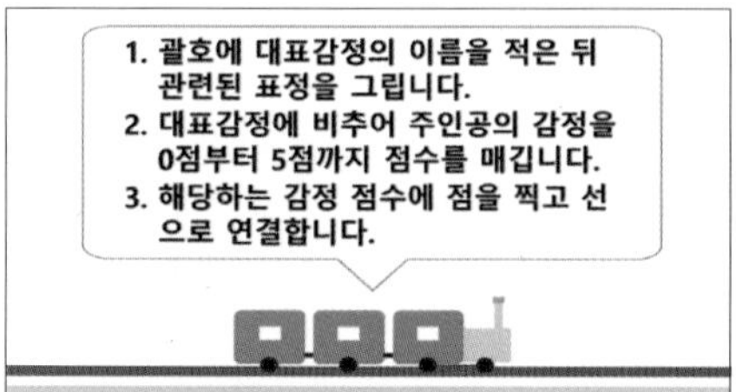

감정그래프 그리는 방법 알아보기

주인공의 감정 그래프로 그리기

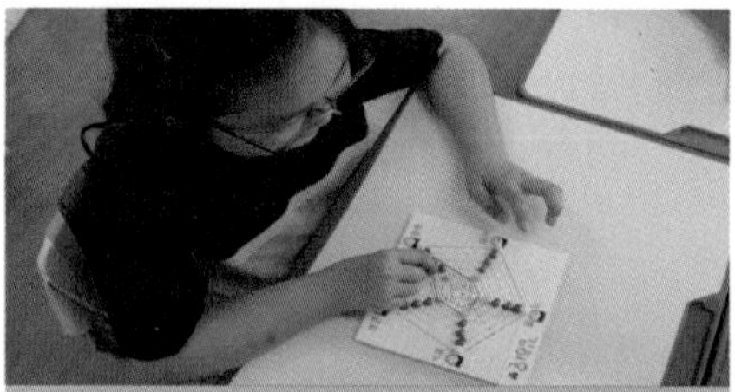
감정그래프로 주인공의 감정 표현하기

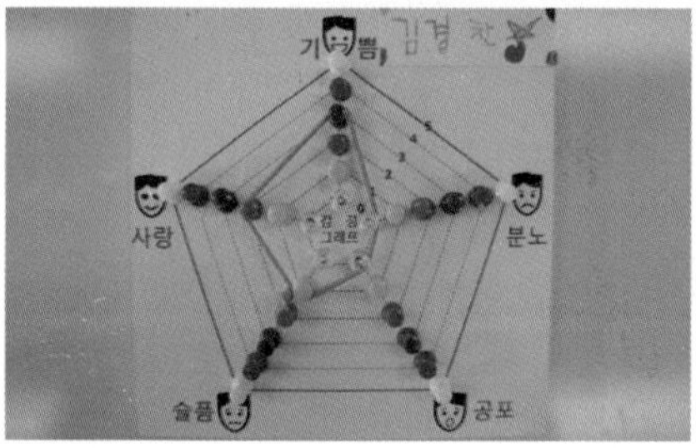

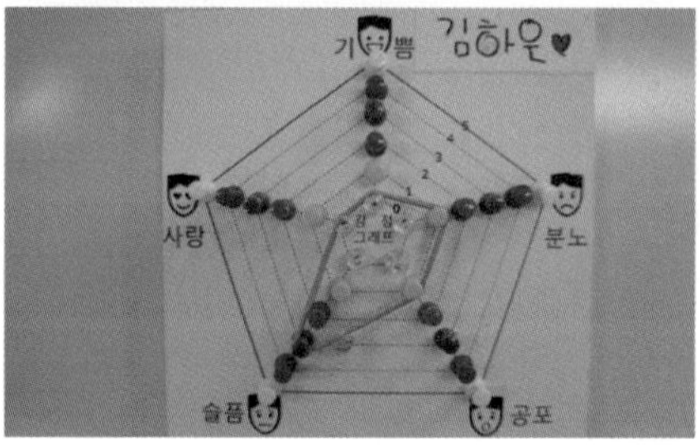

활동 난이도:
☆☆☆

신체 움직임:
★☆☆

놀이 유형:
모둠

놀이 의도

남의 마음을 알지 못한 채 상처가 되는 말을 던지거나 분위기를 흐리는 사람을 보고 흔히 '눈치가 없다.'고 합니다. 타인의 처지나 감정을 알아차림으로 상황에 알맞은 행동을 선택하도록 돕는 눈치는 사회 구성원으로서 살아가는 데 반드시 필요한 능력 중 하나입니다. 어떻게 하면 눈치 있는 사람이 될 수 있을까요? 우선 자신의 감정을 정확히 꿰뚫어 볼 수 있는 심안을 가지고 있어야 합니다. 나의 감정을 알아차릴 수 있을 때 비로소 다른 사람의 감정 또한 들여다볼 수 있는 통찰력이 생기기 때문입니다. 그러나 자신의 감정상태를 알아차리는 것은 말처럼 쉽지 않습니다. 감정이 가진 상대성, 즉 강도의 차이와 다양한 감정이 동시에 발생하는 복합성 때문입니다. 이때 도움이 되는 것이 바로 감정그래프입니다. 애니메이션 주인공의 감정을 알아차리고 표현해 보는 '감정그래프' 놀이를 통하여 감정을 들여다보는 데 도움이 되는 도구의 활용법을 익힐 수 있도록 합니다.

수업 속 감정놀이

* 성취기준: [4국05-02] 인물, 사건, 배경에 주목하며 작품을 이해한다. (3, 4학년군 국어과)
* 도움말: 작품에 등장하는 인물의 감정을 그래프로 표현한 후 사건, 배경과의 관계를 파악하여 서사 갈래나 극 갈래의 작품 수용 능력을 신장시킬 수 있습니다.

놀이 순서

준비물: 애니메이션, 감정그래프(부록 9), 필기도구

① 모둠을 조직한 후 감정그래프(부록 9)를 개인별로 나눠 줍니다.
② 대표감정 이름을 괄호 속에 적고 관련된 표정을 그립니다.
③ 애니메이션을 시청하며 주인공에게 감정이입합니다.
④ 주인공이 느꼈을 감정과 그 까닭을 생각해 봅니다.
⑤ 주인공의 감정을 감정그래프에 표현합니다.

> -괄호에 대표감정의 이름을 적은 뒤 관련된 표정을 그립니다.
> -대표감정에 비추어 주인공의 감정을 0부터 5점까지 점수를 매깁니다.
> -해당하는 감정 점수에 점을 찍고 선으로 연결합니다.

⑥ 자신이 그린 감정그래프를 모둠원과 공유합니다.
⑦ 감정은 한순간에 여러 가지가 동시에 발생함을 느낍니다.

놀이 팁

- 제가 활용한 애니메이션은 〈마당을 나온 암탉〉입니다.
- 상대성[1]과 복합성[2]은 감정이 가진 특성으로 이를 이해하는 것은 감정의 정체를 알아차리는 데 도움이 됩니다.

참고문헌

교육부(2015). 2015 개정 국어과 교육과정.

1) 감정의 상대성이란 오랜 준비 끝에 이루어 낸 성과로 발생하는 '기쁨'과 농담으로 인한 '기쁨'의 강도 차이를 의미합니다.
2) 감정의 복합성이란 지금 이 순간이 너무 기쁘고 즐겁지만 한편으로는 이러한 감정이 사라지게 될까 슬프기도 한 이중성을 의미합니다.

5-1-2. 대표감정카드 (변형놀이)

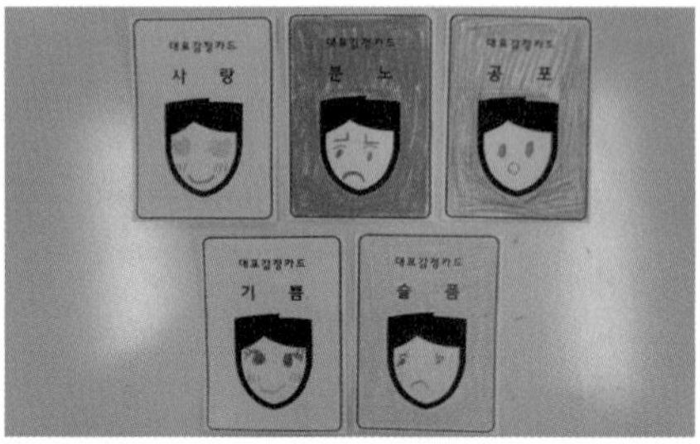

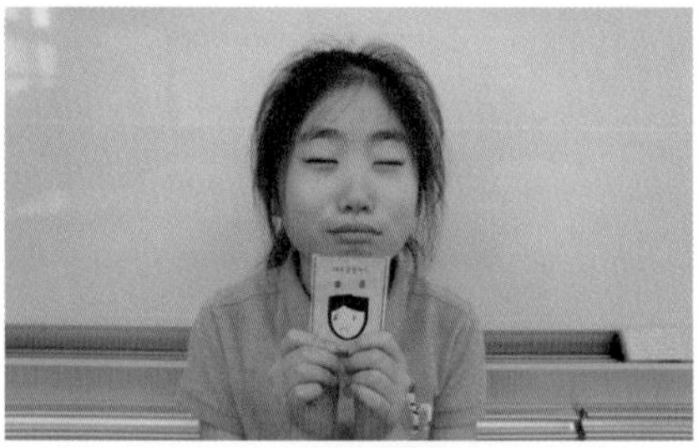

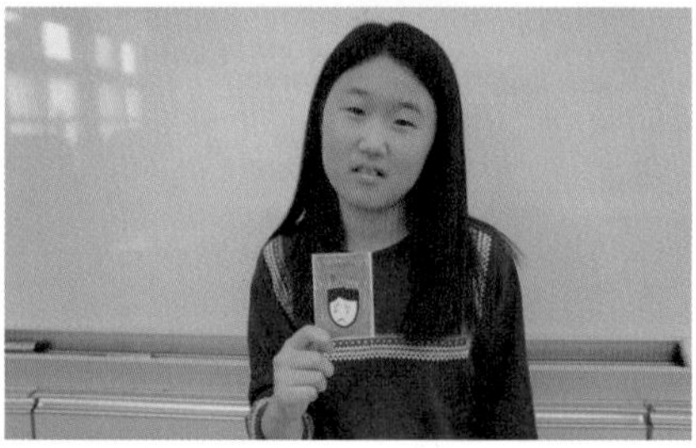

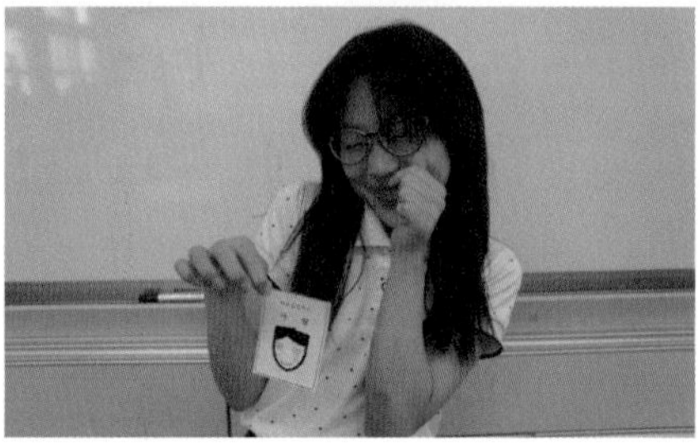

활동 난이도:
☆☆☆

신체 움직임:
★☆☆

놀이 유형:
모둠

놀이 의도

마음에 분노가 가득한 사춘기가 있습니다. 스스로 화가 나 있다는 것을 알아차린 사춘기는 다른 사람에게 실수를 하지 않기 위하여 그 자리를 피하는 등 외부로부터 오는 자극을 최소화할 것이나 감정을 파악하지 못한 사춘기는 답답한 마음에 충동적이고 공격적인 행동으로 혼란스러움을 표현할 수도 있습니다. 이처럼 감정상태를 알아차리는 것은 자신의 감정을 조절하거나 올바르게 표현하는 데 필수적인 요소로 작용합니다. 감정상태를 인식하는 데 도움을 주는 도구는 다양합니다. 그중 대표감정카드는 사춘기 초기 또는 초등학교 저학년이 이용하기 좋은 것으로, 현재 자신이 느끼고 있는 감정 중 가장 강한 것을 선택하여 제시하는 감정표현 도구입니다. '대표감정카드'를 만들어 보고 애니메이션 주인공을 표현해 봄으로써 대표감정카드가 감정을 들여다볼 수 있는 좋은 도구임을 느껴 볼 수 있도록 합니다.

수업 속 감정놀이

* 성취기준: [4국01-04] 적절한 표정, 몸짓, 말투로 말한다. (3, 4학년군 국어과)
* 도움말: 대표감정카드를 활용하여 자신의 생각과 느낌, 감정을 다른 사람과 공유할 수 있습니다.

놀이 순서

준비물: 대표감정카드(부록 10), 필기도구, 색연필

① 모둠을 조직합니다.
② 대표감정카드(부록 10) 5장을 개인별로 나눠 줍니다.
③ 대표감정 이름을 밑줄에 적은 후 어울리는 표정을 그립니다.
④ 협의를 통하여 대표감정에 어울리는 색을 정한 뒤 칠합니다.
⑤ 애니메이션을 시청하며 주인공에게 감정이입합니다.
⑥ 주인공이 가장 크게 느끼고 있는 감정카드를 선택합니다.
⑦ 자신이 선택한 대표감정카드를 모둠원과 공유합니다.
⑧ 대표감정카드로 감정을 들여다볼 수 있음을 알아차립니다.

놀이 팁

- 감정을 표현하는 언어인 감정단어에 어울리는 비언어적 정보, 즉 표정, 색을 연결해 보며 감정에 대해 다시 한 번 깊게 생각해 볼 수 있도록 합니다.
- 대표감정카드에 바탕색을 칠할 때 글자 내용이 보이지 않을 정도로 아주 진하게 칠하지 않도록 안내합니다.
- 학급에서 정한 대표감정을 활용하되 따로 선정하지 않은 경우 기쁨, 사랑, 슬픔, 공포, 분노를 대표감정으로 사용합니다.

참고문헌

교육부(2015). 2015 개정 국어과 교육과정.

5-1-3. 감정날씨카드 (변형놀이)

활동 난이도:
☆☆☆

신체 움직임:
★☆☆

놀이 유형:
모둠

놀이 의도

추운 날과 따듯한 날 둘 중 일처리 능률이 높아지는 것은 언제일까요? 정답은 후자입니다. 높은 습도보다 낮은 습도가, 저기압보다 고기압이, 추운 것보다 따뜻한 것이 감정과 기분에 더 긍정적인 영향을 미치기 때문입니다. 실제로 적당한 햇빛은 안정과 행복의 감정에 관여하는 세로토닌의 수준을 높여 주므로 긍정적인 감정을 촉진시키고 피로를 완화하며 집중력을 높이는 것으로 나타났습니다. '감정날씨카드'는 감정과 날씨의 상관관계에 착안하여 만들어진 감정표현 도구입니다. 날씨와 감정의 상관관계에 대해 살펴본 후 애니메이션 주인공의 감정을 날씨로 표현해 보는 놀이를 통하여 '감정날씨카드'가 감정을 들여다볼 수 있는 좋은 도구임을 느낄 수 있도록 합니다.

수업 속 감정놀이

*성취기준: [6과06-01] 습도를 측정하고 습도가 우리 생활에 영향을 주는 사례를 조사할 수 있다. (5, 6학년군 과학과)

*도움말: 자연 현상인 날씨가 우리 생활에 주는 영향을 알아본 후 대표감정에 어울리는 날씨를 선정해 볼 수 있습니다.

놀이 순서

준비물: 감정날씨카드(부록 11), 수성펜, 코팅지, 코팅기계

① 모둠을 조직한 후 코팅된 감정날씨카드(부록 11)를 개인별로 나눠 줍니다.
② 감정과 날씨의 연관성을 알아봅니다.
③ 협의를 통하여 대표감정에 어울리는 날씨를 선정합니다.
④ 애니메이션을 시청하며 주인공에게 감정이입합니다.
⑤ 주인공이 느끼는 감정의 강도(상대성)를 생각해 봅니다.
⑥ 수성펜을 사용하여 주인공이 느끼는 감정을 카드에 표현합니다. 단, 주인공이 느끼는 감정이 강할수록 날씨 표현을 크게 할 수 있도록 합니다.
⑦ 감정날씨카드를 모둠원과 공유합니다.

놀이 팁

• 뇌 신경전달물질인 세로토닌은 쾌락을 담당하는 도파민과 스트레스를 관리하는 노르아드레날린을 중재함으로 행복을 느끼거나 몸의 균형을 유지하는 역할을 수행합니다. 세로토닌이 부족한 경우 행동 · 정서적인 장애를 겪기도 하는데 이를 예방하기 위해서는 일광욕과 적당한 운동이 필요합니다. 흥미로운 날씨와 호르몬의 이야기를 사춘기들과 나눔으로써 감정에 대한 관심을 높일 수 있도록 합니다.

참고문헌

교육부(2015). 2015 개정 과학과 교육과정.

다섯째 날

5-1-4. 감정 동그라미 (변형놀이)

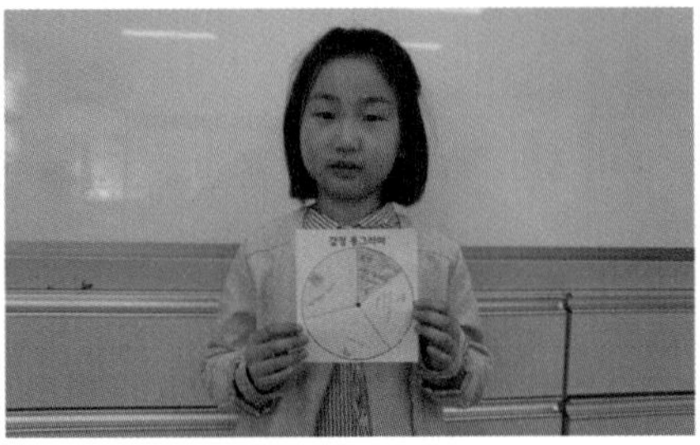

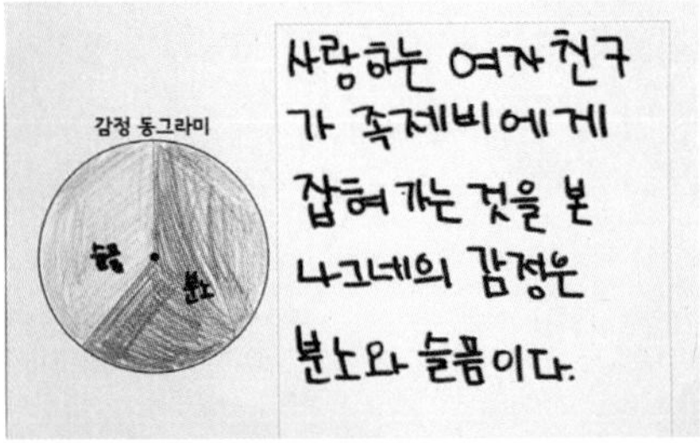

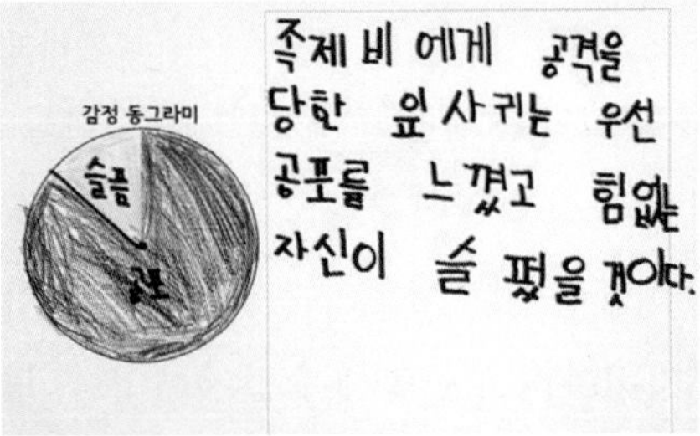

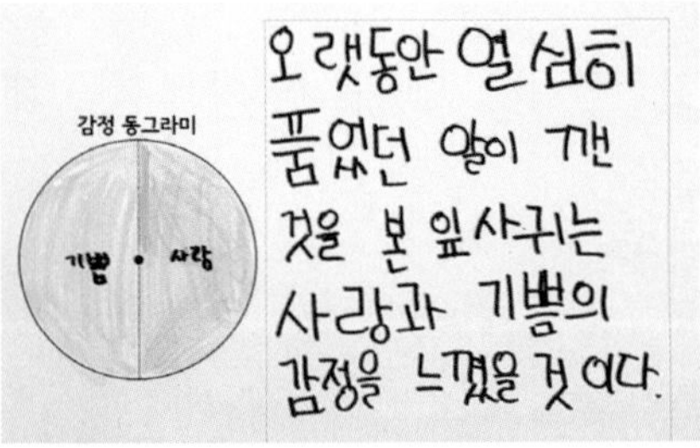

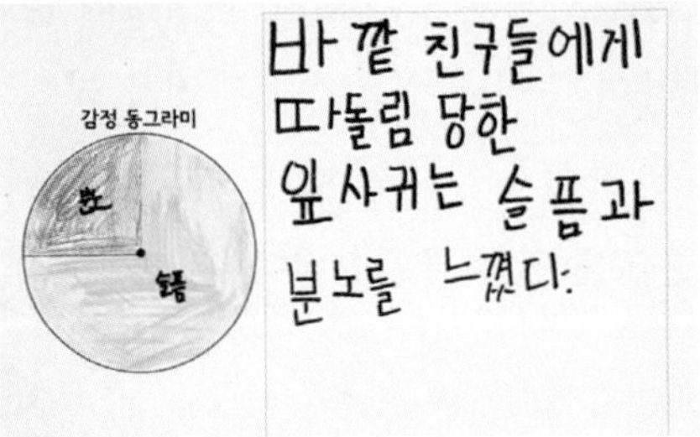

활동 난이도:
★☆☆

신체 움직임:
★☆☆

놀이 유형:
모둠

놀이 의도

전체에 대한 각 부분의 비율을 부채꼴 모양으로 나타낸 원그래프는 비율이 높아질수록 면적 또한 넓어진다는 특징을 가지고 있습니다. 이러한 특징은 감정이 가진 상대성과 복합성을 표현하는 데 좋은 재료가 됩니다. 원 전체의 넓이가 감정의 총량이라 하였을 때 각각의 부채꼴의 면적이 대표감정의 강도가 되는 것입니다. 감정의 상대성, 복합성을 동시에 표현할 수 있는 '감정 동그라미'를 그려 봄으로써 자신의 감정을 들여다볼 수 있는 기반을 마련해 봅시다.

수업 속 감정놀이

* 성취기준: [6수05-03] 주어진 자료를 띠그래프와 원그래프로 나타낼 수 있다. (5, 6학년군 수학과)
* 도움말: 원그래프 그리는 방법에 대하여 알아본 후 주인공의 감정을 '감정 동그라미'에 표현해 볼 수 있습니다.

놀이 순서

준비물: 감정 동그라미(부록 12), 수성펜, 코팅지, 코팅기계

① 모둠을 조직한 후 코팅된 감정 동그라미(부록 12)를 개인별로 나눠 줍니다.
② 애니메이션을 시청하며 주인공에게 감정이입합니다.
③ 주인공이 느끼는 다양한 감정(복합성)과 강도(상대성)를 생각해 봅니다.
④ 수성펜을 활용하여 주인공이 느끼는 감정을 감정 동그라미에 표현합니다.

- 주인공이 느끼고 있는 대표감정들을 생각해 봅니다.
- 원 전체의 넓이는 현재 주인공이 느끼고 있는 감정의 총량임을 생각한 후 각각의 대표감정이 차지하는 만큼 원 안에 표시합니다.

⑤ 감정 동그라미를 모둠원과 공유합니다.

놀이 팁

• 주인공이 느끼는 감정의 종류와 세기 정도만 파악할 수 있다면 '감정 동그라미'를 그릴 수 있습니다. 단, 사춘기 초기(4학년)나 초등학교 저학년 학생들을 대상으로 놀이를 전개할 경우 면적, 부채꼴 등의 용어는 사용하지 않도록 합니다.

참고문헌

교육부(2015). 2015 개정 수학과 교육과정.

5-2-1. 나의 감정그래프 (기본놀이)

활동 난이도:
☆☆☆

신체 움직임:
★☆☆

놀이 유형:
모둠

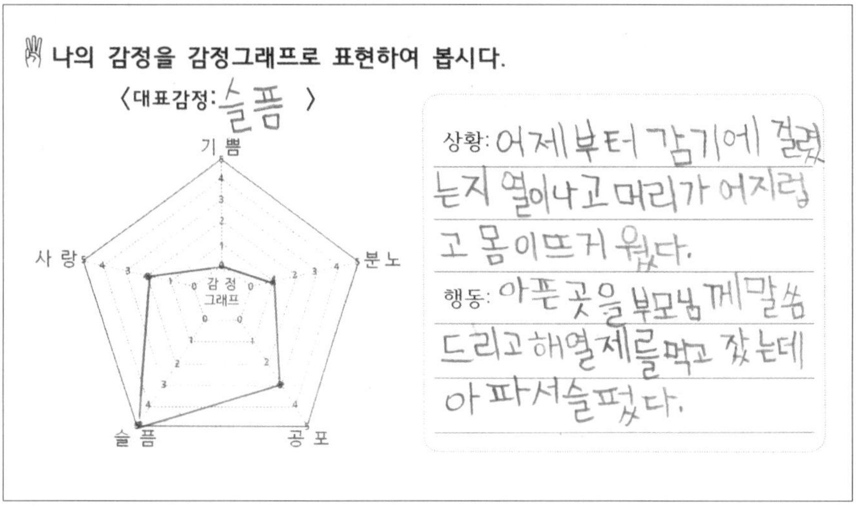

놀이 의도

30여 년 전까지 IQ는 사람의 지능을 결정하는 엄청난 숫자였습니다. 그러나 현재는 어떠한가요? IQ가 높다고 해서, 낮다고 해서 그 사람을 똑똑하다 부족하다 말하지 않습니다. 하워드 가드너(Howard Gardner)의 다중지능이론도 이와 맥락을 같이합니다. 1983년 그는 다양한 분야에 전문가가 있다고 주장하며 단일지능이 아닌 다중지능을 주장하였습니다. 더 이상 표준화된 지능이 중요한 것이 아니라 누가 어떤 것에 대한 강점을 가지고 있는지, 어떻게 그것을 실현시켜 주어야 하는지가 중요한 시대가 열린 것입니다. 가드너의 다중지능 중 자신의 감정을 알아차리는 것은 자기성찰지능과 관련 있습니다. 감정에 대한 민감성은 곧 스스로의 상태를 파악할 수 있는 힘을 의미하며 이는 가치관으로 연결되기 때문입니다. 자신의 내면을 들여다보는 데 효과적인 도구인 감정그래프로 사춘기들의 자기성찰지능을 높여 봅시다.

수업 속 감정놀이

＊성취기준: [4국01-01] 대화의 즐거움을 알고 대화를 나눈다. (3, 4학년군 국어과)

＊도움말: 기억에 남는 감정상황을 떠올려 보고 감정그래프에 표현한 뒤 친구들과 이야기 나눔으로써 대화의 즐거움을 느낄 수 있습니다.

놀이 순서

준비물: 감정그래프(부록 9), 수성펜, 코팅기계, 코팅지

① 모둠을 조직한 후 코팅된 감정그래프(부록 9)를 개인별로 나눠 줍니다.

② 대표감정 이름을 괄호 속에 적고 관련된 표정을 그립니다.

③ 기억에 남는 감정상황을 떠올려 봅니다.

④ 수성펜을 활용하여 당시의 감정을 그래프로 표현합니다.

⑤ 구체적인 상황, 감정으로 인한 행동을 모둠원과 공유합니다.

⑥ 감정그래프로 자신의 감정을 들여다볼 수 있음을 느낍니다.

⑦ 감정그래프를 활용하여 자신의 감정을 자주 표현할 수 있도록 합니다.

놀이 팁

- 5-1-1. 감정그래프 놀이 후 본 활동을 전개하시기 바랍니다.
- 감정그래프를 교실에 두고 수시로 활용하는 것은 자기이해에 큰 도움이 됩니다. 감정을 표현하기 위해 내면을 들여다볼 때 잠시나마 자신의 이야기에 귀 기울일 수 있기 때문입니다. 강한 감정이 발생했을 때는 감정그래프에 즉시 표현할 수 있도록 하되 그렇지 않은 경우에는 등교 후, 중간놀이시간 중, 점심식사 후 등 하루에 세 번 이상 감정을 표현할 수 있도록 안내합니다.
- 감정그래프는 학지사 사이트에서 구매할 수 있습니다.

참고문헌

교육부(2015). 2015 개정 국어과 교육과정.

5-2-2. 나의 대표감정카드 (변형놀이)

활동 난이도:
☆☆☆

신체 움직임:
★★☆

놀이 유형:
반 전체

놀이 의도

감정을 표현하는 것은 사람이 가진 기본적인 욕구로 누가 가르쳐 주지 않아도 할 수 있는 본능입니다. 그러나 자신의 감정을 들여다보는 것은 의식적인 행위로서 감정표현과 달리 배움이 필요합니다. 감정과 마주하는 것은 그 시기가 어릴수록 좋습니다. 스스로의 감정을 들여다보는 데 걸림돌이 되는 부끄러움, 내적 저항 등이 성인에 비해 덜하기 때문입니다. 대표감정카드는 초등학교 저학년, 사춘기 초기를 대상으로 만들어진 감정표현도구입니다. 자신에게 발생한 감정을 들여다보고 가장 강렬한 한 가지를 선택해 보는 활동을 통하여 내면의 감정과 마주할 수 있도록 합니다.

수업 속 감정놀이

* 성취기준: [2국01-03] 자신의 감정을 표현하며 대화를 나눈다. (1, 2학년군 국어과)
* 도움말: 대표감정카드를 활용하여 감정을 들여다보고 표현해 봄으로써 자기이해 및 대인관계 능력을 향상시킬 수 있습니다.

놀이 순서

준비물: 대표감정카드(부록 10), 명찰케이스

① 학생 수만큼 명찰케이스를 준비한 후 이름을 표기합니다.
② 대표감정카드를 꽂을 수 있는 교실 환경을 조성합니다.
③ 개인별로 대표감정카드(부록 10)를 제작합니다.
④ 기억에 남는 감정상황을 떠올린 후 대표감정카드를 선택합니다.
⑤ 자신의 이름이 적힌 명찰케이스에 대표감정카드를 꽂습니다.
⑥ 친구들의 대표감정카드를 살펴봅니다.
⑦ 당시의 감정상황을 나눕니다.
⑧ 대표감정카드를 활용하여 감정을 자주 표현함을 다짐합니다.

놀이 팁

- 5-1-2. 대표감정카드 놀이 후 본 활동을 전개하시기 바랍니다.
- 명찰케이스의 종류와 크기는 다양합니다. 학급 인원수를 고려하여 적당한 크기를 선택하시기 바랍니다.

참고문헌

교육부(2015). 2015 개정 국어과 교육과정.

5-2-3. 나의 감정날씨카드 (변형놀이)

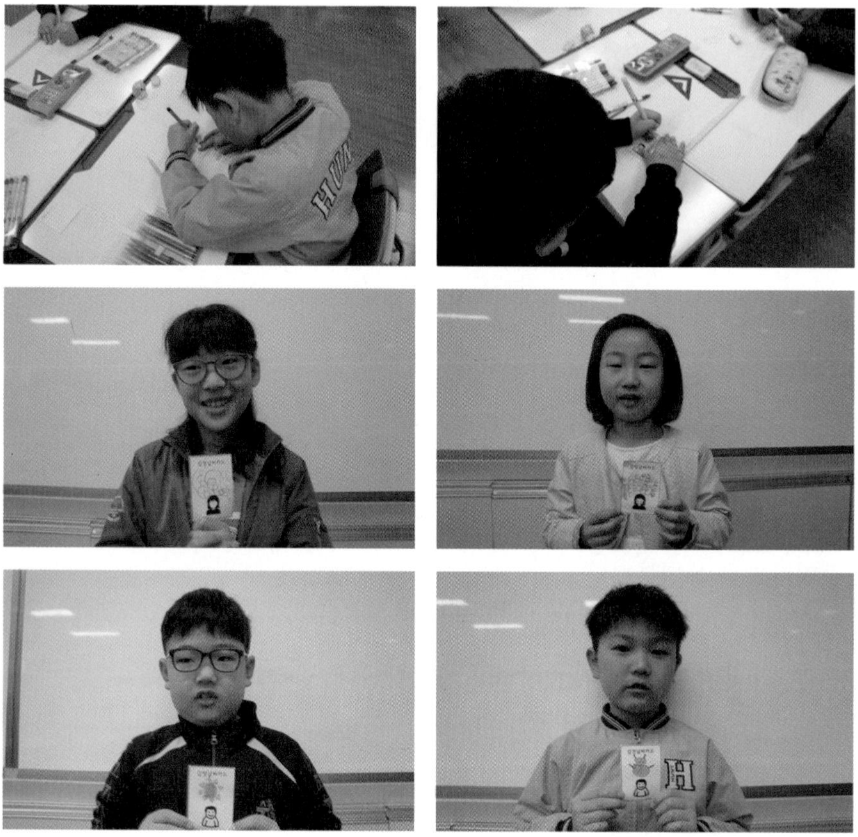

활동 난이도:
☆☆☆

신체 움직임:
★★☆

놀이 유형:
반 전체

놀이 의도

스트레스로 힘들어하는 사춘기들과 이야기를 나누다 보면 삶의 주인공이 자신이 아니라 타인의 시선, 부모의 바람, 사회적 성공인 것을 발견하곤 합니다. 그 존재 자체로 빛나야 할 사춘기가 외부의 잣대에 의해 이리저리 흔들리고 있는 것입니다. 사춘기에게 주어진 과업은 내면의 소리에 귀 기울임으로 나는 누구인지, 어떤 존재인지를 알아차리는 것입니다. 이러한 자기이해의 첫걸음은 감정에 다가가는 것입니다. 감정에 솔직해질 때 내가 원하는 것을 알아차릴 수 있으며 진정한 나를 발견할 수 있기 때문입니다. 과거 감정상황을 떠올려 날씨로 표현해 보는 놀이를 통하여 감정을 들여다 봄으로써 마음의 소리에 집중할 수 있도록 합니다.

수업 속 감정놀이

* 성취기준: [4국01-01] 대화의 즐거움을 알고 대화를 나눈다. (3, 4학년군 국어과)
* 도움말: 감정날씨로 표현한 서로의 감정을 살펴본 뒤 당시의 상황에 대해 이야기 나눔으로써 다른 사람과 공유하는 즐거움을 느낄 수 있습니다.

놀이 순서

준비물: 감정날씨카드(부록 11), 명찰케이스, 수성펜

① 학생 수만큼 명찰케이스를 준비한 후 이름을 표기합니다.
② 명찰케이스를 붙여 감정날씨카드를 꽂을 수 있는 교실 환경을 조성합니다.
③ 코팅된 감정날씨카드(부록 11)를 개인별로 준비합니다.
④ 감정상황을 떠올려 날씨로 표현하되 그 강도가 강할수록 크게 그리도록 안내합니다.
⑤ 감정날씨카드를 자신의 이름이 적힌 명찰케이스에 꽂습니다.
⑥ 친구들의 감정날씨를 살펴본 후 당시의 감정상황을 나눕니다.

놀이 팁

감정 5형제

수북수북 함박눈
기뻐요

따뜻한 햇볕
사랑스러워요

보슬보슬 비
슬퍼요

우르르 쾅쾅 번개
무서워요

갑작스런 비
화나요

〈감정 5형제〉는 얼마 전 우리 반 사춘기가 감정놀이(나는야 시인)에서 지은 시입니다. 시에는 자신이 생각하는 감정과 날씨의 관계가 잘 표현되어 있습니다. 샛별이가 지은 시의 내용을 바탕으로 감정에 어울리는 날씨를 정하기도 하였습니다. 이처럼 감정놀이는 서로 분절되어 있지 않습니다. 거친 파도처럼 일렁이는 사춘기들의 감정을 보듬어 주고 올바른 감정표현을 돕는다는 목적 아래 유기적으로 연결되어 있습니다. 하나의 감정놀이로 끝나는 것이 아니라 다른 감정놀이로 연결함으로써 보다 효과적인 놀이를 전개하도록 합니다.

참고문헌

교육부(2015). 2015 개정 국어과 교육과정.

다섯째 날

5-2-4. 나의 감정 동그라미 (변형놀이)

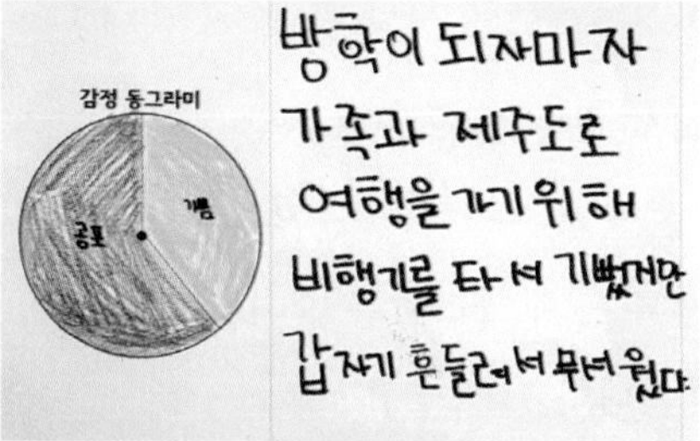

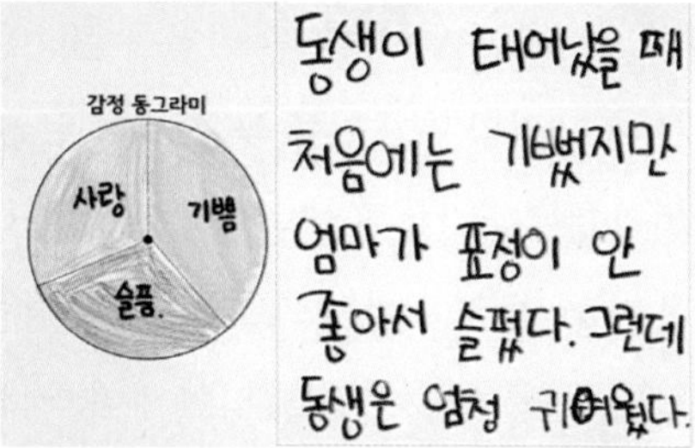

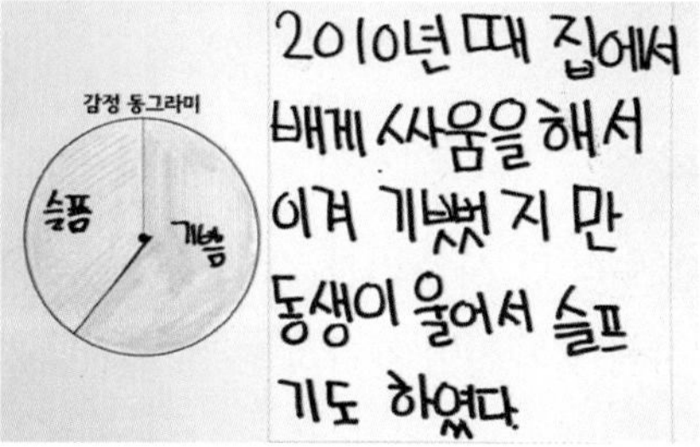

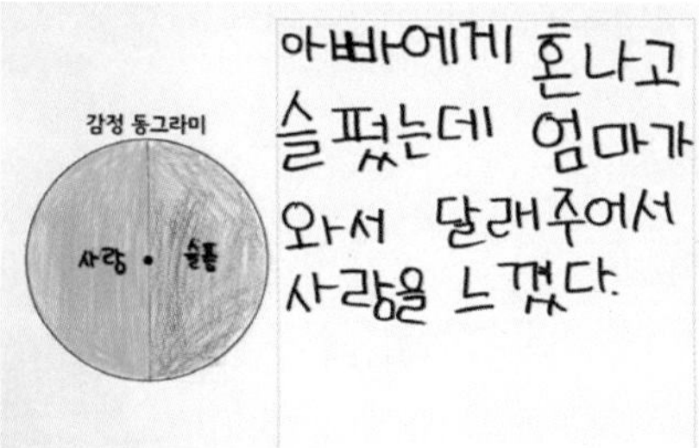

활동 난이도:
★☆☆

신체 움직임:
★★☆

놀이 유형:
반 전체

놀이 의도

문제에 직면한 사람이 감정을 표현하는 유형은 크게 세 가지입니다. 첫째, 당황스럽거나 불편한 마음을 여과 없이 드러내는 유형입니다. 둘째, 감정에는 정직하되 타인이 불편함을 느끼지 않는 범위 내에서 표현하는 유형입니다. 셋째, 감정을 들키는 것은 어리숙한 사람이나 하는 것이라 여기며 꼭꼭 감춰 두려는 유형입니다. 세 가지 유형 중 가장 바람직한 모습은 무엇일까요? 정답은 둘째 유형입니다. 둘째 유형 같은 사람들은 자신이 놓인 처지나 상황을 적절히 드러냄으로써 공감이나 지지를 이끌어 내어 합리적으로 문제를 해결할 수 있는 힘을 얻기 때문입니다. 적절한 감정표현은 정확한 감정파악부터 시작됩니다. 자신의 감정을 들여다보고 명료화할 때 비로소 어떤 도움이 필요한지, 해결책은 무엇인지 고민이 가능합니다. 이에 복합성과 상대성이라는 감정의 특징을 바탕으로 자신의 감정을 들여다보는 '나의 감정 동그라미' 놀이를 통하여 적절한 감정표현의 첫걸음을 내딛을 수 있도록 합니다.

수업 속 감정놀이

* 성취기준: [6수05-03] 주어진 자료를 띠그래프와 원그래프로 나타낼 수 있다. (5, 6학년군 수학과)
* 도움말: 원그래프를 그리는 방법에 대해 알아본 후 과거 자신이 느꼈던 감정을 감정 동그라미에 표현할 수 있습니다.

놀이 순서

준비물: 감정 동그라미(부록 12), 수성펜, 벨크로테이프

① 감정 동그라미를 붙일 수 있는 교실 환경을 조성합니다.
② 벨크로테이프를 활용하여 코팅된 감정 동그라미(부록 12)를 붙입니다.
③ 기억에 남는 감정상황을 떠올립니다.
④ 당시 느꼈던 다양한 감정(복합성)과 강도(상대성)를 생각해 봅니다.
⑤ 수성펜을 활용하여 감정 동그라미에 당시의 감정을 표현합니다.
⑥ 감정 동그라미를 자신의 이름이 적힌 곳에 붙입니다.
⑦ 친구들의 감정 동그라미를 살펴봅니다.
⑧ 당시의 감정상황을 나눕니다.
⑨ 감정 동그라미에 자신의 감정을 자주 표현할 수 있도록 합니다.

놀이 팁

- 5-1-4. 감정 동그라미 놀이 후 본 활동을 전개하시기 바랍니다.
- 수학과에서는 신문, 인터넷 등에 있는 표나 그래프를 소재로 히여 정확하게 원그래프를 그리는 것을 목적으로 하지만, 감정 동그라미는 감정이 가진 상대성과 복합성을 알아차리는 데 중점을 두고 있습니다. 이에 평상시 자신의 감정을 표현할 때는 수치에 연연하지 않고 어떤 감정이 가장 크고 강력한지를 생각해 본 후 표현하도록 합니다.

참고문헌

교육부(2015). 2015 개정 수학과 교육과정.

여섯째 날.
친구의 감정을 알아차리고 다가가기

자신의 감정을 들여다보는 것, 감정표현도구와 함께라면 더 이상 두렵지 않습니다. 이제는 한 발짝 나아가 친구의 감정에 관심을 갖고 든든한 동반자가 되어 볼 차례입니다. '친구의 감정을 알아차리고 다가가기'와 관련된 감정놀이를 통하여 강한 감정을 표현하는 친구를 피하지 않고 다가가서 감정을 헤아려 주는 사춘기가 될 수 있도록 합시다.

6-1 감정놀이의 목적

감정표현도구를 활용하여 친구의 감정을 알아차려 봅시다.

6-2 감정놀이의 목적

강한 감정을 표현하는 친구를 피하지 않고 다가가서 도와주려는 마음을 갖습니다.

6-1-1. 친구의 감정그래프 (기본놀이)

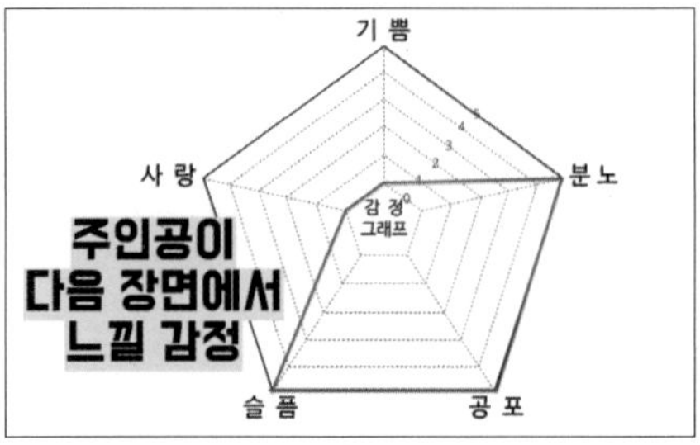

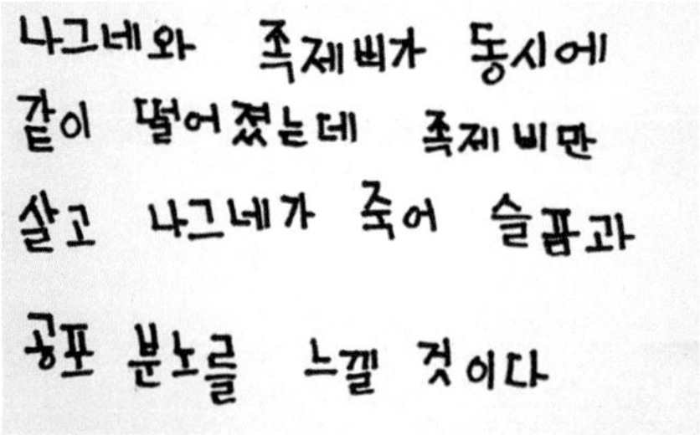

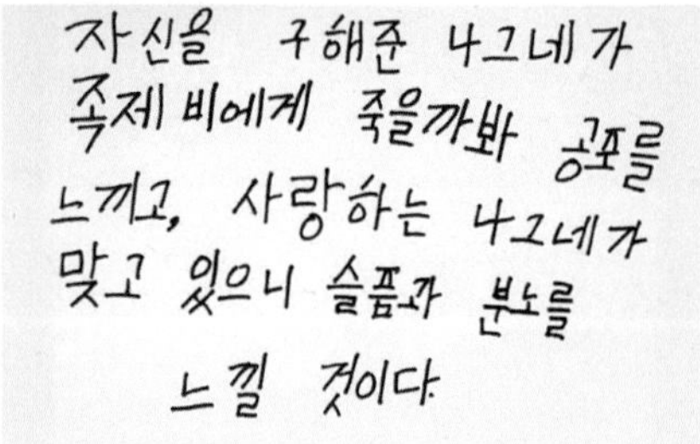

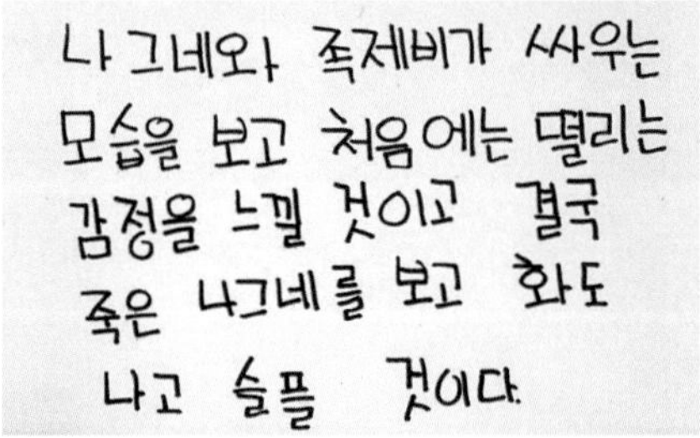

활동 난이도:
☆☆☆

신체 움직임:
★☆☆

놀이 유형:
모둠

놀이 의도

다른 사람의 감정을 이해하고 헤아리는 감정조망수용능력은 사춘기에게 꼭 필요한 것으로 이 능력이 발달한 사람일수록 갈등을 관리하는 경향이 높으며, 이타적인 친사회적 행동의 빈도가 잦다고 합니다. 자신과 타인 모두에게 이로운 감정조망수용능력을 어떻게 함양할 수 있을까요? 바로 친구의 감정을 있는 그대로 존중하는 마음가짐을 갖는 것입니다. 상대의 감정을 소중히 여기며 나의 것처럼 여길 때 비로소 다가가 공감할 수 있기 때문입니다. 이에 타인의 감정을 효과적으로 알아차릴 수 있는 감정그래프를 활용한 놀이를 통하여 사춘기들의 감정조망수용능력을 높일 수 있도록 합니다.

수업 속 감정놀이

* 영역: 창의적 체험활동 → 자율활동 → 자치 · 적응 활동
* 방법: 공감, 배려, 협력과 같은 덕목은 집단 활동에 직접 참여하면서 기를 수 있으며 앎이 행동으로 실행될 때 진정한 의미를 가진다고 할 수 있습니다. 감정그래프를 활용한 놀이를 통하여 친구의 감정에 관심을 갖고 타인의 입장에서 감정을 이해할 수 있도록 합니다.

놀이 순서

준비물: 감정그래프(부록 9), 애니메이션

① 모둠을 조직합니다.
② 애니메이션을 시청하며 주인공에게 감정이입합니다.
③ 중요한 순간에 영상을 멈춘 후 주인공이 다음 장면에서 느낄 감정을 그래프(부록 9)로 그려 제시합니다.
④ 감정그래프를 살펴본 후 이어질 이야기를 예상하여 모둠원과 나눕니다.
⑤ 애니메이션 시청을 통하여 자신의 예상이 맞는지 확인합니다.
⑥ 감정그래프로 다음 이야기를 예상할 수 있듯이 친구의 감정 또한 알아차릴 수 있음을 느낍니다.

놀이 팁

- 제가 활용한 애니메이션은 〈마당을 나온 암탉〉입니다.
- 자기중심성이 높은 사춘기는 타인의 감정을 자신의 입장에서 이해하려는 경향이 강합니다. 애니메이션 시청 전 주인공의 입장에서 감정을 헤아려 볼 수 있도록 안내합니다.

참고문헌

교육부(2015). 2015 개정 교육과정 창의적 체험활동 해설.
윤보영(2012). 단짝친구 유무에 따른 유아의 자아개념과 감정조망수용능력의 차이 및 관계. 이화여자대학교 대학원 석사학위논문.

여섯째 날

6-1-2. 감정상자 (변형놀이)

활동 난이도:
☆☆☆

신체 움직임:
★★☆

놀이 유형:
반 전체

놀이 의도

특별한 존재인 나의 감정과 생각은 아무도 이해하지 못할 것이라 여기는 개인적 우화는 사춘기의 특성 중 하나로, 성숙해짐에 따라 점차 사라지게 되나 심해질 경우 죽음, 부상 등을 나와는 먼 것으로 여겨 과격하거나 위험한 행동을 선택하게 만들기도 합니다. 이러한 사춘기에게 필요한 것은 타인의 감정 알아차림입니다. 상대의 감정을 헤아리는 과정에서 자연스럽게 혼자의 나에서 구성원 속의 나를 발견할 수 있기 때문입니다. 친구의 '감정상자'를 활용한 놀이를 통하여 나를 넘어서 친구의 감정에도 관심을 갖도록 합니다.

수업 속 감정놀이

* 성취기준: [6수02-05] 직육면체와 정육면체의 겨냥도와 전개도를 그릴 수 있다. (5, 6학년군 수학과)
* 도움말: 정육면체 전개도로 입체도형의 모습을 추측해 본 후 감정상자를 만들어 볼 수 있습니다.

놀이 순서

준비물: 감정상자 전개도(부록 13), 가위, 풀, 색연필, 필기도구

① 감정상자 전개도(부록 13)를 개인별로 나눠 줍니다.
② 대표감정 이름과 '친구야 도와줘'를 전개도에 적습니다.
③ 반 전체 협의를 거쳐 대표감정에 어울리는 색을 정한 후 색을 칠합니다.
④ 전개도를 가위로 오린 다음 풀로 붙여 감정상자를 제작합니다.
⑤ 감정상자의 활용방법을 알아봅니다.

- 자신의 감정을 들여다본 후 대표적인 감정을 선택합니다.
- 현재의 감정과 가장 관련 있는 대표감정을 위로 보이도록 놓습니다.

⑥ 기억에 남는 감정상황을 떠올린 후 감정상자로 표현합니다.
⑦ 친구들의 감정상자를 살펴보며 서로의 감정상황을 묻습니다.
⑧ 감정상자로 친구의 감정을 알아차릴 수 있음을 느낍니다.

놀이 팁

• 초등학교 1~4학년은 정육면체 모양의 박스를 활용하여 감정상자를 만들 수 있습니다.

참고문헌

교육부(2015). 2015 개정 수학과 교육과정.

여섯째 날

6-1-3. 감정수직선 (변형놀이)

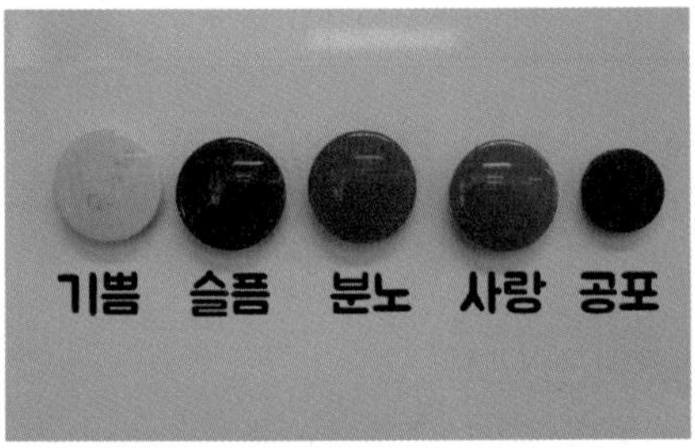

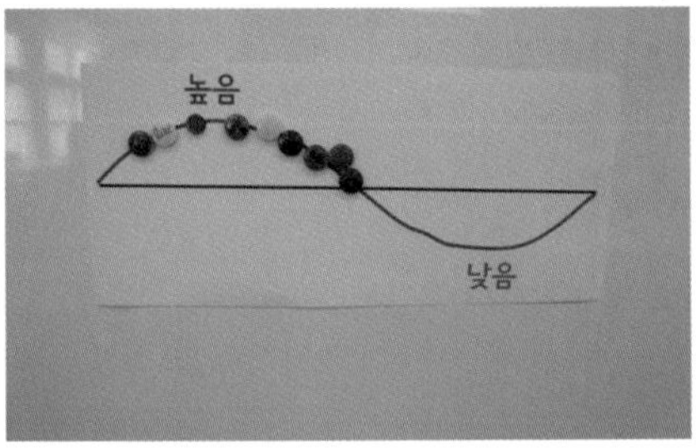

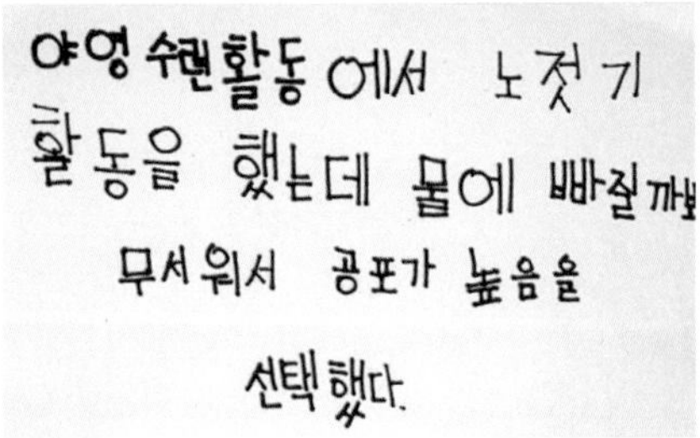

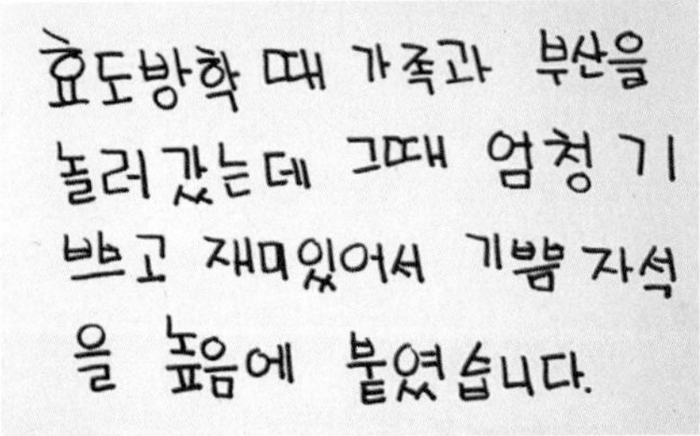

활동 난이도:
☆☆☆

신체 움직임:
★★☆

놀이 유형:
반 전체

놀이 의도

'빨강'이라는 색을 바라보고 있는 두 사람이 있습니다. 한 사람은 사랑을, 또 다른 한 사람은 공포의 감정을 떠올립니다. 두 사람의 머릿속에 떠오르는 심상이 다른 이유는 색과 관련된 어린 시절의 기억이 다르기 때문입니다. 같은 빨간색이지만 어떤 사람은 빨간 편지지에 담긴 사랑의 메시지를, 어떤 사람은 끔찍한 사고현장을 떠올렸을 수도 있는 것입니다. 이처럼 색과 관련된 이미지는 살아온 환경, 성격, 경험 등에 따라 차이를 보이기도 합니다. '감정수직선' 놀이를 전개하기 위해서는 대표감정에 어울리는 색을 정하는 것이 필요합니다. 이때 색에 대한 감정은 개개인마다 다르므로 반드시 협의하는 과정이 필요할 것입니다. 서로 자신의 경험을 나누고 의견에 귀 기울이는 과정을 통하여 타인의 감정 알아차림과 의사소통능력을 up!시켜 보시기 바랍니다.

수업 속 감정놀이

* 성취기준: [4미02-05] 조형 요소(점, 선, 면, 형 · 형태, 색, 질감, 양감 등)의 특징을 탐색하고, 표현 의도에 적합하게 적용할 수 있다. (3, 4학년군 미술과)
* 도움말: 조형 요소의 특징을 탐색한 후 대표감정에 어울리는 색을 선정할 수 있습니다.

놀이 순서

준비물: 감정수직선(부록 14), 자석(5색), 네임펜

① 색이 다른 자석 5개를 개인별로 나눠 줍니다.
② 반 전체 협의를 거쳐 대표감정에 어울리는 자석의 색을 정합니다.
③ 네임펜을 활용하여 각각의 자석 위에 대표감정과 자신의 이름을 적습니다.
④ 감정수직선(부록 14)을 준비하여 칠판에 붙입니다.
⑤ 감정수직선의 활용방법을 알아봅니다.

-자신의 감정을 들여다본 후 현재의 감정을 가장 대표하는 자석을 선택합니다.
-감정의 세기를 확인한 후 해당하는 영역에 붙입니다.

⑥ 기억에 남는 감정상황을 떠올린 후 당시의 감정을 수직선에 표현합니다.
⑦ 친구들의 감정수직선을 살펴봅니다.
⑧ 서로의 감정상황을 나눕니다.
⑨ 감정수직선으로 친구의 감정을 알아차릴 수 있음을 느낍니다.

놀이 팁

- 색과 관련된 자신의 감정경험을 친구들과 나눔으로써 감정과 색의 상관관계에 대해 알 수 있습니다.

참고문헌

교육부(2015). 2015 개정 미술과 교육과정.

6-1-4. 감정오각형 (변형놀이)

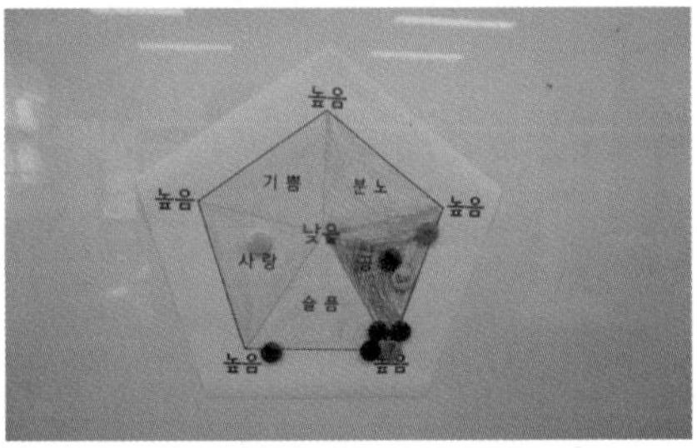

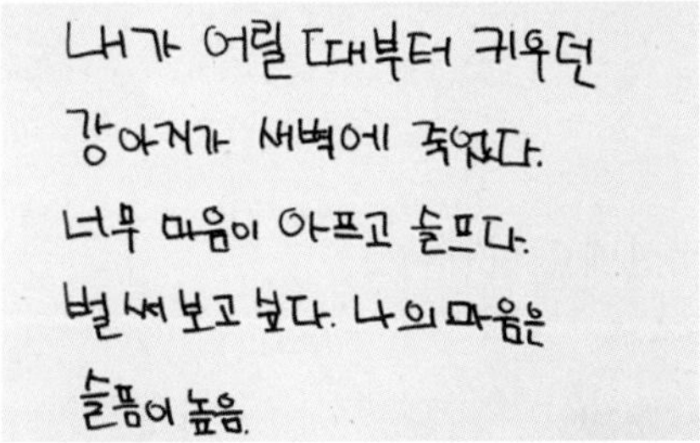

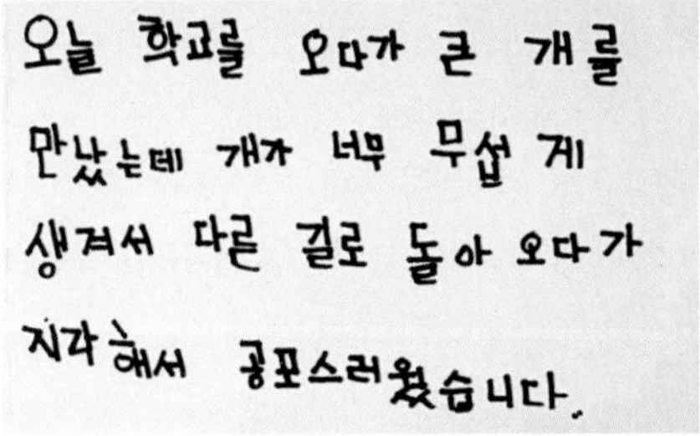

활동 난이도:
☆☆☆

신체 움직임:
★★☆

놀이 유형:
반 전체

놀이 의도

불안한 정서의 대명사 사춘기는 사건, 사고를 달고 삽니다. 한때 저는 사고를 치는 사춘기에게 차라리 감정을 표현하지 말고 가만히 있으라고 소리친 적이 있습니다. 그것만이 사건으로부터 자유로울 수 있는 방법이라 생각했기 때문입니다. 그러나 감정을 표현하지 않고 마음에 담아두는 것은 육체적 · 심리적으로 지치게 하여 결국 사춘기를 병들게 만들어 버립니다. 비록 충동적이고 안정되지 못한 감정일지라도 올바르게 표현할 수 있도록 돕는다면 그들도 충분히 해낼 수 있습니다. 대표감정 및 감정의 상대성이라는 2차원적 정보를 나타낼 수 있는 '감정오각형' 놀이를 통하여 자신과 친구의 감정을 들여다봄으로써 올바른 감정표현의 길로 인도할 수 있도록 합니다.

수업 속 감정놀이

＊성취기준: [4수02-11] 다각형과 정다각형의 의미를 안다. (3, 4학년군 수학과)

＊도움말: 정다각형에 대해 알아본 후 감정오각형을 제작하여 서로의 감정을 알아차리는 도구로 활용할 수 있습니다.

놀이 순서

준비물: 감정오각형(부록 15), 자석, 네임펜, 색연필

① 네임펜을 활용하여 자석 위에 자신의 이름을 적습니다.

② 감정오각형(부록 15)의 괄호에 대표감정의 이름을 적고 어울리는 표정을 그립니다.

③ 반 전체 협의를 거쳐 대표감정에 어울리는 색을 정한 후 색을 칠합니다.

④ 감정오각형을 칠판에 붙입니다.

⑤ 감정오각형의 활용방법을 알아봅니다.

> –자신의 감정을 들여다본 후 대표적인 감정을 선택합니다.
> –감정의 세기를 생각해 봅니다. 도형의 중심에 가까울수록 약함을, 멀수록 강함을 의미합니다.
> –대표감정 자석을 사용하여 해당하는 영역에 붙입니다.

⑥ 기억에 남는 감정상황을 떠올린 후 당시의 감정을 오각형에 표현합니다.

⑦ 친구들의 감정오각형을 살펴봅니다.

⑧ 서로의 감정상황을 나눕니다.

⑨ 감정오각형으로 친구의 감정을 알아차릴 수 있음을 느낍니다.

놀이 팁

• 학급에서 선정한 대표감정이 5개가 아닌 4개, 6개일 경우에는 다른 도형을 활용하여 감정 표현 도구를 제작할 수 있습니다.

참고문헌

교육부(2015). 2015 개정 수학과 교육과정.

6-1-5. 감정상태판 (변형놀이)

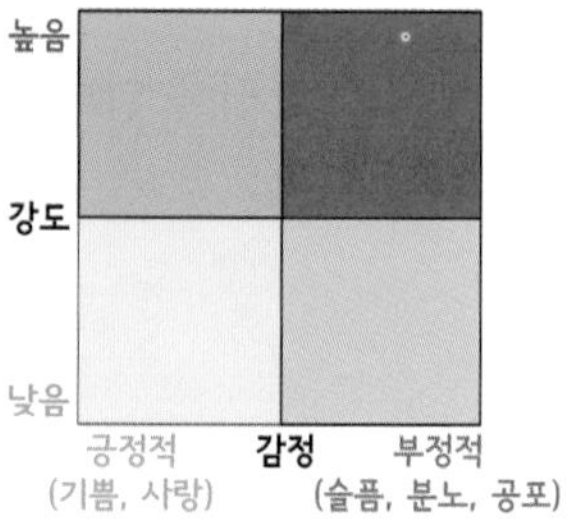

활동 난이도:
☆☆☆

신체 움직임:
★★☆

놀이 유형:
반 전체

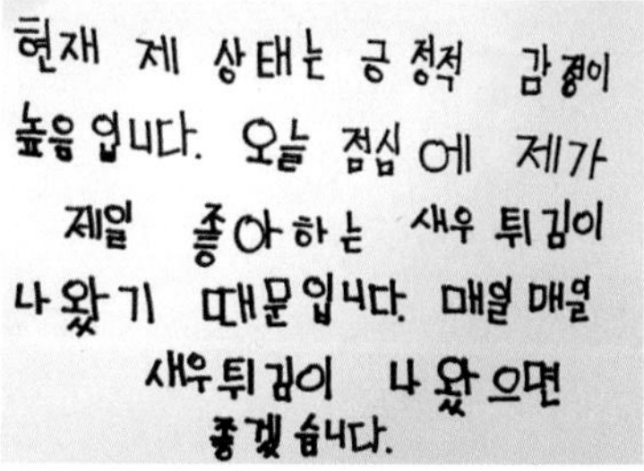

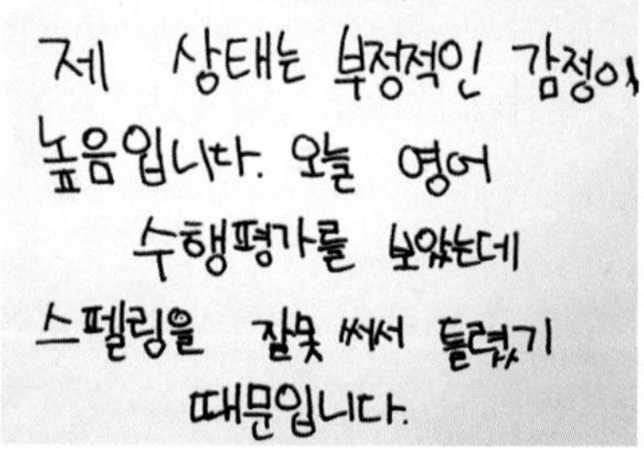

놀이 의도

자신의 감정을 들여다보고 알아차리는 것이 가드너의 다중지능 중 자기성찰지능에 해당한다면, 타인의 기분이나 생각, 감정, 태도를 파악하고 적절하게 반응하는 것은 인간친화지능에 가깝다고 할 수 있습니다. 인간친화지능이 높은 사람은 다른 사람의 감정을 나의 것처럼 여기는 공감능력과 개개인이 가진 차이점을 인정하는 데서 나오는 배려심이 높으며, 이는 사람들을 자신의 주변으로 이끄는 매력으로 연결되기도 합니다. 인간친화지능을 높이기 위해서는 타인의 감정을 자신의 기준이 아닌 그 사람의 입장에서 생각해 보는 다양한 활동에 참여하는 것이 효과적입니다. 특히 이기기 위한 게임보다 서로 협동하고 이해하는 놀이가 적합하다 할 수 있습니다. 이에 친구의 감정에 관심을 갖고 이야기에 귀 기울일 수 있는 '감정상태판' 놀이에 참여함으로써 인간친화지능을 높일 수 있도록 합니다.

수업 속 감정놀이

* 성취기준: [9수03-01] 순서쌍과 좌표를 이해한다. (중학교 수학과)
* 도움말: 실생활에서 좌표가 사용되는 예를 찾아보고 표현해 본 뒤 좌표평면 위에 감정을 표현해 봄으로써 타인의 감정을 알아차릴 수 있습니다.

놀이 순서

준비물: 자석, 네임펜, 감정상태판(부록 16), 색연필, 매직

① 자석 1개를 개인별로 나눠 줍니다.
② 네임펜을 활용하여 자석 위에 자신의 이름을 적습니다.
③ 감정상태판(부록 16)을 준비하여 칠판에 붙입니다.
④ 감정상태판과 글자에 어울리는 색을 정한 뒤 색을 칠합니다.
⑤ 감정상태판의 활용방법을 알아봅니다.

–자신의 감정을 들여다본 후 긍정적 감정이 높은지 부정적 감정이 높은지 확인합니다.
–감정의 강도를 확인한 뒤 해당하는 영역에 자석을 붙입니다.

⑥ 기억에 남는 감정상황을 떠올려 당시의 감정을 감정상태판에 표현합니다.
⑦ 친구들의 감정상태판을 살펴보며 서로의 감정상황을 나눕니다.
⑧ 감정상태판으로 친구의 감정을 알아차릴 수 있음을 느낍니다.

놀이 팁

• 감정표현을 돕는 도구의 종류는 크게 세 가지 차원으로 구분할 수 있으며 참여하는 학생들의 수준, 흥미에 맞게 도구를 선택, 활용할 수 있습니다.

차원	감정 판단기준	도구명
1	대표감정	'대표감정카드' '감정상자'
2	대표감정, 상대성	'감정날씨카드' '감정수직선' '감정오각형'
3	대표감정, 상대성, 복합성	'감정그래프' '감정상태판'

참고문헌

교육부(2015). 2015 개정 수학과 교육과정.

6-2-1. 친구 스타일 (기본놀이)

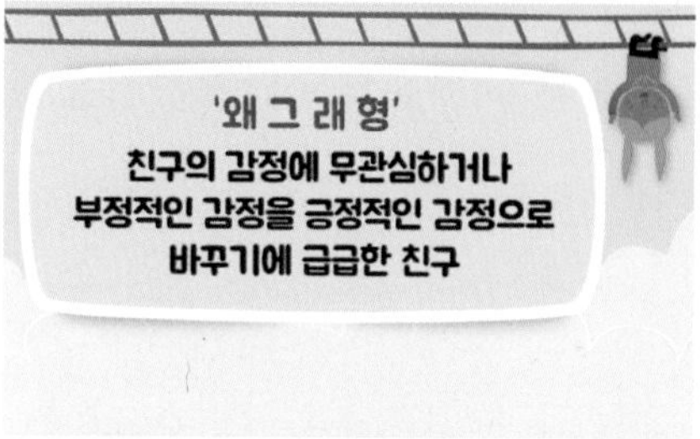

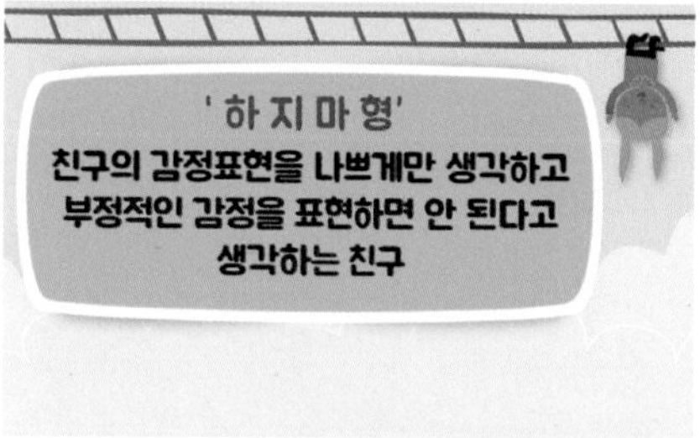

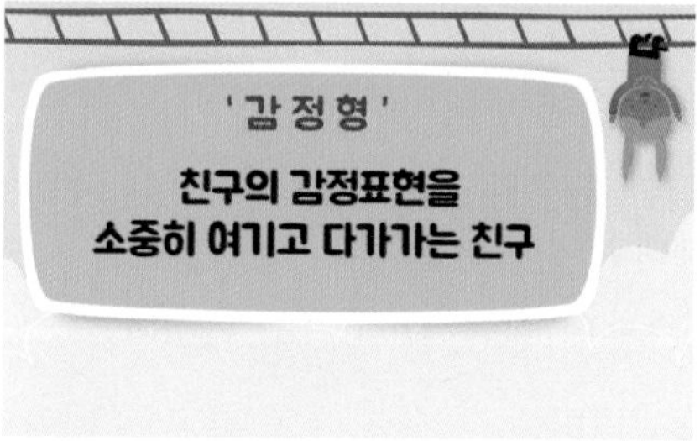

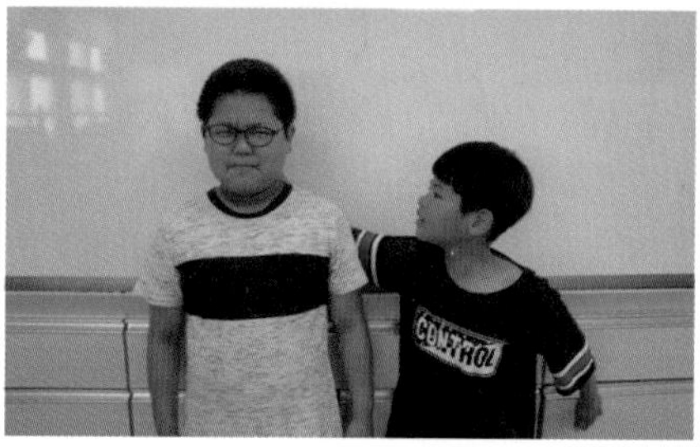

활동 난이도:
☆☆☆

신체 움직임:
★★☆

놀이 유형:
모둠

놀이 의도

친구의 감정에 반응하는 사춘기들의 유형은 크게 네 가지로 분류할 수 있습니다. 첫째, 부정적인 감정상태에 놓인 친구를 웃기려고 노력하거나 좋아하는 음식, 물건을 제공하여 긍정적인 감정으로 바꾸려고 노력하는 '왜그래형'입니다. 둘째, 슬픔, 분노 같은 부정적인 감정 자체를 혐오하여 표현하지 않아야 함을 주장하는 '하지마형'입니다. 셋째는 친구가 어떤 감정을 표현하더라도 전혀 관심을 주지 않는 '무관심형'입니다. 넷째는 친구와 강한 감정을 피하지 않고 다가가서 감정을 헤아려 주거나 이야기를 들어주는 '감정형'입니다. 어떤 유형이 가장 바람직할까요? 네, 그렇습니다. 감정형입니다. 친구의 문제행동이나 강한 감정을 피하지 않고 보듬어 주는 '감정형'은 끈끈한 또래관계를 유지할 뿐만 아니라 감정을 표현한 당사자로 하여금 감정으로 인한 행동에 스스로 한계를 지을 수 있는 기회를 제공하기 때문입니다. 이에 자신의 유형을 알아보는

'친구 스타일' 놀이를 통하여 감정형 친구가 되기 위한 다짐을 할 수 있도록 합니다.

수업 속 감정놀이

* 성취기준: [9기가01-02] 청소년기 또래 문화의 특징을 이해하고, 친구관계에서 발생하는 문제를 분석하여 건강한 친구관계를 유지하기 위한 방안을 제안한다. (중학교 기술 · 가정)
* 도움말: 청소년기의 또래 문화의 특징에 대해 알아본 후 놀이를 전개함으로써 건강한 친구관계를 유지하기 위해서는 감정형 친구가 되어야 함을 느낄 수 있습니다.

놀이 순서

준비물: 감정그래프(부록 9), 필기도구

① 감정그래프(부록 9)를 개인별로 나눠 줍니다.
② 강한 감정을 표현했던 경험을 떠올린 후 감정그래프(부록 9)에 그립니다.
③ 감정그래프를 모둠원과 공유합니다.
④ 친구가 강한 감정표현을 드러낼 때 나는 어떻게 반응했는지 생각해 봅니다.
⑤ 역할극으로 꾸밀 사연을 선정합니다.
⑥ 역할극을 시연합니다.
⑦ 역할극을 보며 친구의 감정에 반응하는 네 가지 유형에 대하여 알아봅니다.
⑧ 감정형 친구가 되어야 함을 다짐합니다.

놀이 팁

- 하루아침에 감정형 친구가 되기는 어렵습니다. 꾸준한 노력이 필요합니다. 놀이 마지막에 '일만 시간 법칙'이라는 동영상을 함께 시청함으로써 사춘기들의 내적 동기를 불러일으킬 수 있습니다.

참고문헌

교육부(2015). 2015 개정 실과(기술 · 가정)/정보과 교육과정.
신정민(2014). 어머니 대상 감정코칭 프로그램이 어머니의 자녀에 대한 갈등대처능력 및 사회적 기술에 미치는 영향. 광운대학교 대학원 석사학위논문.

6-2-2. 동서남북 (변형놀이)

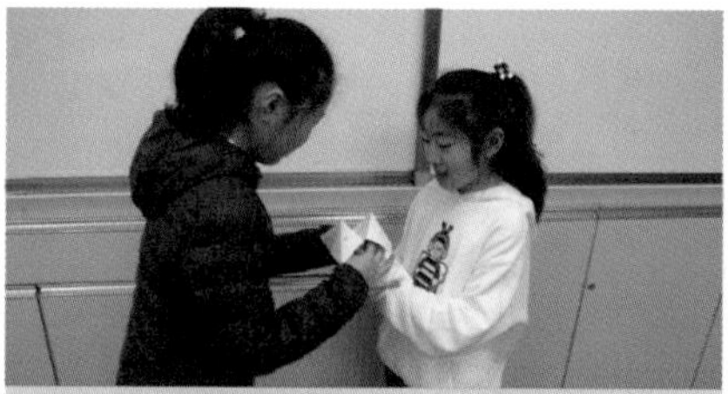
선택결과: 왜그래형

친구의 부정적인 감정표현을 참지 못하는 왜그래형

선택결과: 하지마형

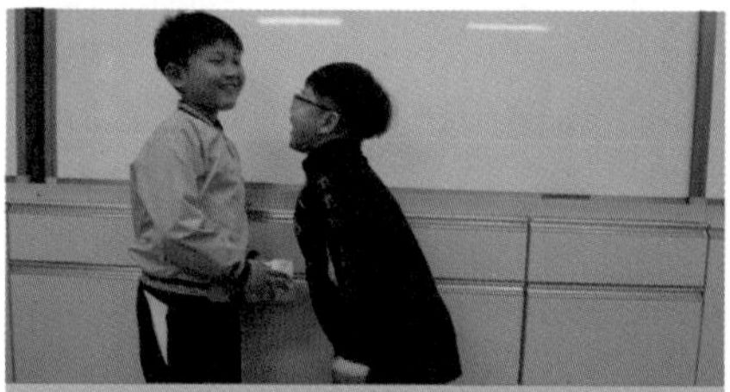
친구들의 감정표현을 참지 못하는 하지마형

선택결과: 감정형

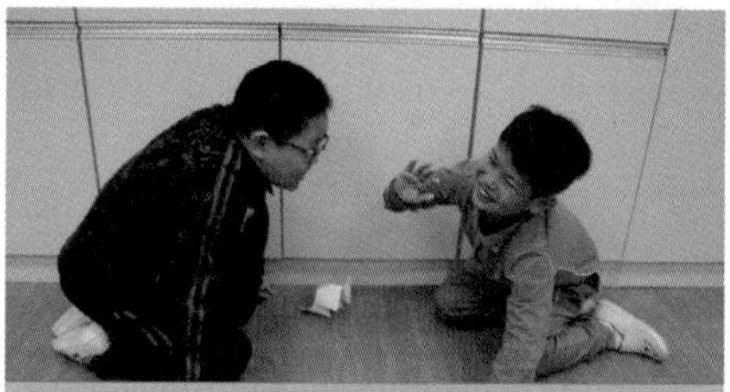
다가가서 친구의 이야기를 들어 주는 감정형

활동 난이도:
☆☆☆

신체 움직임:
★★☆

놀이 유형:
짝 활동

놀이 의도

울고 있는 친구에게 다가가 웃긴 표정을 지어 보이거나 좋아하는 물건을 주며 웃음을 유도하는 유형은 '왜그래형'입니다. '왜그래형'과 '감정형'은 친구를 돕는다는 긍정적인 의도를 가지고는 있으나 그 동기에서 차이를 보입니다. '감정형'은 온전히 친구를 생각하는 마음과 감정을 헤아리기 위해 다가가지만 '왜그래형'은 자신의 불편함을 줄이기기 위해 친구에게 다가가기 때문입니다. '왜그래형' 마음에는 사실 진정 친구를 위함보다 어색한 분위기로부터 탈피하고자 하는 바람이 크다고 할 수 있습니다. '왜그래형'과 '감정형' 차이 다들 아시겠죠? '동서남북' 놀이를 통해 각각의 유형에 대해 살펴본 후 진정한 친구는 상대방에게 강한 감정을 표현할 때 피하지 않고 다가가 감정을 헤아리고 존중해야 함을 느낄 수 있도록 합니다.

수업 속 감정놀이

* 성취기준: [4도02-02] 친구의 소중함을 알고 친구와 사이좋게 지내며, 서로의 입장을 이해하고 인정한다. (3, 4학년군 도덕과)

* 도움말: 놀이를 통하여 강한 감정을 표현하는 친구에게 다가가는 것이야말로 진정한 친구임을 느낄 수 있습니다.

놀이 순서

준비물: 색종이, 필기도구

① 감정놀이를 함께 할 짝을 정한 후 색종이 1장을 나눠 줍니다.
② 친구의 감정에 반응하는 네 가지 유형에 대하여 알아봅니다.
③ 색종이를 활용하여 동서남북 놀이에 필요한 도구를 만듭니다.
④ 강한 감정을 느꼈던 상황을 떠올려 재현합니다.
⑤ 어느 쪽으로 몇 번 갈 것인지 재현한 친구에게 물어봅니다.
⑥ 짝은 선택된 유형대로 연기합니다.
⑦ 친구가 어떤 유형을 연기한 것인지 맞춰 보며 감정형 친구가 되어야 함을 다짐합니다.

놀이 팁

- 동서남북의 재미요소는 숨어 있는 벌칙에 있습니다. 네 가지 친구 유형 외 다른 요소를 포함시켜 더욱 즐거운 놀이를 전개할 수 있습니다. 놀이도구를 접는 방법은 다음과 같습니다.

정사각형 종이를 준비한 뒤 4개의 꼭짓점이 모이게 접습니다. →뒤집어서 같은 작업을 반복합니다. → 8개 영역에 각각의 친구 유형을 적습니다. → 다시 뒤집어 동서남북을 적습니다. → 종이와 종이 사이 틈에 손가락을 넣어 오므립니다.

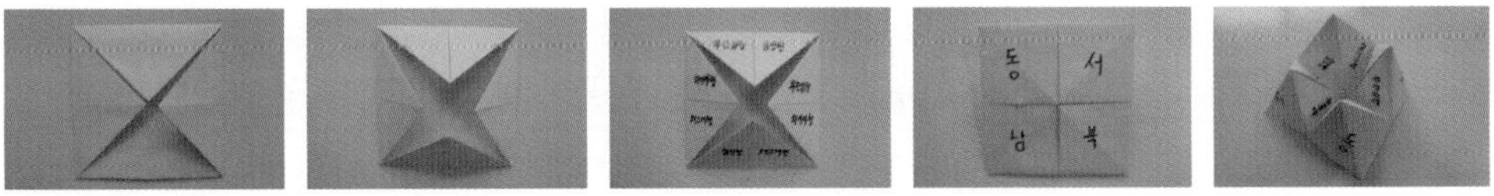

참고문헌

교육부(2015). 2015 개정 도덕과 교육과정.

6-2-3. 아바타 (변형놀이)

역할극으로 꾸밀 사연 선정하기

당시의 상황 재현하기

재현하는 친구들에게 명령하기

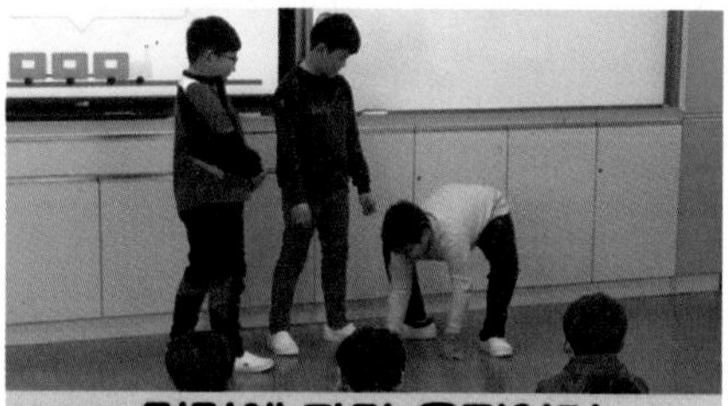
명령에 따라 움직이기

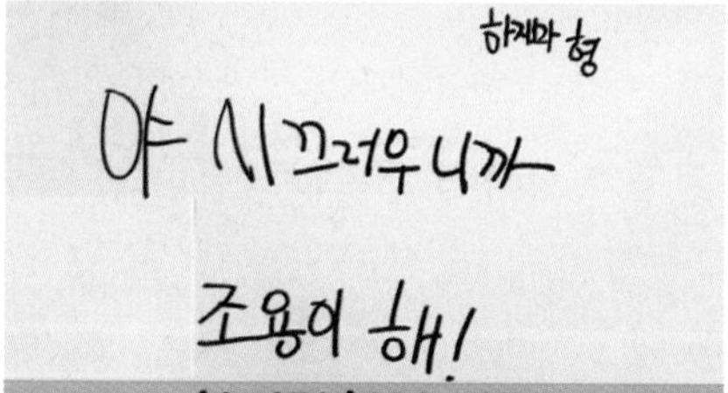

하지마형의 지령

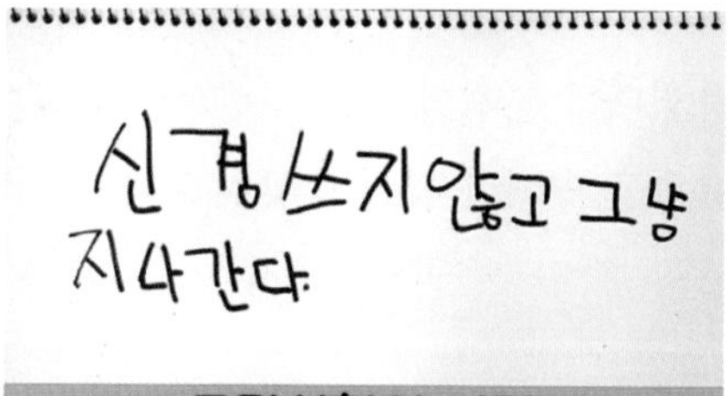

무관심형의 지령

활동 난이도:
☆☆☆

신체 움직임:
★★☆

놀이 유형:
반 전체

놀이 의도

슬픔, 분노 등의 부정적인 감정은 나쁜 것이며 표현하면 안 된다고 생각하는 유형은 '하지마형'입니다. 감정을 표현하고자 하는 것은 인간이 가진 욕구이자 자신이 놓인 처지를 알아차려 주기를 바라는 몸짓입니다. 그러나 '하지마형'은 부정적인 감정 자체를 표현하면 안 된다는 고정관념에 사로잡혀 자신뿐만 아니라 주변에 있는 친구에게도 감정을 억제해야 함을 강요합니다. 스스로나 타인에 의해 표현하지 못한 감정은 스트레스 요인이 되어 마음에 쌓이게 되고 이는 술, 담배, 폭력 등의 2차 문제로 발생하기도 합니다. 이에 강한 감정을 표현했던 경험을 떠올린 후 자신의 의지가 아닌 타인의 명령으로 움직여 보는 '아바타' 놀이를 통하여 '하지마형'이 가진 문제점을 느껴 볼 수 있도록 합니다.

수업 속 감정놀이

＊성취기준: [6국05-04] 일상생활의 경험을 이야기나 극의 형식으로 표현한다. (5, 6학년군 국어과)

＊도움말: 일상생활 중 즐거웠다거나 슬펐다거나 속상했던 일 등을 소재로 아바타 놀이를 해 봄으로써 감정형 친구의 중요성을 느낄 수 있습니다.

놀이 순서

준비물: 포스트잇, 스티커, 스케치북, 필기도구

① 스티커 1장과 포스트잇 1장을 개인별로 나눠 줍니다.
② 기억에 남는 감정상황을 떠올려 포스트잇에 적은 후 칠판에 붙입니다.
③ 친구들의 감정상황을 살펴보며 역할극으로 꾸미고 싶은 사연에 스티커를 붙입니다.
④ 가장 많은 스티커를 획득한 사연을 선택합니다.
⑤ 친구의 감정에 반응하는 네 가지 유형에 대하여 알아봅니다.
⑥ 감정으로 인한 행동을 재현할 학생(재현), 감정에 반응하는 역할을 수행할 학생(반응), 지령을 내릴 학생(지령)을 선정합니다.
⑦ '재현'은 강한 감정을 느꼈던 상황을 재현합니다.
⑧ '지령'은 네 가지 친구 유형 중 하나를 마음속으로 선택합니다.
⑨ 자신이 선택한 유형에 맞게 '반응'에게 스케치북에 글을 적어 지령을 내립니다.
⑩ 반응'은 '지령'의 요구에 따라 연기합니다.
⑪ 반 전체 학생들은 '반응'이 어떤 유형을 연기했는지 맞혀 봅니다.
⑫ 놀이에 참여하며 감정형 친구가 되어야 함을 다짐합니다.

놀이 팁

• 아바타 놀이와 관련된 방송영상을 동기유발 자료로 활용하여 놀이에 참여하고자 하는 의욕을 불러일으킬 수 있습니다.

참고문헌

교육부(2015). 2015 개정 국어과 교육과정.

여섯째 날

6-2-4. 폭탄 돌리기 (변형놀이)

활동 난이도:
☆☆☆

신체 움직임:
★☆☆

놀이 유형:
반 전체

놀이 의도

어떠한 대상에 흥미가 없는 상태를 '무관심하다'고 말합니다. 이름에서 풍기는 뉘앙스처럼 '무관심형'은 강한 감정을 표현하는 친구에게 전혀 관심을 주지 않는 유형입니다. 또래의 순기능 중 하나는 자신의 고민을 털어놓고 지지를 받는 등의 정서교류가 매우 활발하다는 것입니다. 그러나 친구의 감정이나 고민에 관심이 없는 '무관심형'은 스스로를 무리로부터 제외시켜 낮은 사회성과 자존감을 보이기도 하며 '무관심형'을 친구로 둔 사춘기들 또한 감정을 제어해 주는 사람의 부재로 감정을 무제한적으로 표현하여 타인에게 피해를 주는 등의 문제를 일으키기도 합니다. 감정을 대하는 네 가지 친구 유형의 특징을 설명해 보는 '폭탄 돌리기' 놀이를 전개하여 '무관심형'의 문제점을 알아보고 '감정형' 친구가 되기 위한 다짐을 할 수 있도록 합니다.

수업 속 감정놀이

* 성취기준: [4국03-03] 관심 있는 주제에 대해 자신의 의견이 드러나게 글을 쓴다. (3, 4학년군 국어과)
* 도움말: 놀이를 통하여 친구의 감정에 반응하는 네 가지 유형에 대해 알아본 후 감정형 친구의 필요성과 중요성에 대한 주장하는 글을 작성할 수 있습니다.

놀이 순서

준비물: 스마트폰

① 책걸상을 옆으로 밀어 공간을 만든 뒤 큰 원을 만들어 앉습니다.
② 친구의 감정에 반응하는 네 가지 유형에 대하여 알아봅니다.
③ 스마트폰의 스톱워치 기능을 실행시킨 후 학생들이 모르게 분, 초를 설정합니다.
④ 스톱워치의 시작 버튼을 누른 후 첫 번째 주자에게 스마트폰을 건넵니다.
⑤ 스마트폰을 건네받은 사춘기는 네 가지의 친구 유형 중 하나를 선택하여 친구들에게 설명합니다.
⑥ 설명이 끝난 후 옆 사람에게 스마트폰을 건넵니다.
⑦ 스톱워치가 울렸을 때 스마트폰을 들고 있는 사람은 친구들 앞에서 네 가지 유형 모두를 설명합니다.
⑧ 놀이에 참여하며 감정형 친구가 될 것임을 다짐합니다.

놀이 팁

- '앞사람이 설명한 유형은 설명할 수 없다' 등의 규칙을 추가하여 앞 사람의 내용을 그대로 반복하는 현상을 막을 수 있도록 합니다.

참고문헌

교육부(2015). 2015 개정 국어과 교육과정.

6-2-5. 물병 돌리기 (변형놀이)

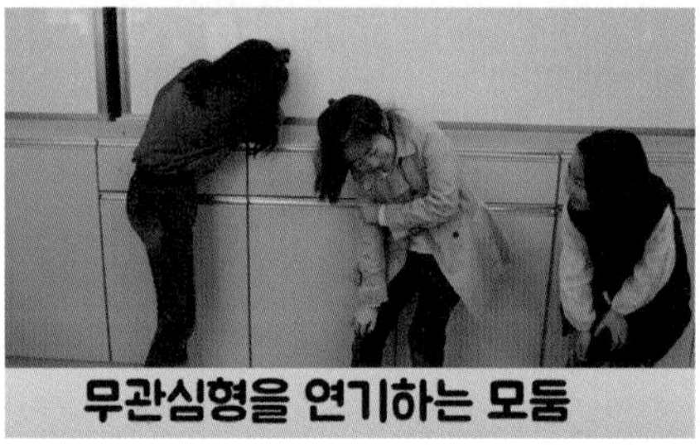

활동 난이도:
☆☆☆

신체 움직임:
★★☆

놀이 유형:
모둠

놀이 의도

강한 감정을 표현하는 친구를 피하지 않고 다가가서 감정은 존중하되 감정으로 인한 행동에는 한계가 있음을 정확히 알려 주는 유형은 '감정형'입니다. '왜그래형'과 '하지마형'이 현재 발생한 감정에만 관심을 둔다면, '감정형'은 강한 감정을 불러일으켰던 사건의 해결책까지 함께 모색하려는 모습을 보입니다. '감정형'은 한시적인 도움을 주는 존재가 아닌 과거, 현재, 미래를 함께하는 든든한 감정 동반자가 된다는 점에서 다른 유형과 차별성을 보입니다. 서로의 감정에 힘이 되는 '감정형'이 되기 위해서는 끊임없는 노력과 꾸준한 실천을 필요로 합니다. 이에 네 가지 친구 유형 중 하나를 선택하여 역할극으로 꾸며 보는 '물병 돌리기' 놀이를 통하여 '감정형' 친구의 필요성을 느끼고 꾸준히 실천하겠다는 의지를 가질 수 있도록 합니다.

수업 속 감정놀이

* 성취기준: [4도02-02] 친구의 소중함을 알고 친구와 사이좋게 지내며, 서로의 입장을 이해하고 인정한다. (3, 4학년군 도덕과)
* 도움말: 강한 감정을 표현하는 친구를 피하지 않고 다가가 입장을 헤아리는 것이야말로 친구가 해 줄 수 있는 가장 좋은 선택임을 놀이를 통하여 느낄 수 있습니다.

놀이 순서

준비물: 물병, 포스트잇 4장, 필기도구

① 모둠을 조직한 뒤 물병 1개와 포스트잇 4장을 나눠 줍니다.
② 친구의 감정에 반응하는 네 가지 유형을 알아봅니다.
③ 각각의 포스트잇에 네 가지 친구 유형을 적은 뒤 책상 위에 붙입니다.
④ 기억에 남는 감정상황을 떠올리고 모둠원과 이야기를 나눈 뒤 역할극으로 꾸밀 사연 한 가지를 선택합니다.
⑤ 물병을 가운데 둡니다.
⑥ 사연의 주인공이 물병을 돌립니다.
⑦ 모둠원과 협력하여 물병이 가리키는 친구 유형을 역할극으로 꾸밉니다.
⑧ 역할극을 시연합니다.
⑨ 각 모둠이 표현한 친구 유형을 맞혀 봅니다.
⑩ 서로의 역할극을 살펴보며 감정형 친구가 되어야 함을 다짐합니다.

놀이 팁

- 역할극으로 꾸밀 친구 유형 선택 시 물병이라는 요소를 추가하여 무작위 선택에 대한 긴장감과 즐거움을 느낄 수 있도록 하였습니다. 물병에 물이 가득 차 있을 경우 물병이 잘 돌아가지 않으므로 1/3 정도 물이 든 물병을 활용하도록 합니다.

참고문헌

교육부(2015). 2015 개정 도덕과 교육과정.

여섯째 날

일곱째 날.
친구의 감정에 공감하기

감정에 1도 관심 없던 사춘기들이 이제는 힘들어하는 친구에게 어떻게 다가가야 하는지, 어떤 도움을 주어야 하는지 고민합니다. 이런 사춘기들에게 필요한 것이 '공감'입니다.
'친구의 감정에 공감하기'와 관련된 감정놀이를 통하여 감정으로 힘들어 하는 친구에게 도움이 되는 존재가 될 수 있도록 합니다.

7-1 감정놀이의 목적

공감을 구성하는 3요소(인지적, 정의적, 의사소통)와 방법에 대해 알아봅니다.

7-2 감정놀이의 목적

친구의 사연에 공감해 봅니다.

7-1-1. 미션! 공감 (기본놀이)

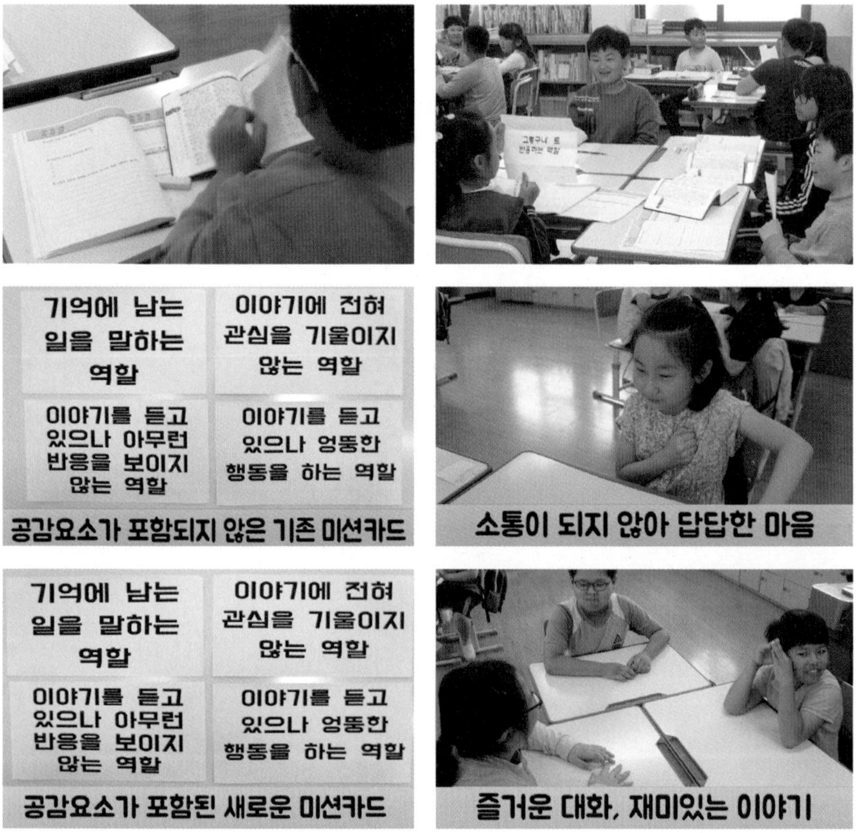

활동 난이도:
☆☆☆

신체 움직임:
★☆☆

놀이 유형:
모둠

놀이 의도

사춘기의 강한 감정표현은 자신에게 주목해 달라는 아우성으로, 무시를 받거나 소외되지 않기 위한 몸부림이기도 합니다. 이러한 사춘기에게 필요한 것은 그 사람의 입장이 되어 온전히 이해해 주는 공감입니다. 사실 다가가 이야기를 들어 주는 것이 얼마나 도움이 될까 하는 의문이 듭니다. 그러나 강한 감정을 표현하는 사춘기에게 공감은 타인으로부터 존중받고 있음을 느끼게 할 뿐 아니라 스스로의 상태를 들여다봄으로써 감정을 불러일으켰던 선행사건의 해결책을 마련할 수 있도록 돕는다는 효과를 가지고 있습니다. 혼자가 아닌 우리임을 느낄 수 있는 공감. '미션! 공감' 놀이를 통하여 그 방법을 익혀 봅시다.

수업 속 감정놀이

* 성취기준: [6국01-07] 상대가 처한 상황을 이해하고 공감하며 듣는 태도를 지닌다. (5, 6학년군 국어과)
* 도움말: 놀이를 통하여 공감적 듣기의 필요성과 중요성을 느껴볼 수 있습니다.

놀이 순서

준비물: 미션카드, 필기도구, 빈 통

① 모둠을 조직합니다.

② 빈 종이에 미션을 적은 뒤 내용이 보이지 않도록 접습니다.

〈기존 미션〉	〈새로운 미션〉
–기억에 남는 일을 말하는 역할(필수)	–기억에 남는 일을 말하는 역할(필수)
–이야기에 전혀 관심을 기울이지 않는 역할	–눈을 바라보며 고개를 끄덕이며 듣는 역할
–이야기를 듣고 있으나 엉뚱한 행동을 하는 역할	–'그렇구나'로 반응하는 역할
–이야기를 듣고 있으나 아무런 반응을 보이지 않는 역할	–자신의 비슷한 경험을 이야기하는 역할

③ 미션카드를 빈 통에 모읍니다.

④ 기존 미션카드를 제비뽑기 한 뒤 정해진 시간 동안 미션을 수행합니다.

⑤ 새로운 미션카드를 제비뽑기 한 뒤 정해진 시간 동안 미션을 수행합니다.

⑥ 미션을 수행하며 느낀 점을 서로 공유합니다.

⑦ 놀이를 통하여 알게 된 공감의 방법을 서로 나눕니다.

놀이 팁

• 각각의 미션카드는 4개씩으로 한 모둠당 4명이 참여할 것이라는 가정 아래 제작되었습니다. 놀이에 참여하는 사춘기가 4명 미만일 때는 미션카드 숫자를 조정하되 반드시 필수카드는 포함시킬 수 있도록 합니다.

참고문헌

교육부(2015). 2015 개정 국어과 교육과정.

7-1-2. 공감 스티커 (변형놀이)

나를 괴롭히는 고민 생각해 보기

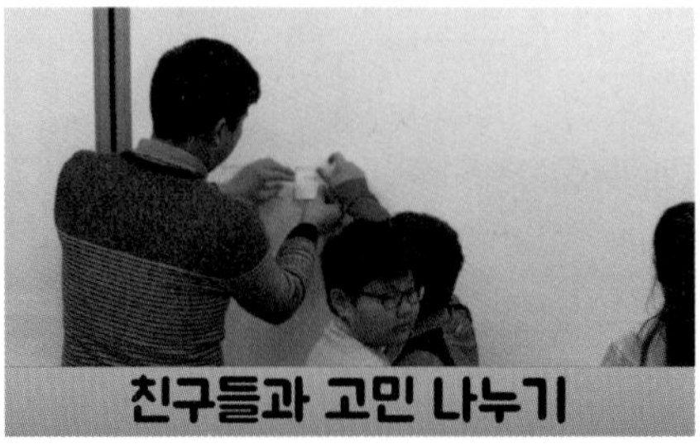
친구들과 고민 나누기

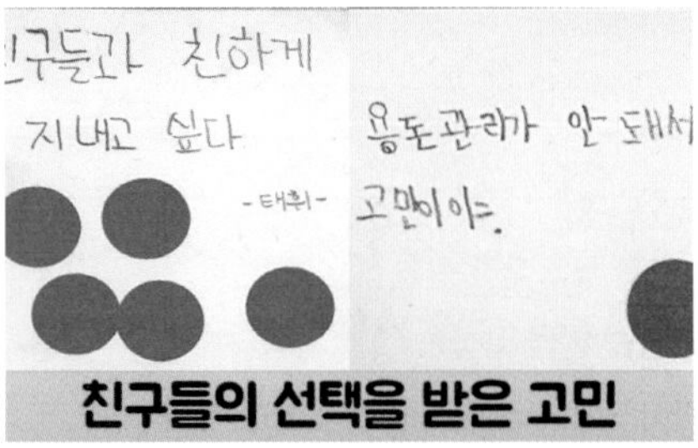
친구들의 선택을 받은 고민

주인공을 초대하여 자세히 듣기

친구의 이야기에 공감하는 말 적기

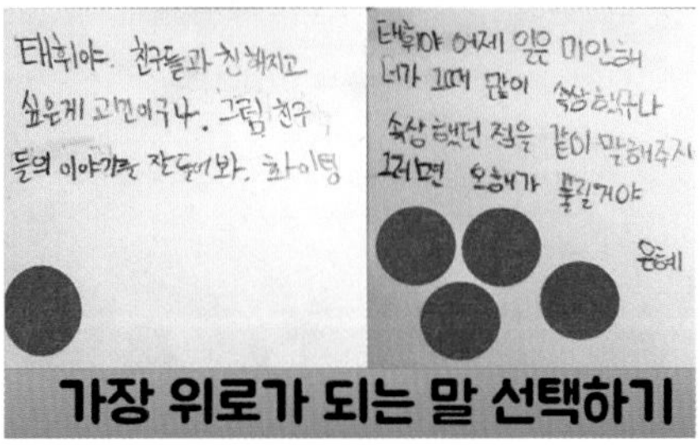
가장 위로가 되는 말 선택하기

활동 난이도:
☆☆☆

신체 움직임:
☆☆☆

놀이 유형:
반 전체

놀이 의도

공감은 크게 인지적, 정의적, 의사소통 요소로 나눌 수 있습니다. 인지적 요소란 타인의 감정을 파악하는 정신적인 힘으로 강한 감정을 보이는 친구를 피하지 않고 다가가 이야기를 들어 주는 것을, 정의적 요소란 감정을 헤아리는 마음으로 친구의 감정을 나의 것처럼 여기는 것을, 의사소통 요소란 언어적 · 준언어적 · 비언어적으로 공감한 내용을 상대에게 전달하는 것으로 마치 자신의 일처럼 걱정, 위로, 조언해 주는 것을 의미합니다. 이러한 인지적, 정의적, 의사소통 요소가 하나될 때 비로소 공감이 가진 힘을 제대로 발휘한다 할 수 있습니다. 이에 친구들이 작성한 공감의 말을 살펴본 후 어떤 말이 가장 위로가 될지 생각해 보는 '공감 스티커' 놀이를 통하여 인지적, 정의적, 의사소통 요소가 하나 되는 공감에 대해 알아봅시다.

수업 속 감정놀이

＊성취기준: [6국03-03] 목적이나 대상에 따라 알맞은 형식과 자료를 사용하여 설명하는 글을 쓴다. (5, 6학년군 국어과)

＊도움말: 놀이를 통하여 공감에 대해 알아본 후 공감의 필요성과 요소, 방법이 포함된 설명하는 글을 작성할 수 있습니다.

놀이 순서

준비물: 포스트잇, 스티커, 필기도구

① 포스트잇 1장, 스티커 2장을 개인별로 나눠 줍니다.
② 공감이 필요한 자신의 이야기를 포스트잇에 적어 칠판에 붙입니다.
③ 친구들의 이야기를 살펴본 후 공감하고 싶은 것에 스티커 한 장을 붙입니다.
④ 가장 많은 스티커를 획득한 주인공을 앞으로 초대합니다.
⑤ 구체적인 이야기를 듣습니다.
⑥ 친구의 감정에 공감하는 말을 생각하여 포스트잇에 적은 후 칠판에 붙입니다.
⑦ 가장 위로와 힘이 되는 것에 스티커 한 장을 붙입니다.
⑧ 포스트잇의 내용을 바탕으로 공감의 방법을 알아봅니다.

놀이 팁

• 남학생과 여학생의 공감을 구분해 봄으로써 성별에 따라 공감하는 능력의 차이가 있음을 느껴 볼 수 있습니다. 자세한 내용은 '공감 팍팍!' 편을 참고하시기 바랍니다.

참고문헌

교육부(2015). 2015 개정 국어과 교육과정.

7-1-3. 공감 시네마 (변형놀이)

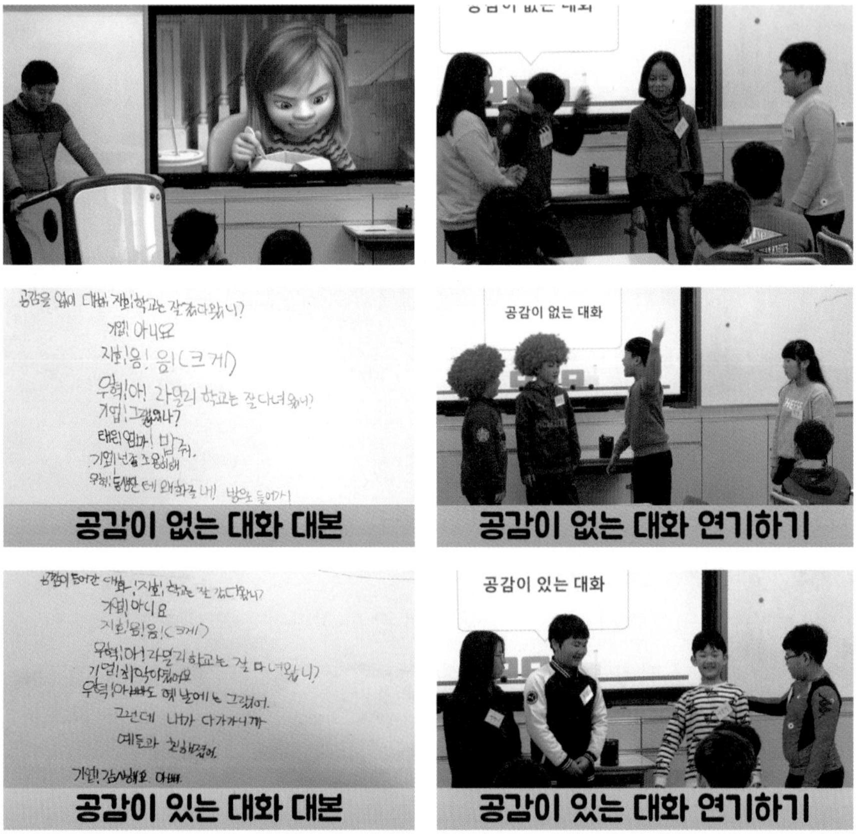

활동 난이도:
☆☆☆

신체 움직임:
★☆☆

놀이 유형:
모둠

놀이 의도

영화를 활용한 수업은 학습자의 생각에 신선한 생명력을 불어넣어 활발하고 역동적인 수업을 유도한다는 장점을 가지고 있습니다(Maley & Duff, 1979). '공감 시네마'는 영화가 가진 이러한 장점을 활용하여 공감의 방법인 인지적, 정의적, 의사소통 요소에 대해 알아보는 놀이입니다. 인지적, 정의적, 의사소통 요소는 학문에서 사용하는 용어로 사춘기를 대상으로 공감의 방법을 설명할 때는 그들의 눈높이에 맞게 진술해 주는 것이 필요합니다. 이에 '인지적 요소'라는 단어 대신에 '다가가서 듣기'로, '정의적 요소' 대신 '감정 헤아리기'로, '의사소통 요소' 대신 '위로, 조언하기'로 재진술하여 공감의 방법을 오랫동안 기억하고 실천할 수 있도록 합니다.

수업 속 감정놀이

* 성취기준: [6도02-02] 다양한 갈등을 평화적으로 해결하는 것의 중요성과 방법을 알고, 평화적으로 갈등을 해결하려는 의지를 기른다. (5, 6학년군 도덕과)
* 도움말: 놀이를 통하여 존중과 배려가 함께하는 공감은 다른 사람들과 원만한 관계를 맺는 데 도움이 됨을 느낄 수 있습니다.

놀이 순서

준비물: 영화

① 모둠을 조직합니다.
② 갈등이 시작되어 주인공이 극단적인 선택까지의 영상을 함께 시청합니다.
③ 주인공이 극단적인 선택을 하게 된 이유에 대해 모둠원과 의견을 나눕니다.
④ 극단적인 선택을 막기 위해 어떤 도움이 필요할지 생각해 봅니다.
⑤ 공감에 대하여 알아봅니다.
⑥ 영상을 과거로 돌립니다.
⑦ 서로의 감정에 공감하면서 갈등이 해결되는 모습을 역할극으로 꾸밉니다.
⑧ 친구들 앞에서 시연하며 공감이 가진 힘을 느껴봅니다.

놀이 팁

- '공감 시네마' 놀이를 전개하기 위해서는 갈등을 견디지 못한 채 강한 감정을 표현하는 내용의 영화가 필요합니다. 우리 반에서 활용한 영화의 제목은 〈인사이드 아웃〉이며 주인공인 라일리가 아버지와 싸우는 장면부터 가출까지의 영상을 활용하였습니다.

참고문헌

교육부(2015). 2015 개정 도덕과 교육과정.

고홍현(2005). 영화활용수업이 초등학생의 영어 의사소통능력 및 정의적 영역에 미치는 영향. 제주교육대학교 교육대학원 석사학위논문.

Maley, A., & Duff, A. (1979). *Drama Techniques in Language Learning*. Cambridge: Cambridge University Press.

놀이 3부

7-1-4. 공감 보물찾기 (변형놀이)

활동 난이도:
☆☆☆

신체 움직임:
★★☆

놀이 유형:
반 전체

놀이 의도

어린 시절 보물찾기 시간만 되면 가슴이 콩닥콩닥거렸던 기억이 납니다. 보물찾기가 이처럼 긴장되는 까닭은 무엇이었을까요? 아마도 제한된 보물의 개수와 숨겨진 보물에 대한 기대감 때문일 것입니다. 보물의 종류에 따라 놀이에 참여하고자 하는 의욕이 확 높아지기도 하고 낮아지기도 하는 것을 보면 보물이 주는 힘은 참으로 큰 것 같습니다. 보물의 종류는 다양합니다. 장난감 같은 물질적인 것이 될 수도 있고 메시지 같은 비물질적인 것이 될 수도 있습니다. '공감 보물찾기'는 친구의 마음을 헤아리고 공감하는 방법이 담긴 메시지를 찾아보며 공감의 방법을 익히는 놀이입니다. 물질이 주는 잠시 동안의 기쁨이 아닌 시간이 지나도 사라지지 않는 삶의 지혜를 찾아보는 '공감 보물찾기' 지금 시작해 볼까요?

수업 속 감정놀이

＊성취기준: [2국02-04] 글을 읽고 인물의 처지와 마음을 짐작한다. (1, 2학년군 국어과)

＊도움말: 글을 읽고 등장인물이 처한 상황과 마음을 짐작해 본 뒤 주인공의 감정에 공감하는 말과 그렇지 않은 말을 활용한 보물찾기를 통하여 타인의 감정에 공감하는 능력을 기를 수 있습니다.

놀이 순서

준비물: 게시판, 포스트잇, 빈 종이, 필기도구

① 게시판 앞에 포스트잇을 놓아둡니다.

② 친구들의 공감이 필요한 자신의 사연을 포스트잇에 적어 게시판에 붙입니다.

③ 교사는 놀이에 활용할 사연을 선정한 후 공감하는 말과 그렇지 않은 말을 빈 종이에 적습니다.

④ 내용이 적힌 종이를 접은 뒤 학생들이 없을 때 교실 곳곳에 숨깁니다.

⑤ 보물찾기를 시작합니다.

⑥ 어떤 말이 위로가 되는지 느껴 봅니다.

⑦ 찾은 보물을 바탕으로 공감하는 방법에 대하여 알아봅니다.

놀이 팁

- '공감 보물찾기'의 목적은 많은 보물을 찾는 것이 아니라 찾은 내용을 바탕으로 공감의 방법을 알아보는 데 있습니다. 이에 한 사람당 1개만 찾을 수 있다는 등의 규칙을 추가하여 놀이의 목적을 벗어나지 않도록 합니다.
- 공감이 필요한 사연과 공감하는 말, 그렇지 않은 말의 예시는 다음과 같습니다.

> –사연: 성적이 자꾸 떨어져요.
> –공감하는 말: 성적이 떨어져서 슬프구나. 수업이 끝난 후 배운 내용을 한 줄로 정리해 보는 것은 어때?
> –공감하지 않은 말: 공부를 안 하는데 성적이 잘 나오겠어? 수업시간에 집중 좀 해라.

참고문헌

교육부(2015). 2015 개정 국어과 교육과정.

7-2-1. 공감 비행기 (기본놀이)

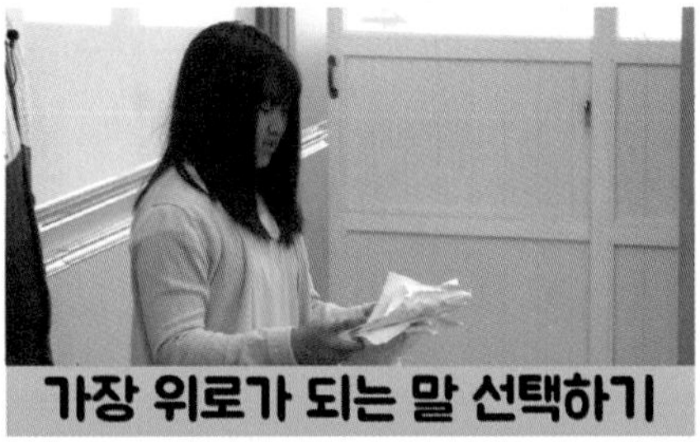

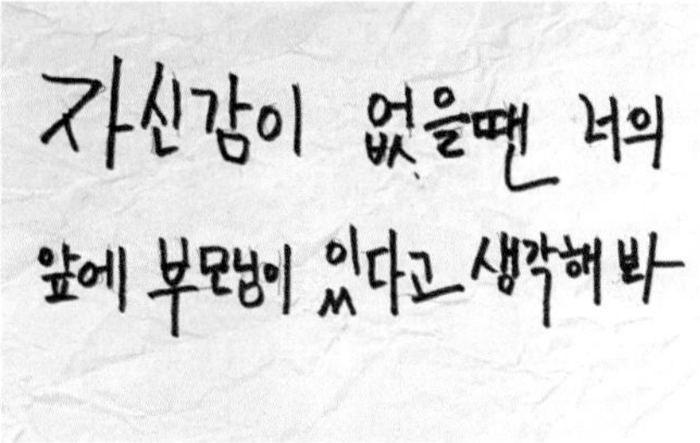

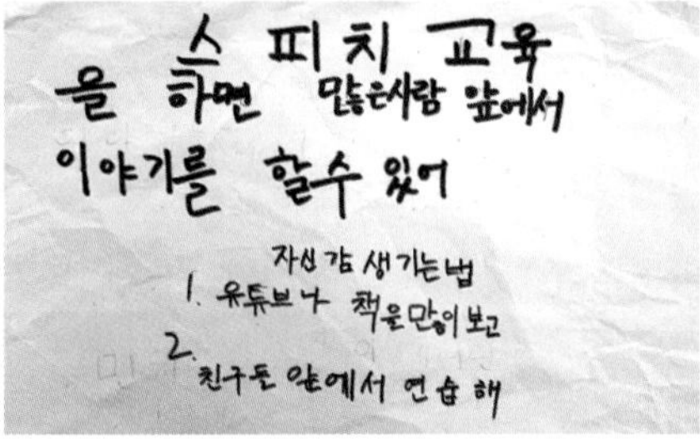

활동 난이도:
☆☆☆

신체 움직임:
☆☆☆

놀이 유형:
반 전체

놀이 의도

최근 공감이 가진 힘이 부각되며 교육방법에 대한 관심 또한 높아지고 있습니다. 공감교육을 바라보는 시각은 크게 두 가지입니다. 첫째, 공감능력은 선천적으로 타고나는 것으로 그 자체를 높이거나 낮출 수는 없으나 표현하는 방법은 변화 가능하다고 바라보는 관점입니다. 이러한 시각에서 비롯된 공감교육은 공감한 내용을 전달하는 의사소통의 방법을 향상시키는 데 초점을 맞추고 있습니다. 둘째, 공감능력은 타고나는 것이 아닌 성장과정에서 학습된 후천적인 능력이라고 바라보는 관점입니다. 두 관점 모두 공감의 출발이 선천적 · 후천적이라는 점만 다를 뿐 공감은 인간이 가진 선한 특성이며 교육을 통해 함양 가능하다는 것에는 의견을 같이합니다. 이에 앞서 배운 방법을 바탕으로 친구의 고민에 공감을 해 보는 '공감 비행기' 놀이를 통하여 공감능력을 높일 수 있도록 합니다.

수업 속 감정놀이

※성취기준: [9국01-02] 상대의 감정에 공감하며 적절하게 반응하는 대화를 나눈다. (중학교 국어과)

※도움말: 놀이를 통하여 공감적 듣기와 적극적 듣기에 대해 알아봄으로써 친구의 이야기에 공감을 표시할 수 있습니다.

놀이 순서

준비물: 빈 종이, 필기도구

① 공감이 필요한 나만의 이야기를 생각해 봅니다.
② 친구들 앞에서 이야기합니다.
③ 친구의 이야기에 감정이입합니다.
④ 빈 종이에 공감하는 말을 적습니다.
⑤ 비행기로 접은 후 친구에게 날립니다.
⑥ 비행기를 펼쳐 보며 공감을 받습니다.
⑦ 가장 마음에 와닿는 것을 선택하여 소개합니다.
⑧ 놀이에 참여하며 공감이 가진 힘에 대해 생각해 봅니다.

놀이 팁

- 공감이 담긴 비행기를 날리기 전, 사람을 맞추지 않아야 함을 주지시킵니다.

참고문헌

교육부(2015). 2015 개정 국어과 교육과정.

7-2-2. 공감이 필요해 (변형놀이)

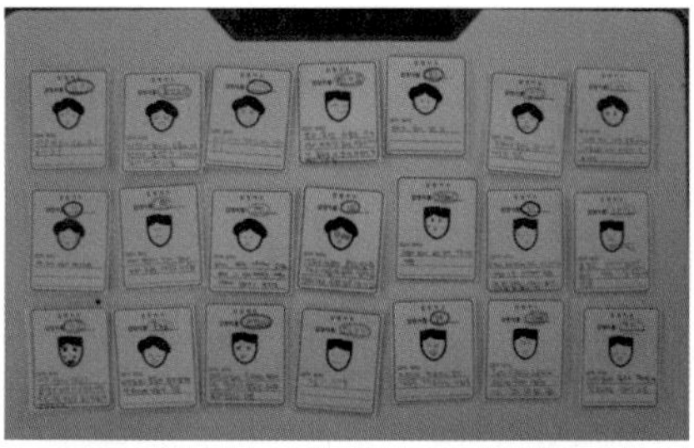

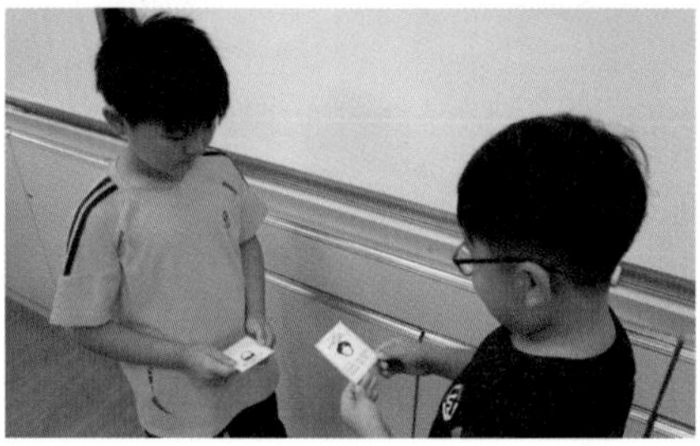

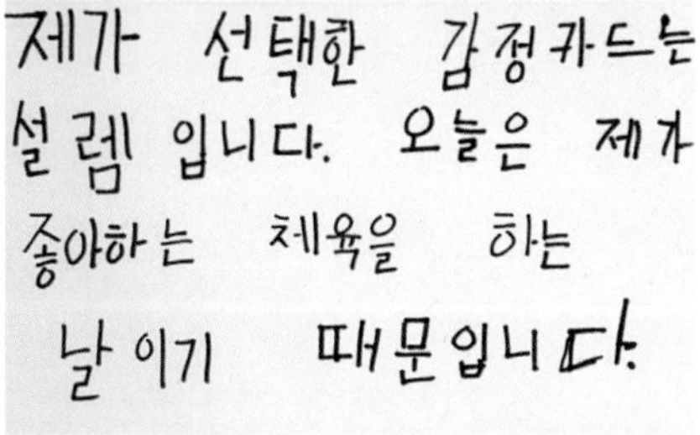

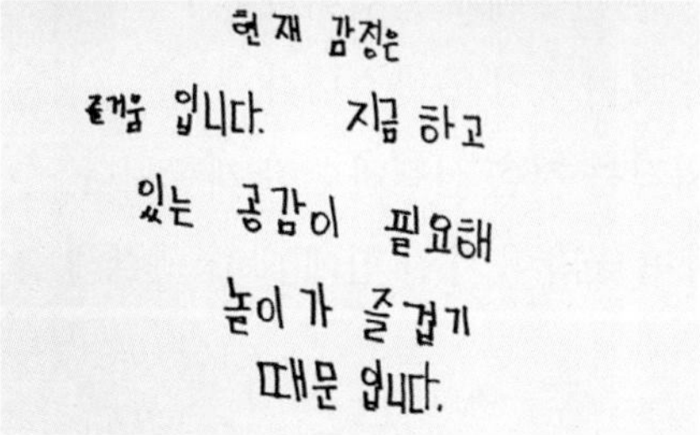

활동 난이도:
☆☆☆

신체 움직임:
★★☆

놀이 유형:
반 전체

놀이 의도

미국 항공우주국 나사는 무중력 상태가 인간의 공간감각과 방향지각에 미치는 영향을 알아보기 위하여 하루 종일 세상을 거꾸로 보게 하는 실험을 계획하였습니다. 세상이 거꾸로 보이는 특수 안경을 쓴 대부분의 참가자들은 갑자기 변한 환경으로 인하여 엄청난 혼란을 겪어야만 했습니다. 그렇게 실험을 지속한 지 27일 되던 날, 한 사람에게 엄청난 변화가 발생하였습니다. 어제까지만 해도 거꾸로 보이던 세상이 똑바로 보였던 것이었습니다. 이 모든 것은 뇌가 생존하기 위해 적응한 결과물로 신경회로에 변화를 일으킨 것입니다. 많은 사람은 한두 번 시도한 뒤 습관이 되었으면 좋겠다고 말합니다. 그러나 실험 결과처럼 습관이 되기 위해서는 오랜 시간 끊임없는 노력과 실천이 요구됩니다. 친구의 감정을 나의 것처럼 여길 수 있는 공감도 마찬가지입니다. 감정카드를 활용하여 친구의 감정을 알아차리고 공감해 보는 '공감이 필요해' 놀이를 통하여 공감의 분위기를 조성하고 꾸준히 실천하고자 하는 의욕을 불러일으키도록 합니다.

수업 속 감정놀이

＊성취기준: [6도01-01] 감정과 욕구를 조절하지 못해 나타날 수 있는 결과를 도덕적으로 상상해 보고, 올바르게 자신의 감정을 조절하고 표현할 수 있는 방법을 습관화한다. (5, 6학년군 도덕과)

＊도움말: 감정과 욕구의 관계에 대해 알아본 후 놀이에 참여하여, 공감은 강한 감정으로 힘들어하는 친구에게 도움을 주는 행위임을 깨닫고 이를 습관화하기 위해서는 꾸준한 노력이 필요함을 느낄 수 있습니다.

놀이 순서

준비물: 감정카드(부록 5)

① 완성된 감정카드(부록 5)를 준비하여 교탁에 펼쳐 놓습니다.
② 현재 자신의 감정을 가장 잘 대변하는 감정카드를 선택합니다.
③ 자리에서 일어나 돌아다니며 서로의 감정카드를 살펴봅니다.
④ 왜 ○○ 감정을 선택했는지 이야기에 귀 기울여 봅니다.
⑤ 친구의 감정에 공감해 봅니다.
⑥ 놀이에 참여하며 공감이 가진 힘에 대해 생각해 봅니다.

놀이 팁

- 일주일 동안 친구의 감정에 공감하기 등의 장기적인 과제를 제시하여 공감을 습관화할 수 있습니다.

참고문헌

교육부(2015). 2015 개정 도덕과 교육과정.

7-2-3. DJ 공감 (변형놀이)

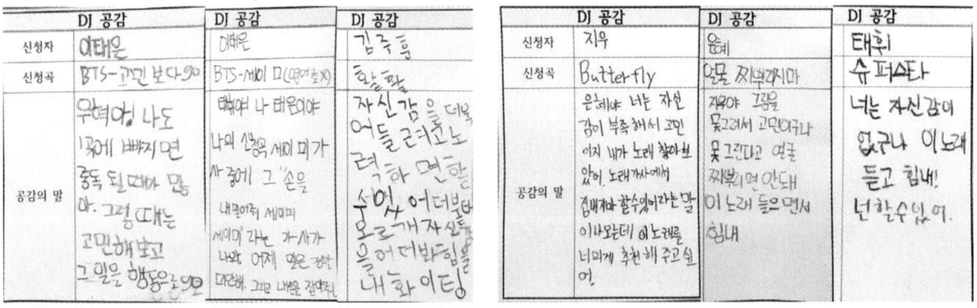

활동 난이도:
☆☆☆

신체 움직임:
☆☆☆

놀이 유형:
반 전체

놀이 의도

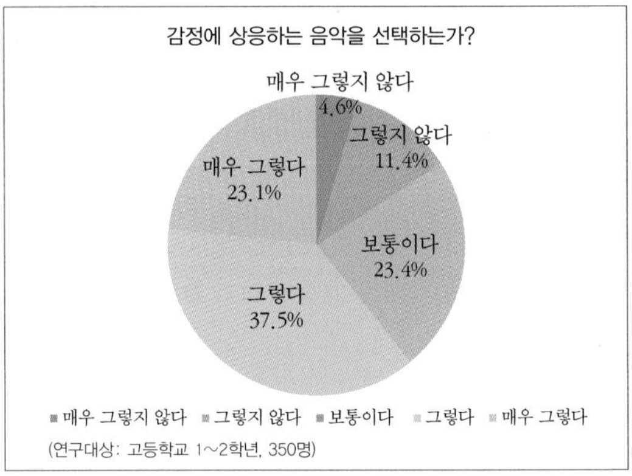

사춘기 시절 틈이 날 때마다 이어폰을 꺼내 좋아하는 음악을 듣곤 했습니다. 지금 되돌아보면 학업에서 받는 스트레스를 음악으로 해소하지 않았나 하는 생각이 듭니다. 성인이 된 지금도 지치거나 힘들 때 음악을 찾는 것을 보면 감정과 음악은 매우 밀접한 관계에 놓여 있음을 짐작할 수 있습니다. 사춘기의 감정상태와 감정조절에 음악이 미치는 영향에 대해 조사한 이정실(2009)에 따르면 사춘기 또한 음악을 선택할 때 현재 느끼는 감정에 어울리는 노래를 듣는 것으로 나타났습니다. 이는 음악이 정서적 환기 및 안정이라는 순기능에서 비롯된 결과입니다. 음악이 가진 힘 놀랍지 않으신가요? 서로의 사연에 귀 기울이고 음악을 통하여 공감하는 'DJ 공감' 놀이를 통하여 공감이 가득한 반을 만들어 보시기 바랍니다.

수업 속 감정놀이

* 성취기준: [6음03-02] 음악이 심신 건강에 미치는 영향에 대해 발표한다. (5, 6학년군 음악과)
* 도움말: 힘들어하는 친구에게 위로가 되는 음악을 신청하여, 함께 들으면서 음악이 정서적 안정과 신체적 건강에 미치는 영향에 대하여 생각해 볼 수 있습니다.

놀이 순서

준비물: 사연지(부록 17), 빈 박스, 필기도구

① 빈 박스를 활용하여 음악 박스를 제작합니다.
② 사연지(부록 17)를 준비하여 음악 박스 옆에 둡니다.
③ 공감이 필요한 친구에게 다가가 이야기를 듣습니다.
④ 친구에게 힘이 되는 음악을 생각합니다.
⑤ 사연지를 적어 음악 박스에 넣습니다.
⑥ 졸음이 몰려오는 5교시 전 음악 박스에 있는 사연 한 가지를 선택하여 읽어 준 뒤 신청곡을 들려줍니다.
⑦ 친구가 들려주는 음악에 위로를 받습니다.

놀이 팁

- 사춘기는 비밀에 매우 민감합니다. 사연곡 신청 시 비밀리에 나눈 이야기는 담지 않도록 사전에 안내합니다.

참고문헌

교육부(2015). 2015 개정 음악과 교육과정.

이정실(2009). 음악활동에서의 청소년의 감정상태, 감정조절 전략이 감정능력에 미치는 영향. 숙명여자대학교 대학원 박사학위논문.

7-2-4. 사랑의 편지 (변형놀이)

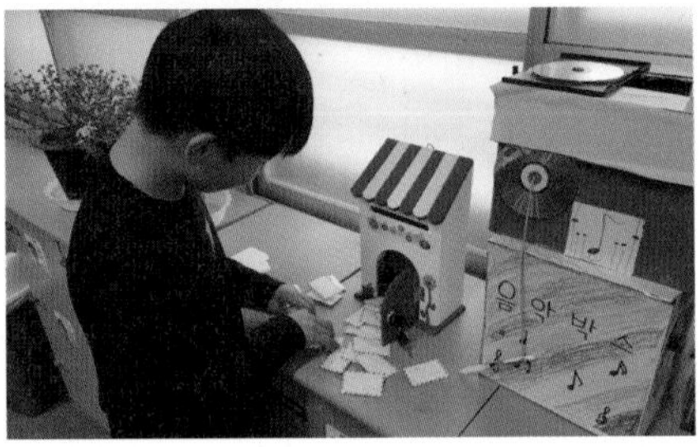

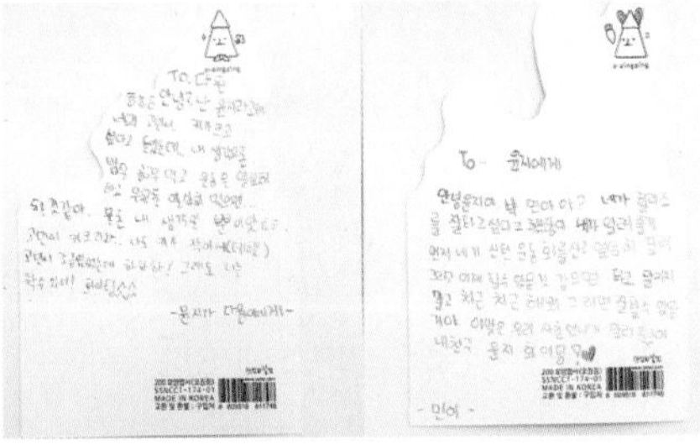

활동 난이도:
☆☆☆

신체 움직임:
☆☆☆

놀이 유형:
반 전체

놀이 의도

자신의 감정만으로도 벅차고 힘들어하는 사춘기가 친구의 감정까지 헤아릴 수 있을까요? 그 해답은 뇌에 있습니다. 편도체는 주로 공포, 분노 등의 부정적인 감정을 처리하는 곳으로 알려져 있으나 타인의 의도, 생각, 감정을 알아차리는 것에도 관여하는 것으로 드러났습니다. 불의의 사고나 알츠하이머로 편도체가 손상된 경우 공감능력이 현저하게 떨어지는 것이 그 예입니다. 이러한 편도체는 사춘기에 거의 완성단계에 이르게 되는데 이는 사춘기가 충분히 타인의 감정에 공감을 할 수 있음을 의미합니다. 우리의 걱정과 다르게 사춘기의 뇌는 친구의 감정을 보듬을 준비가 되어 있는 것입니다. 공감이 가득한 '사랑의 편지'. 오늘 작성해 봄으로써 서로에게 다가가는 분위기를 조성해 보는 것은 어떨까요?

수업 속 감정놀이

* 성취기준: [6국03-06] 독자를 존중하고 배려하며 글을 쓰는 태도를 지닌다. (5, 6학년군 국어과)
* 도움말: 친구의 상황과 처지가 고려된 사랑의 편지를 작성해 봄으로써 존중과 배려가 깃든 글의 힘을 느낄 수 있습니다.

놀이 순서

준비물: 우체통, 편지지

① 우체통과 편지지를 준비합니다.
② 공감이 필요한 친구에게 다가가 이야기를 듣습니다.
③ 친구에게 힘이 되는 말을 생각합니다.
④ 공감이 적힌 편지지를 우체통에 넣습니다.
⑤ 일주일에 한 번 편지를 배달합니다.
⑥ 친구의 편지에 위로와 힘을 얻습니다.

놀이 팁

- 편지를 전달하는 집배원을 1인 1역할로 정하여 정기적으로 편지를 확인하고 배달할 수 있도록 합니다.
- 다른 사람들의 편지를 함부로 보지 않도록 지도합니다.
- 반 전체가 협력하여 우체통을 만들 수도 있습니다.

참고문헌

교육부(2015). 2015 개정 국어과 교육과정.

7-2-5. 공감 박스 (변형놀이)

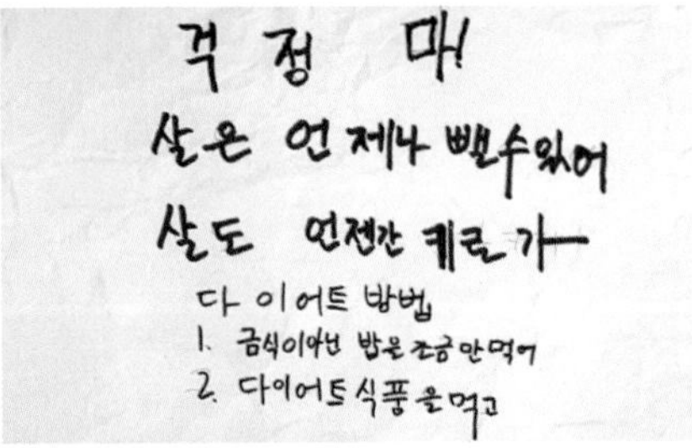

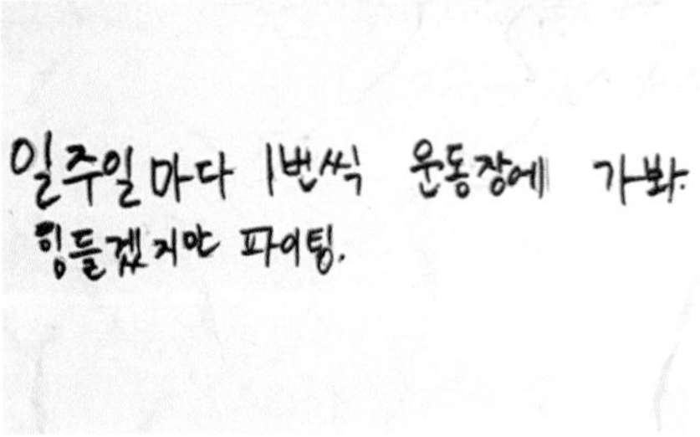

활동 난이도:
☆☆☆

신체 움직임:
☆☆☆

놀이 유형:
반 전체

놀이 의도

어느 날 한 사춘기가 찾아오더니 앞으로는 공감을 하지 않아야겠다고 볼멘소리를 하였습니다. 가만히 이야기를 들어 보니 힘들어하는 친구에게 다가가 공감을 해 주었는데 진지하게 받아들이지 않는다는 것이었습니다. 도움을 주고자 한 선행이 되레 서운함으로 다가온 것입니다. 공감이 가진 긍정적인 힘을 발휘하기 위해서는 공감을 받는 사람의 자세 또한 중요합니다. 공감을 받는 사람에게 필요한 것은 무엇일까요? 바로 자신을 힘들게 하는 문제에 대해 충분히 생각해 보는 것입니다. 숙고 없이 털어놓는 고민은 가십거리에 지나지 않기 때문입니다. 공감을 받을 자세가 되어 있는지 스스로 점검해 보는 '공감 박스' 놀이를 통하여 공감을 받는 사람의 자세에 대해 생각해 보도록 합니다.

수업 속 감정놀이

* 성취기준: [6국01-07] 상대가 처한 상황을 이해하고 공감하며 듣는 태도를 지닌다. (5, 6학년군 국어과)
* 도움말: 놀이를 통하여 상대가 놓인 상황과 처지를 고려하며 이야기를 들어야 하는 까닭에 대하여 생각해 봄으로써 기본적인 의사소통과 관계 형성의 능력을 기를 수 있습니다.

놀이 순서

준비물: 빈 박스, 빈 종이

① 책걸상을 옆으로 밀어 공간을 만든 뒤 큰 원을 만들어 앉습니다.
② 가운데 빈 박스를 둡니다.
③ 공감을 받는 사람의 자세에 대해 이야기 나눕니다.
④ 공감이 필요한 자신의 이야기를 빈 종이에 적습니다.
⑤ 사연이 적힌 종이를 구긴 후 박스에 넣습니다. 단, 공감을 받을 준비가 안 된 사춘기는 박스에 넣지 않도록 합니다.
⑥ 박스에 들어 간 종이 중 하나를 선택하여 읽습니다.
⑦ 친구의 이야기에 공감하는 말과 조언을 적어 같은 방식으로 구깁니다.
⑧ 박스에 담긴 공감하는 말을 서로 공유합니다.

놀이 팁

• 공감을 받을 만한 준비가 되지 않았다고 판단된 사춘기는 자신의 이야기를 상자에 넣지 않도록 안내합니다.
• 사춘기들의 이야기는 집단 및 개인 상담의 자료로 활용할 수 있습니다.

참고문헌

교육부(2015). 2015 개정 국어과 교육과정.

7-2-6. 공감 팍팍! (변형놀이)

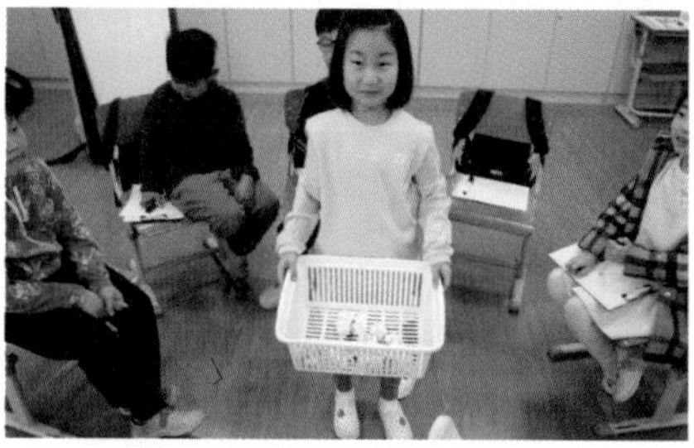

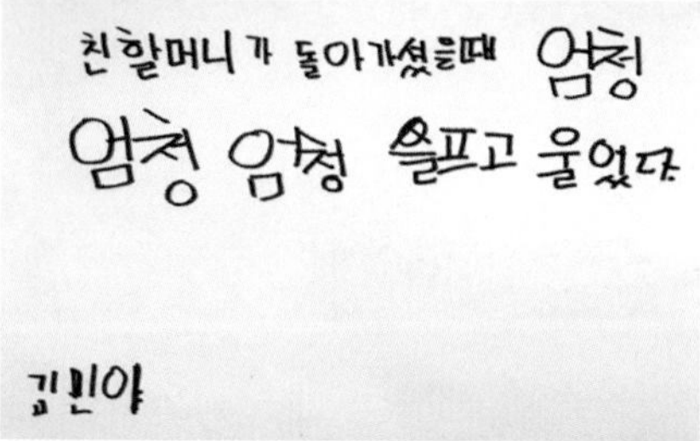

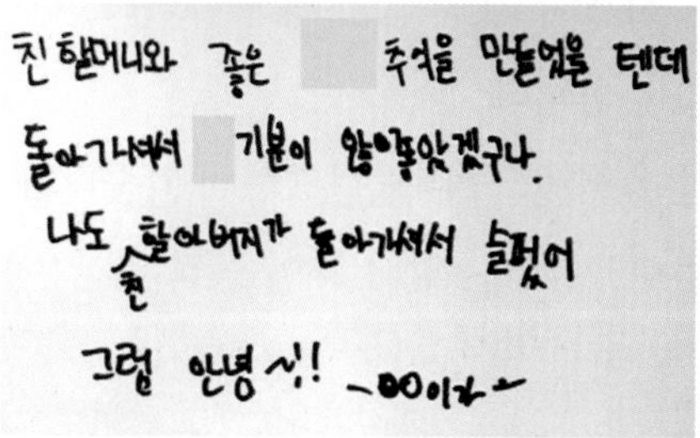

활동 난이도:
☆☆☆

신체 움직임:
★☆☆

놀이 유형:
반 전체

놀이 의도

학급을 운영하다 보면 여학생이 남학생보다 공감능력이 뛰어남을 느끼곤 합니다. 실제로 24개월된 유아를 대상으로 실험을 진행해 본 결과 여자아이는 다친 어머니의 아픔을 자신의 것처럼 여겨 눈물을 흘리지만 남자아이는 어머니의 비명과 울음소리에 몇 번 쳐다만 볼 뿐 장난감을 계속 가지고 노는 데 열중하는 모습을 보였습니다. 이 실험은 남학생을 대상으로 공감교육을 전개할 때는 보다 구체적이고 상세하게 알려 주어야 함을 시사합니다. 강한 감정을 표현했던 친구의 이야기에 실제로 공감해 보는 '공감 팍팍!' 놀이를 통하여 남학생도 여학생처럼 상대의 마음을 위로할 수 있음을 느낄 수 있도록 합니다.

수업 속 감정놀이

* 영역: 창의적 체험활동 → 자율활동 → 자치 · 적응활동
* 방법: 위로나 조언이 필요한 자신의 이야기를 친구들과 나누고 공감하여 서로에게 힘이 될 수 있도록 합니다.

놀이 순서

준비물: 빈 종이, 필기도구

① 책걸상을 옆으로 밀어 공간을 만듭니다.
② 큰 원을 만들어 앉습니다.
③ 최근 강한 감정을 느꼈던 사건이 있었는지 생각해 봅니다.
④ 주인공을 초대하여 당시의 감정상황을 듣습니다.
⑤ 강한 감정을 표현했던 당시 자신이 옆에 있었다고 상상합니다.
⑥ 친구에게 해 주고 싶은 공감의 말을 빈 종이에 적어 구깁니다.
⑦ 친구가 받을 수 있도록 던집니다.
⑧ 공감하는 말을 받아 읽습니다.
⑨ 공감하는 말을 해 주는 친구가 곁에 있었더라면 어땠을지 발표합니다.
⑩ 놀이에 참여하며 공감이 가진 힘에 대해 생각해 봅니다.

놀이 팁

• 공감은 친구가 강한 감정을 표현했을 때뿐만 아니라 표현하기 전에도 이루어질 수 있습니다. 교실 환경판에 있는 감정표현도구를 수시로 살펴서 강한 감정을 느끼고 있는 친구에게 다가가 이야기를 듣고 공감할 수 있도록 합니다.

참고문헌

교육부(2015). 2015 개정 교육과정 창의적 체험활동 해설.

여덟째 날.
감정에 이름 붙이기

흔히 아이들은 만 번을 넘어지고 일어나야 걸음마를 뗀다고 합니다. 공감도 마찬가지입니다. 이제 공감이 무엇인지 첫걸음을 뗀 사춘기에게 능수능란한 공감을 기대하는 것은 시기상조입니다. 하지만 힘이 되는 선생님과 친구들이 곁에 있는 한 포기하지 않을 것입니다.
이제는 감정조절이란 무엇이고 어떻게 하는 것인지 알아볼 때입니다. '감정에 이름 붙이기'와 관련된 놀이를 통하여 감정을 조절할 수 있는 힘을 함양하여 봅시다.

8-1 감정놀이의 목적

감정을 조절할 수 있는 나만의 방법을 소개해 봅니다.

8-2 감정놀이의 목적

감정에 이름을 붙이는 연습을 통해 감정을 조절할 수 있는 힘을 함양하도록 합니다.

8-1-1. 이야기 보따리 (기본놀이)

샛별이는 학교가 끝난 뒤 선생님께서 내주신 숙제를 열심히 하였습니다. 다음날 가방을 열어 보았는데 어느 곳에도 숙제는 보이지 않았습니다. 숙제를 책상 위에 올려둔 채 가방에 넣지 않았던 것이었습니다. 열심히 한 숙제를 가지고 오지 않아 속상한 마음에 엉엉 울어버리고 말았습니다.

샛별이의 이야기

숙제를 가지고 오지 않은 샛별이

울고있는 샛별이에게 조언해 주는 친구들

선생님께 사실대로 말씀드리는 샛별이

올바른 감정표현을 다짐하는 사춘기들

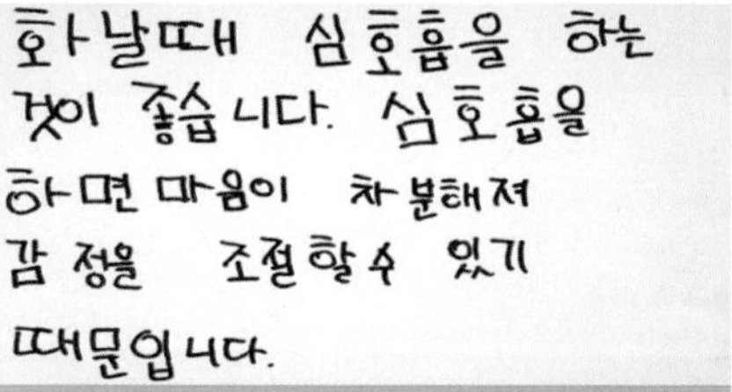

감정을 조절할 수 있는 나만의 방법 소개

활동 난이도:
☆☆☆

신체 움직임:
☆☆☆

놀이 유형:
개인

놀이 의도

사춘기의 감정은 마치 태풍 같습니다. 태풍이 거친 비바람을 일으키듯 사춘기의 강한 감정표현 또한 주변 사람들과의 갈등을 몰고 다니기 때문입니다. 사춘기의 갈등은 크게 두 부류로 나눌 수 있습니다. 첫째, 어른들과의 갈등입니다. 자아정체성을 형성중인 사춘기는 스스로 어른이 되었다 생각하고 동등한 대우를 원합니다. 그러나 자신들의 기대와 달리 아이로만 바라보는 성인들의 시각에 서운함을 느껴 반항적인 행동과 권위에 도전하는 모습을 보이기도 합니다. 둘째, 친구와의 갈등입니다. 사람은 누구나 리더가 되기를 원합니다. 자신들이 속한 집단 내에서 비중 있는 역할을 차지하고 싶은 것은 사춘기도 매한가지입니다. 잘못된 욕심은 따돌림, 주먹다짐 등의 폭력적인 양상으로 번져 또래관계를 망치기도 합니다. 이러한 사춘기에게 필요한 것은 무엇일까요? 바로 감정조절입니다. 스스로의 감정을 조절할 수 있을 때 자신과 타인 모두에게 득이 되는 감정표현을 할 수 있기 때문입니다. 이에 감정을 다스릴 수 있는 자신만의 방법을 소개하는 '이야기 보따리' 놀이를 통하여 감정조절의 필요성과 실천의지를 다질 수 있도록 합니다.

수업 속 감정놀이

* 성취기준: [4도02-02] 친구의 소중함을 알고 친구와 사이좋게 지내며, 서로의 입장을 이해하고 인정한다. (3, 4학년군 도덕과)
* 도움말: 놀이를 통하여 친구 사이에서 발생할 수 있는 갈등과 이를 적절하게 해결하는 방법을 모색해 볼 수 있습니다.

놀이 순서

준비물: 예화

① 이야기를 들려줍니다(첫 번째 그림 참고).
② 샛별이의 감정으로 인한 행동이 올바른지 생각해 봅니다.
③ 주인공과 비슷한 경험이 있었는지 떠올려 봅니다.
④ 과거 경험을 바탕으로 주인공에게 조언을 해 줍니다.
⑤ 감정조절의 필요성을 느낍니다.
⑥ 감정을 조절할 수 있는 나만의 방법을 생각하여 친구들에게 소개합니다.

놀이 팁

• 현재의 예화는 사춘기 초기를 대상으로 작성되어 있습니다. 놀이에 참여하는 사춘기들의 발달과 수준을 고려하여 그 내용을 변경하여 활용하시기 바랍니다.

참고문헌

교육부(2015). 2015 개정 도덕과 교육과정.

8-1-2. 선택! 감정조절 (변형놀이)

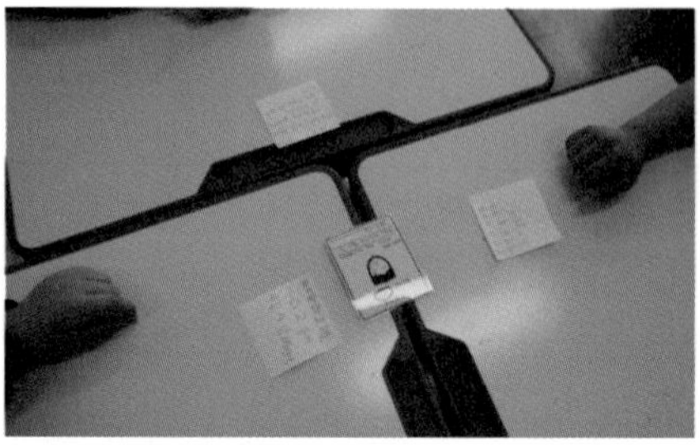

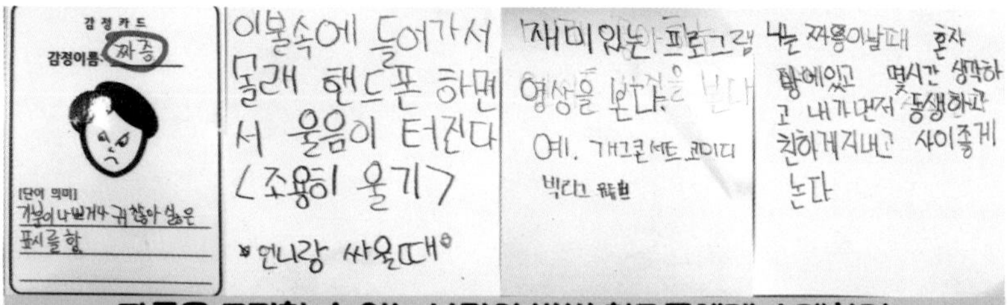

짜증을 조절할 수 있는 나만의 방법 친구들에게 소개하기

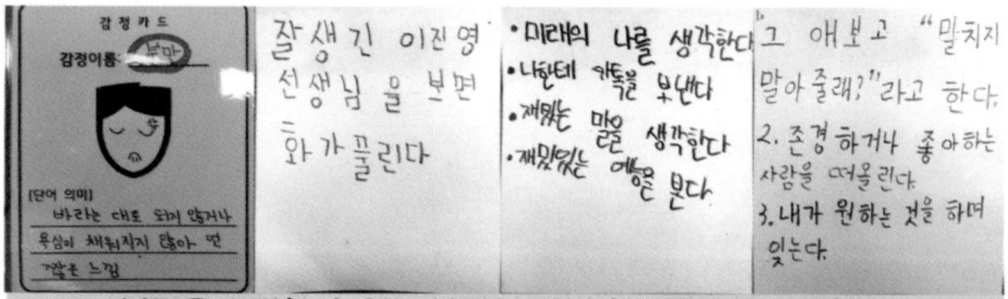

불만을 조절할 수 있는 나만의 방법 친구들에게 소개하기

활동 난이도:
☆☆☆

신체 움직임:
★☆☆

놀이 유형:
반 전체

놀이 의도

우리의 뇌에는 약 1,000억 개의 신경세포가 있다고 합니다. 신경세포는 핵과 다른 세포로부터 신호를 받는 수상돌기, 다른 세로로 정보를 전달하는 축색으로 구성되어 있는데 화학물질의 이동이 일어나는 수상돌기와 세포 사이의 접합 부분을 시냅스라 부릅니다. 사춘기의 전두엽에는 자주 사용하는 시냅스를 강화하는 대신 필요 없는 것은 잘라 버리는 가지치기가 왕성하게 일어납니다. 전두엽이 이런 작업에 매진하는 동안 다른 영역과의 왕래가 활발하지 않게 되고 이는 감정조절 능력을 저하시키는 요인이 됩니다. 사춘기의 무절제한 감정표현, 뇌의 발달로 인한 결과이기도 합니다. 그럼에도 불구하고 '어떤 현상이나 일로 발생하는 마음이나 감정을 알아차리고 균형을 잡아 가기 위한 노력'인 감정조절은 훈련을 통하여 향상시킬 수 있습니다. 이에 자신이 알고 있는 감정조절 방법을 공유하는 '선택! 감정조절' 놀이에 참여하여 일상생활에서 감

정조절 방법을 실천할 수 있도록 합니다.

수업 속 감정놀이

*성취기준: [6도01-01] 감정과 욕구를 조절하지 못해 나타날 수 있는 결과를 도덕적으로 상상해 보고, 올바르게 자신의 감정을 조절하고 표현할 수 있는 방법을 습관화한다. (5, 6학년군 도덕과)

*도움말: 감정조절의 필요성과 중요성을 알아본 후 놀이에 참여하여 자신이 알고 있는 감정조절의 방법을 친구들과 나눌 수 있습니다.

놀이 순서

준비물: 감정카드(부록 5)

① 완성된 감정카드(부록 5)를 준비합니다.
② 다양한 감정카드 중 하나를 선택합니다.
③ 뽑힌 감정카드를 살펴본 후 해당 감정을 조절할 수 있는 나만의 방법을 생각해 봅니다.
④ 자신의 생각을 친구들과 공유합니다.
⑤ '하나둘셋'이라는 호명에 맞추어 마음에 드는 의견을 제시한 친구를 손가락으로 가리킵니다.
⑥ 가장 많은 선택을 받은 사춘기가 카드를 가져갑니다.
⑦ 정해진 시간 안에 가장 많은 카드를 확보한 사춘기가 승리합니다.

놀이 팁

- 각각의 의견을 가리키는 손가락 수가 같아 최종 승리자를 가리기 어려운 경우 가위바위보를 통하여 선정할 수 있도록 합니다.

참고문헌

교육부(2015). 2015 개정 도덕과 교육과정.
양은우(2016). 처음 만나는 뇌과학 이야기. 서울: 카시오페아.

8-1-3. 3! 4! 심호흡 (변형놀이)

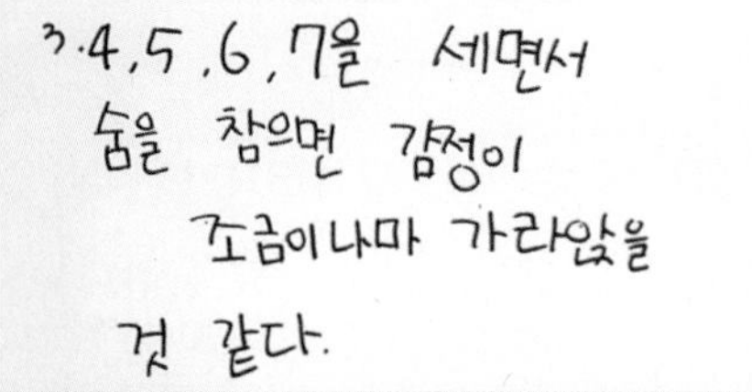

3,4,5,6,7의 의미 예상하기

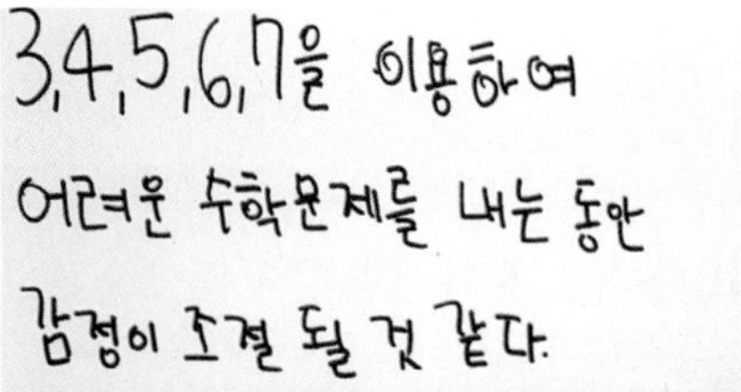

어려운 수학문제를 낼 것 같다는 사춘기

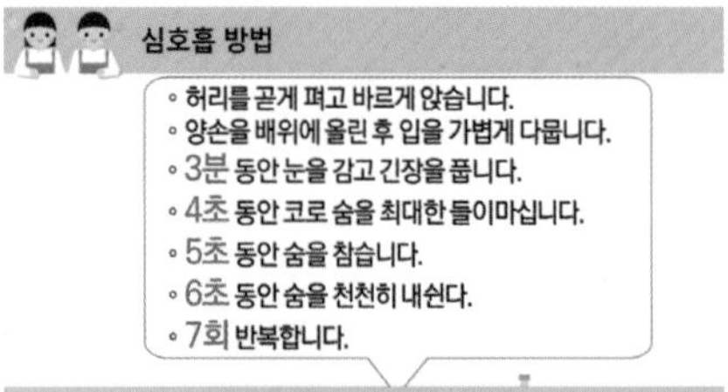

심호흡의 방법 알아보기

눈을 감고 긴장 풀기

숨 최대한 들이마신 후 참기

숨 천천히 내쉬기

활동 난이도:
☆☆☆

신체 움직임:
☆☆☆

놀이 유형:
개인

놀이 의도

간단하면서도 감정을 조절하는 데 효과적인 심호흡은 많은 사람들이 사용하는 것 중 하나입니다. 심호흡은 긴장되어 있는 신체와 정신의 이완으로부터 시작합니다. 3초 동안 눈을 감고 긴장을 푼 뒤 4초 동안 최대한 많이 숨을 들이마셔서 폐 안에 산소가 가득 차게 합니다. 5초 동안 숨을 참으며 잡념으로부터 벗어납니다. 6초 동안 숨을 천천히 내뱉으며 몸속에 있던 이산화탄소를 배출합니다. 이 과정을 총 7회 반복합니다. 이때 들이마신 산소는 폐를 통하여 각종 기관에게 전해지고 각 세포는 긴장완화와 불안을 감소시키는 에너지를 생성하게 됩니다. 숫자로 기억하는 심호흡, 장소와 시간에 구애받지 않고 자주 활용하여 휘몰아치는 감정을 평온하게 다스릴 수 있도록 합니다.

수업 속 감정놀이

* 성취기준: [9기가01-02] 청소년기 또래 문화의 특징을 이해하고, 친구관계에서 발생하는 문제를 분석하여 건강한 친구관계를 유지하기 위한 방안을 제안한다. (중학교 기술 · 가정)
* 도움말: 감정조절에 효과적인 심호흡을 알아봄으로써 또래관계에서 발생하는 갈등을 현명하게 대처, 해결할 수 있도록 합니다.

놀이 순서

준비물: 없음

① 친구와 갈등을 빚었던 상황을 떠올려 친구들과 나눕니다.
② 어떻게 행동하는 것이 현명한지 생각하여 발표합니다.
③ 3, 4, 5, 6, 7의 숫자를 제시합니다.
④ 이 숫자들은 친구와의 갈등이 발생했을 때 도움이 되는 방법임을 안내하며 어떤 것을 의미하는 것인지 상상해 봅니다.
⑤ 숫자에 담긴 의미를 설명합니다.
⑥ 심호흡을 연습합니다.
⑦ 심호흡 한 후 느낀 점을 친구들과 나눕니다.
⑧ 감정조절이 필요한 순간에 심호흡을 할 수 있도록 안내합니다.

놀이 팁

- 만약 심박수를 실시간으로 측정 가능한 스마트폰이 있다면, 심호흡 전과 후의 심박수를 확인해 보는 활동을 추가해 심호흡이 가진 안정의 힘을 가시적으로 확인할 수 있습니다.

참고문헌

교육부(2015). 2015 개정 실과(기술 · 가정)/정보과 교육과정.
손희준(2013). 장애인 문화여가활동 중 TV보기, 심호흡운동과 직업재활의 관계연구. 대구대학교 대학원 박사학위논문.

8-1-4. 초성퀴즈 (변형놀이)

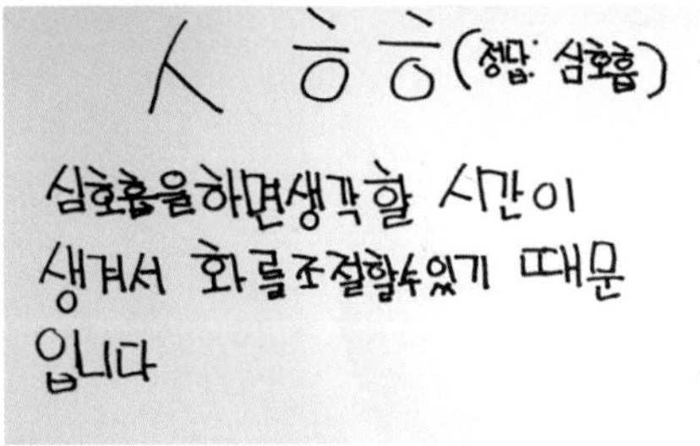

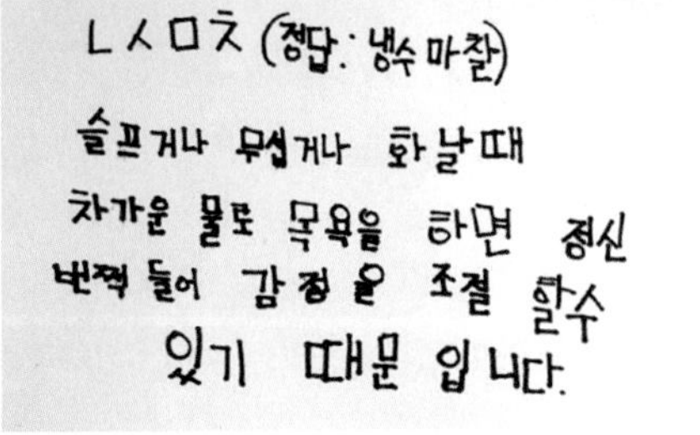

활동 난이도:
☆☆☆

신체 움직임:
★☆☆

놀이 유형:
반 전체

놀이 의도

'ㅈㅈㄱ' 어떤 단어의 초성일까요? 정답은 '잠자기'로, 우리 반 사춘기가 제시한 감정조절 방법입니다. 수면과 감정조절, 과연 연관성이 있을까요? 35시간 동안 잠을 자지 않은 집단에게 혐오스럽거나 부정적인 사진을 보여 준 결과, 정상적인 수면 집단에 비해 감정에 영향을 미치는 편도체가 60% 이상 과잉반응하였으며 전두엽 또한 기능이 떨어지는 것으로 나타났습니다. 편도체의 과잉반응은 올바르지 않은 감정표현으로 연결될 확률이 높으니 수면과 감정조절, 깊은 연관성이 있다고 볼 수 있습니다. 이처럼 사춘기들은 어른들이 알지 못하는 자신들만의 감정조절 방법을 가지고 있기도 합니다. 자신이 자주 사용하거나 알고 있는 감정조절 방법을 초성으로 소개하는 '초성퀴즈' 놀이를 통하여 감정을 조절할 수 있는 힘을 함양할 수 있도록 합니다.

수업 속 감정놀이

* 성취기준: [6실01-04] 건강한 가정생활을 위해 가족 구성원의 다양한 요구에 대하여 서로 간의 배려와 돌봄이 필요함을 이해한다. (5, 6학년군 실과)
* 도움말: 가족의 관계와 가정생활의 중요성을 인식한 뒤 가족과의 갈등을 합리적으로 해결할 수 있는 자신만의 감정조절 방법을 공유하여 가족 구성원 간 배려가 실현되도록 할 수 있습니다.

놀이 순서

준비물: 없음

① 감정을 조절할 수 있는 나만의 방법을 생각해 봅니다.
② 자신만의 방법을 한 단어로 줄여 봅니다.
③ 초성만으로 퀴즈를 냅니다.
④ 초성을 보고 어떤 단어를 썼는지 맞춰 봅니다.
⑤ 문제를 출제한 사춘기는 자신만의 방법을 구체적으로 소개합니다.
⑥ 감정조절이 필요한 순간에 친구들이 알려준 방법을 실천할 수 있도록 안내합니다.

놀이 팁

- 초성을 바탕으로 단어나 문장을 맞춘다는 간단한 규칙임에도 불구하고 몰입도가 굉장히 높아 즐겁게 참여합니다. 단, 글자의 수가 너무 많을 경우 정답을 맞힐 확률이 낮아지기에 짧은 단어로 줄인 후 문제를 출제할 수 있도록 합니다(예: 좋아하는 노래를 듣습니다. → 노래 듣기).

참고문헌

교육부(2015). 2015 개정 실과(기술 · 가정)/정보과 교육과정.

8-1-5. 좋아유 (변형놀이)

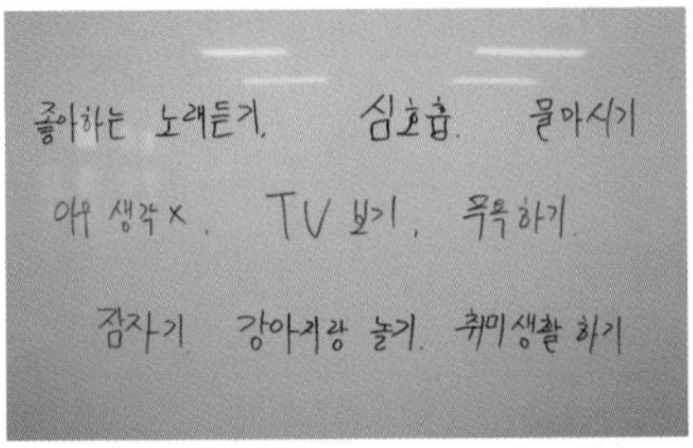

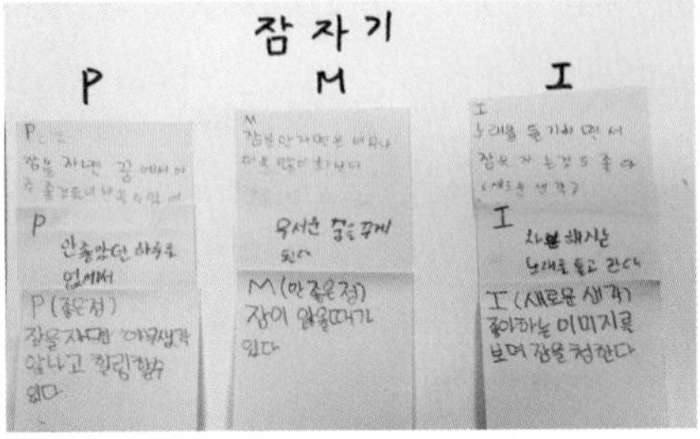

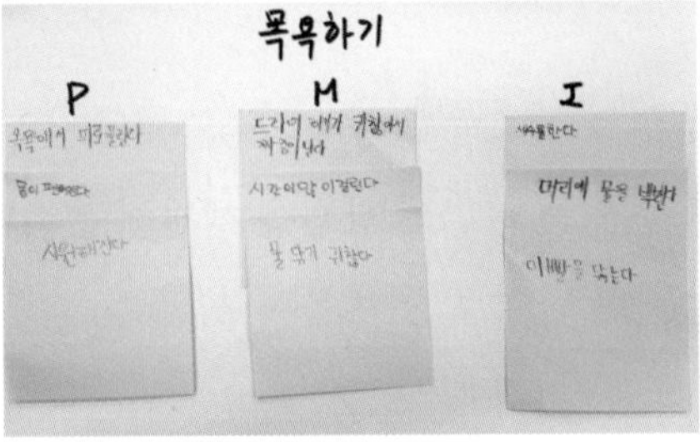

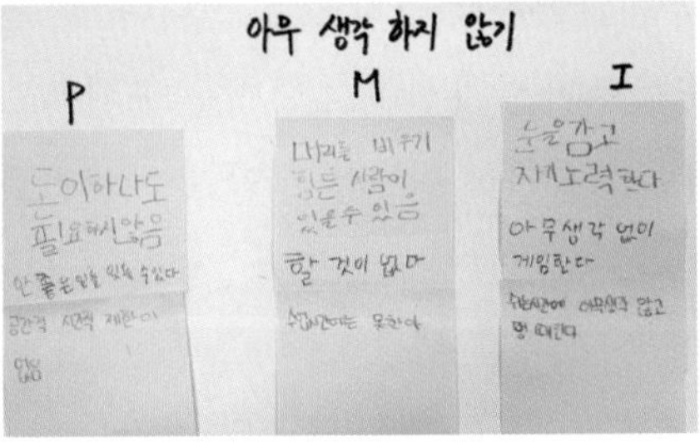

활동 난이도:
★☆☆

신체 움직임:
★☆☆

놀이 유형:
모둠

놀이 의도

'좋아유'는 감정을 조절할 수 있는 나만의 비법을 친구들에게 소개한 뒤 좋은 점과 아쉬운 점을 생각해 봄으로써 새로운(New) 방법을 만들어 보는 놀이입니다. 기존의 감정조절 방법에서 벗어나 새로운 창조물을 만들어 내기 위해서는 교사의 발문이 굉장히 중요합니다. '왜 그 감정조절 방법이 좋은가?' '어떤 점이 효과적인가' '그 감정조절 방법에서 아쉬운 점은 무엇인가?' '약점은 무엇인가?' '아쉬운 점을 보완할 수 있는 방법에는 무엇이 있는가?' '새로운 대안은 무엇인가?' 등의 발문으로 사춘기의 지적 호기심을 자극할 뿐 아니라 독특하고 실현 가능한 감정조절 방법을 창조할 수 있도록 합니다.

수업 속 감정놀이

*성취기준: [6실05-03] 생활 속에 적용된 발명과 문제해결의 사례를 통해 발명의 의미와 중요성을 이해한다. (5, 6학년군 실과)

*도움말: 더하기, 빼기, 용도 바꾸기, 반대로 하기 등의 다양한 기법에 대해 알아본 뒤 나만의 감정조절 방법을 만들어 볼 수 있습니다.

놀이 순서

준비물: 빈 종이, 포스트잇, 필기도구

① 모둠을 조직한 후 빈 종이 3장을 모둠별로, 포스트잇 2장을 개인별로 나눠 줍니다.
② 모둠 협의를 통하여 하나의 감정조절 방법을 선택합니다.
③ 각각의 빈 종이에 P(plus), M(minus), I(interesting)를 적습니다.
④ 선택한 감정조절의 좋은 점을 생각하여 포스트잇에 기록한 후 P에 붙입니다.
⑤ 아쉬운 점을 생각하여 포스트잇에 기록한 후 M에 붙입니다.
⑥ 좋은 점과 아쉬운 점을 바탕으로 새로운 감정조절 방법을 생각하여 I에 기록합니다.
⑦ 자신들이 만든 감정조절 방법을 실생활에서 실천함을 다짐합니다.

놀이 팁

- '3! 4! 심호흡'은 PMI 기법을 통하여 탄생한 감정놀이입니다.

〈숫자로 기억하는 심호흡〉

-P: 심호흡은 감정조절에 효과적이다.
-M: 심호흡의 방법을 기억하기 어렵다.
-I: 심호흡의 방법을 숫자에 빗대어 기억하기 쉽도록 한다.

참고문헌

교육부(2015). 2015 개정 실과(기술 · 가정)/정보과 교육과정.

이동선(2016). PMI 기법을 적용한 과학 토의 수업이 초등학생들의 과학 학습 동기 및 창의적 사고활동에 미치는 영향. 부산대학교 대학원 석사학위논문.

8-2-1. 모노드라마 (기본놀이)

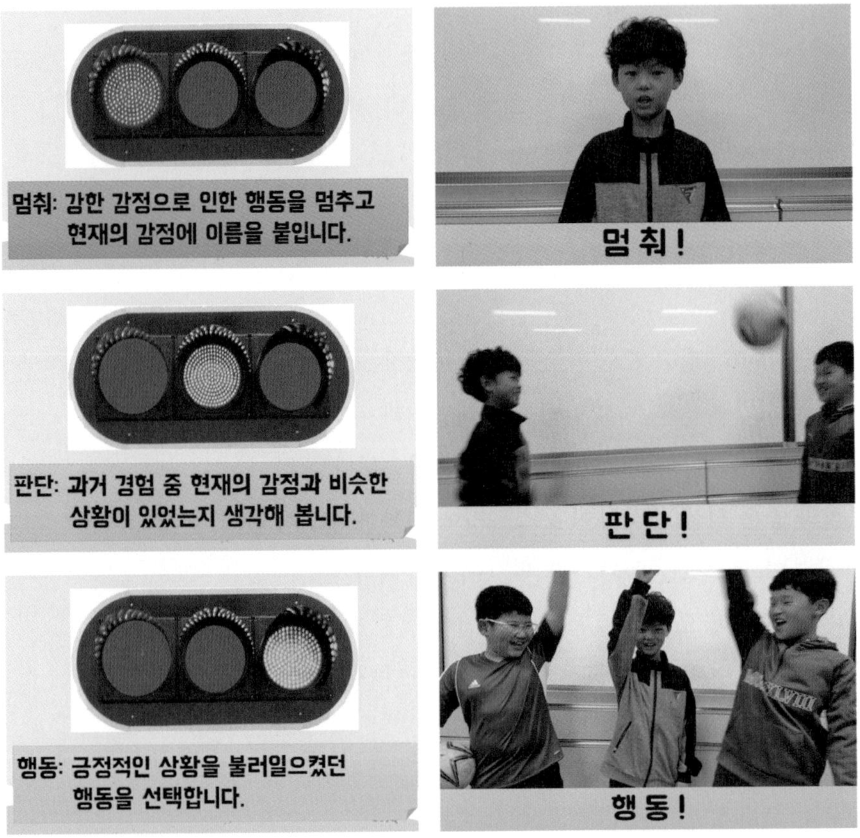

활동 난이도:
☆☆☆

신체 움직임:
★★☆

놀이 유형:
반 전체

놀이 의도

'감정에 이름 붙이기'는 불확실한 감정에 이름을 지어 붙임으로써 자신의 상태를 명확하게 인식하는 과정을 의미합니다. 가트맨 박사는 '감정에 이름 붙이기'를 감정이라는 문에 손잡이를 달아 주는 것에 비유하였습니다. 손잡이가 문을 열고 닫는 데 도움을 주듯 불명확한 감정에 이름이라는 손잡이를 달아 주어 이성적으로 대처할 수 있는 기회를 제공하기 때문입니다. 기존의 감정코칭에서는 스스로 또는 주변 사람의 도움으로 감정에 주인이 되는 것을 목적으로 하지만 예방의 성격을 강화한 또래 감정코칭에서는 현재의 감정에 이름을 붙이는 데 그치지 않고 한 발짝 나아가 과거 경험을 바탕으로 올바른 선택까지 강조하고 있습니다. 이에 과거 경험 중 강한 감정을 표현하였던 감정상황을 떠올려 감정에 이름 붙이기를 실제로 연습해 보는 '모노드라마' 놀이를 통하여 감정을 조절하고 나아가 올바른 감정표현을 이끌어 낼 수 있도록 합니다.

수업 속 감정놀이

* 성취기준: [6도01-01] 감정과 욕구를 조절하지 못해 나타날 수 있는 결과를 도덕적으로 상상해 보고, 올바르게 자신의 감정을 조절하고 표현할 수 있는 방법을 습관화한다. (5, 6학년군 도덕과)
* 도움말: 자신의 감정을 조절하지 못했을 때 일어날 일에 대해 생각해 봄으로써 감정에 이름 붙이기의 필요성을 느낄 수 있습니다.

놀이 순서

준비물: 없음

① 감정을 조절하지 못하였던 경험을 떠올려 친구들과 나눕니다.
② 모노드라마로 꾸밀 사연을 선택합니다.
③ 주인공은 앞으로 나와 당시의 상황을 설명한 후 시연합니다.
④ 강한 감정을 참지 못하고 잘못된 감정표현을 할 때 관객은 '잠깐만'을 외칩니다.
⑤ 과거 비슷한 경험 중 올바른 감정표현을 했던 것을 떠올립니다.
⑥ 바른 감정표현으로 바꿔 시연합니다.
⑦ 역할극을 하며 느꼈던 점을 함께 나눕니다.

놀이 팁

- 과거 비슷한 경험 중 올바른 감정표현을 했던 때를 떠올리지 못하는 경우 친구들의 도움을 받을 수 있도록 합니다.

참고문헌

교육부(2015). 2015 개정 도덕과 교육과정.

8-2-2. 감정 신호등 (변형놀이)

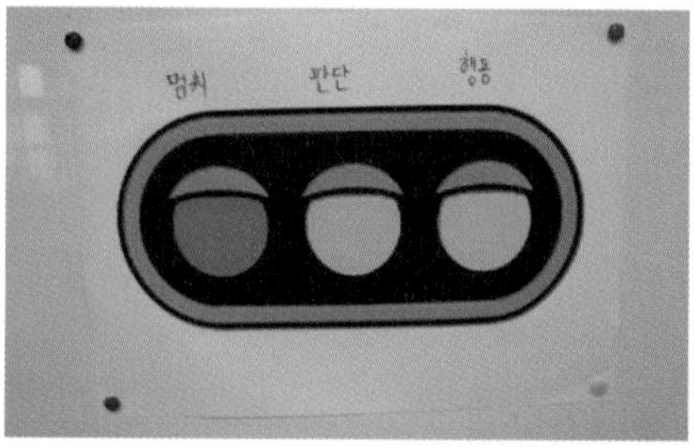

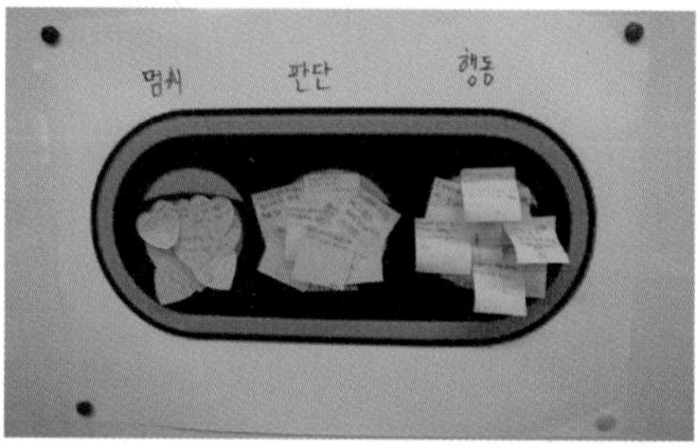

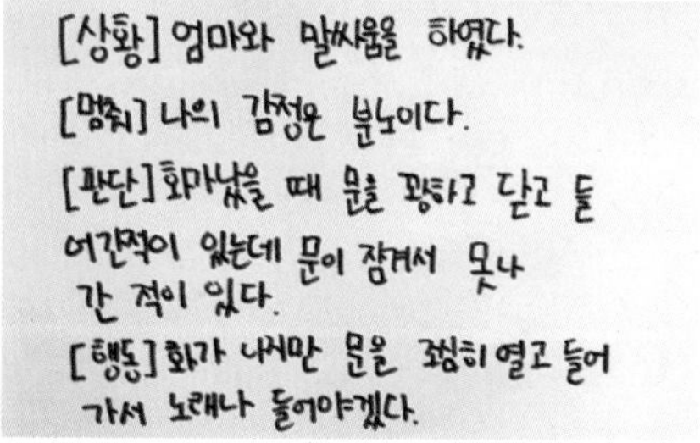

[상황] 엄마와 말싸움을 하였다.
[멈춰] 나의 감정은 분노이다.
[판단] 화가났을 때 문을 꽝하고 닫고 들어간적이 있는데 문이 잠겨서 못나 간 적이 있다.
[행동] 화가 나서만 문을 조심히 열고 들어가서 노래나 들어야겠다.

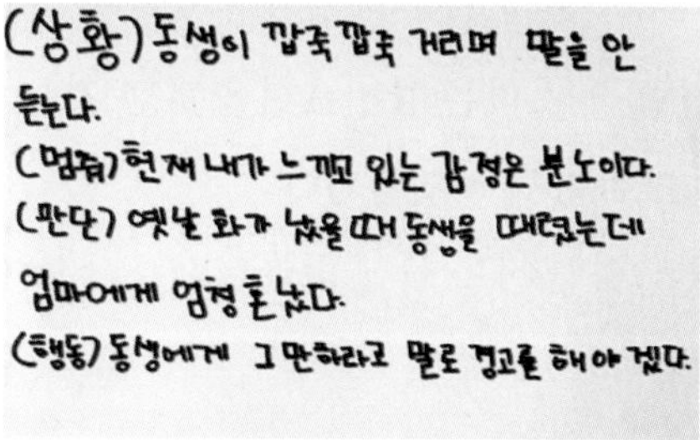

(상황) 동생이 깝죽깝죽 거리며 말을 안 듣는다.
(멈춰) 현재 내가 느끼고 있는 감정은 분노이다.
(판단) 옛날 화가 났을 때 동생을 때렸는데 엄마에게 엄청 혼났다.
(행동) 동생에게 그만하라고 말로 경고를 해야겠다.

활동 난이도:
☆☆☆

신체 움직임:
★★☆

놀이 유형:
개인

놀이 의도

또래 감정코칭에서는 감정에 이름을 붙이는 과정을 '멈춰' '판단' '행동' 3단계로 제시하고 있습니다. '멈춰'는 감정으로 인한 행동을 멈추고 잠시 생각을 가지면서 감정을 명료화하는 과정입니다. '판단'은 감정으로 인한 행동이 가지고 올 결과에 대해 생각해 보는 단계입니다. '행동'은 긍정적인 상황을 불러일으켰던 과거 행동을 선택하는 것입니다. 강한 감정이 발생했을 때 멈추고 판단하며 생각하는 이 3단계는 감정조절에 도움을 줄 뿐만 아니라 같은 감정을 다시 만났을 때 올바른 감정표현을 돕는다는 장점을 가지고 있습니다. 이에 신호등에 빗대어 감정에 이름 붙이는 방법을 알아봄으로써 감정에 이름 붙이기를 실생활에서 실천할 수 있도록 합니다.

수업 속 감정놀이

*성취기준: [9기가01-02] 청소년기 또래 문화의 특징을 이해하고, 친구관계에서 발생하는 문제를 분석하여 건강한 친구관계를 유지하기 위한 방안을 제안한다. (중학교 기술 · 가정)

*도움말: 감정조절에 효과적인 감정에 이름 붙이기를 통해 또래관계에서 발생하는 갈등을 현명하게 대처할 수 있습니다.

놀이 순서

준비물: 신호등(부록 18), 포스트잇(3색), 필기도구

① 신호등(부록 18)을 준비하여 칠판에 붙입니다.
② 붉은색, 노란색, 녹색의 포스트잇을 개인별로 나눠 줍니다.
③ 신호등의 각각의 색이 의미하는 것을 생각해 봅니다.
④ 강한 감정이 발생했던 때를 떠올려 봅니다.
⑤ 당시의 감정 이름을 붉은색 포스트잇에 적습니다.
⑥ 신호등의 빨강 부분에 포스트잇을 붙입니다.
⑦ 현재 내가 선택하고 싶은 행동과 그 행동을 했을 때 벌어질 일을 떠올려 노란색 포스트잇에 적습니다.
⑧ 신호등의 노랑 부분에 포스트잇을 붙입니다.
⑨ 과거 경험 중 긍정적인 상황을 불러일으켰던 행동을 선택하여 녹색 포스트잇에 적습니다.
⑩ 신호등의 초록에 포스트잇을 붙입니다.
⑪ 감정에 이름을 붙이는 과정은 감정조절에 효과적임을 느낍니다.

놀이 팁

- 사춘기들이 자주 보는 곳에 신호등을 게시해 놓고 감정에 이름 붙이기를 실생활에서 꾸준히 실천할 수 있도록 합니다.

참고문헌

교육부(2015). 2015 개정 실과(기술 · 가정)/정보과 교육과정.

8-2-3. 감정조절 리추얼 (변형놀이)

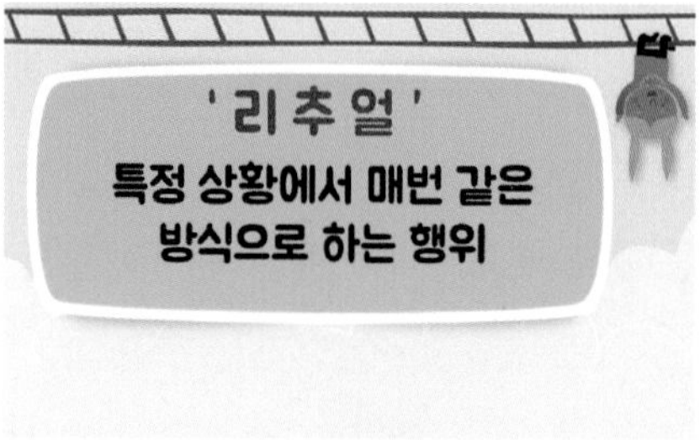

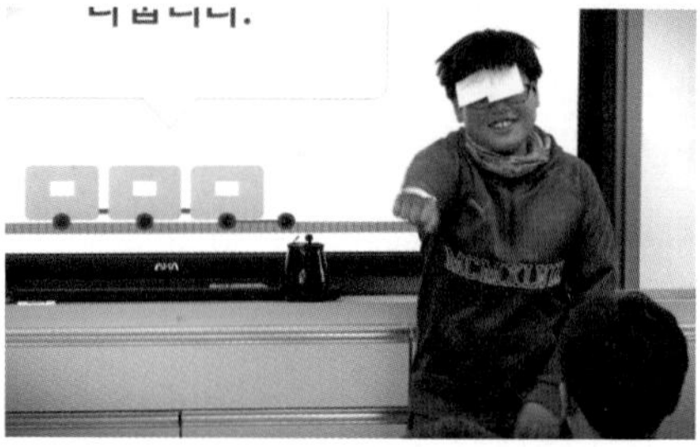

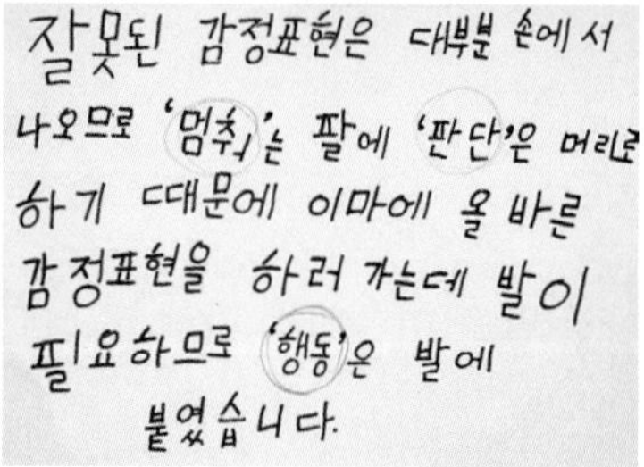

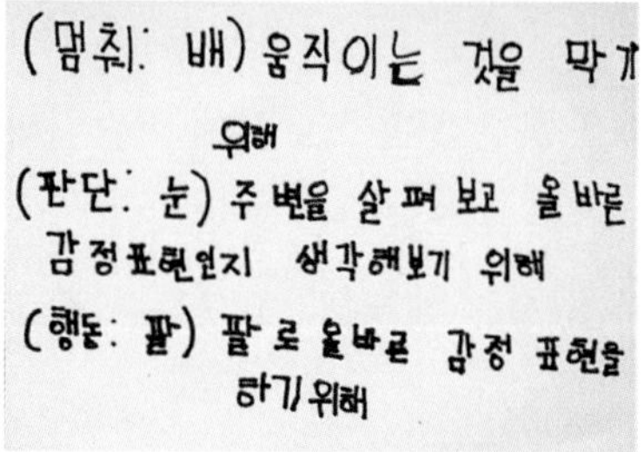

활동 난이도:
☆☆☆

신체 움직임:
★★☆

놀이 유형:
개인

놀이 의도

작은 자극에도 감정을 주체하지 못하는 사춘기를 보고 있으면 답답한 것이 사실입니다. 그러나 그런 상황이 가장 힘들고 지치는 사람은 사춘기 자신일 것입니다. 매사에 긍정적으로 생각하고 싶지만 마음처럼 잘되지 않을 때마다 좌절과 실망감을 느끼는 것은 본인이기 때문입니다. 사춘기들의 무모한 감정표현, 알고 보면 도파민 호르몬과 연관이 있습니다. 신경전달물질 중 하나인 도파민은 행동, 동기부여, 보상, 감정, 기억, 쾌감 등에 영향을 미치는데, 특히 청소년 시기에 감정의 뇌인 변연계에서 높은 수치를 유지합니다. 높은 도파민 수치로 인하여 자신도 모르게 예민해지고 감정적 · 충동적 행동을 선택하게 되는 것입니다. 만약 강한 감정이 발생했을 때 이렇게 하면 해결된다는 본인만의 의식이 있다면 어떠할까요? 본능적으로 행동하기보다 이성적으로 생각하여 자신과 타인에게 도움이 되는 감정표현을 선택할 것입니다. 이와 같이 특정 상황에서 매번 같은 방식으로 선택, 행동하는 리추얼은 예외 상황을 줄여서 평정심을 유지할 수 있도록 도와줍니다. 감정을 조절하는 자신만의 의식을 만들어 보는 '감정조절 리추얼' 놀이를 통하여 감정에 이름 붙이기를 실천할 수 있도록 합니다.

수업 속 감정놀이

* 성취기준: [6도01-01] 감정과 욕구를 조절하지 못해 나타날 수 있는 결과를 도덕적으로 상상해 보고, 올바르게 자신의 감정을 조절하고 표현할 수 있는 방법을 습관화한다. (5, 6학년군 도덕과)
* 도움말: 감정과 욕구는 무엇이며, 이를 조절하고 적절하게 표현하는 것이 왜 중요한지 살펴보는 놀이를 통하여 감정을 조절할 수 있는 자신만의 의식을 만들어 볼 수 있습니다.

놀이 순서

준비물: 포스트잇, 필기도구

① 감정에 이름 붙이기에 대해 알아봅니다.
② 포스트잇 3장을 개인별로 나눠 줍니다.
③ '멈춰' '판단' '행동'을 각각의 포스트잇에 적습니다.
④ 신체 일부 중 '멈춰' '판단' '행동'과 관련된 곳을 찾아 포스트잇을 붙입니다.
⑤ 자유롭게 돌아다니며 친구의 포스트잇이 어느 부분에 붙어 있는지 살펴봅니다.
⑥ 거기에 붙인 까닭을 이야기 나눕니다.
⑦ 강한 감정이 발생했을 때 신체 일부를 떠올리며 감정에 이름 붙이기를 실천할 수 있도록 합니다.

놀이 팁

• 유명인의 리추얼을 소개함으로써 놀이에 대한 흥미와 궁금증을 증폭시킬 수 있습니다.

참고문헌

강기석(2016). 생명과학의 기원을 찾아서: 28인의 과학자, 생물학의 지평을 넓히다. 서울: MID.
교육부(2015). 2015 개정 도덕과 교육과정.

8-2-4. 등 뒤의 감정조절 (변형놀이)

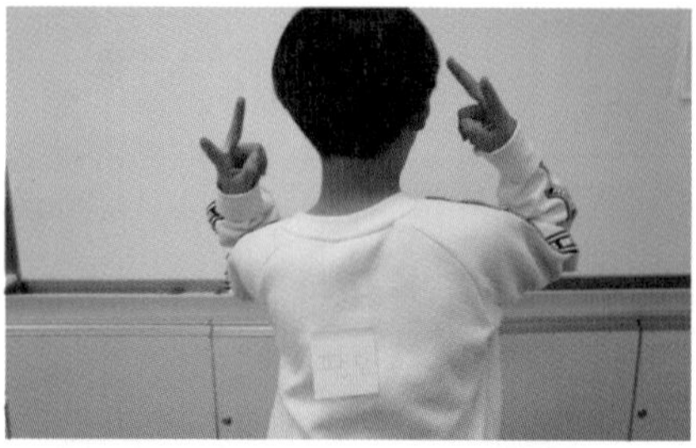
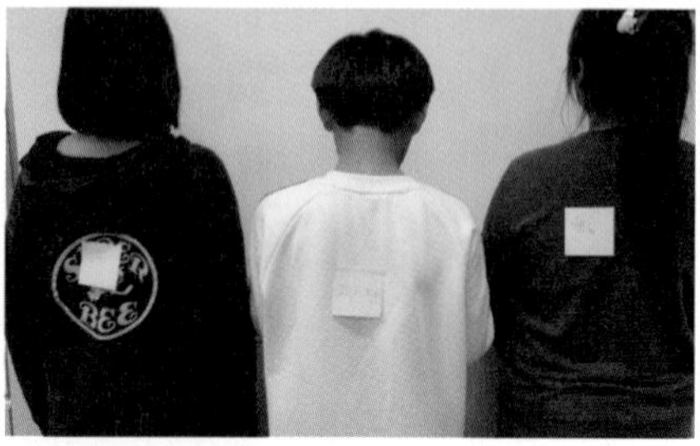

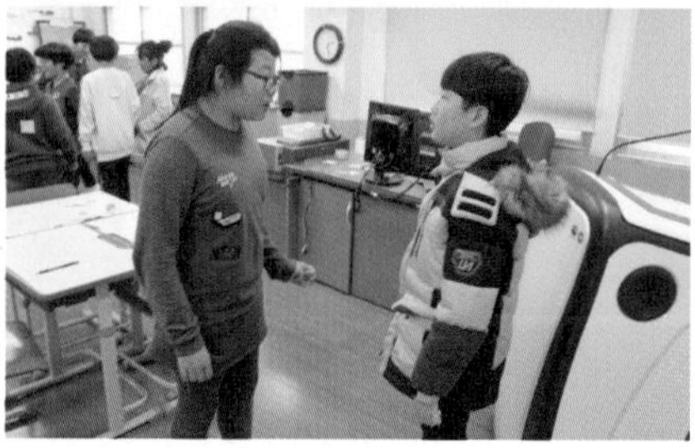

활동 난이도:
☆☆☆

신체 움직임:
★★☆

놀이 유형:
반 전체

놀이 의도

감정라벨링은 사회신경과학자인 매튜 리버만(Matthew Leiberman)이 제시한 감정조절 방법으로 현재의 감정을 언어로 서술하는 방법입니다. 감정라벨링을 위해서는 자신의 감정을 객관적으로 바라보는 눈이 필요합니다. 이러한 과정에서 사건에서 독립될 뿐만 아니라 감정으로 인한 행동의 결과까지 예상할 수 있기 때문입니다. 감정의 언어화와 불확실함으로부터 탈피라는 측면에서 감정라벨링과 감정에 이름 붙이기는 매우 유사하다 할 수 있습니다. 흥분한 뇌를 제자리로 돌려놓는 데 효과적인 감정에 이름 붙이기의 과정이 고스란히 녹아 있는 '등 뒤의 감정조절' 놀이를 통하여 지나치게 활성화되어 있는 편도체를 진정시키고 전전두엽을 작동시킴으로써 냉정함을 되찾을 수 있는 힘을 함양하도록 합니다.

수업 속 감정놀이

* 성취기준: [9국01-03] 목적에 맞게 질문을 준비하여 면담한다. (중학교 국어과)
* 도움말: 자신의 등 뒤에 적혀 있는 단어를 파악하는 데 필요한 질문을 작성한 후 놀이에 참여할 수 있습니다.

놀이 순서

준비물: 빈 종이, 필기도구, 양면테이프

① 감정에 이름 붙이기에 대해 알아봅니다.
② 빈 종이 1장을 개인별로 나눠 줍니다.
③ '멈춰' '판단' '행동' 중 하나를 선택하여 적습니다.
④ 자리에서 일어나 돌아다니며 친구의 등에 자신이 적은 종이를 붙입니다. 단, 당사자는 어떤 단어를 붙인지 몰라야 합니다.
⑤ 본인의 등 뒤에 붙어 있는 이름을 친구에게 보여 줍니다.
⑥ 단어를 맞추기 위한 질문을 합니다. 단, 직접적으로 정답을 물어볼 수는 없습니다.
⑦ 질문을 받은 사람은 '예' 또는 '아니요'로 대답합니다.
⑧ 일정 시간이 끝나면 자리로 돌아갑니다.
⑨ 자신이 생각하는 단어와 그 까닭을 설명합니다.
⑩ 종이를 떼어 확인합니다.

놀이 팁

• '등 뒤의 감정조절'은 추리놀이입니다. 알고 있는 것을 바탕으로 알지 못하는 것을 미루어서 생각해 보는 추리를 위해서는 대상에 대한 정확한 앎이 동반되어야 합니다. 이에 본격적인 놀이 전, 감정에 이름 붙이기의 단계와 특징에 대해 정확히 파악할 수 있도록 합니나.

참고문헌

교육부(2015). 2015 개정 국어과 교육과정.
황혜숙 역(2010). 뱀의 뇌에게 말을 걸지 마라. 서울: 타임비즈.

8-2-5. 감정인형 (변형놀이)

활동 난이도:
☆☆☆

신체 움직임:
☆☆☆

놀이 유형:
개인

놀이 의도

사람은 강한 감정에 휩싸이는 순간 여과 없이 표현하고 싶다는 욕망에 사로잡힙니다. 그러나 이내 감정을 조절해야 한다는 이성적인 힘에 이끌려 안정을 되찾기 위한 여러 노력을 취합니다. 감정에 이름 붙이기는 마음의 평온함을 유지하기 위한 노력 중 하나로 성공 여부는 강한 감정 발생 시 '멈춰' '판단' '행동'의 단계를 떠올릴 수 있는가에 달려 있습니다. 아무리 좋은 방법이라도 필요할 때 사용하지 못한다면 무용지물이기 때문입니다. 이에 감정에 이름 붙이기의 단계가 포함된 '감정인형'을 곁에 두고 활용함으로써 강한 감정 발생 시 감정을 조절할 수 있는 힘을 가질 수 있도록 합니다.

수업 속 감정놀이

* 성취기준: [6실02-06] 간단한 생활 소품을 창의적으로 제작하여 활용한다. (5, 6학년군 실과)
* 도움말: 바느질의 기초를 익힌 뒤 감정조절에 도움이 되는 인형이나 물건을 제작할 수 있습니다.

놀이 순서

준비물: 빈 종이, 손 코팅 필름, 가위

① 감정에 이름 붙이기에 대해 알아봅니다.
② 빈 종이 1장을 개인별로 나눠 줍니다.
③ '멈춰' '판단' '행동'의 요소가 포함된 인형을 디자인합니다.
④ 완성된 그림을 오린 후 손 코팅을 합니다.
⑤ 휴대전화, 열쇠, 가방 등 원하는 곳에 인형을 매달아 놓습니다.
⑥ 강한 감정이 발생했을 때 감정인형을 만지거나 살펴봄으로써 감정에 이름 붙이기를 실천할 수 있도록 합니다.

놀이 팁

- 감정인형 제작 시 '멈춰' '판단' '행동'의 3단계가 자연스럽게 녹아 있을 수 있도록 합니다.
- 휴대전화, 열쇠, 가방 등 소지품에 감정인형을 달아 놓고 수시로 활용할 수 있도록 합니다.

참고문헌

교육부(2015). 2015 개정 실과(기술 · 가정)/정보과 교육과정.

아홉째 날.
감정표현에 한계 정하기

사춘기들의 이유 있는 반항, 뇌와 호르몬에서 그 원인을 찾을 수 있습니다. 이런 사춘기에게 필요한 것은 꾸중이 아니라 이해와 관심입니다.
'감정표현에 한계 정하기'와 관련된 감정놀이를 통하여 올바른 감정표현에 대해 생각해 본 후 감정으로 인한 행동에 한계를 정할 수 있도록 합니다.

9-1 감정놀이의 목적

올바른 감정표현이란 무엇인지 알아봅니다.

9-2 감정놀이의 목적

감정표현에 한계를 정할 수 있도록 합니다.

9-1-1. 감정극 (기본놀이)

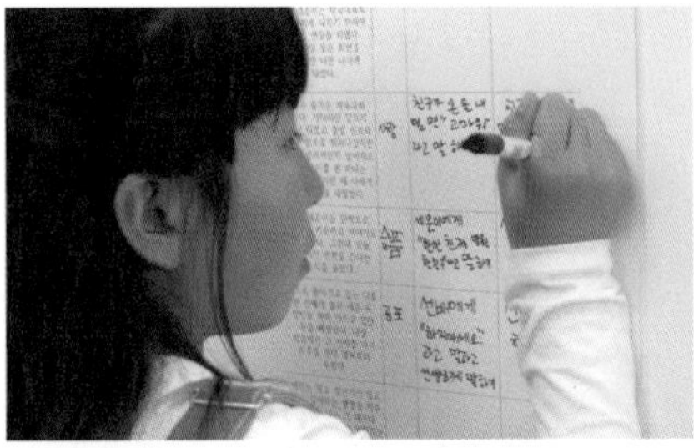

미술대회에서 1등한 상황

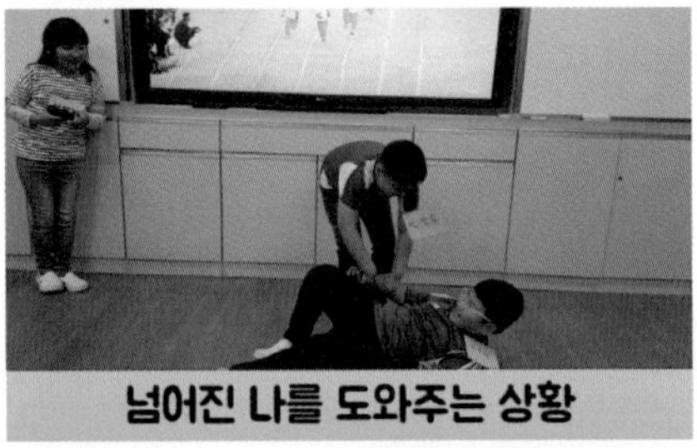

넘어진 나를 도와주는 상황

단짝 친구가 전학을 가는 상황

선배에게 돈을 빼앗기는 상황

싫어하는 별명을 부른 친구와 다투는 상황

활동 난이도:
☆☆☆

신체 움직임:
★★☆

놀이 유형:
모둠

놀이 의도

자신의 감정을 다른 사람과 공유하고 싶은 것은 사람이 가진 본능이자 욕구입니다. 이러한 욕구를 어떻게 해소하느냐에 따라 인간관계를 끈끈하게 만들기도 그르치기도 합니다. 바른 유대관계를 형성하는 감정표현은 배려하는 마음에서 시작됩니다. 여기서 말하는 배려는 감정표현에 충실하고 싶은 욕구 대신 타인의 처지를 고려하는 것을 의미합니다. 올바른 감정표현을 위해서는 감정으로 인한 행동에 한계를 정해 놓는 것이 좋습니다. 감정표현에 한계를 정해 두는 것은 강한 감정이 발생했을 때 어떻게 대처를 해야 하는지 가이드라인이 되기 때문입니다. 이에 올바른 감정표현과 그렇지 않은 것에 대해 생각해 보는 '감정극' 놀이를 통하여 감정표현의 한계를 생각해 볼 수 있도록 합니다.

수업 속 감정놀이

* 성취기준: [6국05-04] 일상생활의 경험을 이야기나 극의 형식으로 표현한다. (5, 6학년군 국어과)
* 도움말: 일상생활의 경험을 '감정극'으로 표현해 봄으로써 올바른 감정표현이란 무엇인지 생각해 볼 수 있습니다.

놀이 순서

준비물: 없음

① 모둠을 조직합니다.

② 다섯 가지 상황 중 역할극으로 꾸밀 하나를 선정합니다.

- 기쁨: 미술대회에서 1등 한 상황
- 사랑: 넘어진 나를 도와주는 상황
- 슬픔: 단짝 친구가 전학을 가는 상황
- 공포: 선배에게 돈을 빼앗기는 상황
- 분노: 싫어하는 별명을 부른 친구와 다투기 전 상황

③ 올바른 감정표현과 그렇지 않은 감정표현을 역할극으로 꾸밉니다.

④ 역할극을 시연합니다.

⑤ 역할극을 보며 올바른 감정표현과 그렇지 않은 감정표현에 대해 생각하여 봅니다.

⑥ 올바른 감정표현을 다짐합니다.

놀이 팁

• 표정이나 동작 등 연기의 요소보다 내용에 초점을 맞춰 관람할 수 있도록 합니다.

참고문헌

교육부(2015). 2015 개정 국어과 교육과정.

9-1-2. 변호사 (변형놀이)

주인공의 감정표현에 찬성하는 사춘기

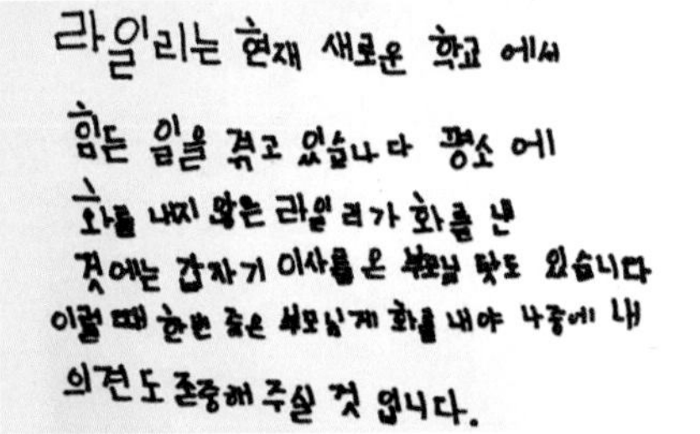

주인공의 감정표현에 반대하는 사춘기

활동 난이도:
☆☆☆

신체 움직임:
★☆☆

놀이 유형:
반 전체

놀이 의도

감정표현의 한계, 언제 정해 놓는 것이 좋을까요? 강한 감정을 표현했을 때? 아니면 표현하기 전에? 대부분의 선생님은 사춘기가 문제행동을 했을 때 감정으로 인한 행동에 한계를 정하려 합니다. 그러나 이는 소 잃고 외양간 고치는 격밖에 안 됩니다. 이미 감정이라는 존재에 지배를 당한 상태에서의 개입은 강한 감정을 불러일으킨 사건의 해결책을 모색하기보다 감정을 가라앉히는 데 집중할 수밖에 없기 때문입니다. 이러한 이유로 저는 사춘기들이 강한 감정을 마주하기 전, 일부러 시간을 내어 한계를 정해 두는 편입니다. 영상 속 주인공의 감정표현이 적절한지 살펴보는 '변호사' 놀이를 통하여 감정표현에는 한계가 필요함을 느껴서 나만의 감정 가이드라인을 만들 수 있도록 합니다.

수업 속 감정놀이

* 성취기준: [6국01-03] 절차와 규칙을 지키고 근거를 제시하며 토론한다. (5, 6학년군 국어과)
* 도움말: 토론의 절차와 규칙에 대해 알아본 후 놀이에 참여함으로써 감정표현에는 한계가 필요함을 느낍니다.

놀이 순서

준비물: 영상

① 강한 감정을 표현하는 영상을 함께 시청합니다.
② 주인공의 감정표현에 찬성하는 사춘기를 선정합니다(2인 이상).
③ 주인공의 감정표현에 반대하는 사춘기를 선정합니다(2인 이상).
④ 영화 속 주인공의 감정표현에 대한 토론을 시작합니다.
⑤ 양측 변론을 들은 청중은 주인공의 감정표현이 적절하였는지 판단합니다.
⑥ 놀이에 참여하며 감정표현에 한계가 필요함을 느낍니다.

놀이 팁

- 제가 놀이에 활용한 애니메이션의 제목은 〈인사이드 아웃〉입니다.
- 바르지 않은 감정표현을 옹호하는 역할을 수행하기란 쉽지 않습니다. 그럼에도 불구하고 필요한 까닭은 감정을 표현하는 사람에게도 그럴 만한 상황이 있음을 느낄 수 있도록 하기 위함입니다. 단, 역할에 심취한 나머지 올바르지 않은 감정표현을 정당화해 버리는 오류는 범하지 않도록 합니다.

참고문헌

교육부(2015). 2015 개정 국어과 교육과정.

9-1-3. 상상플러스 (변형놀이)

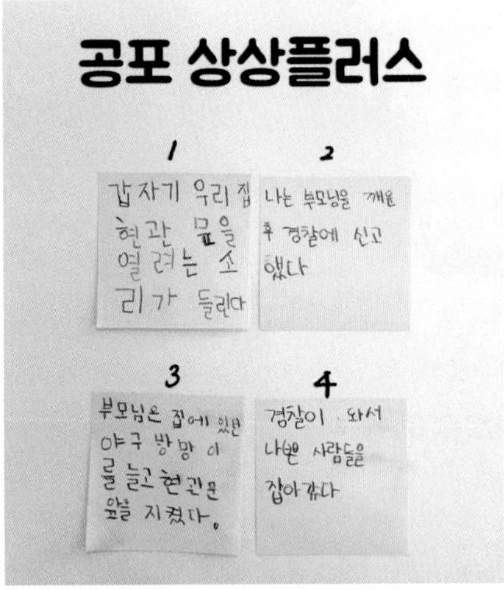

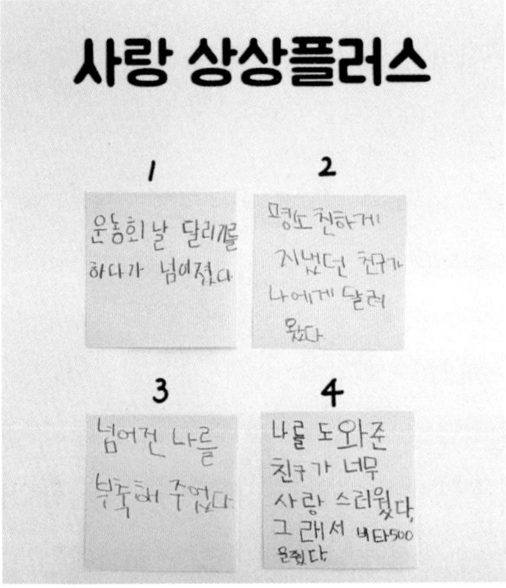

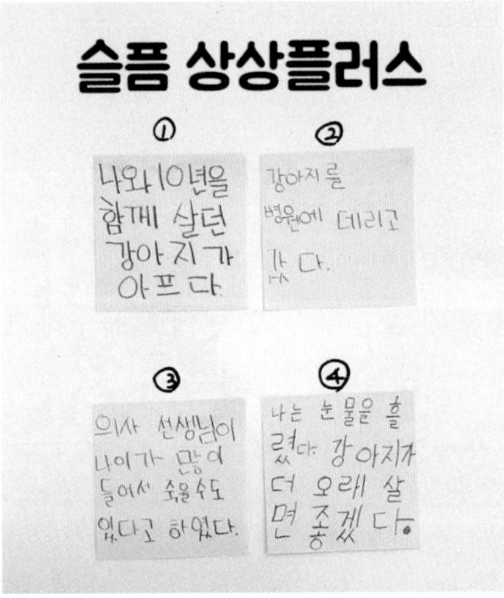

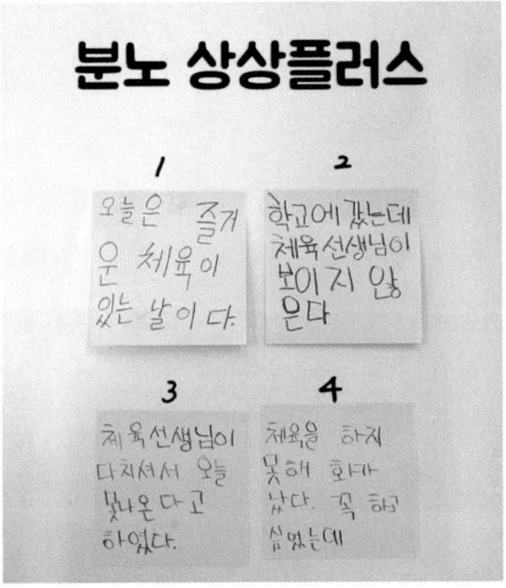

활동 난이도:
☆☆☆

신체 움직임:
★☆☆

놀이 유형:
모둠

놀이 의도

피아제(Piaget)의 인지발달 이론에 의하면 사춘기는 형식적 조작기에 해당합니다. 인지적 구조가 완전한 성숙 수준에 이른 사춘기는 실재에 의존하지 않고 추상적인 것을 다룰 수 있는데 이는 현실 세계라는 제약에서 벗어나 직접 경험하거나 보지 않아도 정보를 얻을 수 있다는 장점을 제공합니다. '상상플러스'는 사춘기의 추상성과 상상력에 기반을 둔 것으로 올바른 감정표현이란 무엇이고 어떻게 행동하는 것이 옳은지 생각해 보는 감정놀이입니다. '상상플러스' 놀이를 통하여 사춘기의 무한한 상상력을 자극해 보시기 바랍니다.

수업 속 감정놀이

＊성취기준: [4국05-03] 이야기의 흐름을 파악하여 이어질 내용을 상상하고 표현한다. (3, 4학년군 국어과)

＊도움말: '상상플러스' 놀이를 통하여 주인공의 올바른 감정표현과 그렇지 않은 감정표현이 가지고 올 파장에 대해 생각해 봅니다.

놀이 순서

준비물: 포스트잇, 필기도구

① 모둠을 조직합니다.
② 대표감정 중 하나를 모둠별로 선택합니다.
③ 포스트잇을 개인별로 나눠 줍니다.
④ 가위바위보를 통하여 순서를 정합니다.
⑤ 첫 번째 사춘기는 대표감정과 관련된 가상 상황을 정하여 포스트잇에 적습니다.
⑥ 두 번째 학생부터는 앞사람의 내용을 살펴본 후 어떤 일이 연쇄적으로 발생할 것인지 예상하여 적습니다.
⑦ 자신의 생각을 적은 포스트잇을 앞사람 포스트잇에 이어 붙입니다.
⑧ 모둠원의 내용을 반 전체와 공유합니다.
⑨ 대표감정별 바른 행동과 그렇지 않은 행동을 생각해 봅니다.

놀이 팁

• '검은색 물체가 갑자기 길을 가로막았다.'와 관련된 대표감정은 공포입니다. 다음 사람에게는 여러 가지 선택이 주어지는데 올바른 감정표현을 적을 수도, 그렇지 않을 수도 있습니다. 바르지 않은 감정표현을 선택하지 않은 경우 올바른 감정표현도 생각해 봄으로써 감정표현에 한계를 정할 때 도움이 되도록 합니다.

참고문헌

교육부(2015). 2015 개정 국어과 교육과정.

정은주(2009). J. Piaget의 인지발달 이론의 형식적 조작기를 위한 가창교육 방안 연구. 명지대학교 대학원 석사학위논문.

9-1-4. 사다리타기

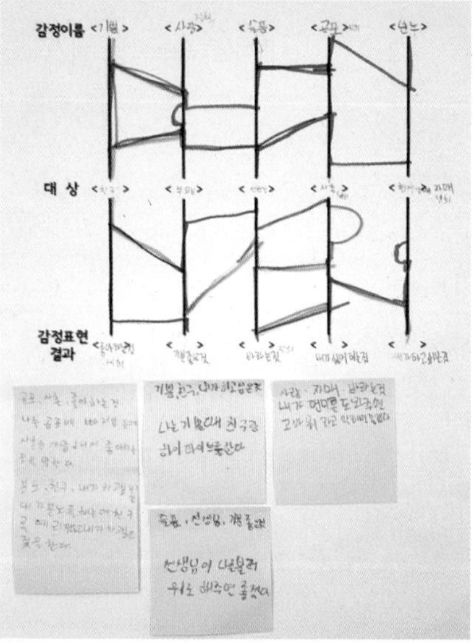

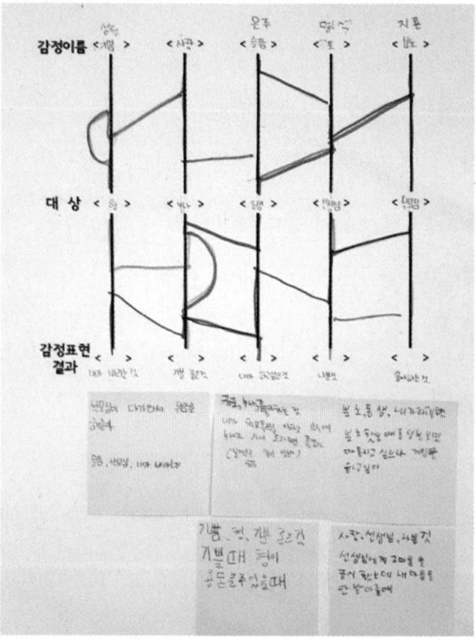

활동 난이도:
☆☆☆

신체 움직임:
★☆☆

놀이 유형:
모둠

놀이 의도

감정은 갑자기 찾아오는 손님 같아서 슬픔, 분노 등이 발생했을 때 혼란스러움에 휩싸이기 쉽습니다. 대비하지 못함에서 발생하는 당황스러움은 자칫 올바르지 않은 감정표현을 선택하게 만드는데 불안정한 정서를 가진 사춘기에게는 더욱 그러하다 할 수 있습니다. 이러한 사태를 예방하기 위해서는 감정이 발생할 만한 모든 상황을 예상, 대비해 놓는 것이 가장 좋으나 현실적으로 불가능에 가깝습니다. 이럴 때 놀이가 가진 우연을 활용하여 올바르게 반응하는 힘을 함양할 수 있습니다. 짧은 시간 안에 자신의 의지와 상관없이 주어지는 상황을 해결하기 위해 다양한 아이디어를 생산하고 적용하는 과정에서 발생하는 지혜는 삶을 살아가는 데 매우 소중한 경험이자 도움이 되어 예기치 않은 상황을 만나더라도 당황치 않고 효과적으로 해결할 수 있는 힘을 제공하기 때문입니다. 이에 예상치 못한 상황에서 어떻게 감정을 표현할 것인지 생각해 보는

'사다리타기' 놀이를 통하여 올바른 감정표현을 다짐할 수 있도록 합니다.

수업 속 감정놀이

* 성취기준: [9도01-02] 도덕적 행동을 위한 도덕적 상상력과 민감성, 도덕적 추론의 과정과 비판적 사고의 역할을 이해하고, 자신의 삶을 도덕적으로 성찰하는 태도를 기를 수 있다. (중학교 도덕과)
* 도움말: 다양한 상황에서 올바른 감정표현을 다짐해 보는 놀이를 통하여 도덕적 상상력과 민감성을 신장시킬 수 있습니다.

놀이 순서

준비물: 사다리타기(부록 19), 포스트잇, 필기도구

① 모둠을 조직한 후 사다리타기(부록 19)와 포스트잇 5장을 모둠별로 나눠 줍니다.
② 대표감정 표정과 이름을 제일 상단에, 감정표현의 대상을 가운데에, 감정표현의 결과를 아랫부분에 기록합니다.
③ 무작위로 가지치기를 합니다.
④ 사다리타기를 합니다.
⑤ 사다리타기 결과에 어울리는 상황을 만들어 포스트잇에 적습니다.
⑥ 모둠원과 공유합니다.
⑦ 올바른 감정표현을 다짐합니다.

놀이 팁

- 대상으로는 아버지, 어머니, 선생님, 친구, 동생 등이 있습니다.
- 감정표현 결과로는 친해짐, 사이가 멀어짐, 상대가 좋아함, 상대가 싫어함 등이 있습니다.

참고문헌

교육부(2015). 2015 개정 도덕과 교육과정.

9-1-5. 내 짝은 어디에? (변형놀이)

활동 난이도:
☆☆☆

신체 움직임:
★★☆

놀이 유형:
모둠

놀이 의도

감정표현에 대해 생각해 보고 감정으로 인한 행동에 한계를 정해 놓는 것은 사춘기를 억압하기 위함이 아닙니다. '아는 것이 힘이다.'라는 프랜시스 베이컨(Francis Bacon)의 말처럼 제대로 된 배움을 통하여 보다 건강하고 바람직한 감정표현을 선택할 수 있는 힘을 함양하는 데 그 목적이 있습니다. 다양한 놀이에 참여하여 알게 된 점이나 느낀 점은 매 순간 판단의 근거가 되어 강한 감정으로 힘들 때 자신과 타인에게 해가 되지 않는 행동을 선택할 수 있도록 도울 것입니다. 이에 친구들의 연기를 살펴보고 자신이 가진 감정단어의 짝을 찾아보는 '내 짝은 어디에?' 놀이를 통하여 올바른 감정표현에 대해 생각해 봄으로써 감정으로 인한 행동의 판단의 근거가 될 수 있도록 합니다.

수업 속 감정놀이

* 성취기준: [4국01-04] 적절한 표정, 몸짓, 말투로 말한다. (3, 4학년군 국어과)
* 도움말: 자신이 뽑은 감정단어에 어울리는 표정, 몸짓을 지어 보며 몸짓, 말투, 표정은 언어를 보강하는 힘이 있음을 느낄 수 있습니다.

놀이 순서

준비물: 감정단어(부록 4), 빈 종이, 빈 통

① 반 전체를 2개의 모둠으로 나눕니다.
② 빈 종이에 감정단어(부록 4) 이름을 적습니다.
③ 감정 이름이 보이지 않도록 접은 뒤 빈 통에 모읍니다.
④ 자신이 표현할 감정을 제비뽑기로 정합니다.
⑤ 감정단어를 확인한 후 다시 접어 빈 통에 넣습니다.
⑥ 나머지 모둠도 제비뽑기를 하여 자신이 표현할 감정단어를 확인합니다.
⑦ 1모둠은 자신이 뽑은 감정단어의 올바른 행동을, 2모둠은 올바르지 않은 행동을 어떻게 표현할 것인지 생각하여 봅니다.
⑧ '시작' 소리에 맞추어 자신이 생각한 감정표현을 표현합니다.
⑨ 다음 모둠원도 자신이 뽑은 감정표현을 표현합니다.
⑩ 표현을 살펴보며 나의 짝이 누구인지 찾아봅니다.
⑪ 자신의 짝이 누구일 것 같은지 예상하여 발표합니다.

놀이 팁

- 같은 감정단어를 뽑은 사춘기가 각각의 모둠에 존재하여야만 놀이가 가능합니다. 사춘기가 홀수인 경우 선생님도 놀이에 참여하도록 합니다.

참고문헌

교육부(2015). 2015 개정 국어과 교육과정.

9-1-6. 메모리 게임 (변형놀이)

활동 난이도:
☆☆☆

신체 움직임:
★★☆

놀이 유형:
모둠

놀이 의도

인지하고 지각하며 판단하는 일련의 과정을 컴퓨터에 비추어 해석한 정보처리이론에 따르면 인간의 기억구조는 감각기억, 단기기억, 장기기억으로 나눌 수 있다고 합니다. 각각의 기억구조는 다른 방식으로 정보를 부호화하고 저장하며 인출하는데, '메모리 게임'과 관련 있는 기억은 단기기억입니다. 감각기관을 통하여 받아들인 정보를 일시적으로 보관하는 장소인 단기기억은 짧게는 6초, 길게는 9초 사이에 사라져 버리거나 새로운 정보로 대체되어 버립니다. 이처럼 짧은 기억시간을 보완할 수 있는 것이 모둠원 간의 협력입니다. 협력을 바탕으로 즐겁게 놀이에 참여하며 올바른 감정표현과 그렇지 않은 감정표현을 알아볼 뿐만 아니라 서로에게 마음을 열고 다가갈 수 있도록 합니다.

수업 속 감정놀이

* 성취기준: [6도01-01] 감정과 욕구를 조절하지 못해 나타날 수 있는 결과를 도덕적으로 상상해 보고, 올바르게 자신의 감정을 조절하고 표현할 수 있는 방법을 습관화한다. (5, 6학년군 도덕과)
* 도움말: 놀이를 통하여 올바른 감정표현과 그렇지 않은 감정표현을 구분해 본 뒤 올바르지 않은 감정표현의 결과를 예상해 볼 수 있습니다.

놀이 순서

준비물: 빈 종이, 필기도구

① 대표감정별로 올바른 감정표현과 그렇지 않은 감정표현을 생각하여 빈 종이에 적습니다.
② 모둠을 조직한 뒤 책걸상을 옆으로 밀어 공간을 만듭니다.
③ 무작위로 섞은 종이를 뒤집은 후 서로 겹치지 않게 놓습니다.
④ 가위바위보를 통하여 모둠별로 순서를 정합니다.
⑤ 한 번에 3장의 종이를 뒤집을 수 있는 기회를 제공합니다.
⑥ 3장의 내용이 모두 한 가지 대표감정과 관련된 내용이라면 가져가고 그렇지 않다면 원래대로 뒤집어 놓습니다.
⑦ 대표감정이 모두 짝을 찾을 때까지 반복합니다.
⑧ 가장 많은 대표감정을 가져간 모둠이 승리합니다.

놀이 팁

• 대표감정 이외의 다양한 감정단어를 활용하여 변수를 늘릴 수 있습니다.

참고문헌

교육부(2015). 2015 개정 도덕과 교육과정.
박선민(2011). 작업기억과 단기기억의 기능적 차이와 지능과의 관계. 숙명여자대학교 대학원 박사학위논문.

9-2-1. 감정표현 OX (기본놀이)

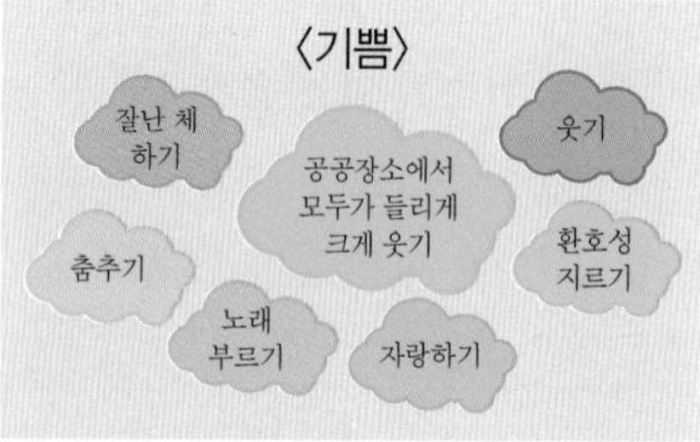

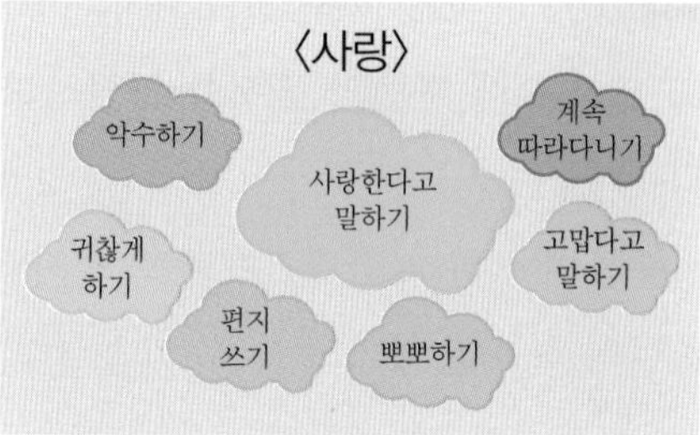

활동 난이도:

☆☆☆

신체 움직임:

☆☆☆

놀이 유형:

반 전체

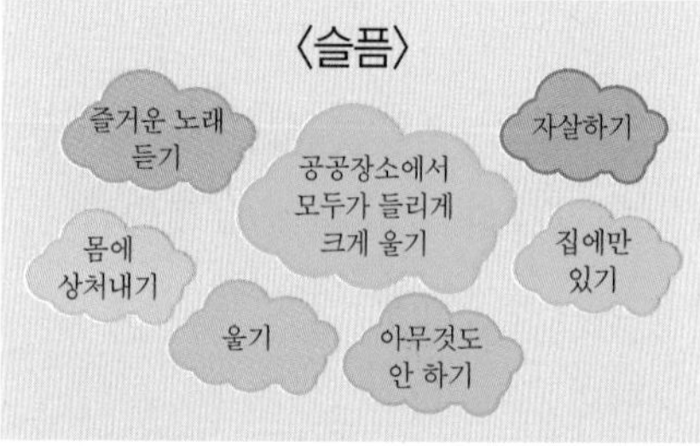

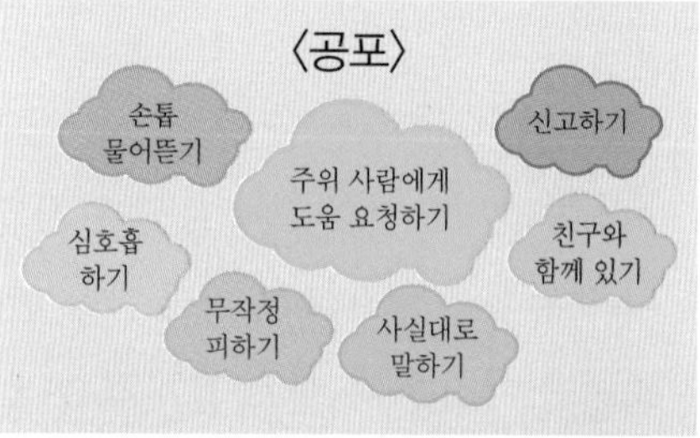

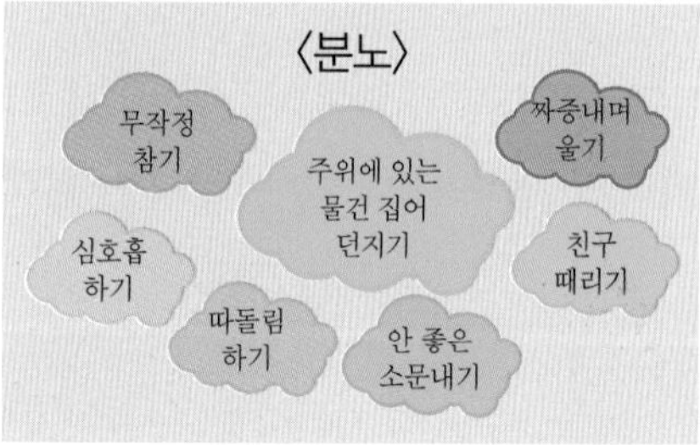

놀이 의도

'말로 이야기하면 곧 잊게 될 것이다. 보여 주면 기억할 수도 있다. 참여시키면 이해하게 될 것이다.'는 미국 속담으로 어떤 일에 개입하여 관계를 맺는 것이 얼마나 소중한지를 알려 줍니다. 감정으로 인한 행동의 한계는 여럿이 지킬 때 더 큰 효과를 가진다는 점에서 전체의 구성원이 함께 협의를 통하여 한계를 정하는 것이 바람직합니다. 특히 비슷한 관심사, 공통된 문화를 공유하는 또래끼지 토의할 때 의사결정 시 권위자, 즉 교사의 영향력으로부터 자유로우며 결정된 사항에 있어 서로 관리, 감독할 수 있는 체제가 마련, 유지된다는 장점을 발휘할 수 있습니다. 이러한 장점을 바탕으로 감정표현에 한계를 정하는 주제에 대해 의논하고 합일점을 얻는 '감정표현 ○×' 놀이에 참여하여 감정으로 인한 행동의 한계를 일상생활에서 실천할 수 있도록 합니다.

수업 속 감정놀이

* 성취기준: [6국01-02] 의견을 제시하고 함께 조정하며 토의한다. (5, 6학년군 국어과)
* 도움말: 감정표현에 한계를 정하는 놀이에 참여하여 검토와 협의하는 과정에 대해 알아볼 수 있습니다.

놀이 순서

준비물: 없음

① 대표감정별로 다양한 감정표현 방법(놀이 사진 참고)을 제시합니다.
② 각각의 예시를 살펴봅니다.
③ 올바른 감정표현에 해당하다고 생각하는 경우 팔을 이용하여 ○를 표시합니다.
④ 올바르지 않다고 생각하는 경우 팔을 이용하여 ×를 표시합니다.
⑤ 협의를 통하여 감정으로 인한 행동에 한계를 정합니다.
⑥ 감정표현의 한계를 지킬 수 있도록 합니다.

놀이 팁

- 대표감정별 다양한 감정표현은 예에 불과합니다. 학급 현실을 반영하여 그 내용을 바꿀 수 있습니다.

참고문헌

교육부(2015). 2015 개정 국어과 교육과정.

9-2-2. 감정 온도계 (변형놀이)

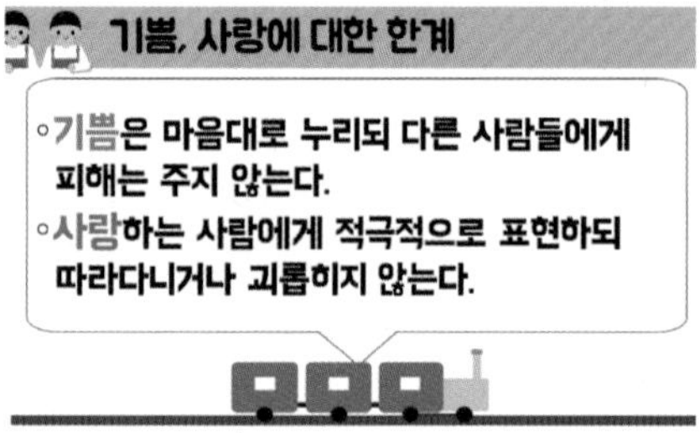

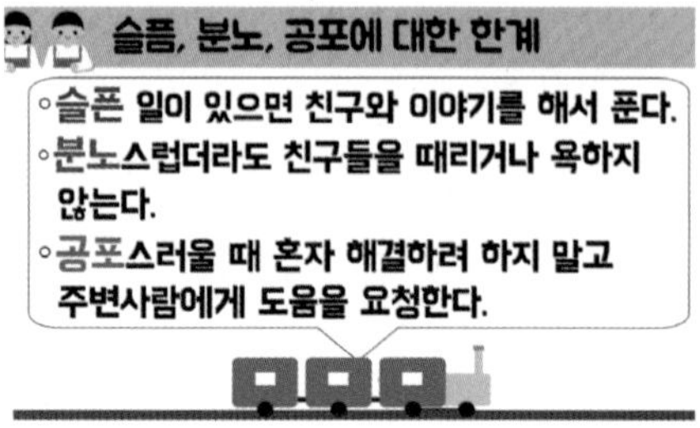

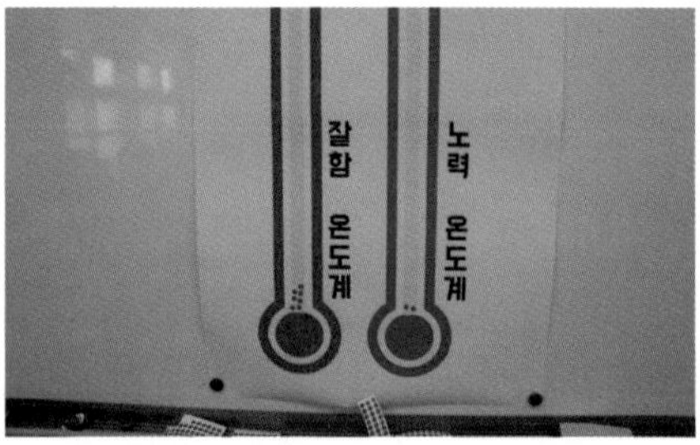

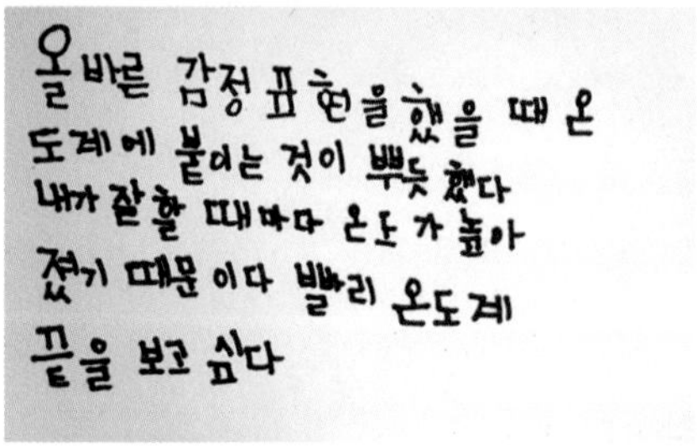

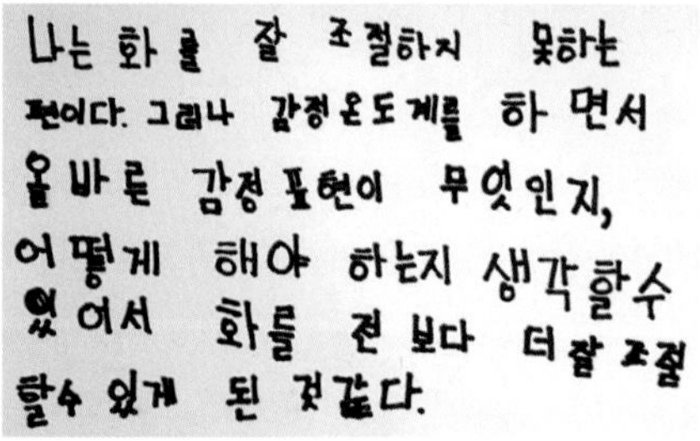

활동 난이도:
☆☆☆

신체 움직임:
☆☆☆

놀이 유형:
반 전체

놀이 의도

감정으로 인한 행동의 한계를 정할 때 선생님은 어떤 역할을 수행해야 할까요? 정답은 참여자입니다. 감정표현의 한계는 여럿이 지킬 때 더 큰 효과를 가진다는 점에서 전체 구성원이 정하는 것이 효과적입니다. 이때 교사는 의사결정자가 아닌 공동체의 일원으로 참가하여 결정된 사항에 있어 서로 관리, 감독할 수 있는 체제가 마련될 수 있도록 돕는 역할을 수행하는 것이 바람직합니다. 감정표현이라는 주제에 대해 의논하고 합일점을 얻는 '감정온도계' 놀이를 통하여 감정으로 인한 행동에 한계를 정해 보고 일상생활에서 실천해 보는 것은 어떨까요?

수업 속 감정놀이

* 성취기준: [4도01-03] 최선을 다하는 삶을 위해 정성과 인내가 필요한 이유를 탐구하고 생활 계획을 세워 본다. (3, 4학년군 도덕과)

* 도움말: 생활 속에서 감정으로 인한 행동에 한계를 실천해 보는 놀이를 통하여 최선을 다하는 삶에 대해 알 수 있습니다.

놀이 순서

준비물: 감정 온도계(부록 20), 스티커

① 감정 온도계(부록 20)을 준비하여 게시판에 부착합니다.

② 감정 온도계 옆에 붉은색, 파란색 스티커를 놓습니다.

③ 협의를 통하여 대표감정별로 표현의 한계를 정합니다.

④ 감정으로 인한 행동에 한계를 지켰을 때는 잘함 온도계에 붉은색 스티커를, 지키지 못했을 때는 노력 온도계에 파란색 스티커를 뜯어 붙임을 안내합니다.

⑤ 생활 속에서 감정표현에 한계를 실천할 수 있도록 합니다.

놀이 팁

- 페트병을 머리와 끝부분을 제거한 뒤 이어 붙임으로 입체 온도계를 제작할 수 있으며 스티커 대신 병뚜껑을 넣어서 좀 더 실감나게 놀이를 전개할 수 있습니다.

참고문헌

교육부(2015). 2015 개정 도덕과 교육과정.

9-2-3. 뇌 구조 (변형놀이)

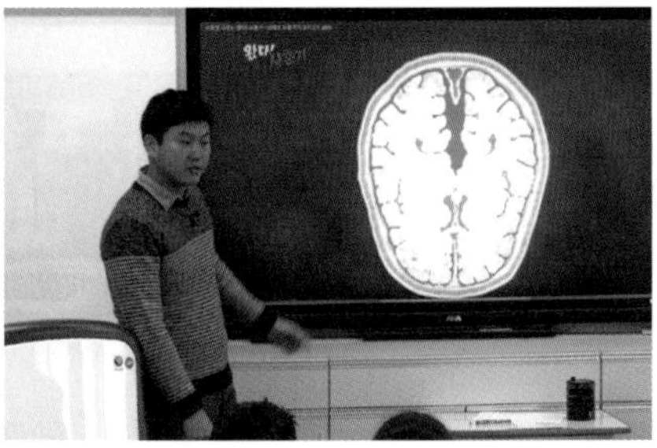

활동 난이도:
☆☆☆

신체 움직임:
★☆☆

놀이 유형:
모둠

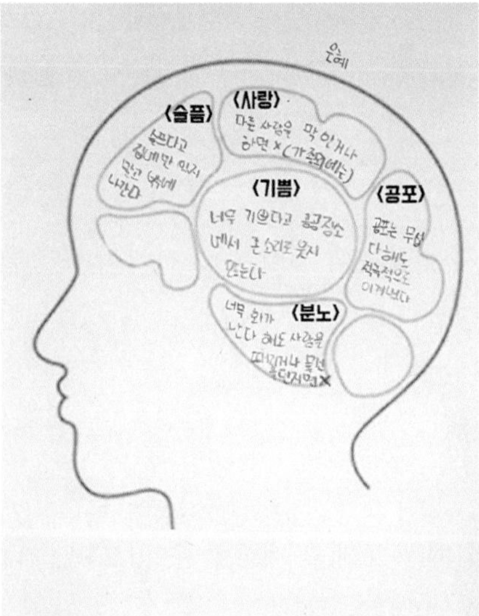

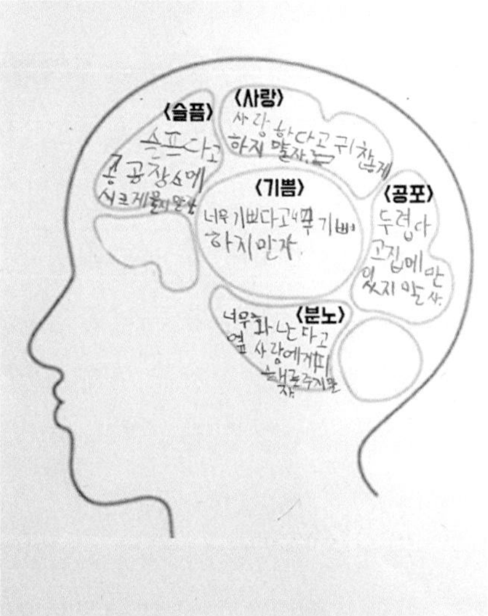

놀이 의도

미국의 철도 노동자였던 피니어스 게이지(Phineas P. Gage)는 1848년 불의의 사고로 전두엽이 크게 다치기 전까지 매우 성실하고 온순한 사람이었습니다. 그러나 그 사건 이후 매우 난폭한 사람으로 변하여 버렸는데 이는 전두엽이 감정조절에 얼마나 큰 영향력을 행사하는지 보여 줍니다. 그렇다면 사춘기의 전두엽에서는 어떤 일이 발생하고 있을까요? 바로 자주 사용하는 시냅스에서는 강화하는 대신 필요 없는 것은 잘라 버리는 가지치기가 시행되고 있습니다. 감정조절과 이성적 판단이라는 본연의 업무 이외에 가지치기까지 병행해야 하는 처지에 놓여 있는 것입니다. 바쁘면 빈틈이 생기기 마련, 이때 나타나는 것이 충동적이고 무모한 행동입니다. 이런 사춘기에게 진정 필요한 것은 이해와 도움일 것입니다. '뇌 구조' 놀이를 통하여 자신들의 뇌에서 일어나는 변화에 대해 알아보고 강한 감정표현에 한계를 정하는 것의 필요성을 느낄 수 있도록 합니다.

수업 속 감정놀이

* 성취기준: [6체01-01] 성장에 따른 신체적 변화를 수용하고 건강한 성장과 발달을 저해하는 생활양식(흡연, 음주, 약물 오남용 등)의 위험성을 인식한다. (5, 6학년군 체육과)
* 도움말: 자신의 내면에서 일어나는 변화에 대해 생각해 본 뒤 놀이에 참여해 봄으로써 올바른 감정표현의 필요성을 느낄 수 있습니다.

놀이 순서

준비물: 뇌 구조(부록 21), 필기도구

① 모둠을 조직합니다.
② 영상을 통하여 사춘기의 뇌의 변화에 대해 알아봅니다.
③ 뇌 구조(부록 21) 그림을 개인별로 나눠 줍니다.
④ 각각의 빈칸에 대표감정의 이름을 적습니다.
⑤ 감정표현의 한계를 정하여 뇌 구조에 기록합니다.
⑥ 모둠원과 공유합니다.
⑦ 친구의 조언을 바탕으로 수정합니다.
⑧ 뇌 구조를 마음에 두고 감정으로 인한 행동에 한계를 실천할 수 있도록 합니다.

놀이 팁

- 제가 활용한 영상은 다음과 같습니다.

〈초등학교 1~3학년, 사춘기 초기〉 〈사춘기 중기, 후기용〉

참고문헌

교육부(2015). 2015 개정 체육과 교육과정.
양은우(2016). 처음 만나는 뇌과학 이야기. 서울: 카시오페아.

9-2-4. 감정법전 (변형놀이)

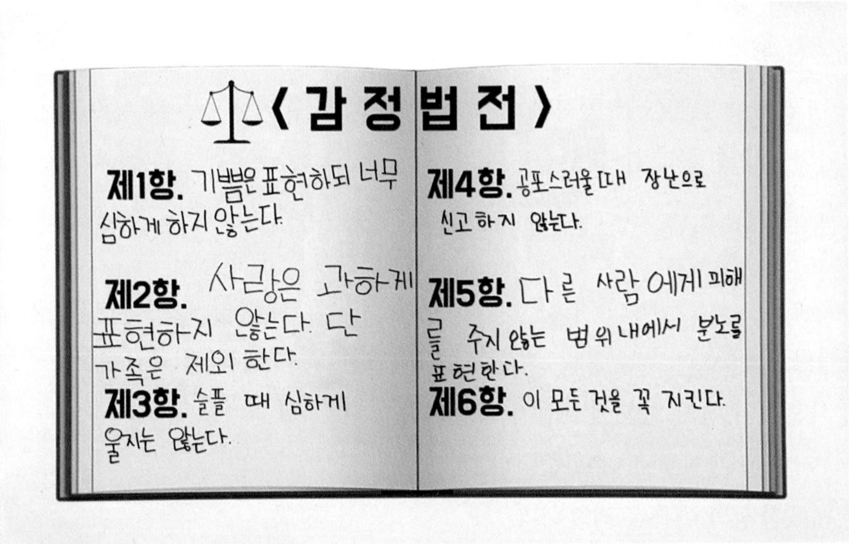

활동 난이도:
☆☆☆

신체 움직임:
★☆☆

놀이 유형:
반 전체

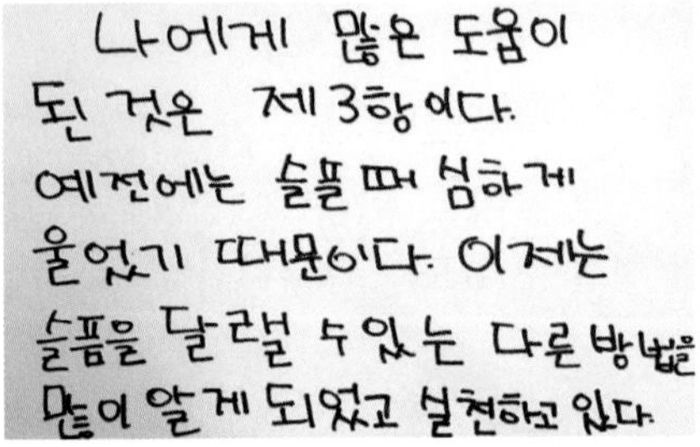

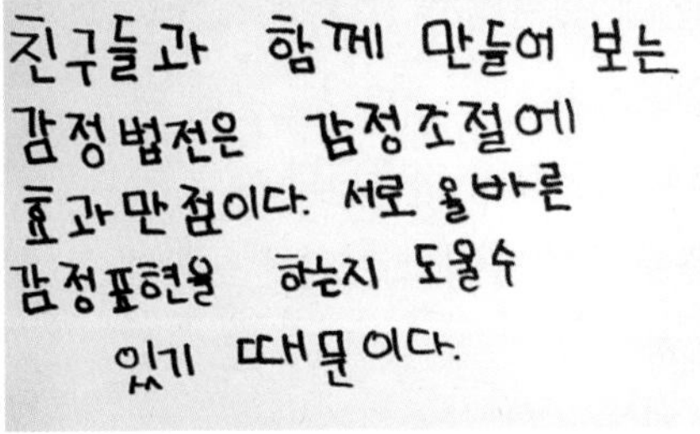

놀이 의도

사회를 유지하기 위해서는 모든 이에게 평등하게 적용되는 규칙이 필요합니다. 사회의 축소판인 학급도 마찬가지입니다. 구성원의 협의를 통하여 도출된 규칙은 질서 유지에 효과적이며 서로를 존중하는 분위기를 조성하여 학급문제를 미연에 예방할 수 있다는 효과를 가지고 있습니다. 보다 효력 있는 규칙을 정하기 위해서는 모두가 한자리에 모여 이야기를 나눌 수 있는 시간이 필요합니다. 서로의 생각에 피드백을 주고받는 과정에서 보다 평등하고 정교한 규칙을 수립할 수 있기 때문입니다. 이에 학기 초 감정표현에 대한 규칙을 함께 정해 보는 '감정법전' 놀이를 통하여 감정으로 인한 행동에 한계를 정해 놓고 자신과 타인에게 득이 되는 감정표현을 학급에서 실천할 수 있도록 합니다.

수업 속 감정놀이

*성취기준: [6사02-06] 법의 역할을 권리 보호와 질서 유지의 측면에서 설명하고, 법을 준수하는 태도를 기른다. (5, 6학년군 사회과)

*도움말: 시민의 권리 보호, 사회질서 유지 등에 기여하는 법의 역할과 필요성에 대하여 알아본 후 놀이를 전개해 봄으로써 감정으로 인한 행동에 한계를 정할 수 있습니다.

놀이 순서

준비물: 감정법전(부록 22), 필기도구

① 감정법전(부록 22)을 준비합니다.
② 학급협의를 통하여 감정으로 인한 행동에 한계를 정합니다.
③ 다양한 의견 중 여섯 가지를 선정합니다.
④ 선정한 것을 감정법전에 기록합니다.
⑤ 감정법전을 실생활에서 실천할 수 있도록 합니다.

놀이 팁

- 감정표현에 대한 규칙을 수립한 후 '변호사(9-1-2)' 놀이를 전개하여 행동의 옳고 그름을 판단해 볼 수 있습니다.
- 완성한 감정법전을 게시하여 꾸준히 실천할 수 있는 분위기를 조성합니다.

참고문헌

교육부(2015). 2015 개정 사회과 교육과정.

9-2-5. 감정 좌우명 (변형놀이)

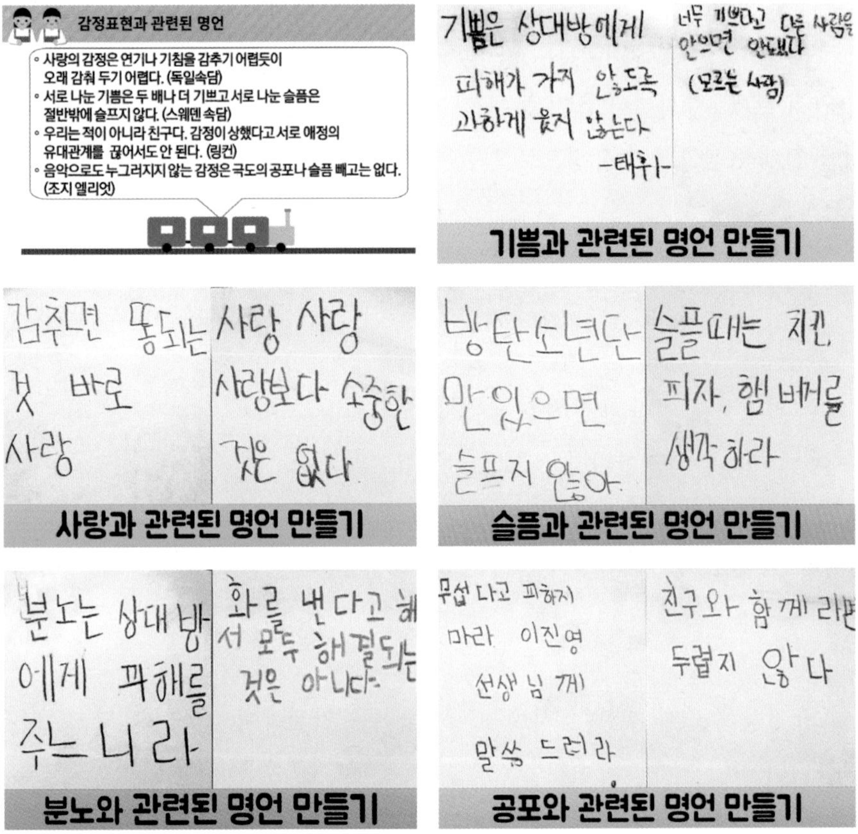

활동 난이도:
☆☆☆

신체 움직임:
☆☆☆

놀이 유형:
개인

놀이 의도

'사랑의 감정은 연기나 기침을 감추기 어렵듯이 오래 감춰 두기 어렵다.'(독일속담), '서로 나눈 기쁨은 두 배 더 기쁘고 서로 나눈 슬픔은 절반밖에 슬프지 않다.'(스웨덴속담), '우리는 적이 아니라 친구이다. 감정이 상했다고 서로 애정의 유대관계를 끊어서도 안 된다.'(링컨), '음악으로도 누그러지지 않는 감정은 극도의 공포나 슬픔 빼고는 없다.'(조지 엘리엇) 이것들은 어떤 것과 관련된 명언일까요? 그렇습니다. 감정조절과 관련된 속담과 명언입니다. 삶의 나침반인 좌우명이 길을 잃거나 방향을 상실했을 때 나아갈 곳을 제시해 주듯 감정조절과 관련된 문구 또한 강한 감정을 맞닥뜨렸을 때 흔들리지 않고 재빨리 평온함을 찾을 수 있도록 도와줄 것입니다. 감정조절에 도움이 되는 명언, 지금 당장 만들어 보는 것은 어떨까요?

수업 속 감정놀이

* 성취기준: [4국05-05] 재미나 감동을 느끼며 작품을 즐겨 감상하는 태도를 지닌다. (3, 4학년군 국어과)
* 도움말: 감정표현과 관련된 속담, 관용 표현, 격언, 명언 등을 찾고 의미를 파악해 본 후 창의적인 발상으로 나만의 좌우명을 만들어 볼 수 있습니다.

놀이 순서

준비물: 포스트잇

① 개인별로 포스트잇 1장을 나눠 줍니다.
② 감정표현과 관련된 명언을 제시합니다.
③ 명언을 살펴보며 올바른 감정표현이란 무엇인지 생각해 봅니다.
④ 또래협의를 통하여 감정으로 인한 행동에 한계를 정합니다.
⑤ 감정과 관련된 명언을 만들어 포스트잇에 적습니다.
⑥ 자신이 만든 명언을 친구들과 공유합니다.
⑦ 명언을 마음에 새겨 감정으로 인한 행동에 한계를 지킬 수 있도록 합니다.

놀이 팁

- 처음부터 명문장을 만들기는 어렵습니다. 본격적인 놀이 전, 감정과 관련된 다양한 문장을 살펴보는 시간을 제공하여 사춘기들의 창의적인 생각에 날개를 달 수 있도록 합니다.

참고문헌

교육부(2015). 2015 개정 국어과 교육과정.

9-2-6. 소중한 나의 감정일기 (변형놀이)

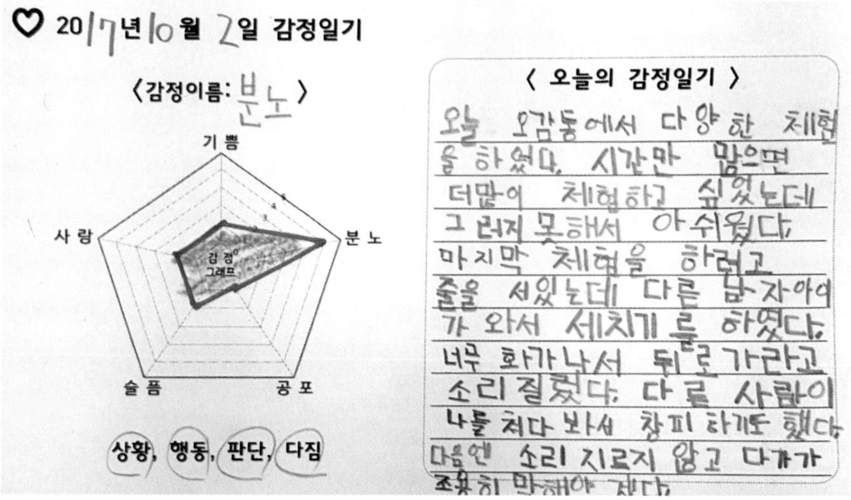

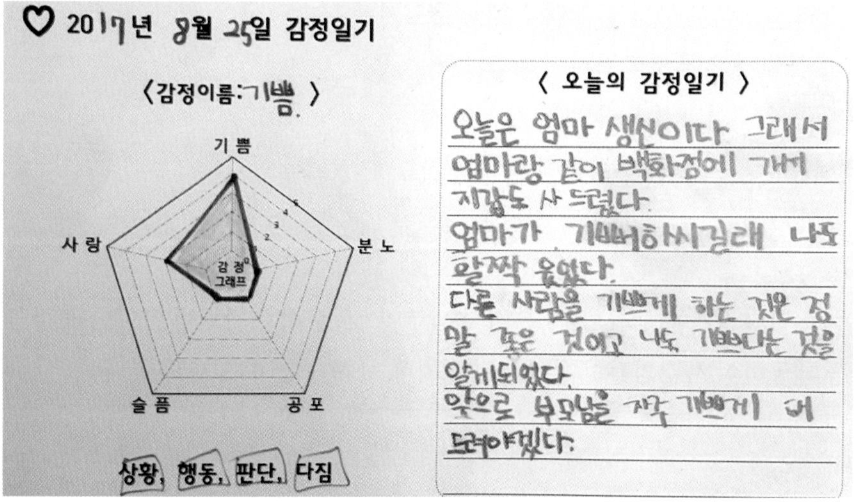

활동 난이도:
★☆☆

신체 움직임:
☆☆☆

놀이 유형:
반 전체

놀이 의도

사춘기의 감정은 소나기와 닮았습니다. 천동, 강풍을 동반하여 내리는 소나기처럼 자신의 감정을 막 쏟아 내지만 금세 평온한 모습을 되찾기 때문입니다. 아무리 격했던 감정도 시간이 지나면 자연스럽게 잊힙니다. 그러나 감정에 따른 행동은 습관이 되어 버립니다. 이는 감정에 따른 행동을 돌아보는 시간이 필요함을 시사합니다. '**소**중한 **나**의 감정일**기**'는 그날그날 겪었던 감정상황을 떠올리고 당시의 감정표현이 옳은 것이었는지 돌아보는 기록장입니다. 소나기(소중한 나의 감정일기)를 곁에 두고 매일 작성하여 감정으로 인한 행동의 한계를 실천할 수 있도록 합니다.

수업 속 감정놀이

* 성취기준: [6도01−01] 감정과 욕구를 조절하지 못해 나타날 수 있는 결과를 도덕적으로 상상해 보고, 올바르게 자신의 감정을 조절하고 표현할 수 있는 방법을 습관화한다. (5, 6학년군 도덕과)
* 도움말: '소중한 나의 감정일기'를 매일 작성하며 대상과 상황에 따라 자신의 감정과 욕구를 적절하게 조절하고 표현할 수 있는 힘을 함양할 수 있습니다.

놀이 순서

준비물: 감정일기(부록 23)

① 소중한 나의 감정일기(부록 23)를 개인별로 나눠 줍니다.
② 빈칸에 대표감정의 이름을 적습니다.
③ 하루 동안 발생하였던 감정을 떠올려 봅니다.
④ 가장 기억에 남는 감정을 선택합니다.
⑤ 선택한 감정이름을 적은 후 감정그래프를 그립니다.
⑥ 당시의 상황과 감정, 감정으로 인한 행동, 행동에 대한 판단, 앞으로의 다짐이 포함된 감정일기를 작성합니다.
⑦ 네 가지가 모두 포함된 경우 ○표시 합니다.

놀이 팁

• 감정일기는 학지사에서 구매하여 활용할 수 있습니다.

열째 날.
해결책 모색하기

지금까지 다양한 감정놀이를 통하여 올바른 감정표현이란 무엇이고 어떻게 표현해야 하는지 알아보았습니다. 이제는 강한 감정을 발생시켰던 선행사건을 해결할 때입니다.
'해결책 모색하기'와 감정놀이를 통하여 친구의 고민에 관심을 갖고 도움을 주어 문제해결의 실마리를 찾아보도록 합시다.

10-1 감정놀이의 목적

고민을 매개체로 소통할 수 있는 분위기를 조성합니다.

10-2 감정놀이의 목적

친구의 고민을 함께 헤쳐 나가려는 마음을 가집니다.

10-1-1. 똑똑똑 (기본놀이)

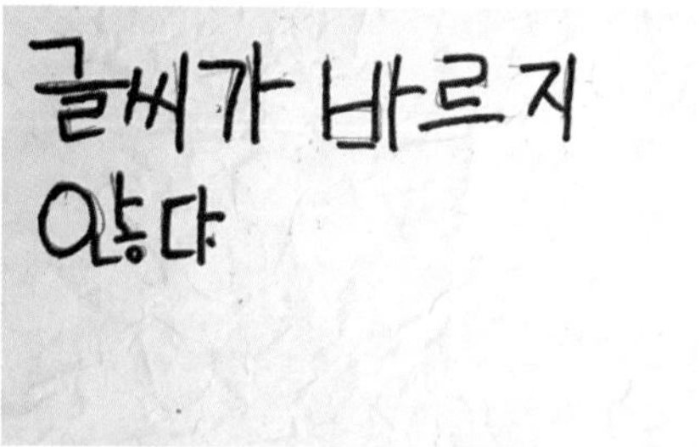

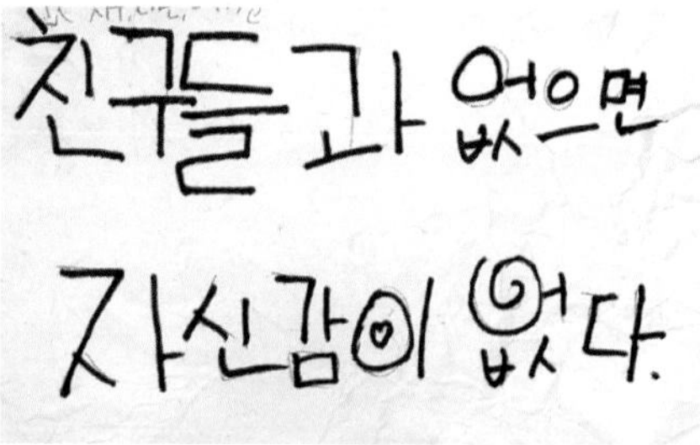

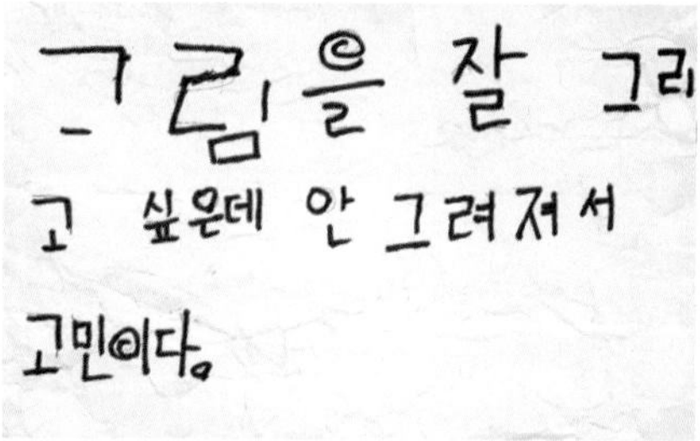

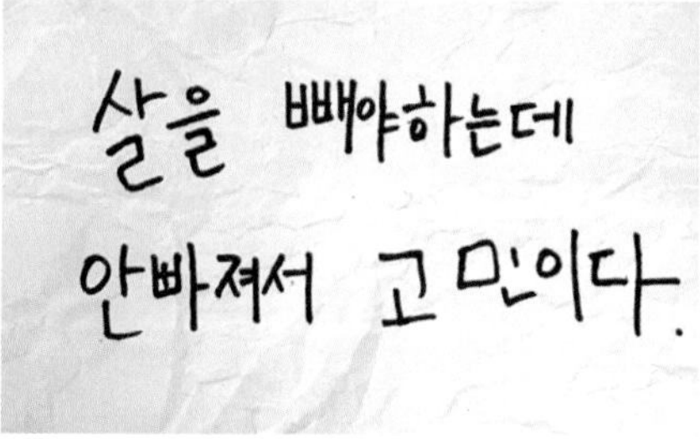

활동 난이도:
☆☆☆

신체 움직임:
☆☆☆

놀이 유형:
개인

놀이 의도

독립하고자 하는 의욕이 강해진 사춘기는 자신의 고민을 더 이상 부모님과 나누려 하지 않습니다. 어린 시절에는 부모님이 잠시만 사라져도 울고 불며 찾던 모습을 찾아볼 수 없음에 서운하기까지 합니다. 그러나 이는 지극히 정상적인 것으로 감정의 기반이 가족에게서 친구에게 점차 이동하는 데서 오는 현상입니다. 이 시기의 친구는 가깝게 오래 사귄 사람이라는 본래의 뜻을 넘어 과거 부모가 담당해 오던 감정의 든든한 동반자의 역할까지 수행합니다. 이렇게 친구가 소중한 시기임에도 불구하고 서로에게 어떤 존재가 되어야 하는지 혼란스러워하는 경우를 발견하곤 합니다. 그들에게 필요한 친구는 강한 감정을 피하지 않고 다가와서 이야기를 나눌 수 있는 벗입니다. 이에 친구의 마음에 노크해 보는 '똑똑똑' 놀이를 통하여 서로의 이야기에 관심을 가지고 다가갈 수 있는 분위기를 조성하여 봅시다.

수업 속 감정놀이

* 성취기준: [9도02-02] 친구와의 우정의 중요성에 대해 생각해 보고, 진정한 우정을 맺는 방법에 대한 도덕적 이야기를 구성할 수 있다. (중학교 도덕과)
* 도움말: 놀이를 통하여 진정한 우정은 자신의 고민을 함께 나누고 해결책을 함께 모색하는 과정에서 발생함을 느낄 수 있습니다.

놀이 순서

준비물: 빈 종이, 빈 통, 자석

① 빈 종이 1장을 개인별로 나눠 줍니다.
② 자신을 괴롭히는 고민이 있나 생각해 봅니다.
③ 빈 종이에 고민을 적습니다.
④ 고민이 보이지 않도록 접습니다.
⑤ 빈 통에 고민종이를 모읍니다.
⑥ 고민종이를 펼쳐 칠판에 붙입니다.
⑦ 친구들의 고민을 살펴봅니다.
⑧ 친구의 고민에 관심을 갖고 함께 해결하고자 하는 마음을 갖습니다.

놀이 팁

• 자신의 고민을 적어 낼 때 익명으로 해도 좋다고 안내하여 진솔한 이야기가 나올 수 있도록 합니다.

참고문헌

교육부(2015). 2015 개정 도덕과 교육과정.

10-1-2. 고민장터 (변형놀이)

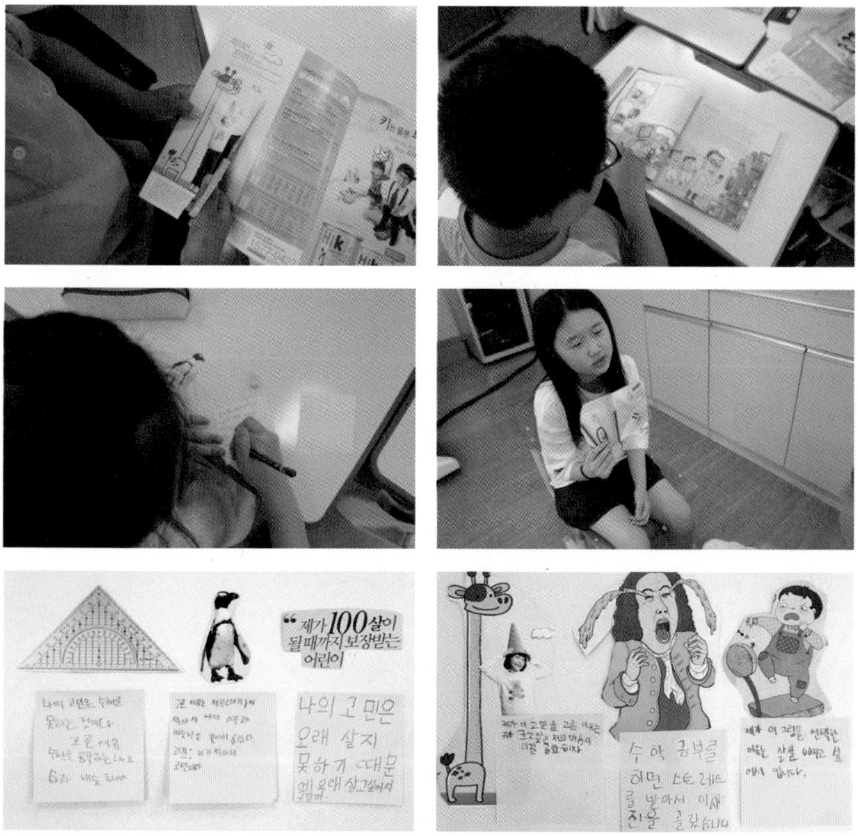

활동 난이도:
☆☆☆

신체 움직임:
☆☆☆

놀이 유형:
모둠

놀이 의도

태완이는 유독 자신의 속내를 비치는 것을 꺼려 하는 사춘기였습니다. 태완이와 이런저런 이야기를 나눈 결과, 고민은 스스로 해결해야 하는 숙제로 타인의 도움을 받는 것은 어린아이들이나 하는 것이라는 잘못된 생각을 가지고 있었습니다. 이는 남에게 굽히지 않으려는 자존심과 자신에 대한 안정적인 표상인 자아정체성을 혼동하는 데서 발생하는 현상입니다. 태완이 같은 사춘기에게 필요한 것은 속마음을 나누는 것은 품위를 손상시키는 일이 아니며 친구와 함께 강한 감정을 불러일으켰던 사건의 실마리를 찾아가는 과정임을 알려 주는 것입니다. 이에 잡지에 있는 사진, 그림 등을 활용하여 자신의 고민을 털어놓는 '고민장터' 놀이를 통하여 흔들리지 않고 피는 꽃이 없듯 수많은 고민은 나다움을 찾아가는 과정임을 느낄 수 있도록 합니다.

수업 속 감정놀이

*성취기준: [4국01-01] 대화의 즐거움을 알고 대화를 나눈다. (중학교 국어과)

*도움말: 자신의 고민을 다른 사람과 공유하며 대화의 즐거움을 깨닫고 능동적으로 대인 의사소통에 참여하는 태도를 기를 수 있습니다.

놀이 순서

준비물: 잡지, 가위

① 모둠을 조직합니다.
② 모둠별로 잡지와 가위를 나눠 줍니다.
③ 잡지를 살펴보며 나의 고민과 관련된 사진, 그림을 선택합니다.
④ 사진이나 그림을 오립니다.
⑤ 모둠원과 공유합니다.
⑥ 어떤 고민을 의미하는 것인지 서로 맞혀 봅니다.
⑦ 사진, 그림을 바탕으로 자신의 고민을 털어놓습니다.
⑧ 친구의 고민에 관심을 갖고 함께 해결하고자 하는 마음을 갖습니다.

놀이 팁

• 인터넷에 있는 사진자료를 활용하여 놀이를 전개할 수도 있습니다.

참고문헌

교육부(2015). 2015 개정 국어과 교육과정.

10-1-3. 익명 게시판 (변형놀이)

활동 난이도:
☆☆☆

신체 움직임:
☆☆☆

놀이 유형:
개인

놀이 의도

자신의 속마음을 털어놓기를 주저하는 사춘기가 많은 경우 사이버 공간을 활용해 보는 것도 방법입니다. 사이버 공간은 면 대 면으로 고민을 주고받는 현실세계와 달리, 자신의 정체를 밝히지 않은 채 내면의 이야기를 꺼내 놓을 수 있다는 장점을 가지고 있습니다. 그러나 이러한 익명성은 양날의 검과 같아서 표현의 자유가 높은 반면, 타인을 비방하거나 공격하는 등의 비윤리적인 행동이 현실세계에 비해 쉽게 자행된다는 단점 또한 가지고 있습니다. 이는 본격적인 놀이에 앞서 사이버 공간에서 지켜야 할 예절에 대해 생각해 보는 시간이 필요함을 시사합니다. 이름을 밝히지 않는 데서 오는 이점인 솔직함과 높은 개방성을 활용한 '익명 게시판' 놀이를 통하여 자신의 고민을 꺼내 놓을 수 있는 분위기를 조성합니다.

수업 속 감정놀이

*성취기준: [6도02-01] 사이버 공간에서 발생하는 여러 문제에 대한 도덕적 민감성을 기르며, 사이버 공간에서 지켜야 할 예절과 법을 알고 습관화한다. (5, 6학년군 도덕과)

*도움말: 사이버 공간에서 발생하는 문제점과 해결 방안에 대해 알아본 뒤 놀이에 참여함으로써 자기개방성을 높일 수 있습니다.

놀이 순서

준비물: 스마트기기, 교사용 컴퓨터

① 교사는 https://ko.padlet.com/에 접속하여 회원가입을 한 뒤 담벼락을 만듭니다.
② 담벼락의 주소를 학생들에게 알려 줍니다.
③ 인터넷이 되는 스마트기기를 활용하여 담벼락에 접속합니다.
④ 익명으로 자신의 고민을 털어놓습니다.
⑤ 교사용 컴퓨터를 활용하여 실시간으로 올라오는 친구들의 고민을 보여 줍니다.
⑥ 고민을 털어놓는 것은 해결의 첫걸음임을 느끼게 합니다.

놀이 팁

- '익명 게시판' 놀이를 전개하기 위해서는 스마트기기와 인터넷이 가능한 환경이 필요합니다. 교실에 스마트 기반 시설이 구비되어 있지 않은 경우 컴퓨터실 등을 활용하도록 합니다.
- '익명 게시판'은 별도의 로그인이 없이 주소만 알면 해당 페이지에 접속하여 글, 사진, 영상을 게시할 수 있는 '패들렛'이라는 웹기반 서비스를 활용하고 있습니다.

참고문헌

교육부(2015). 2015 개정 도덕과 교육과정.
한상희(2003). 사이버공간에서의 익명성과 책임. 정보통신정책연구원.

3부

10-1-4. 고민 손가락 (변형놀이)

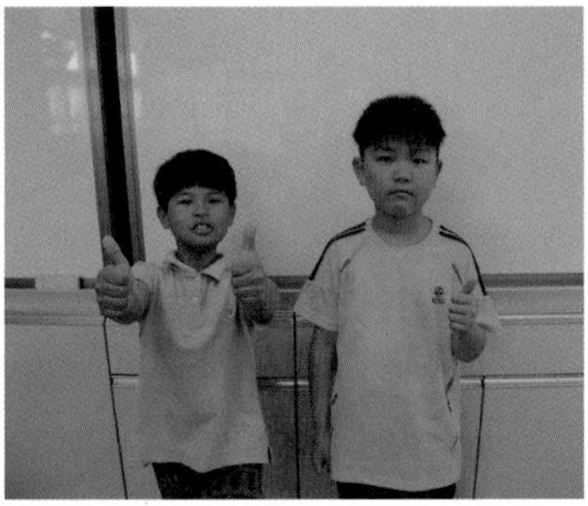

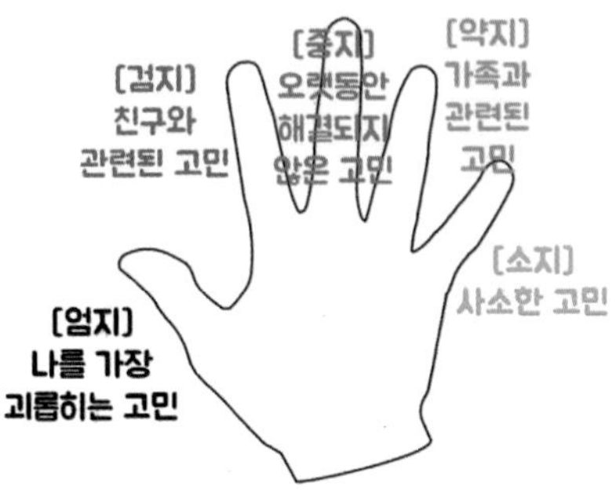

활동 난이도:
☆☆☆

신체 움직임:
☆☆☆

놀이 유형:
개인

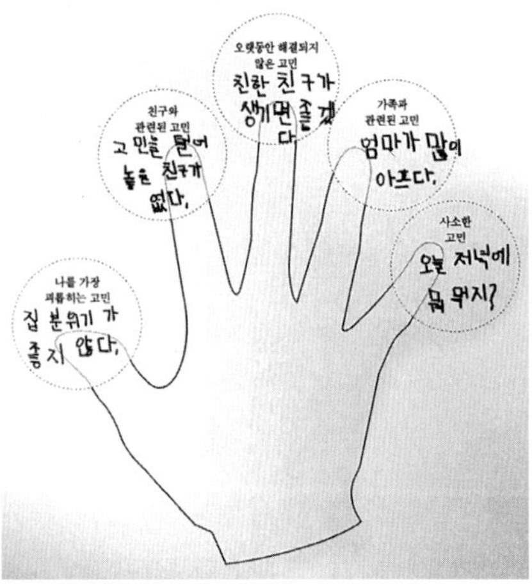

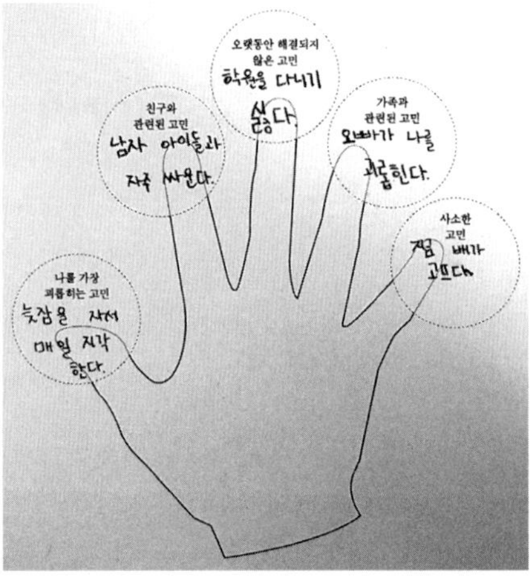

놀이 의도

사춘기 시절 친구는 더 애틋하고 소중한 것만 같습니다. 왜 그럴까요? 오랜 시간을 같은 공간에서 보낸 이유도 있겠으나 비슷한 관심사와 고민으로 형성된 공감대가 있기 때문입니다. 자연스러운 공감대를 형성하기 위해 필요한 것은 적극적인 자기개방입니다. 적극적인 자기개방이란 자신의 고민 또는 이야기를 주변 사람들과 허물없이 나누는 능력을 의미합니다. 자신의 이야기를 주저 없이 털어놓으며 각기 다른 '나'에서 '우리'라는 교집합을 형성할 수 있고 고민해결이라는 공동의 목표해결을 위해 긍정적인 에너지를 모을 수도 있습니다. 이에 고민이라는 매개체를 바탕으로 소통해 보는 '고민 손가락' 놀이를 통하여 자기개방성을 높여 올바른 교우관계를 형성할 수 있도록 합니다.

수업 속 감정놀이

* 성취기준: [9도02-02] 친구와의 우정의 중요성에 대해 생각해 보고, 진정한 우정을 맺는 방법에 대한 도덕적 이야기를 구성할 수 있다. (중학교 도덕과)
* 도움말: 놀이를 통하여 고민은 우리를 연결해 주는 소중한 매개체임을 느낄 수 있습니다.

놀이 순서

준비물: 고민 손가락(부록 24), 필기도구

① 고민 손가락(부록 24)을 개인별로 나눠 줍니다.
② 손가락의 의미를 생각해 봅니다.
③ 엄지에 나를 가장 괴롭히는 고민을 생각하여 적어 봅니다.
④ 검지에 친구와 관련된 고민을 생각하여 적어 봅니다.
⑤ 중지에 오랫동안 해결되지 않은 고민을 생각하여 적어 봅니다.
⑥ 약지에 가족과 관련된 고민을 생각하여 적어 봅니다.
⑦ 소지에 사소한 고민을 생각하여 적어 봅니다.
⑧ 친구들의 고민을 살펴봅니다.
⑨ 자신의 고민을 털어놓는 것은 자기개방의 첫걸음임을 느끼게 합니다.

놀이 팁

• 손가락이 가진 의미는 학급 자율적으로 변경 또는 설정할 수 있습니다.

참고문헌

교육부(2015). 2015 개정 도덕과 교육과정.

10-2-1. 고민타파 (기본놀이)

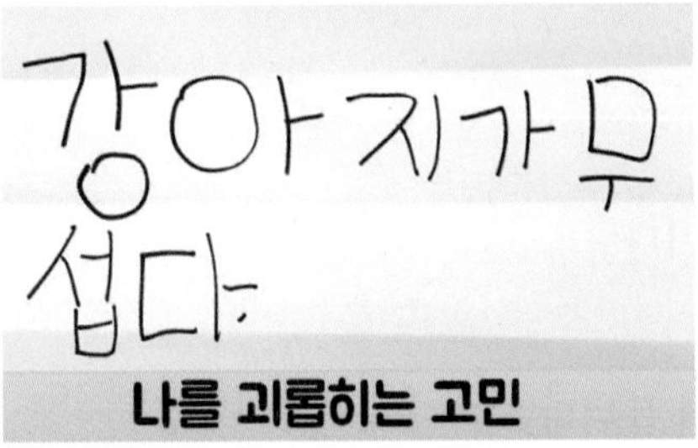

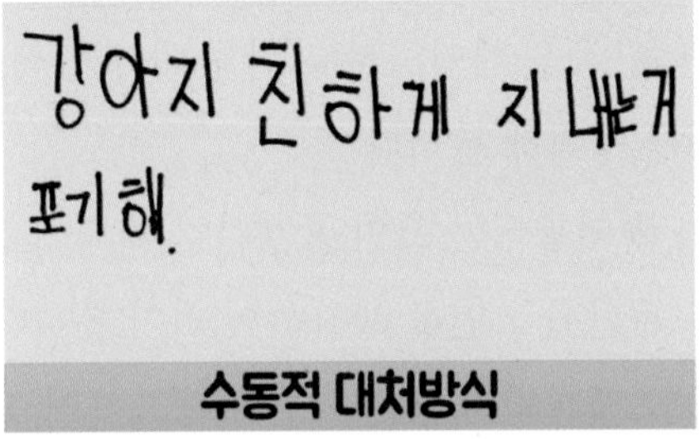

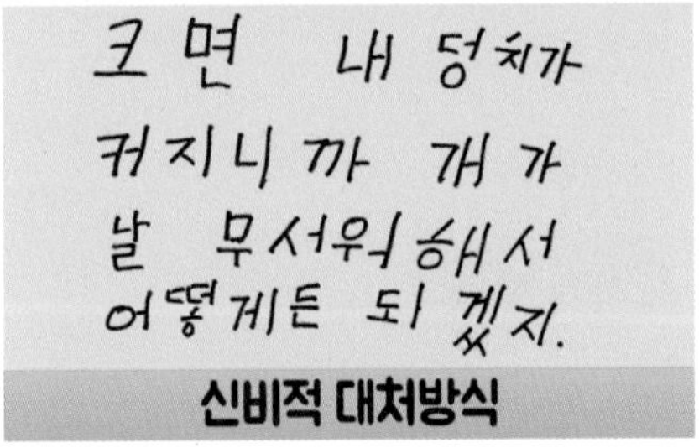

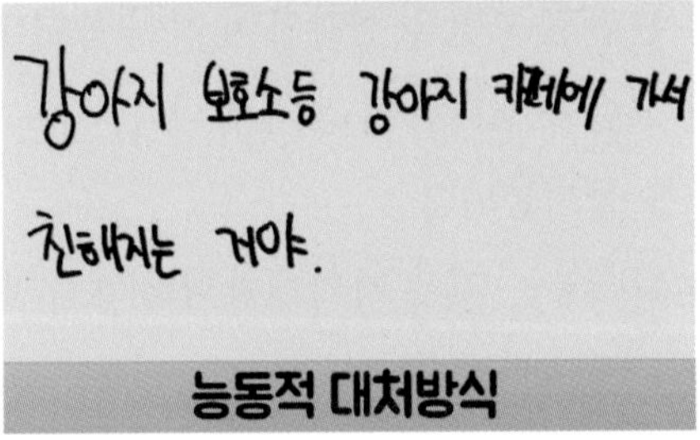

활동 난이도:
☆☆☆

신체 움직임:
★☆☆

놀이 유형:
개인

놀이 의도

걱정과 고민의 차이를 알고 계신가요? 걱정은 과거나 미래 일로 인하여 불안한 상태를, 고민은 내적 욕구나 외적 스트레스를 적극적으로 처리하지 않고 애매모호한 상태로 놓아둠으로 괴로워하는 것을 의미합니다. 두 단어의 차이는 해결방법의 유무에 있습니다. 사실 걱정과 다르게 고민은 스스로 또는 타인의 도움으로 충분히 해결할 수 있는 것들입니다. 그럼에도 불구하고 고민을 대하는 유형은 개인마다 차이를 보인다고 합니다(Gutmann, 1967). 첫째, 고민의 원인을 찾아 직접적으로 해결하려는 '능동적 대처방식'입니다. 이러한 유형의 사람은 고민의 근원을 파악하고 적극적으로 해결하므로 스트레스로부터 자유롭다는 장점을 가지고 있습니다. 둘째, 고민을 발생시키는 사건이나 외부세계에 순응하여 자신을 변화시키려는 '수동적 대처방식'입니다. 셋째, 행운이나 우연으로 해결되기를 기다리는 '신비적 대처방식'입니다. 이 두 유형은 근본적인 해결책을 강구하지 않기에 시간이 지날수록 고민이 거듭된다는 문제점을 가지고 있습니다. 고민을 마음에 담아 두지 않고 지금 당장 적극적으로 해결해야 하는 이유 찾으셨나요? 고민 해결에 도움이 되는 자신만의 방법을 공유하는 '고민타파' 놀이를 통하여 적극적인 자세로 고민을 해결하려는 마음을 가질 수 있도록 합니다.

수업 속 감정놀이

*영역: 창의적 체험활동 → 자율활동 → 자치 · 적응활동

*방법: 친구들의 고민을 살펴본 뒤 적절한 해결방법을 제시하여 친구의 고민을 함께 해결하고자 하는 의지를 다질 수 있습니다.

놀이 순서

준비물: 빈 종이, 빈 통

① 빈 종이 2장을 개인별로 나눠 줍니다.
② 빈 종이에 고민을 적은 뒤 보이지 않도록 접어 빈 통에 모읍니다.
③ 고민종이 중 1장을 뽑아 읽습니다.
④ 고민해결에 도움이 되는 나만의 방법을 생각하여 빈 종이에 적습니다.
⑤ 자신의 생각을 발표합니다.
⑥ 고민을 대하는 세 가지 유형에 대하여 알아봅니다.
⑦ 내가 제시한 방법은 '능동적' '수동적' '신비적' 대처방식 중 어디에 속하는지 생각해 봅니다.
⑧ 적극적으로 고민을 해결하려는 의지를 갖습니다.

놀이 팁

• 놀이에서 나온 고민은 비밀로 간직하여 상처받는 일이 생기지 않도록 합니다.

참고문헌

교육부(2015). 2015 개정 교육과정 창의적 체험활동 해설.

이나리(2009). 초 · 중 · 고 학생의 고민과 대처방식에 관한 연구. 인제대학교 교육대학원 석사학위논문.

Gutmann, D, L. (1967). *Anexploration of ego Configuration in middle and later life*. New york: Academic Press.

10-2-2. 고민해결 안내서 (변형놀이)

활동 난이도:
☆☆☆

신체 움직임:
☆☆☆

놀이 유형:
개인

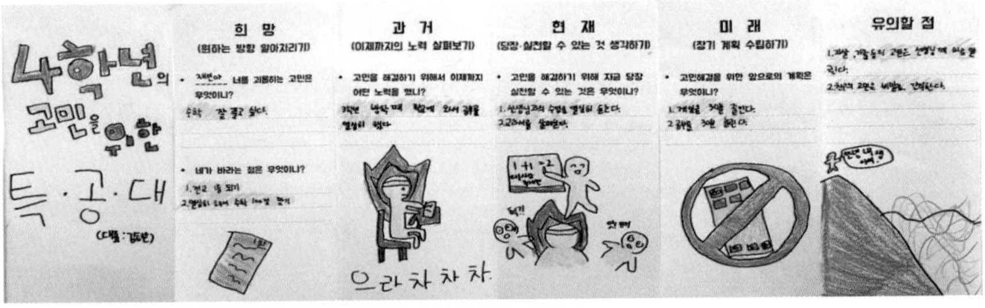

놀이 의도

“선생님! 친구가 고민을 말하는데 어떻게 도와주어야 할지 모르겠어요.”라고 말하는 사춘기에게 필요한 것은 고민해결 4단계입니다. 숫자가 주는 힌트와 같이 또래 감정코칭에서는 친구의 고민을 4단계에 거쳐 해결하도록 하고 있습니다. 우선 친구의 ‘희망’을 들어보아야 합니다. 그다음으로는 이제까지 한 노력, 즉 ‘과거’를 함께 살펴보고 ‘현재’ 당장 실천할 수 있는 일을 찾아보아야 합니다. 마지막으로 ‘미래’의 계획을 수립해 보며 당사자에게는 고민해결의 지혜를, 주변 친구에게는 자신이 어떤 것을 도와줄 수 있는지를 명료화해 볼 수 있습니다. 친구의 고민에 도움이 되는 방법과 유의할 점이 담긴 ‘고민해결 안내서’를 제작해 보며 고민으로 힘들어하는 친구에게 어떤 도움을 주어야 하는지, 어떤 점을 고려해야 하는지 정리할 수 있도록 합니다.

수업 속 감정놀이

* 성취기준: [6국03-03] 목적이나 대상에 따라 알맞은 형식과 자료를 사용하여 설명하는 글을 쓴다. (5, 6학년군 국어과)
* 도움말: 설명하고자 하는 대상의 특성에 맞게 글을 쓰는 방법에 알아본 뒤 친구의 고민 해결에 도움이 되는 질문법, 유의사항이 포함된 안내서를 작성해 볼 수 있습니다.

놀이 순서

준비물: 빈 종이, 색연필, 매직 등

① 빈 종이를 3등분하여 접습니다.
② 첫 번째 쪽에 '고민해결 안내서'라는 제목을 적고 관련된 글이나 그림을 표현합니다.
③ 두 번째 쪽 상단에 '희망'이라고 적은 뒤 '원하는 방향을 알아차리기'와 관련된 글, 그림을 표현합니다.
④ 세 번째 쪽 상단에 '과거'라고 적은 뒤 '이제까지의 노력을 살펴보기'와 관련된 글, 그림을 표현합니다.
⑤ 네 번째 쪽 상단에 '현재'라고 적은 뒤 '지금 당장 실천할 수 있는 것을 생각해 보기'와 관련된 글, 그림을 표현합니다.
⑥ 다섯 번째 쪽 상단에 '미래'라고 적은 뒤 '장기 계획 세우기'와 관련된 글, 그림을 표현합니다.
⑦ 여섯 번째 쪽에는 친구의 고민을 해결할 때의 유의사항을 생각하여 적습니다.
⑧ 고민해결 안내서를 곁에 두고 활용할 수 있도록 합니다.

놀이 팁

• 친구의 고민해결 시 유의사항은 다음과 같습니다.

-친구의 모든 고민을 해결해 줄 수는 없습니다.
-자살, 폭력 등 위험한 상황에 처해 있는 친구의 고민은 선생님께 바로 알립니다.
-친구의 고민은 비밀로 간직합니다.

참고문헌

교육부(2015). 2015 개정 국어과 교육과정.

10-2-3. 힘을 내요! (변형놀이)

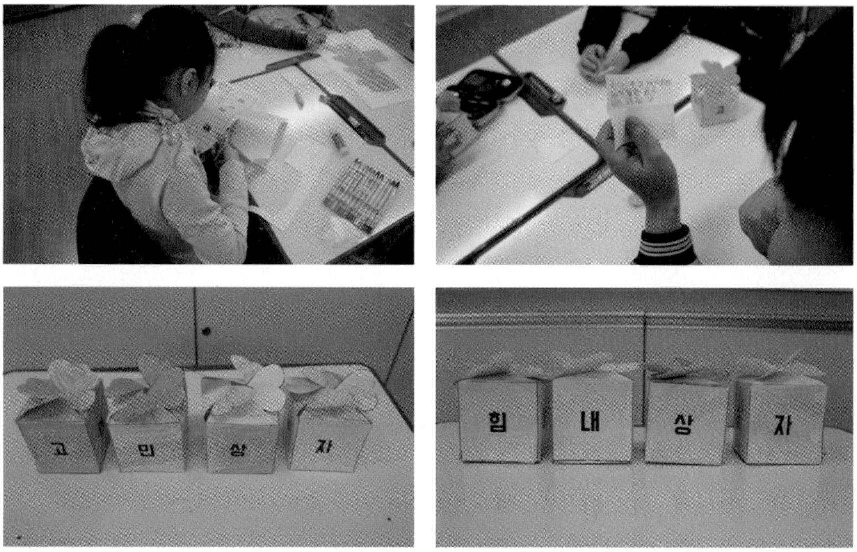

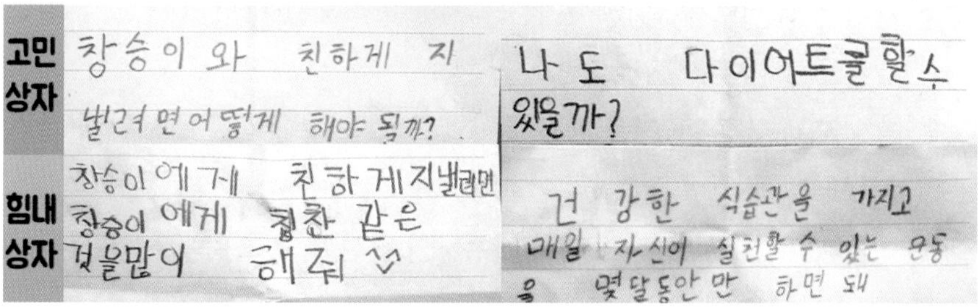

활동 난이도:
☆☆☆

신체 움직임:
☆☆☆

놀이 유형:
개인

놀이 의도

또래의 고민에 관심을 갖고 함께 헤쳐 나가기 위해서는 친구의 고민을 나의 것처럼 여기는 마음이 필요합니다. 스스로의 고민만으로도 벅찬 사춘기가 과연 타인의 고민을 자신의 것처럼 여길 수 있는가에 대한 의구심이 들기도 합니다. 이와 관련된 흥미로운 실험이 있습니다. 바로 파르마 대학의 연구진이었던 리졸라티(Giacomo Rizzolatti) 교수 팀에 의해 밝혀진 거울뉴런입니다. 특정 행동에 따른 뇌의 변화를 연구하기 위하여 원숭이 두개골에 전극을 설치하여 관찰하던 중 연구자 한 명이 땅콩을 먹기 위해 손을 뻗었는데 원숭이의 뇌에서도 먹이를 먹을 때 팔을 뻗는 뇌의 영역이 활성화되는 것을 발견하였습니다. 아무것도 하지 않았음에도 불구하고 보는 것만으로도 뇌가 활성화된 것입니다. 이들은 이러한 부분에 거울뉴런이라 이름을 지어 붙였습니다. 이러한 거울뉴런 덕분에 우리는 친구의 기쁨에 기쁨을 느끼고 친구의 슬픔에 슬픔을 느끼는 것입니다. 거울뉴런이 가진 공감의 힘을 '힘을 내요!' 놀이를 통하여 느껴 보는 것은 어떨까요?

수업 속 감정놀이

* 성취기준: [4국03-04] 읽는 이를 고려하며 자신의 마음을 표현하는 글을 쓴다. (3, 4학년군 국어과)
* 도움말: 친구의 고민을 살펴본 후 공감, 도움이 되는 글을 작성하여 자신의 마음을 표현할 수 있습니다.

놀이 순서

준비물: 빈 상자, 필기도구, 빈 종이

① 작은 빈 상자 2개를 준비합니다.
② 각각의 상자에 '고민상자' '힘내상자'라고 이름을 붙입니다.
③ 자신의 고민을 빈 종이에 적어 고민상자 안에 넣습니다.
④ 고민상자에서 친구의 고민을 꺼내 읽은 후 해결방법을 생각해 봅니다.
⑤ 자신이 생각한 해결방법을 빈 종이에 적어 힘내상자에 넣습니다.
⑥ 힘내상자에서 해결방법을 꺼내어 읽습니다.
⑦ 친구의 생각에 도움을 얻어 고민을 해결하도록 합니다.

놀이 팁

- 반 전체가 협력하여 고민상자, 힘내상자를 만들 수도 있으나 인원이 많은 경우 모둠별로 하여도 좋습니다.

참고문헌

교육부(2015). 2015 개정 국어과 교육과정.
양은우(2016). 처음 만나는 뇌 과학 이야기. 서울: 카시오페아.
위키백과(거울뉴런).

10-2-4. 고민해결 경매 (변형놀이)

고민: 스마트폰에 중독된 것 같아요

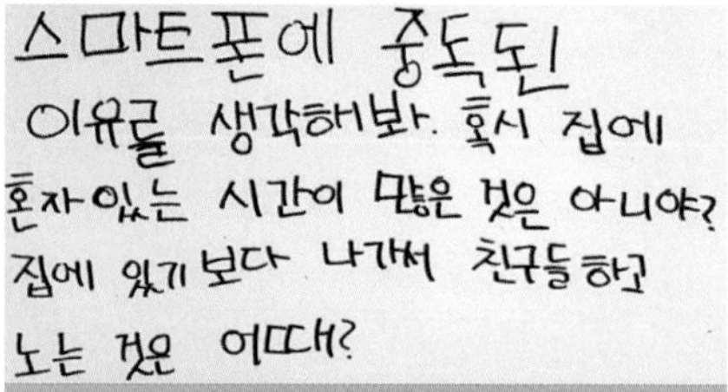

능동적 대처방식

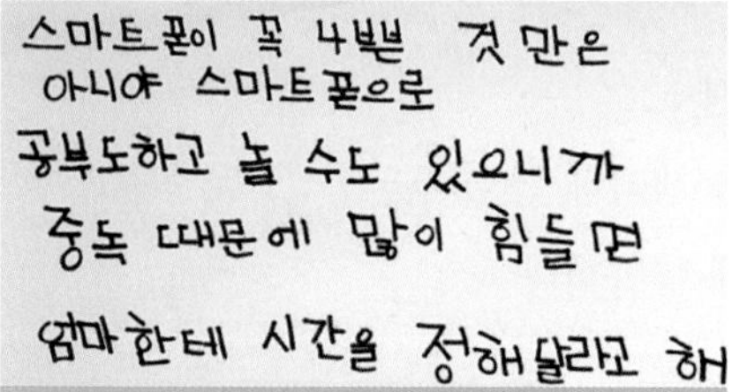

수동적 대처방식

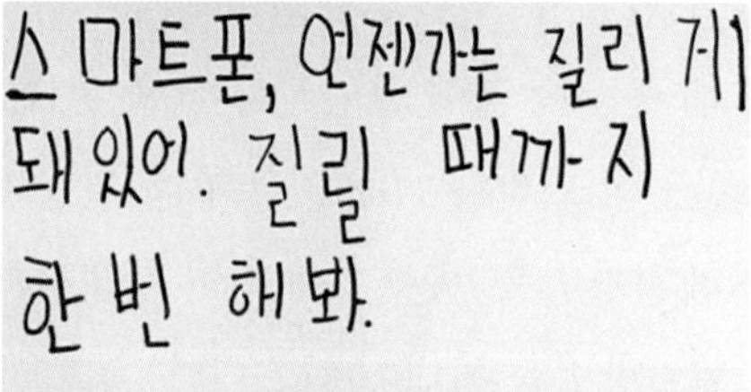

신비적 대처방식

활동 난이도:
☆☆☆

신체 움직임:
★☆☆

놀이 유형:
개인

놀이 의도

홍미로운 연구가 있습니다. 바로 성별에 따라 사춘기의 고민 대처방식이 다르다는 것입니다. 이를 연구한 이나리(2009)에 따르면 남학생은 여학생에 비해 고민을 해결하고자 하는 의지가 상대적으로 낮았으며 여학생은 고민해결 욕구는 높았으나 자신을 변화시키려는 '수동적 대처방식'과 우연으로 해결되기를 기다리는 '신비적 대처방식'을 선택하는 경향이 강했다고 합니다. 이는 감정놀이 시 성별에 따라 강조할 점이 각기 달라야 함을 시사합니다. 이에 친구의 고민에 관심을 갖고 함께 해결해 보는 '고민해결 경매' 놀이를 통하여 남학생들은 적극적인 고민해결 의지를, 여학생들은 능동적인 대처방식을 선택하는 힘을 갖도록 합시다.

수업 속 감정놀이

* 성취기준: [4사04-03] 자원의 희소성으로 경제활동에서 선택의 문제가 발생함을 파악하고, 시장을 중심으로 이루어지는 생산, 소비 등 경제활동을 설명한다. (3, 4학년군 사회과)
* 도움말: '고민해결 경매' 놀이에 참여하며 경제활동의 의미와 선택의 문제에 대해 알아볼 수 있습니다.

놀이 순서

준비물: 종이 돈(부록 25), 포스트잇, 필기도구

① 종이 돈(부록 25) 10장을 개인별로 나눠 줍니다.
② 사춘기가 공감할 수 있는 고민을 제시합니다.
③ 고민을 살펴본 뒤 빈 종이에 고민을 해결할 수 있는 나만의 방법을 적습니다.
④ 고민을 대하는 세 가지 유형 중 어디에 속하는지 살펴봅니다.
⑤ '적극적 대처방식'에 해당하는 해결방법을 생각하여 포스트잇에 적습니다.
⑥ 자신의 해결방법을 칠판에 붙입니다.
⑦ 고민해결 경매를 시작합니다.
⑧ 적극적인 자세로 고민을 해결해야 함을 느낍니다.

놀이 팁

- 정해진 자본과 자원이 가진 희소성은 선택의 문제를 발생시킵니다. 경제활동의 원리를 적용한 놀이를 통하여 가장 가치 있다고 생각하는 것에 투자하여 나만의 것으로 만들 수 있습니다.
- 경매 규칙은 다음과 같습니다.

> -자신의 것을 선택할 수 없습니다.
> -각 해결방법마다 최소 1만 원부터 최고 10만 원까지 제시할 수 있습니다.
> -단, 최고가를 부른 사춘기가 여러 명일 경우 가위바위보로 낙찰자를 선정합니다.

참고문헌

교육부(2015). 2015 개정 사회과 교육과정.

이나리(2009). 초 · 중 · 고 학생의 고민과 대처방식에 관한 연구. 인제대학교 교육대학원 석사학위논문.

10-2-5. 고민해결 쿠폰 (변형놀이)

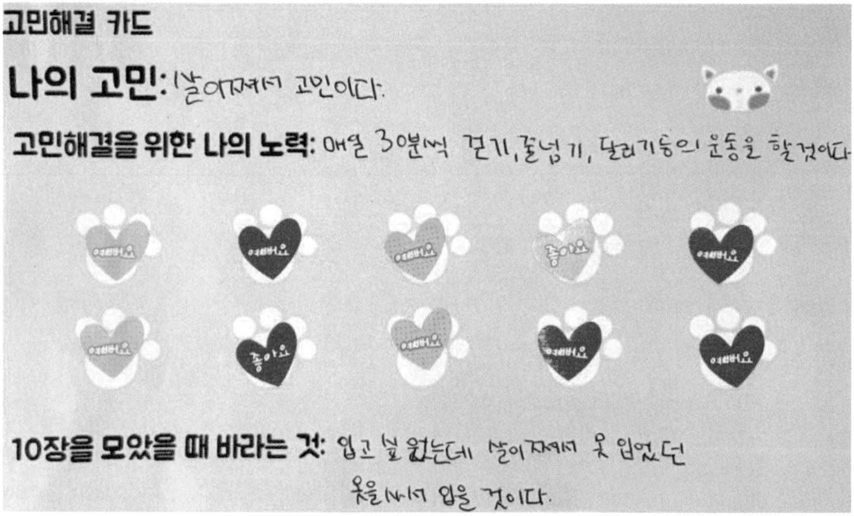

활동 난이도:
☆☆☆

신체 움직임:
★☆☆

놀이 유형:
모둠

놀이 의도

토큰제도의 방법 중 하나인 쿠폰은 기대행동을 하거나 통제행동을 하지 않았을 때 중간중간 제공되는 것으로 일정량을 모아 자신이 원하는 정적강화물로 바꾸는 제도입니다. 쿠폰을 모으기 위해서는 지속적인 관심과 노력을 기울이는 것이 필요한데 이는 꾸준히 도전하고자 하는 의지를 함양하는 데 효과적입니다. 특히 최종 목표를 향해 나아갈수록 정적강화물에 가까워진다는 매력은 중도 포기하고자 하는 마음을 극복할 수 있도록 돕습니다. 이러한 쿠폰이 가진 특성을 활용한 놀이를 통하여 자신을 괴롭히는 고민을 끝까지 포기하지 않고 해결할 수 있도록 합니다.

수업 속 감정놀이

* 성취기준: [4도01-03] 최선을 다하는 삶을 위해 정성과 인내가 필요한 이유를 탐구하고 생활 계획을 세워 본다. (3, 4학년군 도덕과)
* 도움말: 놀이를 통하여 최선을 다하는 삶에는 인내와 정성이 필요함을 느낄 수 있습니다.

놀이 순서

준비물: 고민해결 카드(부록 26), 필기도구, 스티커

① 모둠을 조직합니다.
② 고민해결 카드(부록 26)를 개인별로 나눠 줍니다.
③ 자신의 고민을 생각하여 '나의 고민'에 적습니다.
④ 고민해결을 위한 장기적인 계획을 '고민해결을 위한 나의 노력'에 기록합니다.
⑤ 고민해결이 되었을 때 나에게 주고 싶은 보상을 생각하여 '10장을 모았을 때 바라는 것'에 적습니다.
⑥ 고민해결을 위한 나의 노력에 도달했을 때마다 스티커를 붙일 수 있음을 안내합니다.
⑦ 중도 포기하지 않고 끝까지 노력하여 고민을 해결할 수 있도록 합니다.

놀이 팁

- '고민해결 쿠폰' 놀이는 비교적 가벼운 고민보다 많은 시간과 노력이 필요한 고민을 해결하는 데 효과적입니다.
- 이 놀이를 통하여 고민해결의 힘과 자극을 얻고 끝까지 포기하지 않음으로써 통쾌감과 성취감, 고민으로부터 해방되었다는 편안함을 얻을 수 있도록 합니다.

참고문헌

교육부(2015). 2015 개정 도덕과 교육과정.

10-2-6. 감정 해우소 (변형놀이)

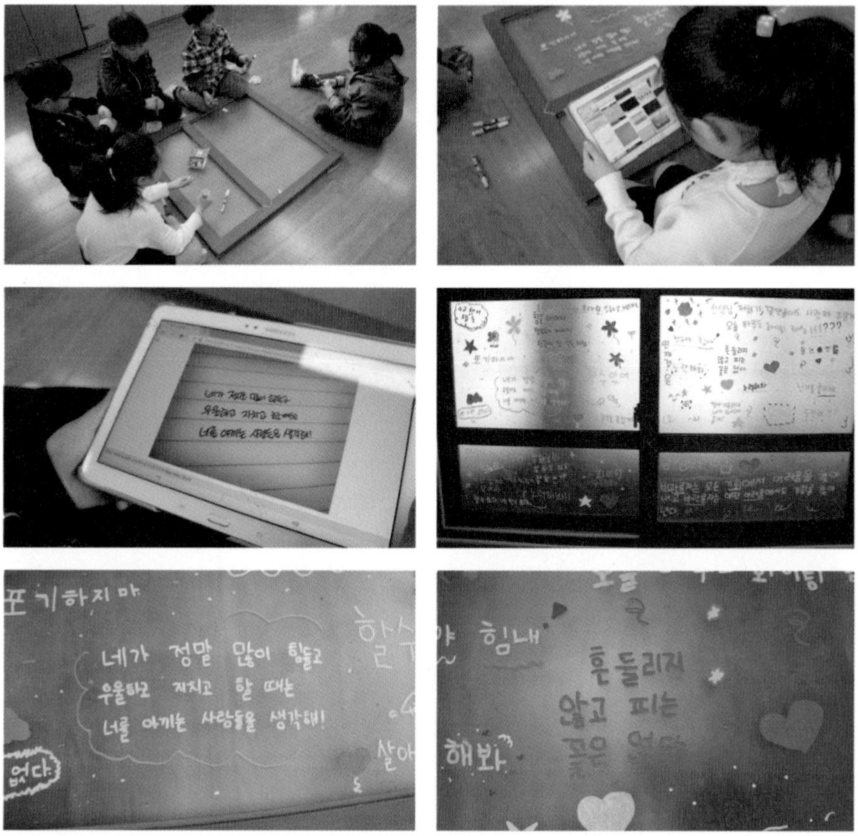

활동 난이도:
☆☆☆

신체 움직임:
★★☆

놀이 유형:
모둠

놀이 의도

걱정의 40%는 결코 일어나지 않을 일이고 30%는 이미 지나간 것이며 22%는 사소한 사건들에 대한 것이고 4%는 우리가 바꿀 수 없는 일이라고 합니다. 결국 4%만이 정말 걱정할 일인 것입니다. 그럼에도 불구하고 많은 사람들은 일어나지 않을 일들로 인하여 애를 태우거나 초조해합니다. 고민이 개인 성장에 자양분이 되는 것은 사실입니다. 그러나 지나친 걱정은 스트레스를 유발하여 일상생활을 방해하기도 합니다. 특히 모든 고민의 근원을 자신의 성격이나 내부로 돌리는 경우 불안이 해소되지 않고 그 수준이 더욱 높아지므로 불안장애까지 일으킬 수 있다는 문제점을 가지고 있습니다. 이는 고민이 생겼을 때 객관적인 눈으로 바라보는 힘이 필요함을 시사합니다. 이에 고민이 생겼을 때 방문하여 해소할 수 있는 '감정 해우소'를 협력하여 만들어 봄으로써 정말 걱정할 일인지 생각해 본 후 고민이라면 친구들의 문구에 힘을 얻어 해결할 수 있도록 합니다.

수업 속 감정놀이

* 성취기준: [6미02-05] 다양한 표현 방법의 특징과 과정을 탐색하여 활용할 수 있다. (5, 6학년군 미술과)
* 도움말: 재료와 용구에 따른 표현 방법, 과정, 유의점에 대해 알아본 후 고민해결에 도움이 되는 감정 해우소를 만들어 볼 수 있습니다.

놀이 순서

준비물: 유리창, 윈도 마커

① 빈 유리창과 윈도 마커를 모둠별로 준비합니다.
② 고민이 있는 친구에게 도움이 될 만한 말을 생각해 봅니다.
③ 윈도 마커를 활용하여 유리창에 적습니다.
④ 고민이 있을 때 유리창을 보고 힘을 낼 수 있도록 안내합니다.

놀이 팁

• 유리창에 올라서서 글을 적지 않도록 합니다.
• 이면지 등을 '감정 해우소' 곁에 놓아두어 찢으면서 스트레스를 해소하게 할 수 있습니다.
• 스마트패드를 활용하여 힘이 되는 문구 등을 찾아 적어도 좋습니다.

참고문헌

교육부(2015). 2015 개정 미술과 교육과정.

10-2-7. 고민 덩어리 (변형놀이)

활동 난이도:
☆☆☆

신체 움직임:
★★☆

놀이 유형:
반 전체

놀이 의도

감정이 어떻게 만들어지는지 연구하던 미국의 신경학자 파페츠(Papez)는 폐쇄적인 뇌 회로를 발견하게 됩니다. 그는 이 회로에 자신의 이름을 붙여 파페츠회로라 하였습니다. 추후 더 많은 연구를 바탕으로 파페츠회로가 기억과 더 깊은 연관이 있음이 밝혀내었는데 이는 감정과 기억이 서로 유기적인 연관을 맺고 있음을 의미합니다. 실제로 어린 시절 가족과 함께 계곡에서 행복한 시간을 보냈던 기억을 가지고 있는 사람이 관련된 사진, 영상을 보는 것만으로도 과거를 떠올려 행복한 감정을 느끼는 것이 그 예입니다. 기억은 파페츠회로를 반복할수록 강도가 강해지는데 이때 감정의 폭도 두꺼워지게 됩니다. 여기서 문제가 되는 것은 부정적인 생각의 증폭입니다. 사소했던 고민이 해마, 뇌궁, 유두체 등을 거쳐 다시 해마로 다시 돌아오는 과정에서 눈덩이처럼 커져 심각한 고민이 되어 버리기 때문입니다. 큰 눈덩이에 짓눌리지 않기 위해서는 작을 때 적극적으로 해소하는 것이 바람직합니다. 이에 '고민 덩어리' 놀이를 전개함으로써 자신이 의지하고 믿는 친구와 함께 고민을 나누고 해결책을 찾아 고민이 눈덩이처럼 커지지 않도록 합니다.

수업 속 감정놀이

* 영역: 창의적 체험활동 → 자율활동 → 자치 · 적응활동
* 방법: 사춘기의 고민과 해결방법을 다루는 감정놀이를 전개함으로써 서로의 고민에 관심을 갖고 함께 헤쳐 나가려는 마음을 가질 수 있습니다.

놀이 순서

준비물: 신문지, 필기도구

① 책걸상을 옆으로 밀어 공간을 만든 뒤 큰 원을 만들어 앉습니다.
② 여러 장의 신문지를 준비하여 가운데 놓습니다.
③ 자신의 고민을 신문지에 적습니다.
④ 고민으로 인한 고민을 생각하여 신문지에 적습니다.
⑤ 신문지를 뭉쳐 큰 덩어리로 만듭니다.
⑥ 적극적으로 해결하지 못한 고민은 점점 큰 고민으로 발전함을 알려줍니다.
⑦ 친구와 고민을 함께 나눔으로써 해결할 수 있도록 합니다.

놀이 팁

- 걱정의 시작은 작은 점에 지나지 않습니다. 그러나 해소하지 못한 고민은 이런저런 이유로 더욱 커져 결국 정상적인 생활을 방해하는 데까지 이릅니다. 이러한 현상을 눈덩이 효과라 합니다.
- 함께 만든 고민 덩어리로 공 주고받기 놀이를 할 수 있습니다.

참고문헌

교육부(2015). 2015 개정 교육과정 창의적 체험활동 해설.
박문호(2017). 뇌 과학 공부. 서울: 김영사.

10-2-8. 비밀친구 (변형놀이)

친구의 고민을 들어준 다원이

비오는 날 우산을 함께 쓴 민아

다이어트 성공을 위해 함께 운동해 준 창호

고민을 함께 해결하며 친해진 두 친구

활동 난이도:
☆☆☆

신체 움직임:
★★☆

놀이 유형:
반 전체

놀이 의도

마니또 놀이 한 번쯤 해 보셨죠? 이 놀이는 서로에 대한 관심을 증가시켜 학기 초 어색함을 깨뜨리는 데 자주 활용되곤 합니다. 마니또가 가진 긍정적인 힘은 상호관계 증진에만 국한되지 않습니다. 비밀친구라는 임무 아래 강한 감정을 표현하는 친구를 피하지 않고 다가가는 과정에서 든든한 감정 동반자로 성장할 수 있습니다. 자신의 정체를 들키지 않은 채 도움을 주는 '비밀친구' 놀이를 통하여 친구의 고민에 관심을 가질 뿐 아니라 함께 해결해 볼 수 있도록 합니다.

수업 속 감정놀이

*성취기준: [4도02-02] 친구의 소중함을 알고 친구와 사이좋게 지내며, 서로의 입장을 이해하고 인정한다. (3, 4학년군 도덕과)

*도움말: 일정 기간 동안 비밀리에 친구의 고민해결에 도움을 준 뒤 소감을 함께 나눠 봄으로써 친구의 소중함을 느껴 볼 수 있습니다.

놀이 순서

준비물: 빈 종이, 빈 통, 필기도구

① 빈 종이를 개인별로 나눠 줍니다.

② 빈 종이에 자신의 이름과 현재의 고민을 적은 뒤 보이지 않도록 접습니다.

③ 빈 통에 종이를 모은 뒤 제비뽑기 합니다. 단, 자신을 뽑은 사춘기가 있는 경우 뽑기를 다시 진행합니다.

④ 친구의 이름과 고민을 확인합니다.

⑤ 자신의 정체가 드러나지 않도록 주의하며 친구의 고민해결을 위해 일주일간 돕습니다.

⑥ 정해진 기간이 끝난 후 자신의 비밀친구를 맞혀 봅니다.

⑦ 일주일 동안의 소감을 함께 나눕니다.

놀이 팁

- 이나리(2009)에 따르면 학교급이 올라갈수록 고민을 해결하려는 움직임이 많아졌으나 초등학생은 고학년으로 갈수록 우연하게 해결되기를 기다리는 '신비적 대처방식'을, 중학생은 고학년으로 갈수록 '신비적 대처방식'과 고민을 발생시키는 사건이나 외부세계에 순응하여 자신을 변화시키려는 '수동적 대처방식'을 선택하는 경향이 높았습니다.
- 놀이에 참여하는 사춘기의 고민해결 방식을 참고하여 적극적인 도움을 주는 비밀친구가 될 수 있도록 합니다.

참고문헌

교육부(2015). 2015 개정 도덕과 교육과정.

이나리(2009). 초 · 중 · 고 학생의 고민과 대처방식에 관한 연구. 인제대학교 교육대학원 석사학위논문.

열한째 날.
감정 소중히 여기기

감정 알아차림을 바탕으로 친구의 고민을 함께 해결해 보았습니다. 또래의 고민을 나의 것처럼 여기다 보면 사랑하는 이를 괴롭히는 부정적인 감정이 싫어지곤 합니다. 그러나 감정은 삶에 있어 소중한 것으로 없어서는 안 될 존재입니다.
'감정 소중히 여기기'와 관련된 감정놀이를 통하여 긍정적 · 부정적 감정 모두를 소중히 여기는 마음을 가질 수 있도록 합니다.

11-1 감정놀이의 목적

모든 감정은 소중한 존재임을 느낍니다.

11-2 감정놀이의 목적

자신과 친구의 감정을 소중히 여기겠다는 다짐을 하여 봅니다.

II-I-I. 나의 가치 (기본놀이)

활동 난이도:
☆☆☆

신체 움직임:
★★☆

놀이 유형:
반 전체

놀이 의도

사춘기는 모든 사람이 자신을 주목하고 있다고 생각합니다. 이러한 생각은 스스로를 매우 특별하게 또는 하찮게 만들기도 합니다. 자신이 특별하다고 생각하는 사춘기는 우월성에 젖어 있는 반면, 남들과 비교하기에 급급한 사춘기는 점점 낮은 자존감을 갖게 되고 결국 자신을 사랑하지 않는 상태에 이르게 됩니다. 자기애가 너무 높거나 자아정체성이 매우 낮은 이 두 양상은 한 사람에게 오랫동안 지속되기도 하고 서로 교차하며 발생하기도 합니다. 이럴 때 필요한 것이 친구의 긍정적 피드백입니다. 또래의 진심 어린 한마디는 있는 그대로의 나를 바라보게 해 줌으로써 바른 정체성을 형성할 수 있도록 도와주기 때문입니다. 이에 서로에 대한 긍정적 피드백을 주고받는 '나의 가치' 놀이를 통하여 사랑스런 존재인 나에게 발생하는 감정은 매우 소중한 존재임을 느낄 수 있도록 합니다.

수업 속 감정놀이

* 성취기준: [4도04-02] 참된 아름다움을 올바르게 이해하고 느껴 생활 속에서 이를 실천한다. (3, 4학년군 도덕과)
* 도움말: 놀이를 통하여 친구의 외면적 아름다움뿐만 아니라 내면적 아름다움과 도덕적 삶의 아름다움까지 발견할 수 있습니다.

놀이 순서

준비물: 빈 종이, 필기도구

① 개인별로 빈 종이 1장을 나눠 줍니다.
② 빈 종이 위에 자신의 이름을 적습니다.
③ 내가 소중한 까닭을 빈 종이에 적습니다.
④ 돌아다니며 친구가 소중한 까닭을 추가로 기록해 줍니다.
⑤ 자리로 돌아와 가장 마음에 드는 것을 선택합니다.
⑥ 친구들 앞에서 발표합니다.
⑦ 친구들은 '넌 최고야!'를 함께 외쳐 줍니다.
⑧ 이런 나에게 발생하는 감정은 매우 소중함을 느낍니다.

놀이 팁

• 친구가 소중한 이유를 적을 때 외적인 아름다움뿐만 아니라 내적 · 도덕적 아름다움까지 생각해 볼 수 있도록 합니다.

참고문헌

교육부(2015). 2015 개정 도덕과 교육과정.

II-1-2. 소중한 존재, 바로 너와 나 (변형놀이)

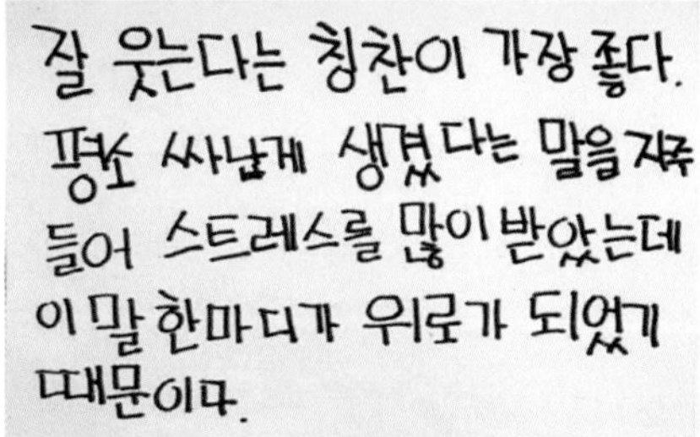

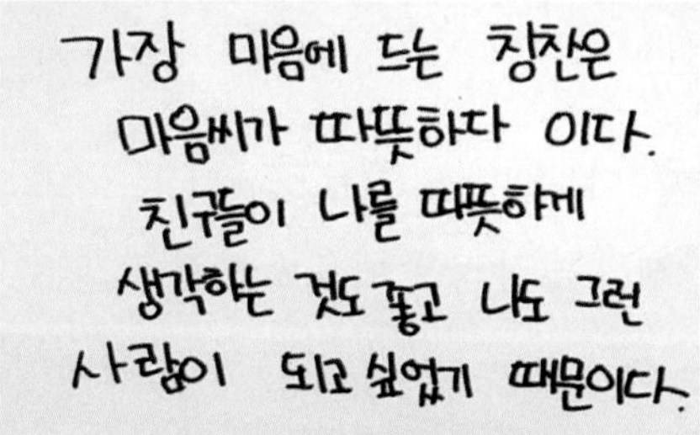

활동 난이도:
☆☆☆

신체 움직임:
★★☆

놀이 유형:
반 전체

놀이 의도

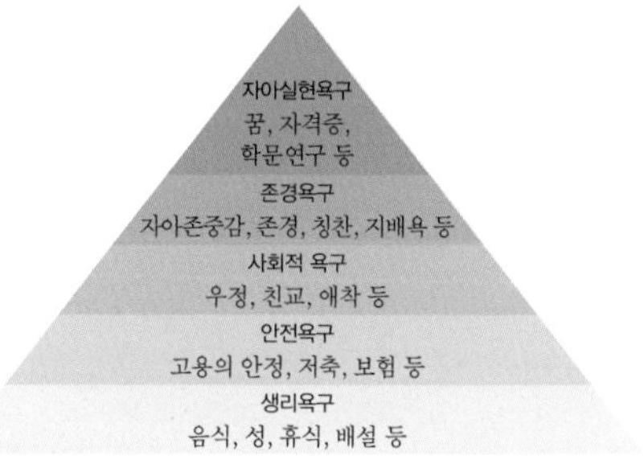

인본주의 심리학자 매슬로(Maslow)는 인간은 끊임없이 요구하고 기대하는 존재로 동기에 의해 움직이는데 이때의 원동력은 필요와 욕구라고 하였습니다. 그는 행동의 근원인 욕구를 5단계로 구분하였는데 각 욕구는 위계가 있으며 정점을 찍은 후에 상위 욕구를 향해 나간다고 하였습니다. 생리욕구는 삶을 영위하는데 가장 필수적인 것을, 안전욕구는 신체적 · 정서적 안정을 추구하는 것을, 사회적 욕구는 소속감을 가지고 원만한 인간관계를 유지하고자 하는 것을, 존경욕구는 집단에 소속된 개인이 인정받음으로써 긍정적인 자기형상을 형성하고 싶어 하는 것을, 자아실현욕구는 타고난 역량을 최대한 발휘하여 추구하는 바를 향해 더 나아가고자 하는 것을 의미합니다. 사춘기는 친구들과 우정을 나누며 또래 집단에 소속되어 안정감을 느끼고자 하는 바람이 강한 시기입니다. 단체에 소속되어 친구들과 상호작용하여 사회적 욕구를 충족시킨 사춘기는 존경욕구를 열망하게 되는데 이때 필요한 것이 자신을 소중히 여기는 마음과 주변 사람의 인정입니다. 이에 눈을 마주친 상태로 앞에 있는 친구가 소중한 까닭을 이야기해 보는 '소중한 존재, 바로 너와 나' 놀이를 통하여 존중욕구를 충족하는 동시에 자신과 친구 그리고 감정을 소중히 여기는 마음을 가질 수 있도록 합니다.

수업 속 감정놀이

＊성취기준: [9기가01-01] 자아존중감을 향상시키고 긍정적인 자아정체감을 형성하기 위하여 청소년기의 발달 특징과 자신의 발달 특징을 연결지어 이해한다. (중학교 기술 · 가정)

＊도움말: 서로가 소중한 까닭을 이야기해 주는 놀이를 통하여 긍정적인 자아정체감을 형성할 수 있습니다.

놀이 순서

준비물: 없음

① 한 모둠을 이끌어 작은 원을 만들어 섭니다.
② 나머지 한 모둠을 이끌어 작은 원 바깥에 큰 원을 만듭니다.
③ 서로 마주보고 손을 맞대고 선 뒤 앞에 있는 친구가 소중한 까닭을 이야기해 줍니다.
④ 선생님의 신호에 따라 바깥 원에 위치한 사람이 한 칸씩 움직입니다.
⑤ 모든 사람과 이야기를 나눌 때까지 반복합니다.
⑥ 가장 마음에 드는 이야기를 발표하며, 나에게 발생하는 감정은 매우 소중함을 느낍니다.

놀이 팁

- 이성 간 서로 눈을 맞추고 손을 잡기를 부끄러워하는 경우 동성으로만 놀이를 전개할 수 있습니다.

참고문헌

교육부(2015). 2015 개정 실과(기술 · 가정)/정보과 교육과정.

II-1-3. 칭찬 샤워 (변형놀이)

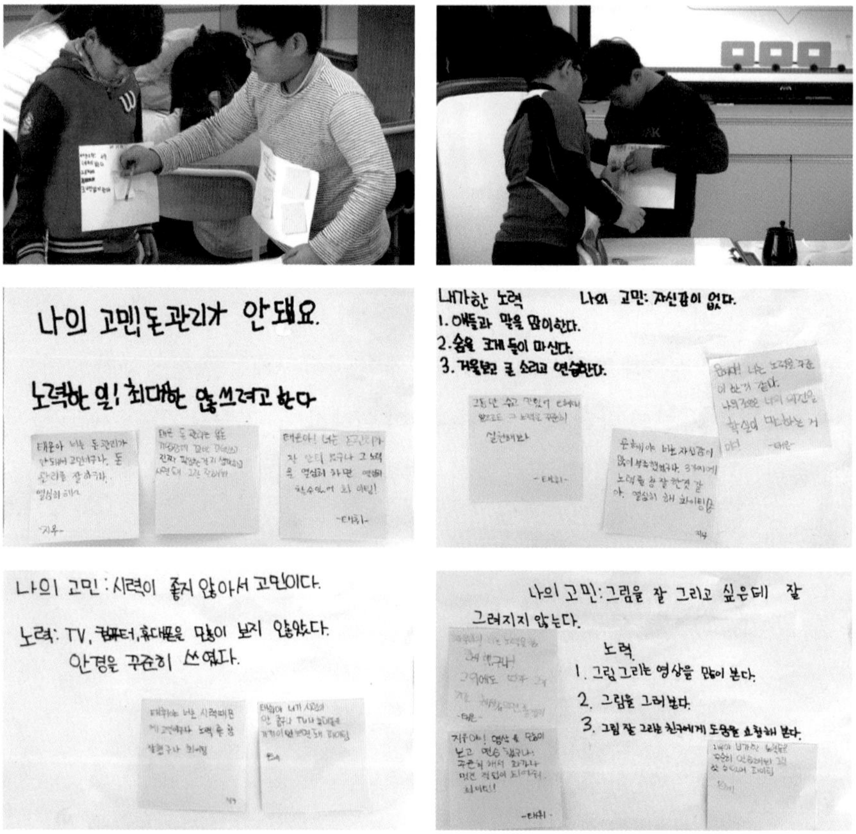

활동 난이도:
☆☆☆

신체 움직임:
★★☆

놀이 유형:
반 전체

놀이 의도

『칭찬은 고래도 춤추게 한다』라는 책 제목처럼 칭찬은 받는 사람과 하는 사람 모두에게 기분 좋은 행위임에 틀림없습니다. 칭찬은 크게 두 가지로 나눌 수 있습니다. 첫째, 결과에 대한 칭찬입니다. '잘했어' '훌륭해' 같은 말은 어떤 일을 성공리에 마쳤을 때 주어지는 보상으로 과정에 대한 노력보다는 성패에 따라 주어지는 칭찬입니다. 둘째, 과정에 대한 칭찬입니다. '잘하고 있어.' '좋은 시도야.' 같은 말은 어떠한 것을 이루기 위한 과정에서 노력한 것을 높이 평가하는 칭찬으로 만약 실패하더라도 좌절하지 않고 다시 할 수 있다는 용기와 자신감을 가질 수 있다는 장점을 가지고 있습니다. 이에 이제까지의 친구의 노력에 격려의 말과 응원하는 말을 적어 붙여주는 '칭찬 샤워' 놀이를 통하여 스스로를 귀중하게 여기며 자신에게 발생하는 감정을 소중히 여길 수 있도록 합니다.

수업 속 감정놀이

＊성취기준: [4도04-01] 생명의 소중함을 이해하고 인간 생명과 환경 문제에 관심을 가지며 인간 생명과 자연을 보호하려는 태도를 가진다. (3, 4학년군 도덕과)

＊도움말: 놀이를 통하여 자신을 사랑하고 존중하는 등 생명의 소중함을 느낄 수 있습니다.

놀이 순서

준비물: 포스트잇, 빈 종이, 양면테이프, 가위

① 빈 종이 1장과 포스트잇 5장을 개인별로 나눠 줍니다.

② 고민해결을 위해 자신이 이제까지 노력해 온 것들을 빈 종이에 적습니다.

③ 양면테이프를 활용하여 종이를 자신의 배에 붙입니다.

④ 자유롭게 돌아다니며 친구의 노력을 살펴봅니다.

⑤ 칭찬하는 말을 포스트잇에 적어 붙여 줍니다. 단, 한 사람에게 1장의 포스트잇만 붙일 수 있습니다.

⑥ 포스트잇을 모두 사용할 때까지 반복합니다.

⑦ 마음에 드는 것을 선택하여 친구들 앞에서 발표합니다.

⑧ 이렇게 사랑받는 자신에게 발생하는 감정은 매우 소중한 존재임을 느낍니다.

놀이 팁

• 결과에 대한 칭찬을 많이 받은 사춘기는 다른 사람보다 뛰어나야 한다는 생각에 협력보다 경쟁을 선택하며 만약 실패할 경우 좌절감에 빠지기도 합니다. 오늘부터 과정에 대한 칭찬을 해 보시는 것은 어떨까요?

참고문헌

교육부(2015). 2015 개정 도덕과 교육과정.

이수인(2007). 또래 칭찬 활동이 중학생의 자아존중감과 사회성에 미치는 효과. 고신대학교 대학원 석사학위논문.

이재명(2001). 칭찬 한마디의 기적. 서울: 기독교 연합신문사.

II-1-4. 감정이 사라졌다! (변형놀이)

기쁨이 사라진 결혼식장

공포가 사라진 놀이공원

기쁨이 사라진 놀이터

사랑이 사라진 데이트

슬픔이 사라진 장례식장

기쁨이 사라진 오락실

활동 난이도:
☆☆☆

신체 움직임:
★★☆

놀이 유형:
모둠

놀이 의도

또래 감정코칭에서 타인의 감정에 처음으로 개입하는 시기는 강한 감정을 표현하는 친구를 피하지 않고 다가갈 때입니다. 강한 감정을 표현하는 대상에게 다가가는 것은 말처럼 쉽지 않습니다. 자신의 내면에서 올라오는 감정을 소화하며 타인의 감정까지 보듬어 주어야 하기 때문입니다. 강한 감정의 대부분은 슬픔, 분노 등으로 친구들의 감정에 개입하다 보면 자신도 모르게 부정적인 감정에 대해 좋지 않은 이미지를 갖게 됩니다. 그러나 부정적 감정 또한 삶에 꼭 필요한 것으로 소중히 여기는 마음이 필요하다 할 수 있습니다. 이에 감정이 사라진 세상을 예상해 보는 '감정이 사라졌다!' 놀이를 통하여 부정적 · 긍정적 감정 모두를 소중히 여기는 마음을 가질 수 있도록 합니다.

수업 속 감정놀이

* 성취기준: [6국05-02] 작품 속 세계와 현실세계를 비교하며 작품을 감상한다. (5, 6학년군 국어과)
* 도움말: 사라진 감정을 소재로 한 작품을 바탕으로 작품 속의 세계와 현실세계의 차이점을 알아볼 수 있습니다.

놀이 순서

준비물: 없음

① 모둠을 조직합니다.
② 대표감정 중 한 가지를 선택합니다.
③ 선택한 대표감정이 사라진다면 어떤 일이 발생할지 예상해 봅니다.
④ 자신의 생각을 모둠원과 나눕니다.
⑤ 모둠 협의를 통하여 하나의 상황을 선택합니다.
⑥ 간단한 역할극으로 꾸며 봅니다.
⑦ 친구들 앞에서 시연합니다.
⑧ 역할극을 관람하며 감정이 소중한 까닭에 대하여 생각해 봅니다.
⑨ 긍정적 · 부정적 감정 모두가 소중함을 느낍니다.

놀이 팁

• 역할극으로 꾸미기 어려워하는 경우 한 장면 연출하기로 대신할 수 있습니다.

참고문헌

교육부(2015). 2015 개정 국어과 교육과정.

II-1-5 사라진 감정 (변형놀이)

활동 난이도:
☆☆☆

신체 움직임:
★★☆

놀이 유형:
개인

놀이 의도

우리는 당연한 것이 당연하지 못할 때 비로소 귀중함을 느끼는 경우가 많습니다. 감정 또한 마찬가지입니다. 잠시 동안 눈을 감고 사랑이라는 감정이 사라졌다고 상상하여 봅시다. 관계에 대한 의무만 남은 이 세상, 참으로 팍팍할 것만 같습니다. 감정은 사람 냄새 나는 삶을 살아가는 데 반드시 필요한 것이며 없어서는 안 될 존재입니다. 제비뽑기로 뽑은 감정을 표현하지 않은 채 하루 동안을 살아보는 '사라진 감정' 놀이를 통하여 감정의 소중함을 느껴 보는 것은 어떨까요?

수업 속 감정놀이

*성취기준: [6국03-05] 체험한 일에 대한 감상이 드러나게 글을 쓴다. (5, 6학년군 국어과)

*도움말: 감정 없이 살아본 하루의 경험과 느낀 점을 글로 표현하여 친구들과 나눔으로써 감정이 소중한 까닭에 대하여 생각해 볼 수 있습니다.

놀이 순서

준비물: 빈 종이, 빈통, 필기도구

① 빈 종이 1장을 개인별로 나눠 줍니다.

② 대표감정 중 하나를 선택하여 빈 종이에 '저는 ○○ 감정을 표현하지 못합니다.'라고 적습니다.

③ 글자가 보이지 않도록 접은 뒤 빈 통에 모읍니다.

④ 제비뽑기를 통하여 대표감정을 선정합니다.

⑤ 자신이 뽑은 감정을 느낄 수는 있으나 표현할 수 없음을 안내합니다.

⑥ 자신의 배에 종이를 붙입니다.

⑦ 하루 동안 ○○ 감정 없이 살아봅니다.

⑧ ○○ 감정 없이 살아본 느낌을 발표합니다.

⑨ 친구들의 발표를 들으며 긍정적 · 부정적 감정 모두는 소중한 존재임을 느낍니다.

놀이 팁

- 놀이가 끝난 후에는 해당 감정을 표현할 수 있음을 안내함으로써 역할에서 빠져나올 수 있도록 합니다.

참고문헌

교육부(2015). 2015 개정 국어과 교육과정.

II-1-6. 상실의 시대 (변형놀이)

활동 난이도:
★☆☆

신체 움직임:
★☆☆

놀이 유형:
모둠

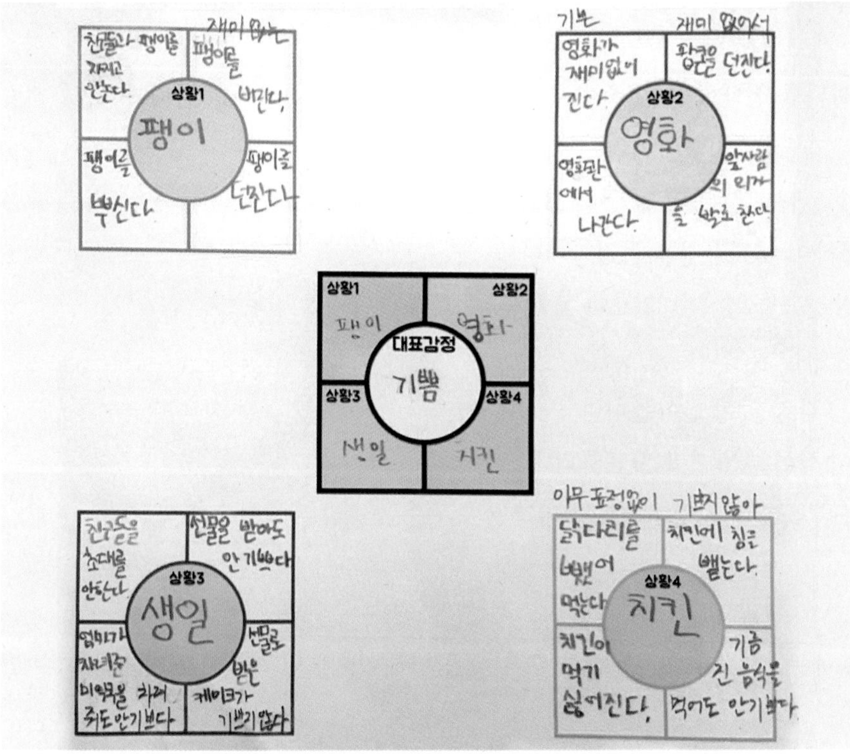

놀이 의도

'상실의 시대'는 창의적 문제해결 기법인 연꽃기법을 활용하여 대표감정이 사라지면 어떤 일이 발생할지 상상해 보는 놀이입니다. 일본의 마츠무라 야스오(Matsumura Yasuo)가 가운데서 바깥으로 펼쳐져 있는 연꽃의 꽃잎을 보고 힌트를 얻어 개발한 연꽃기법은 중심주제에서 세부 아이디어까지 생각에 생각을 거듭하는 기법입니다. 연꽃기법의 장점인 생각의 확장을 바탕으로 감정이 없는 세상을 상상해 보며 감정의 소중함을 느낄 수 있도록 합니다.

수업 속 감정놀이

＊성취기준: [4미02-03] 연상, 상상하거나 대상을 관찰하여 주제를 탐색할 수 있다. (3, 4학년군 미술과)

＊도움말: 연꽃기법을 통하여 감정이 사라진 시대를 상상해 본 후 다양한 방법으로 표현해 볼 수 있습니다.

놀이 순서

준비물: 연꽃기법(부록 27) 활동지, 포스트잇, 필기도구

① 모둠을 조직합니다.

② 모둠별로 대표감정을 선택합니다.

③ 포스트잇 1장을 개인별로 나눠 줍니다.

④ 머릿속에 떠오르는 단어를 포스트잇에 적습니다.

⑤ 포스트잇을 칠판에 붙입니다.

⑥ 칠판에 붙은 포스트잇 4장을 모둠별로 선택하여 가져갑니다.

⑦ 연꽃기법(부록 27) 활동지를 모둠별로 나눠 줍니다.

⑧ 네 가지 상황에 대표감정이 사라졌다고 상상한 후 어떤 일이 발생할지 적습니다.

⑨ 전시를 통하여 서로 생각을 공유합니다.

⑩ 연꽃기법에 적힌 내용을 살펴보며 긍정적 · 부정적 감정 모두가 소중함을 느낍니다.

놀이 팁

- 소수로 구성된 학급일 경우 다섯 가지 대표감정을 모두 하지 않고 부정적인 감정을 위주로 선택하여 놀이를 전개하여 부정적인 감정 또한 소중함을 느끼도록 합니다.

참고문헌

교육부(2015). 2015 개정 미술과 교육과정.

II-2-1. 나의 다짐 (기본놀이)

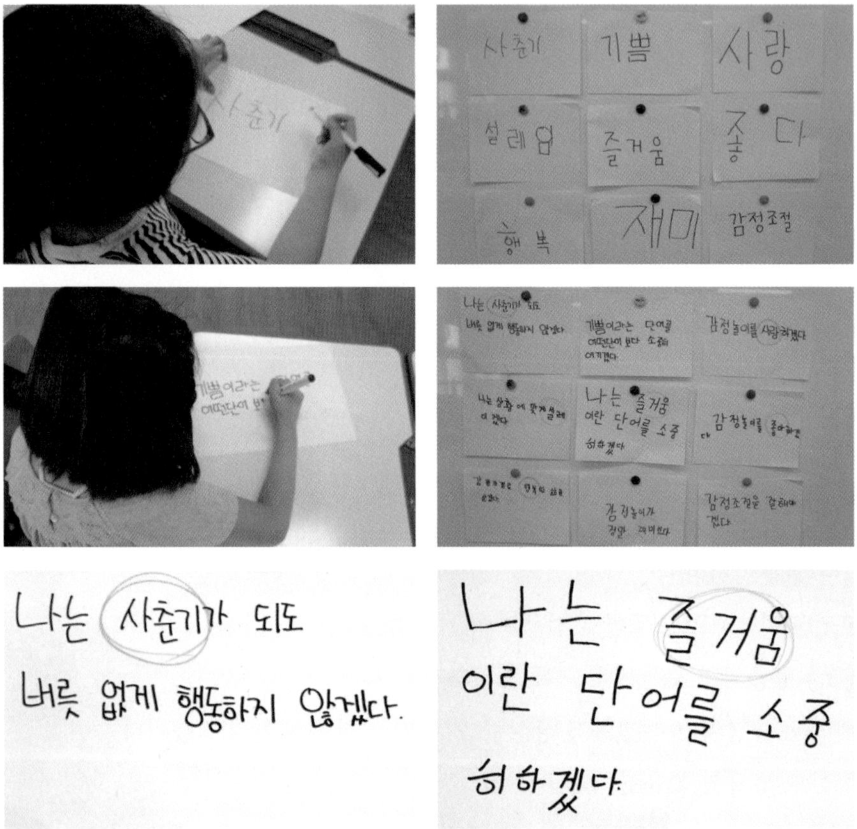

활동 난이도:
☆☆☆

신체 움직임:
☆☆☆

놀이 유형:
개인

놀이 의도

선생님은 연초에 세운 계획을 잘 실천하고 계시나요? 저는 다이어트라는 목표를 세웠지만 아직까지 그대로인 것을 보면 제 굳은 결심은 작심삼일(作心三日)이었나 봅니다. 어떤 것을 꾸준히 실천하기란 참 어렵습니다. 작심삼일이 되지 않기 위해서는 와신상담(臥薪嘗膽)처럼 괴로움을 참고 견디는 노력이 필요한데 이때 함께하는 사람은 큰 도움이 됩니다. 같은 목표를 향해 나아가는 사람들의 응원과 긍정적인 피드백은 최종 목적지에 도달하기까지 큰 힘이 되기 때문입니다. 이에 친구와 함께 다짐하고 실천하는 '나의 다짐' 놀이를 통하여 서로의 감정을 소중히 여기겠다는 공동의 목표에 도달할 수 있도록 합니다.

수업 속 감정놀이

* 성취기준: [6도04-02] 올바르게 산다는 것의 의미와 중요성을 알고, 자기 반성과 마음 다스리기를 통해 올바르게 살아가기 위한 능력과 실천 의지를 기른다. (5, 6학년군 도덕과)
* 도움말: 올바르게 산다는 것의 의미와 중요성, 필요한 능력에 대해 살펴본 후 놀이에 참여해 봄으로써 자신의 다짐을 실생활 속에서 습관화하도록 할 수 있습니다.

놀이 순서

준비물: 빈 종이, 필기도구

① 빈 종이 1장을 개인별로 나눠 줍니다.
② 감정놀이를 하며 느꼈던 점을 한 단어로 압축하여 표현해 봅니다.
③ 자신의 생각을 빈 종이에 적은 뒤 칠판에 붙입니다.
④ 칠판에 붙은 친구들의 생각을 살펴봅니다.
⑤ 칠판에 붙은 단어를 활용하여 친구의 감정을 소중히 여기겠다는 다짐을 만들어 봅니다.
⑥ 친구들 앞에서 자신의 다짐을 발표합니다.
⑦ 다짐을 들은 친구들은 "너를 응원해!"라고 말해 줍니다.
⑧ 친구들의 응원을 들으며 실천을 굳게 다짐합니다.

놀이 팁

• 다짐을 실천하기 위해서는 자주 되뇌는 게 효과적입니다. 이에 자신의 다짐을 사물함 등에 붙여 놓고 자주 보게 하여 실천 의지를 함양할 수 있도록 합니다.

참고문헌

교육부(2015). 2015 개정 도덕과 교육과정.

II-2-2. 꼭꼭 약속해 (변형놀이)

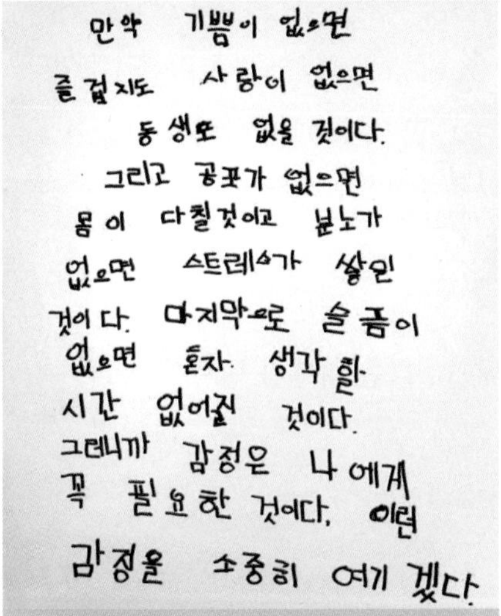

사춘기 초기의 다짐

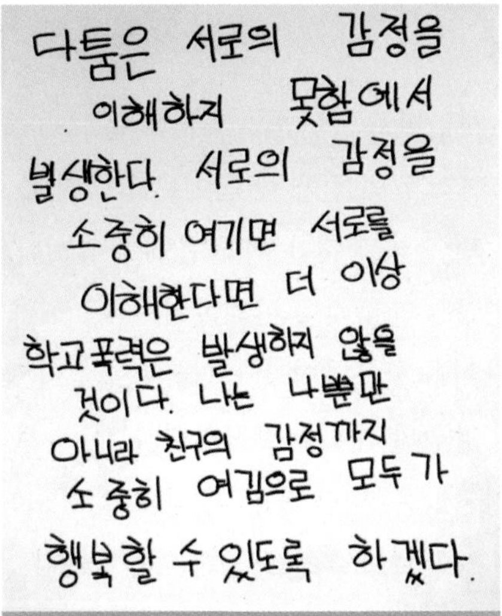

사춘기 중기의 다짐

활동 난이도:
☆☆☆

신체 움직임:
☆☆☆

놀이 유형:
개인

놀이 의도

로렌스 콜버그(Lawrence Kohlberg)는 '죽어 가는 부인을 살릴 수 있는 약을 가진 약사가 터무니없는 비용을 요구하자 문을 부수고 약국에 들어가 그 약을 훔친 행동이 옳은가?'라는 딜레마에 반응하는 정도를 분석하여 도덕발달이론을 정립하였습니다. 그의 연구에 따르면 도덕적 판단근거는 발달 정도에 따라 차이를 보이는데 사춘기 초기는 개인의 이득과 욕구 충족이, 중기는 다른 사람과 좋은 관계를 유지하여 믿음을 저버리지 않으려는 마음이, 후기는 사회 질서와 법을 유지하며 자신의 의무를 다하고자 하는 책임감이 기준이 된다고 합니다. 점차 외부적인 요인에서 양심이나 보편적인 도덕 원리로 이동함을 알 수 있습니다. 이러한 도덕적 판단의 근거가 중요한 까닭은 무엇일까요? 바로 판단은 행동으로 연결되고 행동은 습관이 되기 때문입니다. 놀이에 참여하는 사춘기의 도덕적 판단근거를 고려한 질문을 통하여 감정을 소중히 여기겠다는 다짐을 해 보는 '꼭꼭 약속해' 놀이를 통하여 실천 의지를 높일 수 있도록 합니다.

수업 속 감정놀이

* 성취기준: [4도04-02] 참된 아름다움을 올바르게 이해하고 느껴 생활 속에서 이를 실천한다. (3, 4학년군 도덕과)
* 도움말: 감정다짐 서약서를 작성하고 실천하여 내면적 아름다움과 도덕적 삶의 아름다움을 추구하는 삶을 살아갈 수 있습니다.

놀이 순서

준비물: 포스트잇, 필기도구

① 빈 종이 1장과 포스트잇을 5장을 개인별로 나눠 줍니다.
② 눈을 감고 선생님의 질문에 답변하여 봅니다.
③ 이제까지의 생각을 바탕으로 앞으로의 지킬 감정다짐을 정할 수 있도록 합니다.
④ 빈 종이에 자신의 약속을 적은 뒤 칠판에 붙입니다.
⑤ 친구들의 감정다짐을 살펴보며 힘이 되는 말을 포스트잇에 적어 붙여 줍니다.
⑥ 응원이 되는 말을 읽으며 실천을 굳게 다짐합니다.

놀이 팁

• 질문의 내용은 다음과 같습니다.

–사춘기 초기: 감정을 소중히 여기는 것이 나에게 어떠한 도움이 되는가?
–사춘기 중기: 감정을 소중히 여기는 마음은 모두에게 어떠한 긍정적인 영향을 미치는가?
–사춘기 후기: 서로의 감정을 소중히 여기는 것은 사회 질서 유지에 어떠한 도움이 되는가?

참고문헌

교육부(2015). 2015 개정 도덕과 교육과정.

Colby, A., & Kohlberg, L. (1987). *The Measurement of Moral Judgment*. Cambridge, UK: Cambridge University Press.

11-2-3. 약속나무 (변형놀이)

활동 난이도:
☆☆☆

신체 움직임:
★★☆

놀이 유형:
반 전체

놀이 의도

태아 때 형성된 지문은 유전자가 동일한 일란성 쌍둥이라고 할지라도 모두 다르며 평생 동안 그 모양이 바뀌지 않는다고 합니다. 이러한 이유로 지문은 오래전부터 자신임을 표시하는 도구로 사용되어 왔으며 최근 그 활용도가 높아져 휴대전화 등에서 개인정보 열람 시 활용되기도 합니다. 감정을 소중히 여기겠다는 사춘기들의 다짐은 지문과 매우 닮았습니다. 톡톡 튀는 개성처럼 그 내용은 모두 다르지만 변함없는 진리가 되어 평생을 살아가는 데 자양분이 될 것이기 때문입니다. '약속나무' 놀이를 통하여 평생을 함께하는 교훈을 만들어 보는 것은 어떨까요?

수업 속 감정놀이

* 성취기준: [6도04-02] 올바르게 산다는 것의 의미와 중요성을 알고, 자기 반성과 마음 다스리기를 통해 올바르게 살아가기 위한 능력과 실천 의지를 기른다. (5, 6학년군 도덕과)
* 도움말: 놀이를 통하여 자신과 친구의 감정을 존중하며 살아가는 것은 도덕적인 삶의 일부분임을 느낄 수 있습니다.

놀이 순서

준비물: 4절지, 인주

① 책걸상을 한쪽으로 치워 빈 공간을 만듭니다.
② 4절지 크기의 종이 하단에 나뭇가지를 그립니다.
③ 교실 가운데 나뭇가지를 두고 둥글게 앉을 수 있도록 합니다.
④ 지문이 가진 의미에 대해 생각해 봅니다.
⑤ 감정을 소중히 여기기 위한 자신의 다짐을 생각합니다.
⑥ 생각을 마친 학생은 나뭇가지에 주변에 자신의 다짐을 적습니다.
⑦ 자신의 다짐 옆에 인주를 활용하여 지문을 찍습니다.
⑧ 잘 보이는 곳에 약속나무를 게시합니다.
⑨ 자주 보며 감정을 소중히 여기겠다는 다짐을 실천하도록 합니다.

놀이 팁

- 최근 인주 색이 매우 다양해졌습니다. 다양한 색을 활용해 보시기 바랍니다.
- 물을 섞지 않은 물감을 활용하여도 비슷한 효과를 낼 수 있습니다.

참고문헌

교육부(2015). 2015 개정 도덕과 교육과정.

II-2-4. 감정명함 (변형놀이)

활동 난이도:
☆☆☆

신체 움직임:
★★☆

놀이 유형:
개인

놀이 의도

'감정명함'은 감정다짐이 적힌 명함을 서로 나눠 가지며 긍정적 · 부정적 감정 모두를 소중히 여기겠다는 마음을 다지는 놀이입니다. 감정명함의 앞면에는 이름 외에 편하게 부를 수 있는 호를 지어 표기하도록 하였는데 이는 감정과 관련된 호를 직접 지어 보며 감정이라는 존재를 좀 더 친근하게 받아들이면 좋겠다는 의도가 담겨 있습니다. 나만의 감정명함을 만들어 보며 자신과 친구의 감정에 관심을 갖고 서로의 감정을 소중히 여길 수 있도록 합니다.

수업 속 감정놀이

＊성취기준: [6미01-01] 자신의 특징을 다양한 방법으로 탐색할 수 있다. (5, 6학년군 미술과)

＊도움말: 마인드맵, 브레인스토밍 등을 활용하여 자신의 내적 · 외적 특징을 찾아본 뒤 감정을 소중히 여기겠다는 다짐이 담긴 명함을 만들어 볼 수 있습니다.

놀이 순서

준비물: 명함 크기의 종이, 필기도구, 복사기

① 명함 크기의 종이를 준비합니다.

② 감정과 관련된 호(본 이름 대신 편하게 부를 수 있도록 지은 이름)를 짓습니다.

③ 명함 앞면에는 호, 이름, 자신을 상징하는 그림, 글 등을 적습니다.

④ 명함 뒷면에는 감정을 소중히 여기기 위한 자신의 다짐을 적습니다.

⑤ 학생들의 명함을 여러 장 복사합니다.

⑥ 명함을 주고받으며 자신의 다짐을 공언하는 시간을 갖습니다.

놀이 팁

- 호를 짓기 위한 소재는 다양합니다. 자신이 살던 곳이나 좋아하는 물건, 바람 등 어느 것이 되어도 좋습니다. 호를 짓기 어려워하는 경우 선조들의 호를 살펴보는 것이 도움이 될 것입니다.

참고문헌

교육부(2015). 2015 개정 미술과 교육과정.

II-2-5. 손바닥 다짐 (변형놀이)

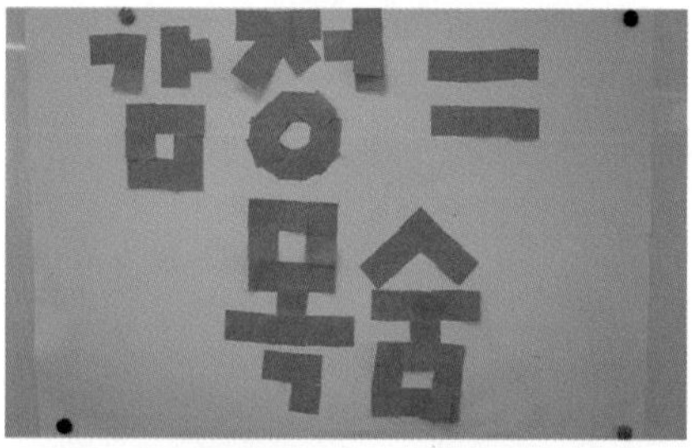

활동 난이도:
☆☆☆

신체 움직임:
★★☆

놀이 유형:
반 전체

놀이 의도

통계청이 발표한 「2016년 사망 원인 통계」에 따르면 10대의 사망 원인 중 1위는 자살로, 성적과 진학문제, 가정불화, 외로움, 경제적 어려움, 따돌림 등이 주요 요인이었습니다. 자살의 원인은 크게 외적 요인과 내적 요인으로 구분할 수 있습니다. 스스로 어찌할 수 없는 진학제도, 가정불화 같은 외적 요인을 제외하면 외로움이라는 내적 요인이 사춘기들을 위협하고 있음을 알 수 있습니다. 사람은 누구나 기분 좋은 상태를 추구합니다. 그러나 때로는 슬픔, 분노, 공포 같은 감정으로 인하여 좌절하거나 주저앉기도 합니다. 이때 부정적인 감정 자체를 혐오하는 자세는 우울을 해소하는 데 전혀 도움이 되지 않습니다. 이 또한 성장해 나가는 과정임을 인지하고 자신과 감정을 소중히 여기며 우울에서 벗어나기 위한 다양한 방법을 시도하는 것이 효과적입니다. 이에 긍정적 · 부정적 감정 모두를 소중히 여기겠다는 마음을 담은 '손바닥 다짐' 놀이를 통하여 사춘기를 위협하는 것으로부터 벗어날 수 있도록 합니다.

수업 속 감정놀이

* 성취기준: [9기가02-07] 청소년의 건강을 위협하는 다양한 원인을 분석하고, 이를 해결하고 예방하는 방안을 탐색하여 실생활에 적용한다. (중학교 기술 · 가정)
* 도움말: 놀이를 통하여 자신의 생명과 감정 모두는 소중한 존재임을 느껴 봄으로써 스트레스, 우울증 등 청소년의 건강을 위협하는 다양한 원인으로부터 벗어날 수 있습니다.

놀이 순서

준비물: 전지, 포스트잇, 물감, 일회용 접시

① 책걸상을 한쪽으로 치워 빈 공간을 만듭니다.
② 전지 1장을 준비합니다.
③ 눈을 감고 선생님의 질문에 스스로 답변할 수 있도록 합니다.
④ 손바닥 다짐에 어울리는 문구를 정합니다.
⑤ 포스트잇을 활용하여 전지에 글자를 수놓습니다.
⑥ 일회용 접시에 물감을 짠 뒤 물에 살짝 갭니다.
⑦ 손바닥에 물감을 묻힌 후 전지에 찍습니다.
⑧ 물감이 마른 뒤 포스트잇을 떼어 냅니다.
⑨ 손바닥 도장을 살펴보며 자신과 감정을 소중히 여기는 마음을 갖도록 합니다.

놀이 팁

• 손바닥 다짐에 어울리는 질문은 다음과 같습니다.

–내가 소중한 까닭은 무엇인가?
–친구는 나에게 있어 어떤 존재인가?
–나와 친구에게 발생하는 감정은 왜 소중한가?

참고문헌

교육부(2015). 2015 개정 실과(기술 · 가정)/정보과 교육과정.

열두째 날.
감정여행 마치기

숨 가쁘게 달려오다 보니 어느덧 마지막 놀이만을 남겨 두고 있습니다.
'감정여행 마치기'와 관련된 놀이를 통하여 자신의 감정특색을 살펴보고 보완할 수 있는 계획을 수립하며 또래 감정코칭을 꾸준히 실천할 수 있는 마음을 함양할 수 있도록 합니다.

12-1 감정놀이의 목적

자신의 감정특색을 살펴본 뒤 보완할 수 있는 계획을 수립해 봅니다.

12-2 감정놀이의 목적

친구의 감정을 지지하고 보듬어 준다는 공동의 목표를 향해 함께 걸어 나갈 수 있도록 합니다.

12-1-1. 나의 감정특색 (기본놀이)

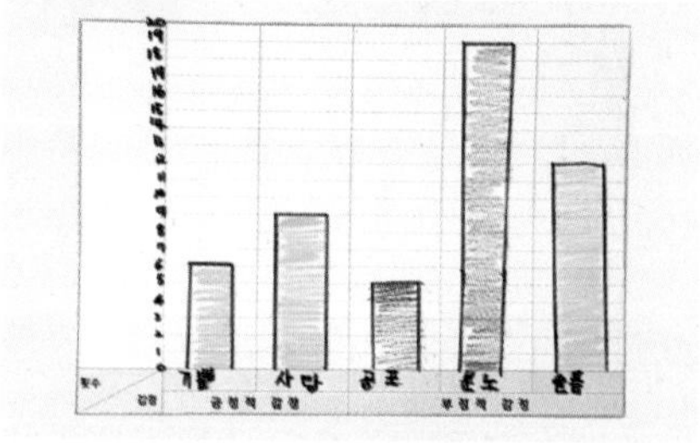

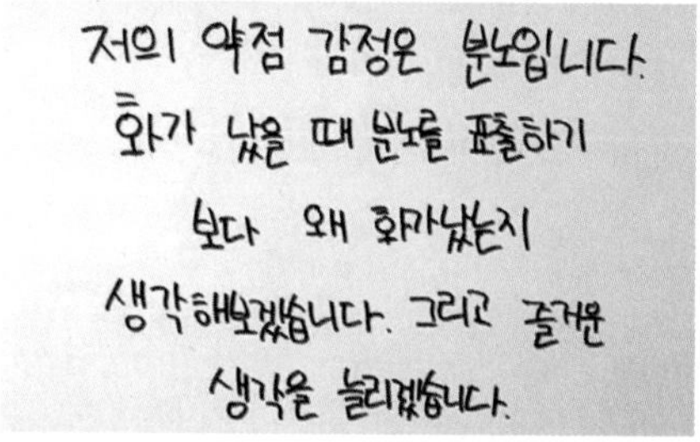

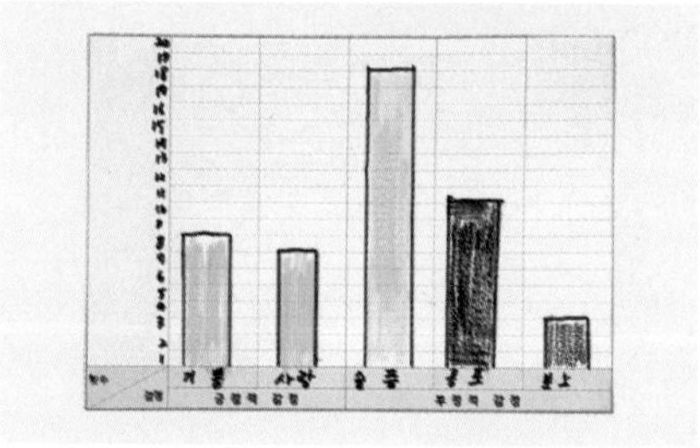

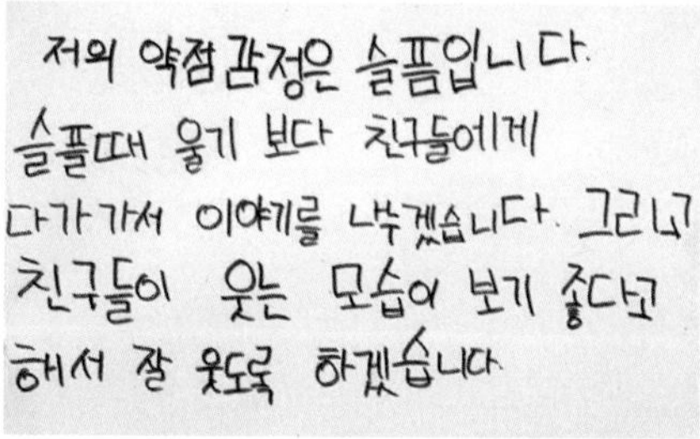

활동 난이도:
☆☆☆

신체 움직임:
☆☆☆

놀이 유형:
개인

놀이 의도

어떤 사춘기는 분노에 취약한 반면, 어떤 사춘기는 공포를 매우 잘 느낍니다. 이처럼 사람마다 감정을 처리하는 독특한 양식을 가지고 있는데 이를 감정특색이라 부릅니다. 감정특색은 몇 가지 특징을 가지고 있습니다. 첫째, 감정이 지닌 가치는 중립적이어서 특정 감정이 강점이라 해서 더 좋은 것이 아니며 그 사람이 가진 독특한 감정처리 방식에 지나지 않습니다. 둘째, 감정 자체가 지닌 가치는 중립적이나 한 감정에 지나치게 빠져 있거나 몰입해 있는 경우 실생활에 악영향을 미칠 수 있습니다. 특히 부정적인 감정에 너무 민감하게 반응하거나 긍정적인 감정에 너무 무디게 반응하는 경우가 해당된다 할 수 있습니다. 이런 사춘기가 있다면 보완계획을 수립하여 올바르게 성숙할 수 있도록 도와야 할 것입니다. 이제까지 작성한 감정일기를 바탕으로 자신의 감정특색을 알아보는 놀이를 통하여 평소 자신이 자주 느끼는 감정을 되돌아보고 감정특색을 보완할 수 있는 계획을 수립하도록 합니다.

수업 속 감정놀이

* 성취기준: [4수05-01] 실생활 자료를 수집하여 간단한 그림그래프나 막대그래프로 나타낼 수 있다. (3, 4학년군 수학과)
* 도움말: 자신의 감정특색을 그림그래프로 나타내고 보완할 수 있는 계획을 수립하여 보다 건강한 감정특색을 가질 수 있습니다.

놀이 순서

준비물: 그래프(부록 28), 감정일기, 필기도구

① 그래프(부록 28)를 개인별로 1장씩 나눠 줍니다.
② 그래프 밑에 대표감정의 이름을 적습니다.
③ 이제까지 작성한 감정일기를 살펴봅니다.
④ 감정이름의 수를 세어 막대그래프로 나타내 봅니다. 하위 감정이름으로 적은 경우 대표감정으로 변환하여 셀 수 있도록 합니다.
⑤ 자신의 강·약점 감정특색을 살펴봅니다.
⑥ 긍정적 감정이 너무 낮거나, 부정적 감정이 너무 높은 경우 보완계획을 세울 수 있도록 합니다.
⑦ 자신의 계획을 친구들과 나눕니다.
⑧ 실생활에서 실천할 수 있도록 합니다.

놀이 팁

- '나의 감정특색' 놀이를 전개하기 위해서는 최소 한 달 정도 작성된 감정일기가 필요합니다.

참고문헌

교육부(2015). 2015 개정 수학과 교육과정.

12-1-2. 너 자신을 알라 (변형놀이)

활동 난이도:
☆☆☆

신체 움직임:
★★☆

놀이 유형:
개인

놀이 의도

아테네 철학자 소크라테스는 지식을 가르치기보다 질문과 대화를 통하여 아무것도 모르는 자신을 발견할 수 있도록 하였습니다. 스스로 무지함을 깨달을 때 겸손해지고 무엇에 대해 알고자 하는 욕구가 생기며 이렇게 알아차린 보편적 진리로 인하여 진정한 행복에 다다를 수 있다고 생각하였기 때문입니다. '나는 본래 화를 잘 내.' '내 안에는 슬픔이 가득해.' 등 감정특색이라는 틀에 갇혀 고치기를 포기하며 살아왔던 사춘기에게 필요한 것은 소크라테스의 가르침 '너 자신을 알라.'입니다. 친구들의 객관적인 눈에서 나오는 피드백을 바탕으로 잘못된 자기상을 버리고 진정한 나를 알아차려 올바른 감정특색 안에서 행복한 삶을 살아갈 수 있도록 합니다.

수업 속 감정놀이

＊성취기준: [6실01-01] 아동기의 신체적 · 인지적 · 정서적 · 사회적 발달의 특징 및 발달의 개인차를 알아 자신을 이해하고, 건강하게 발달하기 위해 필요한 조건을 설명한다. (5, 6학년군 실과)

＊도움말: 자신이 생각하는 나와 친구들이 바라보는 나에 대해 생각해 보면서 진정한 나는 어떤 존재인지, 어떤 감정특색을 가지고 있는지 살펴볼 수 있습니다.

놀이 순서

준비물: 포스트잇, 필기도구

① 포스트잇 5장과 빈 종이 1장을 개인별로 나눠 줍니다.
② 각각의 포스트잇에 대표감정 이름을 적습니다.
③ 대표감정에 가장 잘 어울리는 친구를 생각해 봅니다.
④ 자유롭게 돌아다니며 해당하는 친구 책상에 대표감정 포스트잇을 붙입니다.
⑤ 포스트잇을 모두 붙인 사춘기는 자신의 자리로 돌아와 책상에 붙어 있는 포스트잇을 확인합니다.
⑥ 같은 종류의 감정 포스트잇끼리 서로 겹치지 않게 위로 쌓으며 분류합니다.
⑦ 긍정적 감정이 너무 낮거나, 부정적 감정이 너무 높은 경우 보완계획을 세웁니다.

놀이 팁

• 대표감정별로 다른 색의 포스트잇을 활용하여도 좋습니다.

참고문헌

교육부(2015). 2015 개정 실과(기술 · 가정)/정보과 교육과정.
박찬구 외(2007). 재미있는 철학 이야기. 서울: 가나출판사.

12-1-3. 고리 끊기 (변형놀이)

활동 난이도:
★☆☆

신체 움직임:
★★☆

놀이 유형:
반 전체

놀이 의도

물이 반 정도 차 있는 컵을 본 한 사춘기는 물이 반이나 있다며 좋아하나 다른 사춘기는 반밖에 없다고 불평합니다. 이러한 시각의 차이는 심층변연계로부터 발생합니다. 심층변연계는 일화에 감정을 입히거나 감정조절에 관여하는데, 활성화 여부에 따라 긍정적으로 생각하기도 부정적으로 반응하게도 만들기 때문입니다. 실제로 심층변연계가 지나치게 활성화될 경우 인간관계, 동기부여, 추진력 등에 문제가 발생하는 것으로 나타났습니다. 그렇다면 어떻게 하면 활성화된 심층변연계를 제자리로 돌려놓을 수 있을까요? 바로 긍정적인 영향을 주는 사람들과 함께하거나 부정적인 생각이 계속될 때 그 고리를 끊어 버리는 것입니다. 특히 생각의 고리 끊기는 방법은 간단하지만 부정적인 감정특색을 가진 사춘기에게 효과는 크다 할 수 있습니다. 이에 부정적인 생각의 고리를 끊어 버리는 '고리 끊기' 놀이를 통하여 심층변연계를 제자리로 돌려 놓음으로써 긍정적인 시각으로 삶을 살아갈 수 있도록 합니다.

수업 속 감정놀이

* 성취기준: [4국05-03] 이야기의 흐름을 파악하여 이어질 내용을 상상하고 표현한다. (3, 4학년군 국어과)
* 도움말: 앞사람의 이야기에 이어질 내용을 상상하여 말하는 놀이를 통하여 부정적인 생각의 악순환을 끊어 버릴 수 있도록 합니다.

놀이 순서

준비물: 없음

① 큰 원을 만들어 선 뒤 모두 손을 잡습니다.
② 첫 번째 사춘기는 가상상황을 설정합니다.
③ 그 다음 사춘기부터는 앞사람의 내용에 이어지는 이야기를 만들어 말합니다. 단, 부정적인 내용으로 꾸밀 수 있도록 합니다.
④ 한 사춘기를 무작위로 선택한 후 마주잡은 두 손을 떼어 버립니다.
⑤ 그 사춘기부터는 긍정적인 방향으로 이끄는 이야기를 꾸밀 수 있도록 합니다.
⑥ 이야기를 만들지 못하거나 자연스럽지 못한 경우 제자리에 앉습니다.
⑦ 최후까지 살아남는 사람이 승리합니다.
⑧ 생각의 차이로 행복한 삶을 영위할 수 있음을 안내합니다.

놀이 팁

• 심층변연계는 수면, 섭식과도 깊은 연관을 맺고 있습니다. 수면의 질과 시간에 따라 바라보는 시각과 감정조절에 영향을 미치기도 합니다. 충분한 수면 시간을 확보하는 것 또한 감정조절의 한 방법입니다.

참고문헌

교육부(2015). 2015 개정 국어과 교육과정.
안한숙 역(2002). 당신의 뇌를 점검하라. 서울: 한문화.

열두째 날

12-1-4. 감정약국 (변형놀이)

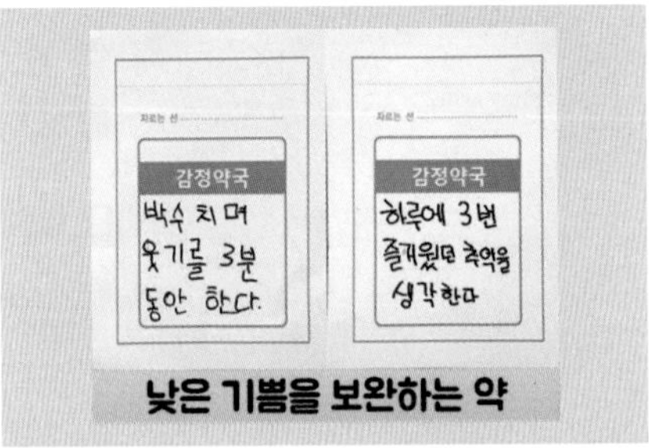

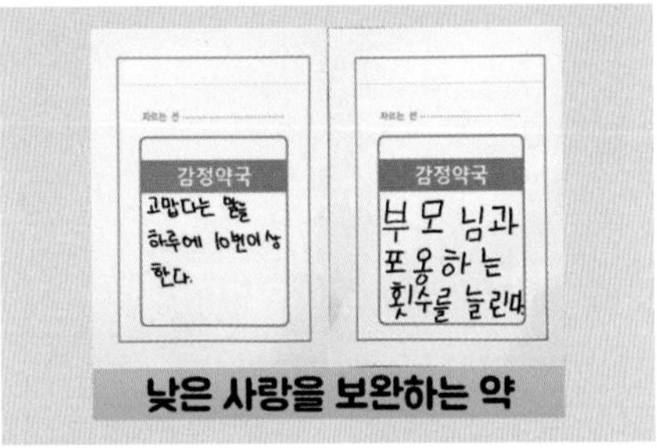

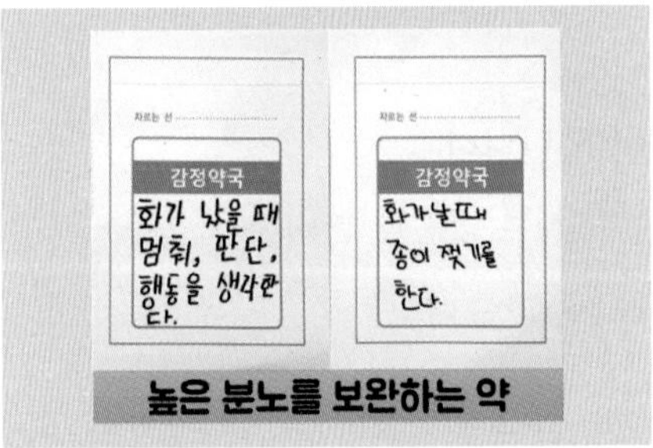

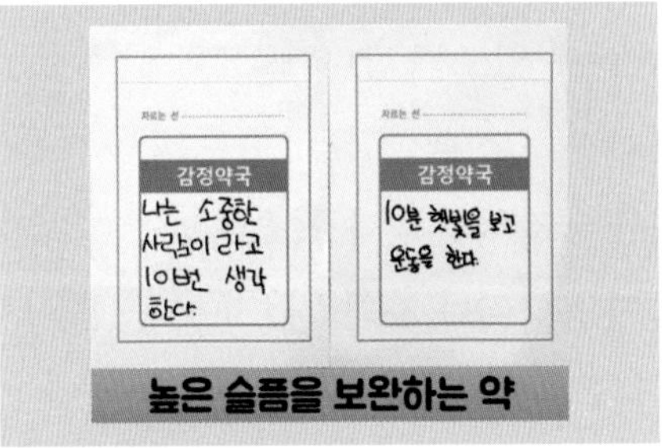

활동 난이도:
☆☆☆

신체 움직임:
★☆☆

놀이 유형:
모둠

놀이 의도

한곳에 오랫동안 고여 있는 물은 썩듯이 하나의 감정에 오랜 시간 고착되어 있는 경우 다양한 문제를 발생시킵니다. 특히 부정적인 감정에 사로잡혀 괴로워하는 것은 감정의 순환을 방해하므로 마음의 병이 되기도 합니다. 우리는 몸이 아플 때 병원을 찾으며 정해진 기간 동안 약물을 복용합니다. 이처럼 자신의 감정경향성, 즉 감정특색으로 인하여 힘들거나 괴로울 때도 적절한 조치를 취하는 것이 바람직합니다. 특히 나와 비슷한 감정특색을 가지고 있는 주변 사람들과 해결방법을 함께 논의하고 실천하고자 노력하는 것은 서로에게 힘이 되어 의지할 수 있는 든든한 동반자가 된다는 점에서 매우 고무적이라 할 수 있습니다. 이에 감정특색 보완에 효과적인 처방을 내려 보고 실천하는 '감정약국' 놀이를 통하여 고착된 감정으로부터 벗어날 수 있도록 합니다.

수업 속 감정놀이

* 성취기준: [6도04-01] 긍정적 태도의 의미와 중요성을 알고, 어려움을 극복하기 위한 긍정적 삶의 태도를 습관화한다. (5, 6학년군 도덕과)

* 도움말: 자신의 감정특색을 보완하기 위한 계획을 꾸준히 실천하여 긍정적인 삶의 태도를 가질 수 있습니다.

놀이 순서

준비물: 대봉투, 약봉투 표지(부록 29), 약포지(부록 30), 풀, 필기도구

① 5개의 문장 중 가장 와 닿는 하나를 선택합니다.
② 같은 문장을 선택한 친구끼리 모둠을 조직합니다.
③ 대봉투 1장, 약봉투 표지(부록 29) 1장과 약포지(부록 30) 4장을 모둠별로 나눠 줍니다.
④ 대봉투에 약봉투 표지를 붙입니다.
⑤ 감정특색을 보완할 수 있는 방법을 토의하여 약포지 모양 종이에 적습니다.
⑥ 약포지를 약봉투에 넣습니다.
⑦ 일주일에 한 번 약봉투에서 처방약을 꺼내 본 다음 꾸준히 실천할 수 있도록 합니다.

놀이 팁

• 자신의 감정특색을 파악할 수 있는 5개의 문장은 다음과 같습니다.

-나는 웃을 일이 별로 없다.
-나는 사랑을 표현하는 것이 어색하다.
-나는 슬픔을 자주 느낀다.
-나는 화를 자주 낸다.
-나는 두려움을 자주 느낀다.

참고문헌

교육부(2015). 2015 개정 도덕과 교육과정.

12-1-5. 감정그램 (변형놀이)

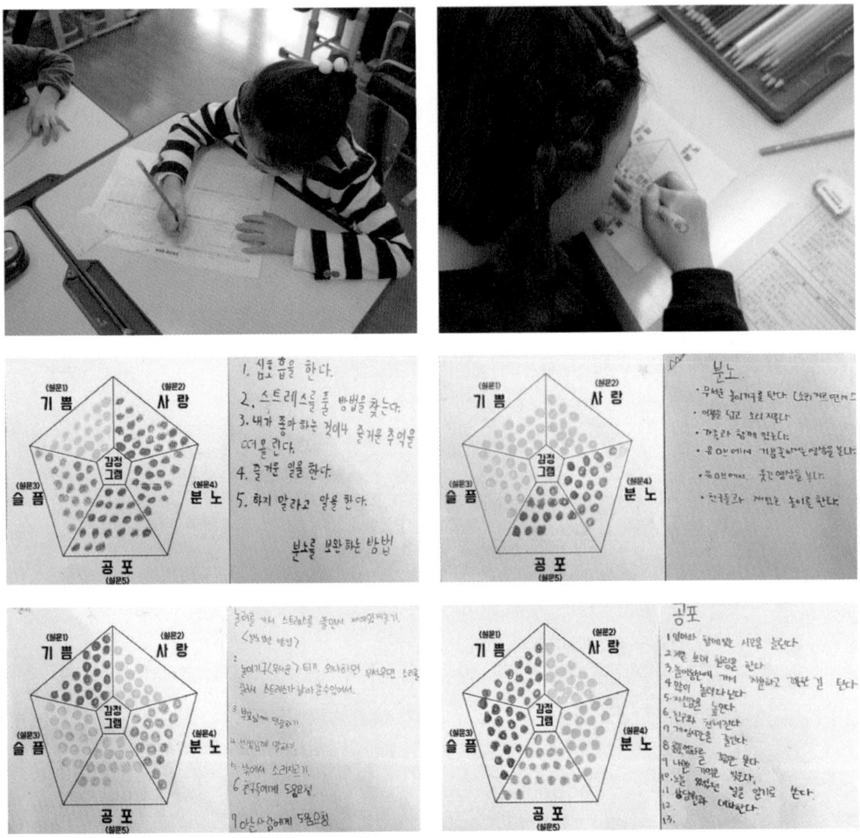

활동 난이도:
★☆☆

신체 움직임:
☆☆☆

놀이 유형:
개인

놀이 의도

프로젝트를 앞둔 두 사람이 있습니다. 낙천적인 사람은 잘될 것이라는 생각 아래 프로젝트를 추진할 것이나 분석적인 사람은 이런저런 가능성을 평가하며 신중한 결정을 할 것입니다. 우리는 두 사람처럼 매 순간순간 선택을 하며 살아갑니다. 그런데 그 선택의 기준을 살펴보면 일정한 방향, 즉 경향성이 있음을 알 수 있습니다. 전자는 밝고 긍정적인 성격과 기쁨을 추구하는 감정 경향성이, 후자는 걱정이 많은 성격과 어떠한 일에 공포를 쉽게 느끼는 감정 경향성이 선택에 영향을 미치는 것처럼 말입니다. 이는 감정과 성격이 매우 밀접한 관계를 맺고 있음을 의미하며 삶에 있어 큰 영향력을 행사한다 할 수 있습니다. 이에 아주 오래전부터 성격을 파악하는 도구로 활용되어 온 에니어그램(Enneagram)을 바탕으로 한 '감정그램' 놀이를 통하여 자신의 감정특색을 알아차림으로써 자신에 대한 이해를 높일 수 있도록 합니다.

수업 속 감정놀이

* 성취기준: [6실05-02] 나를 이해하고 적성, 흥미, 성격에 맞는 직업을 탐색한다. (5, 6학년군 실과)
* 도움말: 자신의 감정특색에 어울리는 다양한 직업을 탐색해 볼 수 있습니다.

놀이 순서

준비물: 감정그램(부록 31), 감정특색 설문지(부록 33), 색연필, 필기도구

① 감정그램(부록 31)과 감정특색 설문지(부록 33), 색연필을 개인별로 나눠 줍니다.

② 감정특색 설문(부록 33) 후 그 결과를 집계합니다.

③ 각 영역의 총점 개수를 세어 감정그램(부록 31)의 해당 영역에 색칠합니다.

④ 자신의 감정특색을 파악합니다.

⑤ 긍정적 감정이 너무 낮거나, 부정적 감정이 너무 높은 경우 보완계획을 세웁니다.

놀이 팁

- 에니어그램의 각 유형과 감정과의 연관성은 다음과 같습니다.

> –기쁨과 관련된 유형은 7유형으로 밝고 긍정적이며 낙천적인 특성을 가지고 있습니다.
> –사랑과 관련된 유형은 2유형으로 남을 도와주기 즐기며 마음이 따뜻한 특성을 가지고 있습니다.
> –분노와 관련된 유형은 8유형으로 자신감이 넘치고 리더십이 강하며 고집이 세다는 특성을 가지고 있습니다.
> –공포와 관련된 유형은 5유형으로 통찰력이 뛰어나며 호기심, 독창성이 높은 특성을 가지고 있습니다.
> –슬픔과 관련된 유형은 4유형으로 감수성이 풍부하고 자신의 감정에 충실하며 쉽게 우울해지는 특성을 가지고 있습니다.

참고문헌

교육부(2015). 2015 개정 실과(기술 · 가정)/정보과 교육과정.

12-1-6. 감정곡선 (변형놀이)

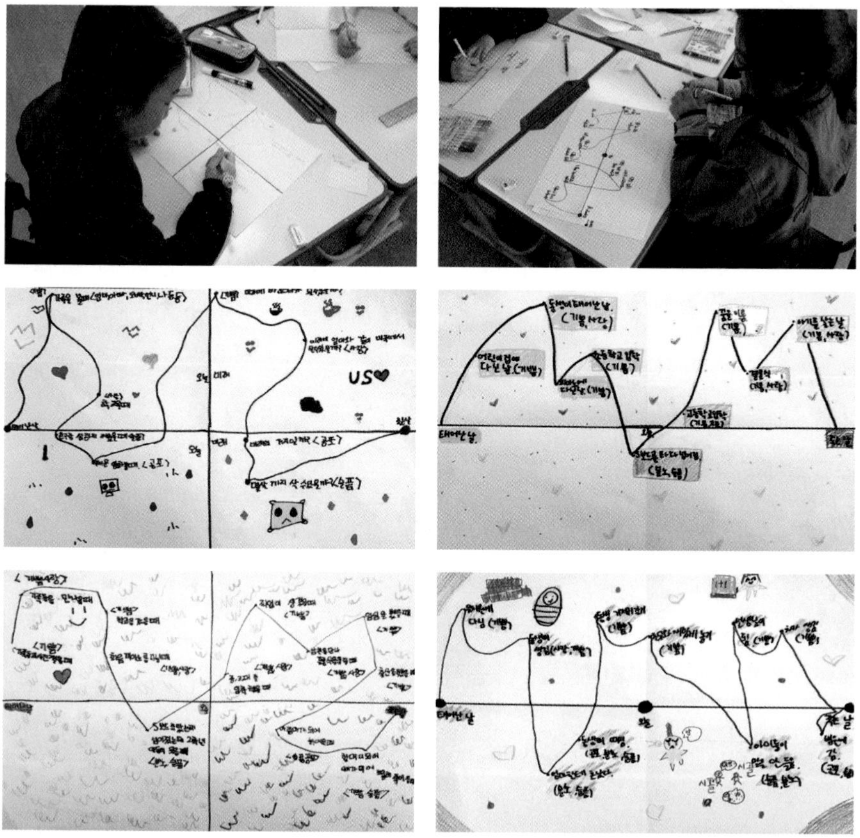

활동 난이도:
★☆☆

신체 움직임:
☆☆☆

놀이 유형:
개인

놀이 의도

같은 슬픈 영화를 보더라도 보는 내내 흐느끼는 이가 있는 반면, 무덤덤한 사람도 있습니다. 이는 감정에 반응하는 정도가 개인마다 다름에서 발생하는 현상입니다. 특정 감정에 대해 민감한 정도를 나타내는 감정특색은 다양한 상황에 작용하는데, 특히 과거를 떠올리거나 미래를 계획할 때도 큰 영향을 미칩니다. 슬픔을 감정특색으로 가진 사람이 다른 사람들에 비해 미안, 후회 등의 감정에 예민할 뿐만 아니라 의미 있거나 중요한 기억도 이와 관련 있는 것들이 많이 있듯 말입니다. 기억에 남거나 바라는 미래를 곡선으로 그려 보는 '감정곡선' 놀이를 통하여 자신의 감정특색을 파악하는 동시에 보완할 수 있는 장기적인 계획을 수립함으로써 지금보다 더 나은 삶을 살아갈 수 있도록 합니다.

수업 속 감정놀이

*성취기준: [6도01-02] 자주적인 삶을 위해 자신을 이해하고 존중하며 자주적인 삶의 의미와 중요성을 깨닫고 실천 방법을 익힌다. (5, 6학년군 도덕과)

*도움말: 이제까지의 삶을 돌아보고 미래의 삶을 계획해 보는 놀이에 참여하여 자신의 감정특색을 보완할 뿐만 아니라 자주적인 삶을 살아갈 수 있도록 동기부여할 수 있습니다.

놀이 순서

준비물: 빈 종이, 필기도구

① 빈 종이 1장을 개인별로 나눠 줍니다.

② 빈 종이를 가로로 한 번, 세로로 한 번 반을 접었다 폅니다.

③ 왼쪽은 태어난 날, 두 선이 교차하는 중간은 오늘, 오른쪽은 죽는 시점임을 안내합니다.

④ 가운데를 중심으로 윗부분은 긍정적 감정을, 아랫부분은 부정적인 감정을 의미하며 폭이 넓어질수록 감정의 세기가 강해짐을 설명합니다.

⑤ 기억에 남는 과거 감정상황을 떠올려 해당하는 영역에 점을 찍은 후 그 옆에 당시의 감정과 구체적인 상황을 적습니다.

⑥ 긍정적 감정이 너무 낮거나, 부정적 감정이 너무 높지 않은지 살펴봅니다.

⑦ 자신의 감정특색을 살펴보며 이를 보완할 수 있는 미래를 계획합니다.

⑧ 자신이 바라는 미래를 생각하며 점을 찍은 후 당시의 감정과 구체적인 상황을 적습니다.

⑨ 점을 다 찍은 후 선으로 연결합니다.

⑩ 자신의 인생 감정곡선을 친구들과 나눕니다.

놀이 팁

- 보통의 인생곡선은 전체의 삶을 균등 분할하여 표시하도록 하지만 감정곡선은 이제까지의 삶을 앞으로의 삶보다 상대적으로 길게 표시하도록 하고 있습니다. 이는 자신의 감정특색을 발견하기 위함입니다. 이제까지의 삶에서 어떤 감정이 가장 많은지 또는 가장 적은지 살펴보며 자신의 감정특색을 파악하도록 합니다.

참고문헌

교육부(2015). 2015 개정 도덕과 교육과정.

12-2-1. 또래 감정코칭 MVP (기본놀이)

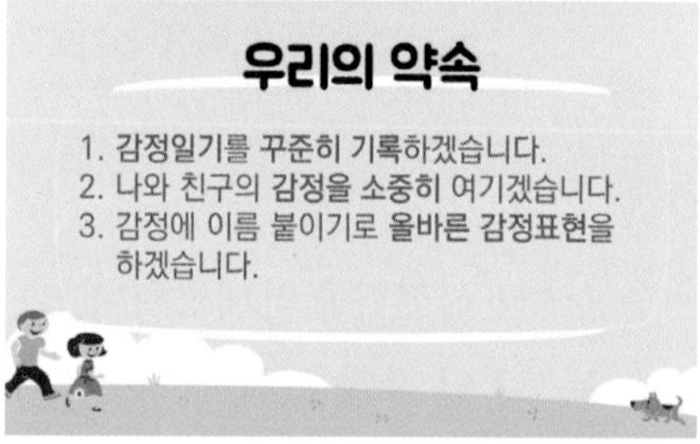

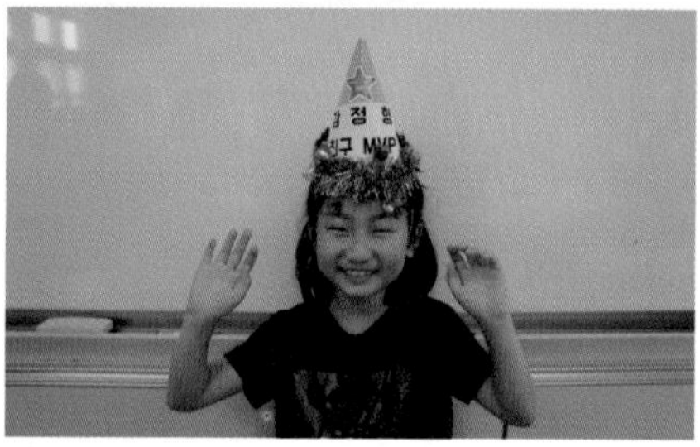

활동 난이도:
☆☆☆

신체 움직임:
☆☆☆

놀이 유형:
반 전체

놀이 의도

또래 감정코칭에 참여하는 사춘기들은 자신과 친구의 감정을 소중히 여기며 올바른 감정표현을 실천한다는 공동의 목표를 향해 간다는 점에서 공동체로 볼 수 있습니다. 공동체의 지속적인 발전을 위해서는 서로를 존중, 배려하는 마음과 집단의 발전을 위한 행동을 선택하는 자세, 즉 공동체 의식이 필요합니다. 이러한 공동체 의식을 함양하기 위해서는 개인과 집단이 소통할 시간, 장기적인 목표 공유, 집단에 투자한 노력에 대해 격려할 수 있는 분위기 조성이 필요하다 할 수 있습니다. 이에 '또래 감정코칭 MVP' 놀이를 통하여 또래 감정코칭 문화 형성에 노력한 사춘기들의 노고를 격려하고 응원해 주어 공동체 의식을 높이는 동시에 친구의 감정을 보듬어 주는 공동의 목표를 위해 함께 걸어 나갈 수 있도록 합니다.

수업 속 감정놀이

* 성취기준: [4도01-03] 최선을 다하는 삶을 위해 정성과 인내가 필요한 이유를 탐구하고 생활 계획을 세워 본다. (3, 4학년군 도덕과)
* 도움말: 최선을 다하는 삶에 대해 알아본 후 놀이를 전개함으로써 또래 감정코칭을 꾸준히 실천하려는 마음을 함양할 수 있습니다.

놀이 순서

준비물: 수료증(부록 32)

① 협의를 통하여 ○○MVP에 들어갈 주제를 선정합니다.
② 이 달의 ○○MVP를 투표를 통하여 선정합니다.
③ 또래 감정코칭에 참여하였던 사춘기에게 수료증(부록 32)을 수여합니다.
④ 지치고 힘들 때 수료증을 보며 힘을 낼 수 있도록 합니다.

놀이 팁

- MVP는 most valuable player의 약어로 최고의 활약을 보인 선수에게 주는 상입니다. 꼭 MVP라는 용어를 사용할 필요는 없습니다. ○○왕 등 학급실태에 맞는 용어를 선택, 활용할 수 있도록 합니다.
- 학급의 보상체계와 연계할 경우 더 큰 효과를 발휘할 수 있습니다.

참고문헌

교육부(2015). 2015 개정 도덕과 교육과정.

12-2-2. 약속해 줘 (변형놀이)

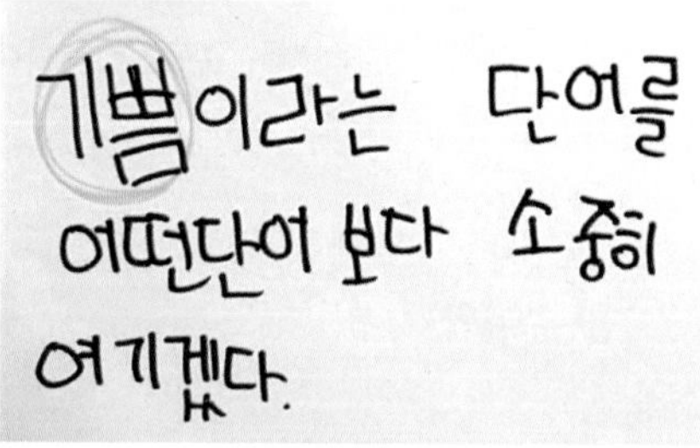

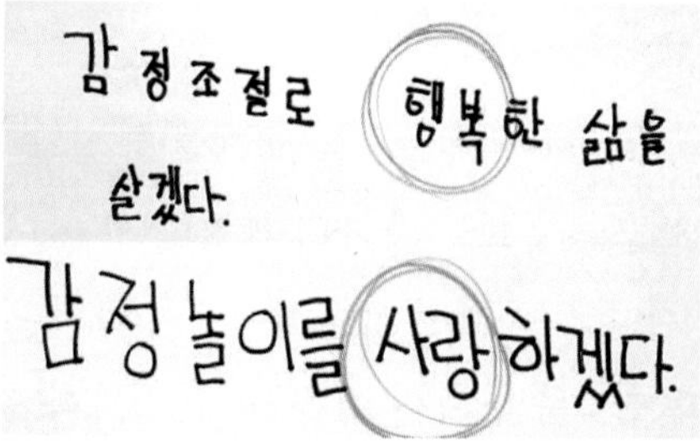

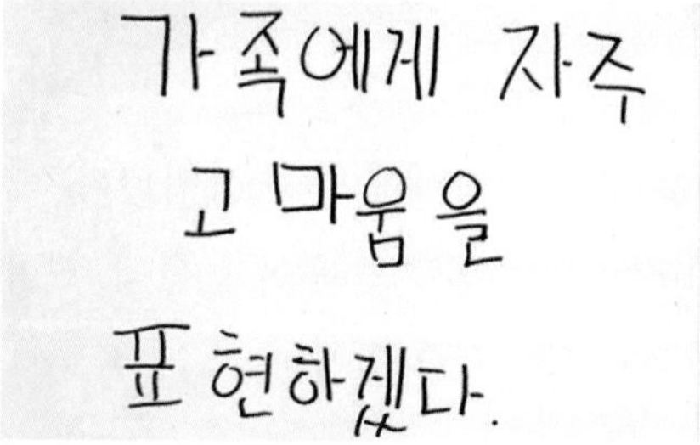

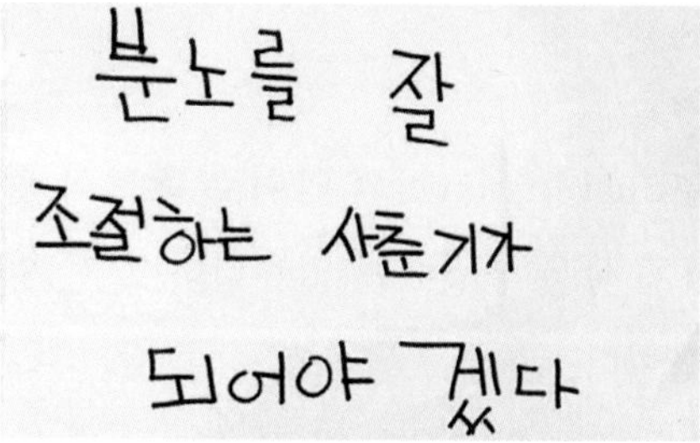

활동 난이도:
☆☆☆

신체 움직임:
☆☆☆

놀이 유형:
개인

놀이 의도

약속이 실현되기 위해서는 몇 가지 조건이 필요합니다. 첫째, 약속자와 피약속자 모두가 원하는 내용이어야 합니다. 둘째, 미래 행위에 대한 구체적인 서술이 있어야 합니다. 셋째, 피약속자가 수행의 의무를 가져야 합니다. 넷째, 약속자의 지속적인 피드백이 있어야 합니다. 이러한 것들이 만족될 때 비로소 효력 있는 약속이 되며 피약속자로 하여금 지키고자 하는 의욕을 불러일으킬 수 있습니다. 또래 감정코칭 또한 마찬가지입니다. 실생활에서 실천 가능한 또래 감정코칭이 되기 위해서는 서로의 감정을 소중히 여기겠다는 마음가짐 아래 어떻게 할 것인지 친구들 앞에서 공언하는 시간을 가지는 것이 바람직하며 중간중간 잘해 나가고 있는지 참여하는 사춘기들끼리 피드백을 주고받는 것이 효과적입니다. 이에 '약속해 줘' 놀이를 통하여 앞으로의 다짐을 만들어 발표함으로써 또래 감정코칭을 실천하려는 마음을 갖도록 합니다.

수업 속 감정놀이

* 성취기준: [6도04-02] 올바르게 산다는 것의 의미와 중요성을 알고, 자기반성과 마음 다스리기를 통해 올바르게 살아가기 위한 능력과 실천 의지를 기른다. (5, 6학년군 도덕과)
* 도움말: 올바르게 산다는 것의 의미와 중요성에 대하여 알아본 후 놀이에 참여하여 자신과의 약속을 이행하기 위해서는 끊임없는 자기반성과 주변 사람들의 피드백이 필요함을 느낄 수 있습니다.

놀이 순서

준비물: 빈 종이

① 빈 종이 1장을 개인별로 나눠 줍니다.
② 약속을 꾸준히 실천할 수 있는 자신만의 비법을 소개합니다.
③ 또래 감정코칭에 참여하며 느꼈던 점을 한 단어로 정리합니다.
④ 자신의 생각을 빈 종이에 적습니다.
⑤ 사춘기들의 생각을 칠판에 붙입니다.
⑥ 칠판에 붙어 있는 단어를 선택합니다.
⑦ 그 단어를 활용하여 앞으로 또래 감정코칭을 어떻게 실천할 것인지 자신만의 약속을 만듭니다.
⑧ 친구들 앞에서 약속을 발표합니다.
⑨ 또래 감정코칭을 꾸준히 실천하려는 마음을 갖습니다.

놀이 팁

• 자신의 약속을 마음판에 새겨서 실생활에서 꾸준히 실천할 수 있도록 합니다.

참고문헌

교육부(2015). 2015 개정 도덕과 교육과정.

12-2-3. 감정수첩 (변형놀이)

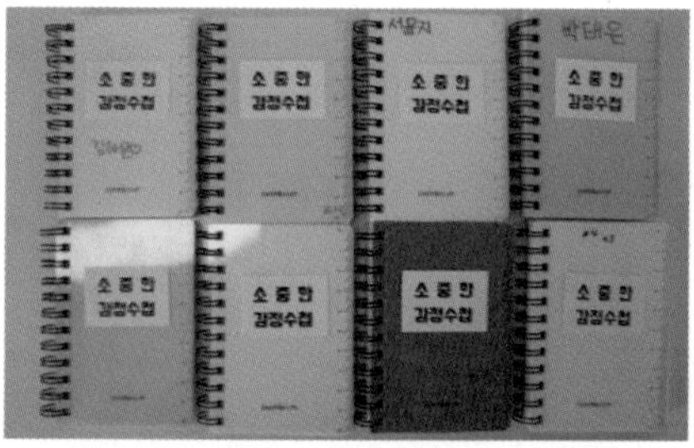

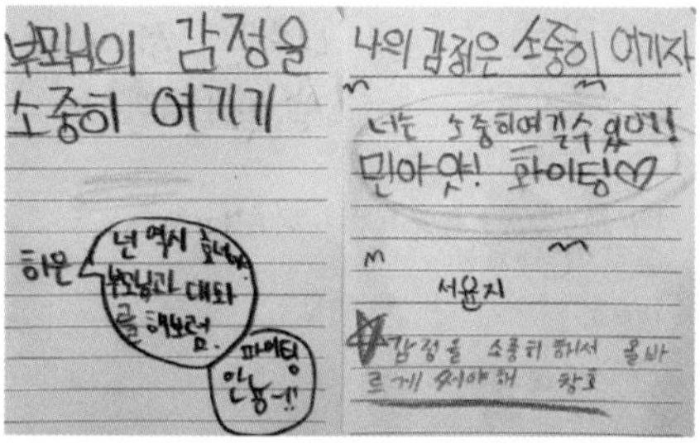

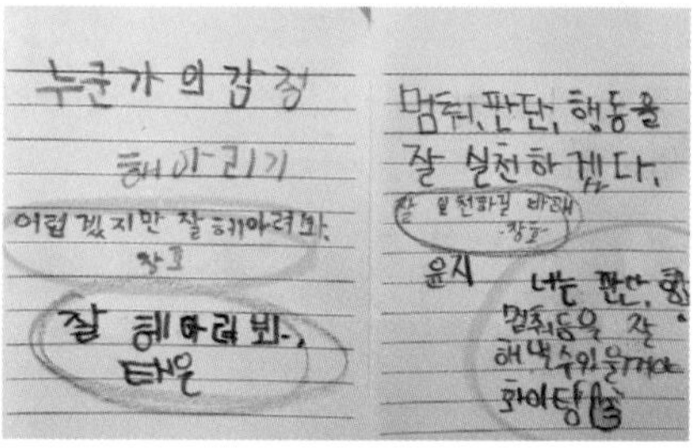

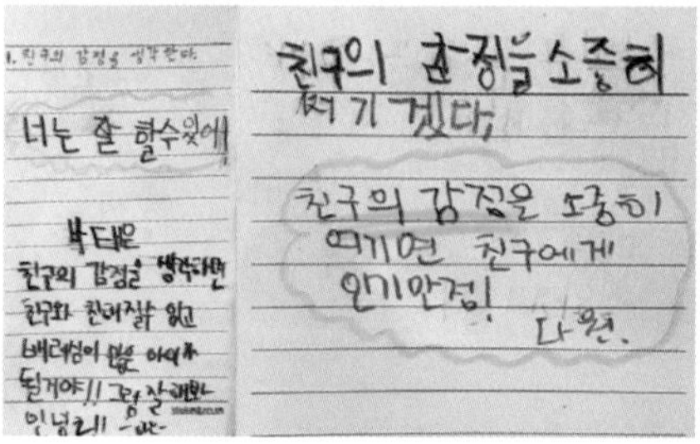

활동 난이도:
☆☆☆

신체 움직임:
☆☆☆

놀이 유형:
개인

놀이 의도

이제까지 또래 감정코칭이란 무엇이고 어떻게 해야 하는지 다양한 감정놀이를 통하여 알아보았습니다. 이제 남은 것은 또래 감정코칭을 실생활에서 꾸준히 실천하는 것뿐입니다. 어떠한 행위를 지속적으로 유지하기 위해서 필요한 것은 무엇일까요? 바로 서로에게 진정한 친구가 되어 간다는 만족감인 내적 보상과 주변 사람들의 인정, 칭찬 같은 외적 보상의 적절한 조화입니다. 이에 스스로 실천할 것을 정한 후 약속된 행동을 보이는 친구에게 응원하는 말, 격려하는 말을 해 주는 '감정수첩' 놀이를 통하여 감정이라는 동일한 관심사와 서로의 감정을 보듬어 준다는 공동 목표 아래 열정을 공유, 상호작용하여 또래 감정코칭을 꾸준히 실천하려는 마음가짐을 갖도록 합니다.

수업 속 감정놀이

* 성취기준: [9도01-05] 행복한 삶을 위해 좋은 습관과 건강의 필요성을 설명하고, 정서적 건강과 사회적 건강을 가꾸기 위한 방안을 제시하고 실천 의지를 함양할 수 있다. (중학교 도덕과)
* 도움말: 또래 감정코칭이 사춘기의 행복에 미치는 영향에 대하여 생각해 본 후 이를 습관화할 수 있는 방법에 대하여 토의함으로써 정서적 · 사회적 건강을 가꿀 수 있습니다.

놀이 순서

준비물: 수첩, 필기도구

① 수첩을 개인별로 나눠 줍니다.
② 친구의 감정을 보듬어 주기 위해 스스로 실천할 것을 생각하여 봅니다.
③ 수첩 상단에 실천할 것을 기록합니다.
④ 약속 실천 시 스스로 또는 친구, 부모님, 선생님이 응원하는 말을 적어 줄 수 있음을 안내합니다.
⑤ 또래 감정코칭을 꾸준히 실천하려는 마음을 갖습니다.

놀이 팁

• 함께 실천할 수 있는 항목의 예는 다음과 같습니다.

-강한 감정을 보이는 친구에게 다가가기
-친구의 감정에 공감하기
-감정형 친구로 살아가기 등

참고문헌

교육부(2015). 2015 개정 도덕과 교육과정.

12-2-4. 뒤집어라 엎어라 (변형놀이)

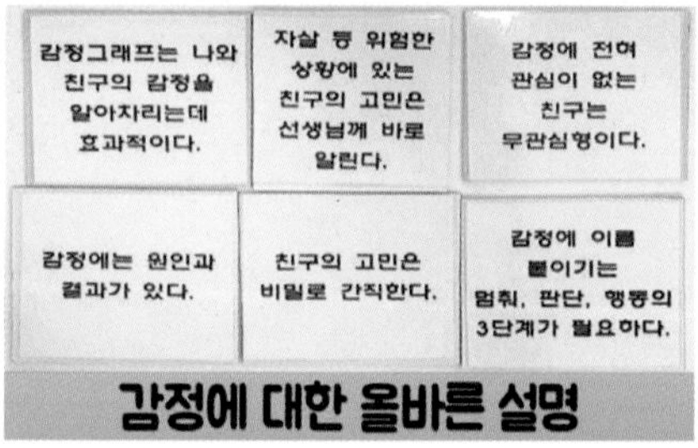

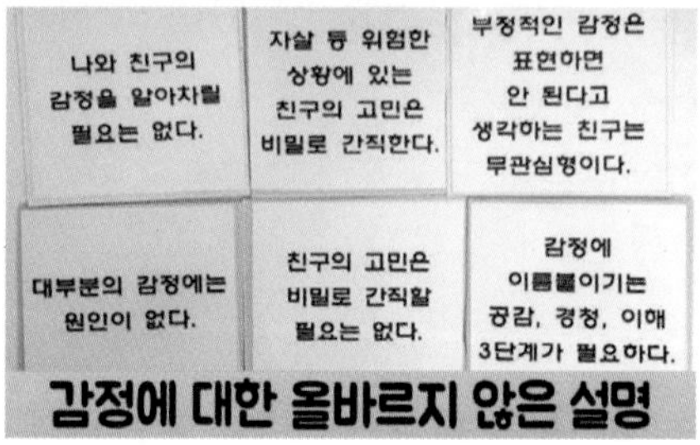

활동 난이도:
☆☆☆

신체 움직임:
★★★

놀이 유형:
모둠

놀이 의도

이제까지 다양한 감정놀이를 해 오며 감정의 특징에 대해 알아보았습니다. 감정의 특징으로는 '감정에는 원인과 결과가 있다.' '감정은 받아들이는 사람에 따라 차이를 보인다.' '감정은 스스로의 의지와 상관없이 발생하기도 한다.' '감정은 내적 · 외적인 변화를 일으킨다.' '한 가지 상황에 다양한 감정이 동시에 발생하기도 한다.' '감정에 이름 붙이기는 멈춰, 판단, 행동의 3단계를 거친다.' '감정으로 인한 행동에는 한계가 필요하다.' '긍정적 · 부정적 감정 모두 소중하다.' 등이 있습니다. 이러한 특징을 소재로 한 '뒤집어라 엎어라' 놀이를 통하여 감정에 대해 다시 한 번 생각해 볼 뿐만 아니라 또래 감정코칭을 꾸준히 실천하려는 마음을 갖도록 합니다.

수업 속 감정놀이

*성취기준: [6도04-02] 올바르게 산다는 것의 의미와 중요성을 알고, 자기반성과 마음 다스리기를 통해 올바르게 살아가기 위한 능력과 실천 의지를 기른다. (5, 6학년군 도덕과)

*도움말: 감정이 가진 특징에 대해 살펴보는 놀이를 통하여 올바르게 살아가기 위한 다짐을 할 수 있습니다.

놀이 순서

준비물: 우드락, 필기도구

① 손바닥 크기의 우드락을 개인별로 나눠 줍니다.

② 감정의 특징을 정리합니다.

③ 앞면에는 감정에 대한 올바른 설명, 뒷면에는 올바르지 않은 설명을 적습니다.

④ 반 전체를 두 모둠으로 나눕니다.

⑤ 우드락을 무작위로 펼쳐 놓습니다.

⑥ 한 모둠은 올바른 설명이 보이도록, 나머지 한 모둠은 올바르지 않은 설명이 보이지 않도록 뒤집어야 함을 안내합니다.

⑦ 정해진 시간 안에 많은 판을 뒤집은 팀이 승리합니다.

놀이 팁

- 놀이에 참여하다 보면 승부욕에 불타 친구를 밀치거나 반칙을 하는 사춘기가 생기기도 합니다. 그런 사춘기에게는 한 손만 사용하는 등의 패널티(penalty)를 부여하여 공정한 놀이가 진행될 수 있도록 합니다.
- 신문지를 활용한 딱지로 놀이를 전개할 수도 있습니다.

참고문헌

교육부(2015). 2015 개정 도덕과 교육과정.

12-2-5. 해시태그 붙이기 (변형놀이)

활동 난이도:
★☆☆

신체 움직임:
☆☆☆

놀이 유형:
개인

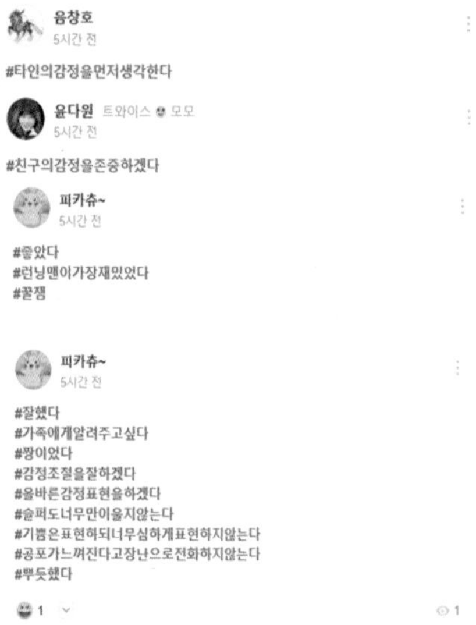

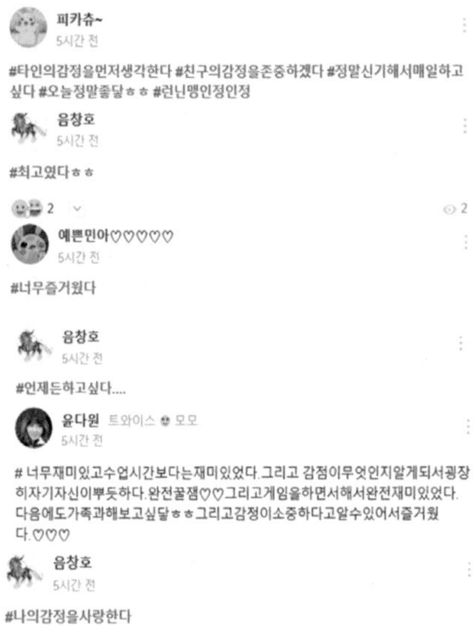

놀이 의도

최근 인터넷에서 샵(#)이 붙어 있는 글을 종종 발견하곤 합니다. 샵(#) 뒤에 붙은 특정 문구를 해시태그라고 하는데, 과거에는 정보를 묶는 데 목적이 있었다면 요새는 자료의 검색과 수집 같은 분야에도 활발히 활용되고 있습니다. 본문에 어울리는 해시태그를 작성하기 위해서는 전체 내용을 짧은 단어 혹은 문장으로 요약할 수 있는 능력이 요구됩니다. 요약하기는 예전부터 학습내용에 대한 이해를 향상시키고 오랫동안 기억력을 유지하는 수단으로 활용되어 왔으며 배운 내용을 정리할 수 있다는 장점을 가지고 있습니다. 이에 다양한 감정놀이에 참여하며 느꼈던 점, 새롭게 알게 된 점, 앞으로의 다짐 등을 내포하는 단어, 짧은 문장을 만들어 보는 '해시태그' 놀이를 통하여 또래 감정코칭을 스스로의 언어로 정의해 볼 수 있도록 합니다.

수업 속 감정놀이

* 성취기준: [6실04-07] 소프트웨어가 적용된 사례를 찾아보고 우리 생활에 미치는 영향을 이해한다. (5, 6학년군 실과)
* 도움말: 사춘기들이 많이 이용하는 소셜 네트워크 서비스(SNS)에 대하여 알아본 후 스마트기기를 활용하여 또래 감정코칭과 관련된 해시태그를 달아볼 수 있습니다.

놀이 순서

준비물: 빈 종이

① 해시태그가 무엇인지 알아봅니다.
② 또래 감정코칭에 어울리는 해시태그를 생각해 봅니다.
③ 자신이 생각한 해시태그를 빈 종이에 적습니다.
④ 서로의 의견을 살펴보며 그렇게 생각한 까닭을 이야기 나눕니다.
⑤ 또래 감정코칭을 꾸준히 실천하려는 마음을 갖습니다.

놀이 팁

- 자신의 SNS에 또래 감정코칭과 관련된 사진이나 글을 게시 후 해시태그를 달아 볼 수 있습니다.

참고문헌

교육부(2015). 2015 개정 실과(기술 · 가정)/정보과 교육과정.
용어로 보는 IT(해시태그).

부록

감정놀이 수업에 맛을 더하다

좋은 재료가 맛있는 음식을 만들 듯 적절한 자료는 수업의 흥미와 재미를 배가시킬 수 있습니다. 또래 감정코칭에 참여하는 사춘기들의 흥미와 관심, 수준을 고려한 자료를 적재적소에 활용함으로써 거친 파도처럼 울렁이는 사춘기들의 마음을 보듬어 줄 수 있으면 좋겠습니다.

[부록 1] 또래 감정코칭 여권

＊관련된 감정놀이: 여행을 떠나요

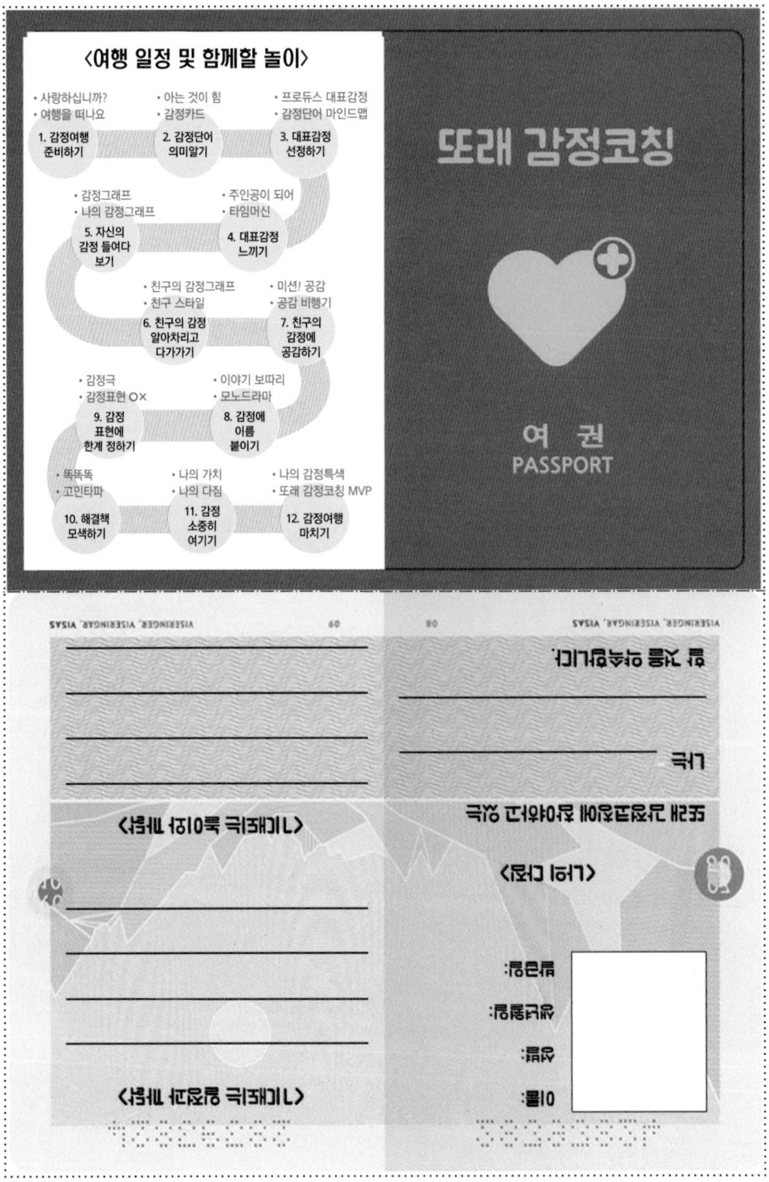

사용법

학생 수만큼 복사합니다. → 점선(⋯)을 따라 가위로 오립니다. → 일점쇄선(−·−)을 중심으로 접은 후 놀이에 활용합니다.

[부록 2] 단계별 대표그림

＊관련된 감정놀이: 싹트네 싹터요, 큐레이톡

단계: 감정 이해하기

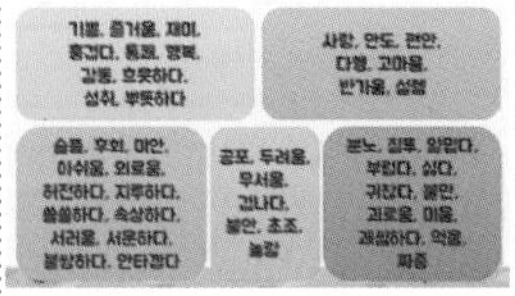

감정단어

국어사전

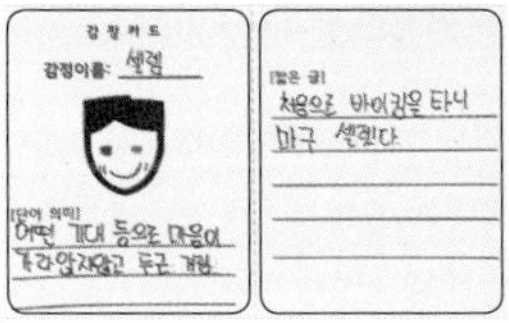

감정카드

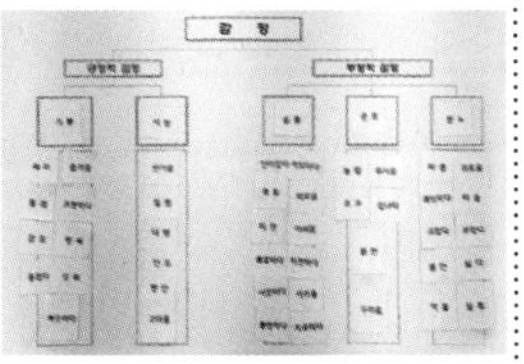

감정마인드맵

단계: 감정 알아차리기

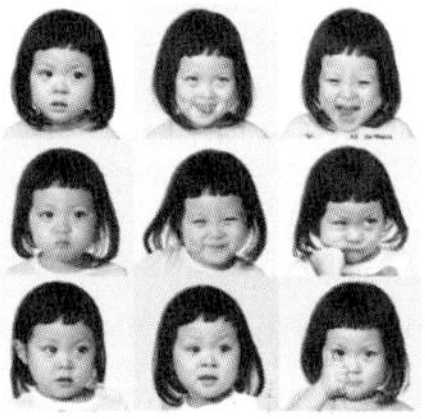

다양한 감정표현

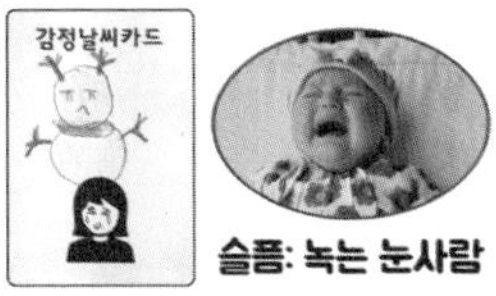

감정날씨카드

감정캐릭터

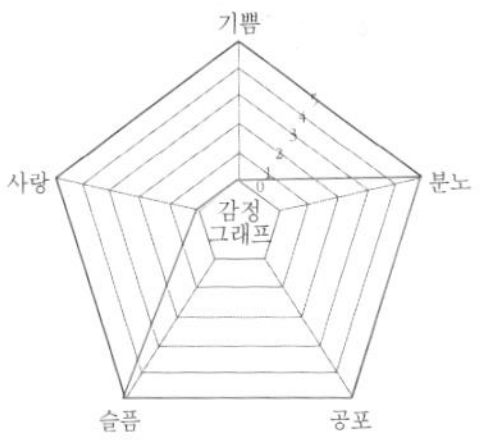

감정그래프

단계: 좋은 기회로 삼기

왜그래형

무관심형

하지마형

감정형

단계: 공감하기

강한 감정표현

다가가기

들어 주기

헤아리기

단계: 감정 조절하기

신호등

멈춰

판단

행동

단계: 바람직한 행동으로 이끌기

고민

고민해결 안내서

응원

해결

단계: 소중히 여기기

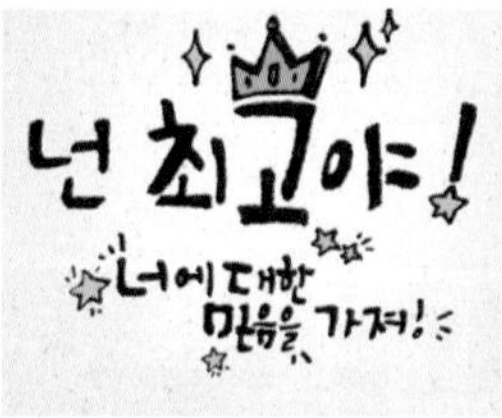

최고

소중해

MVP

꼭꼭 약속해

사용법

각각의 단계를 A3 사이즈로 복사합니다. → 점선(…)을 따라 가위로 오린 후 활용합니다.

[부록 3] 신문기사

*관련된 감정놀이: 아는 것이 힘!

부모님 사랑 보답할게요.

한 군인이 몸이 아픈 아버지를 위해 자신의 간을 이식해 깊은 감동을 주고 있다. 아버지의 간에 이상이 있다는 소식을 들은 송○○은 주저 없이 자신의 장기기증 의사를 밝혔다. 지난 6일 서울대 병원에서 8시간에 걸친 대수술은 성공적이었다. 송○○은 아버지와 함께 모두 건강을 회복하고 가족 간의 사랑의 힘을 보여 줬다. 송○○은 수술 후 "평생 주신 부모님의 사랑과 은혜에 작게나마 보답할 수 있어서 정말 뿌듯하다."며 "남은 군 생활도 끝까지 최선을 다해 진짜 사나이가 되어 부모님의 품으로 돌아가겠다."고 말했다.

출처: http://www.shinailbo.co.kr/news/articleView.html?idxno=565899

한반도 최대 강도 지진

역대 최대 강도의 지진이 한반도를 뒤흔들었다. 경주 인근에서 발생한 두 차례의 큰 지진과 수십 차례의 여진으로 경주지역은 물론 경상·부산 일대 시민들은 건물 밖으로 탈출해 공포에 떨었다. 전라도와 강원도는 물론, 충청지역과 수도권, 제주도까지 강한 진동이 감지되면서 소방당국에는 수만 통의 신고전화가 폭주했고, 일부 통신이 마비돼 혼란을 더했다. 지진의 영향으로 경상·부산 지역에서는 전국에서 6명의 부상자가 발생했으며, 100개가량의 건물에 금이 가는 피해가 발생했다.

출처: http://www.shinailbo.co.kr/news/articleView.html?idxno=565899

사용법

학생 수만큼 복사하여 놀이에 활용합니다.

[부록 4] 감정단어

* 관련된 감정놀이: 아는 것이 힘!, 알고 쓰신감?, 감정단어 스피드퀴즈, 몸으로 말해요, 대표감정 토너먼트, 감정단어 마인드맵, 감정단어 스태킹, 둥글게 둥글게, 감정단어 꼬리잡기, 감정단어 러닝맨, 내 짝은 어디에?

두려움	질투	뿌듯하다	불안	기쁨	고마움	억울
분노	놀람	설렘	미안	편안	사랑	후회
귀찮다	통쾌	겁나다	초조	반가움	쓸쓸하다	다행
슬픔	무서움	불쌍하다	공포	흐뭇하다	미움	속상하다
즐거움	성취	안타깝다	행복	불만	지루하다	싫다
부럽다	괘씸하다	허전하다	서러움	외로움	홍겹다	괴로움
안도	얄밉다	감동	재미	아쉬움	짜증	서운하다

사용법

학생 수만큼 복사합니다. → 점선(…)을 따라 가위로 오린 후 활용합니다.

[부록 5] 감정카드

*관련된 감정놀이: 감정카드, 프로듀스 대표감정, 감정단어 할리갈리, 공감카드

감정카드

감정이름: ____________

[단어 의미]

____

____

____

[짧은 글]

____

____

____

____

____

____

감정카드

감정이름: ____________

[단어 의미]

____

____

____

[짧은 글]

____

____

____

____

____

____

사용법

학생 수만큼 복사합니다. → 점선(···)을 따라 가위로 오립니다. → 일점쇄선(－ · －)을 중심으로 접습니다. → 풀을 이용하여 양면을 붙인 후 놀이에 활용합니다.

[부록 6] 감정단어 의미 및 짧은 글

*관련된 감정놀이: 선택, 감성카드

단어	의미(학생언어)	짧은 글
기쁨	좋은 일이 생기거나 일이 잘되어 기분이 좋은 느낌	형이 시험에 합격하여 정말 기쁘다.
즐거움	어떤 일이나 활동이 재미있거나 만족스러워 기분이 좋음	야외에 나가 하루를 즐겁게 보냈다.
재미	어떤 일에서 느끼는 즐거운 기분이나 마음	나는 책 읽는 재미에 빠져 밤을 꼴딱 새웠다.
흥겹다	즐겁고 재미있어 흥이 나는 상태에 있음	우리 가족은 야외에 나가 흥겹게 놀았습니다.
통쾌	일이 뜻대로 이루어져 후련하거나 즐거움	우리나라 팀이 일본 팀을 물리치고 우승한 것은 정말 통쾌한 일이었다.
행복	사람이 생활 속에서 기쁘고 즐겁고 만족을 느끼는 상태에 있는 것	행복은 돈이나 명예에 있지 않고 오로지 자기 마음속에 있다.
감동	어떤 것이 아주 훌륭하거나 아름답다고 느껴 마음이 뭉클해짐	심청의 지극한 효성에 마을 사람들은 깊이 감동하였다.
흐뭇하다	마음에 들어 기분이 좋음	좋은 성적을 받아 마음이 흐뭇하다.
성취	이루고자 했던 일을 이룸	그는 꾸준히 노력하여 마침내 목적을 성취하였다.
뿌듯하다	마음이 벅차게 느껴짐	나는 큰 상을 타게 되어 가슴이 뿌듯했다.
사랑	어떤 사물이나 대상을 몹시 좋아하거나 즐기거나 소중히 여기는 마음, 다른 사람을 돕고 따뜻이 대해 주는 일	두 사람은 오래전부터 서로 사랑하는 사이다. 나는 산을 매우 사랑한다.
안도	걱정이나 불안을 덜어 내고 마음을 놓음	아이의 펄펄 끓던 열이 내리자 어머니는 안도의 한숨을 내쉬었다.
편안	몸과 마음이 힘들거나 괴롭지 않고 좋음	편안한 자세로 앉아라.
다행	염려했던 일이 결과가 좋거나 생각보다 나쁘지 않아 마음이 놓임	태풍이 우리나라를 비켜 갔다니 다행이다.
고마움	남의 은혜나 도움이나 친절에 대해 마음에 따뜻한 정이 느껴지고 기쁨	내가 어렸을 때 도와준 친구에 대해 고마움을 잊을 수 없다.
반가움	보고 싶던 사람을 만나거나 바라던 일이 이루어지거나 좋은 일이 생겨 마음이 기쁘고 흐뭇함	방학이 끝나 친구들을 만나니 무척 반가웠다.
설렘	어떤 기대 등으로 마음이 가라앉지 않고 두근거림	처음으로 비행기를 타게 된 나는 가슴이 마구 설렌다.
슬픔	가슴이 서러워 울고 싶은 마음	혜란이는 귀여워하던 강아지가 죽자 싶은 슬픔에 빠졌다.
후회	이전의 행동이나 말에 실수나 잘못이 있음을 깨닫고 뉘우침	나는 그 일에 대해서 아무런 후회가 없다.
미안	남에게 폐를 끼치거나 실수를 하거나 그 밖의 어떤 일로 마음이 편하지 못하거나 부끄러움	이런 부탁을 해서 미안합니다.
아쉬움	미련이 남아 서운함	나는 영희와 헤어지는 것이 못내 아쉬웠다.
외로움	혼자 있거나 의지할 곳이 없어 허전하고 쓸쓸함	양로원에서 외롭게 지내는 할아버지와 할머니들을 찾아가 위로해 드렸다.
허전하다	마음이 뭔가 잃은 듯이 텅 비고 서운함	형이 떠난 집안은 어딘지 허전하였다.
지루하다	재미가 없이 시간이 오래 걸리거나 같은 상태가 계속되어 싫증이 남	영화가 지루하여 졸음만 왔다.

쓸쓸하다	외롭고 적적함	내가 사는 외딴 마을에는 친구들이 없어 쓸쓸하다.
속상하다	마음이 편하지 않고 괴로움	영미는 이번 시험을 잘 못 봐서 몹시 속상했다.
서러움	분하고 슬픔	콩쥐는 새어머니에게 구박을 받는 것이 서러워서 엉엉 울었습니다.
서운하다	마음에 차지 않아 섭섭한 느낌이 있음	상을 받지 못한 것을 너무 서운하게 여기지 마라.
불쌍하다	어떤 사람이나 동물이 어렵거나 불행한 처지에 있어 마음이 아픔	숨을 할딱이며 죽어 가고 있는 병아리가 너무나 불쌍했다.
안타깝다	뜻대로 되지 않거나 보기에 딱하여 속이 타고 마음이 답답함	홍수로 가축들이 떠내려가는 것을 보고 사람들은 안타까워 소리를 질렀다.
공포	위기에 처하거나 위험에 빠졌을 때 느끼는 무서움이나 두려움	인질로 붙잡힌 시민들은 몇 시간 동안 공포에 떨어야 했다.
두려움	위험에 빠지지 않을까 또는 좋지 않은 일이 생기지 않을까 걱정이 되어 불안함	캄캄한 숲 속에 혼자 남게 된 나는 몹시 두려웠다.
무서움	위험이나 위협을 느껴 마음이 떨리고 불안함, 어떤 일이 일어나는 것이 걱정됨을 나타내는 말	캄캄한 밤길이라 몹시 무서웠다.
겁나다	무서워하거나 두려워하는 마음이 생김	석이는 겁에 질려 얼굴이 파래졌다.
불안	걱정이나 근심으로 마음이 편하지 않음	수재민들은 또다시 홍수가 나는 것이 아닌가 하고 불안에 떨었다.
초조	애가 타서 마음이 조마조마함	나는 합격자 발표를 초조하게 기다렸다.
놀람	뜻밖의 일을 당하여 가슴이 두근거리거나 두려움을 느낌, 대단하거나 훌륭한 것을 보고 감탄함, 어처구니가 없거나 신기한 것을 보고 이상히 여김	한밤중에 문을 두드리는 소리에 깜짝 놀랐다.
분노	분하여 몹시 성을 냄	일본이 또다시 독도를 자기네 영토라고 우기자 온 국민들은 분노했다.
질투	자기보다 우수하거나 앞선 사람을 시기하거나 미워함	영미는 선희가 선생님께 칭찬을 받자 공연히 질투가 났다.
얄밉다	말이나 행동이 비위에 거슬려 미움	약속 시간에 늦고도 미안하단 말 한마디 없는 친구가 얄미웠다.
부럽다	남이 가진 것이나 처지가 좋아 보여 그것을 바라는 마음이 있음	나는 노래를 잘 부르는 영란이가 부러웠다.
싫다	마음에 들지 않음, 하고 싶지 않음	주하네 집 강아지는 너무 무서워서 싫다, 나는 공부하기 싫었지만 참고 열심히 하였다.
귀찮다	어떤 일이 싫고 괴로움	몸이 아파서 세수하기도 귀찮다.
불만	바라는 대로 되지 않거나 욕심이 채워지지 않아 언짢은 느낌	동생은 선물을 받지 못하자 얼굴에 불만이 가득하였다.
괴로움	몸이나 마음이 몹시 아프거나 힘들어서 편하지 않은 상태	이가 아파서 밤새 괴로움에 시달렸다.
미움	어떤 사람이 못마땅하거나 마음에 들지 않아 원망하거나 욕하고 싶은 느낌이 있음	나는 어머니가 동생을 더 사랑하시는 것 같아 동생이 미웠다.
괘씸하다	어떤 사람이 도리에 벗어나는 말이나 행동을 하여 못마땅하고 미움	낳아 주고 길러 준 은혜도 모르다니 정말 괘씸하구나.
억울	애매한 일을 당하여 속이 상하고 분함	그는 죄도 없이 억울한 누명을 썼다.
짜증	기분이 나쁘거나 귀찮아 싫은 표시를 함	그는 길이 막혀 차가 꼼짝을 못하자 짜증이 났다.

참조: 금성출판사(2013). 푸르넷 초등 국어사전.

[부록 7] 다양한 표정

*관련된 감정놀이: 빙산의 일각

사용법

각각의 사진을 A3 사이즈로 복사합니다. → 점선(…)을 따라 가위로 오린 후 놀이에 활용합니다.

[부록 8] 감정단어 마인드맵

＊관련된 감정놀이: 감정단어 마인드맵

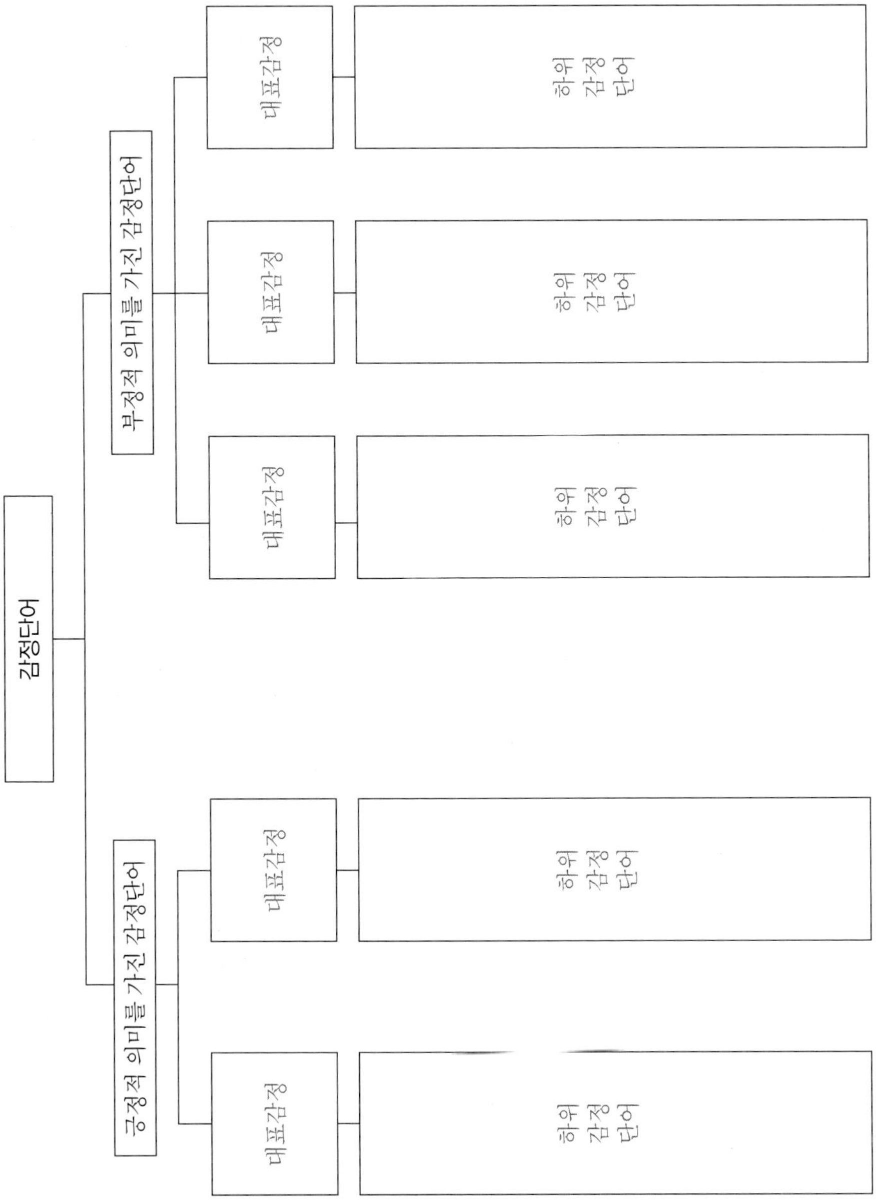

사용법

A3 사이즈로 학생 수만큼 복사합니다. → 놀이에 활용합니다.

[부록 9] 감정그래프

*관련된 감정놀이: 감정그래프, 나의 감정그래프, 친구의 감정그래프, 친구 스타일

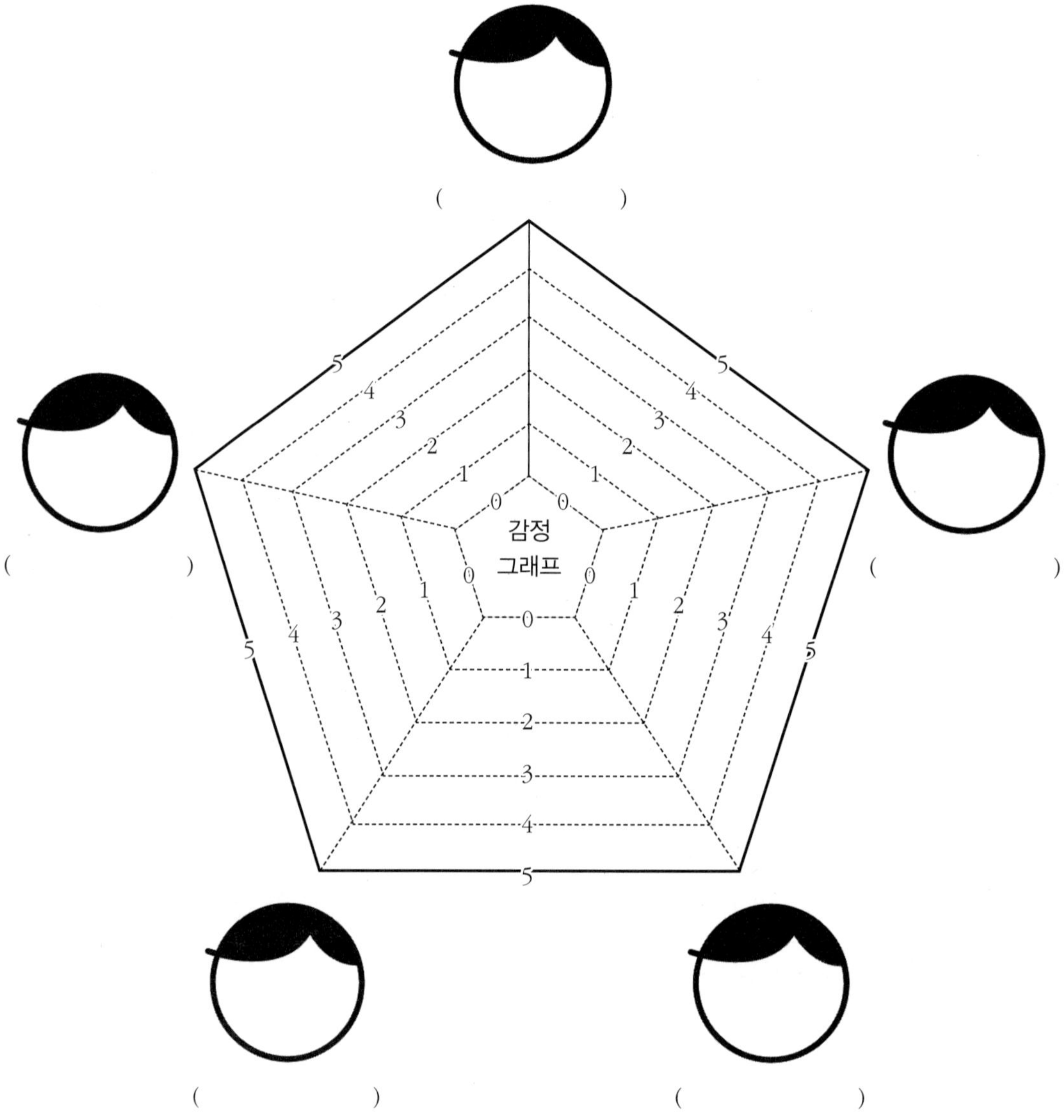

사용법

학생 수만큼 복사하여 놀이에 활용합니다.

[부록 10] 대표감정카드

*관련된 감정놀이: 대표감정카드, 나의 대표감정카드

사용법

학생 수만큼 복사합니다. → 점선(…)을 따라 가위로 오린 후 놀이에 활용합니다.

[부록 11] 감정날씨카드

*관련된 감정놀이: 감정날씨카드, 나의 감정날씨카드

감정날씨카드

감정날씨카드

사용법

학생 수만큼 복사합니다. → 점선(…)을 따라 가위로 오린 후 놀이에 활용합니다.

[부록 12] 감정 동그라미

＊관련된 감정놀이: 감정 동그라미, 나의 감정 동그라미

감정 동그라미

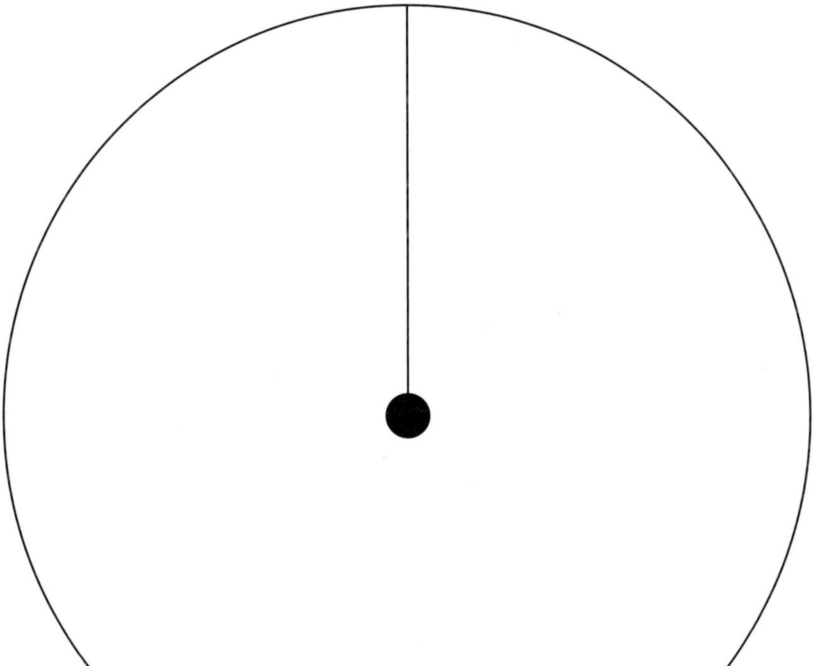

사용법

학생 수만큼 복사한 뒤 놀이에 활용합니다.

[부록 13] 감정상자 전개도

*관련된 감정놀이: 감성상사

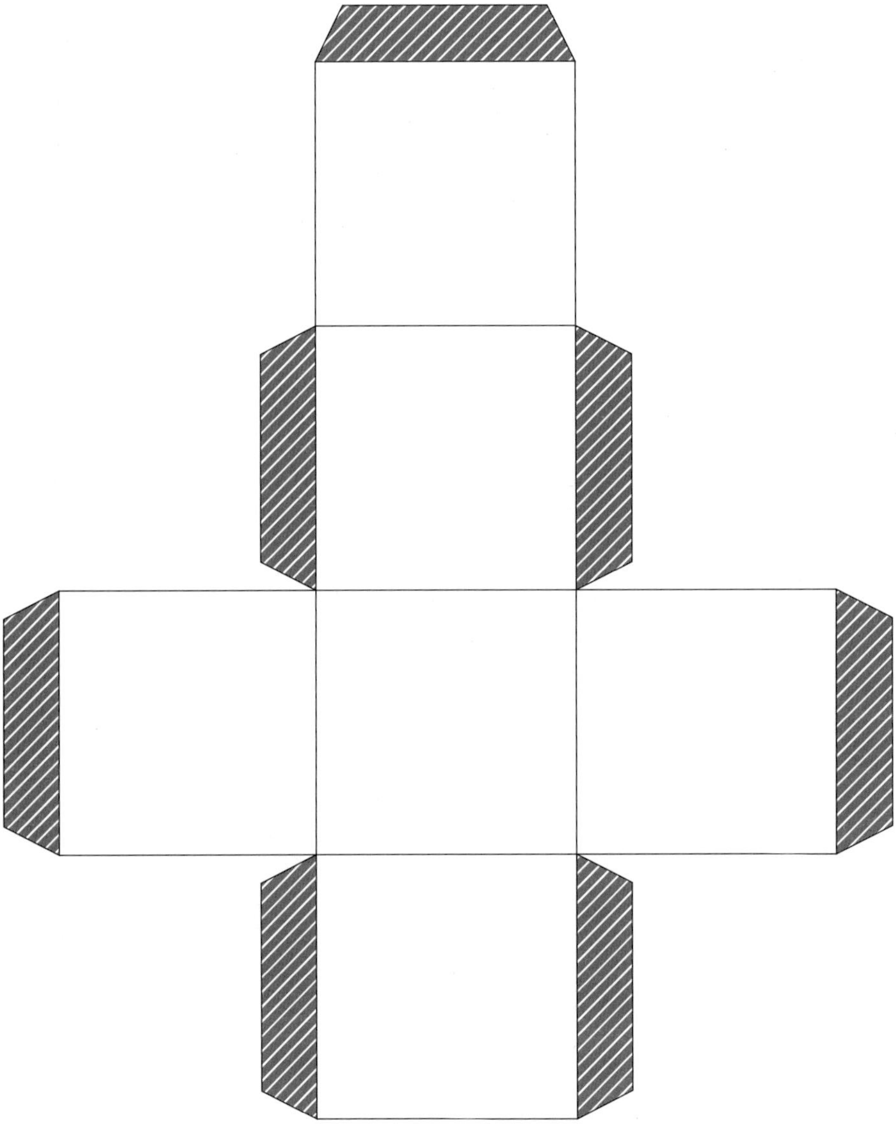

사용법

A3 사이즈로 학생 수만큼 복사한 뒤 놀이에 활용합니다.

[부록 14] 감정수직선

*관련된 감정놀이: 감정수직선

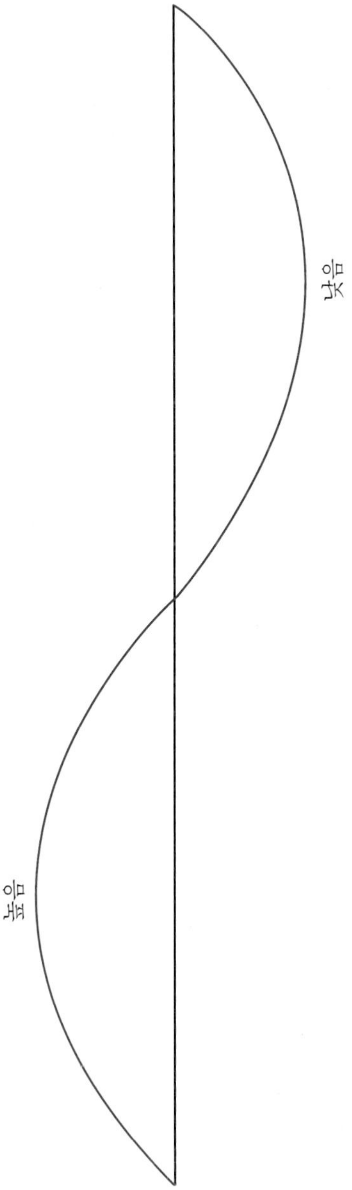

사용법

전지 크기로 복사한 뒤 놀이에 활용합니다.

[부록 15] 감정오각형

* 관련된 감정놀이: 감징오각형

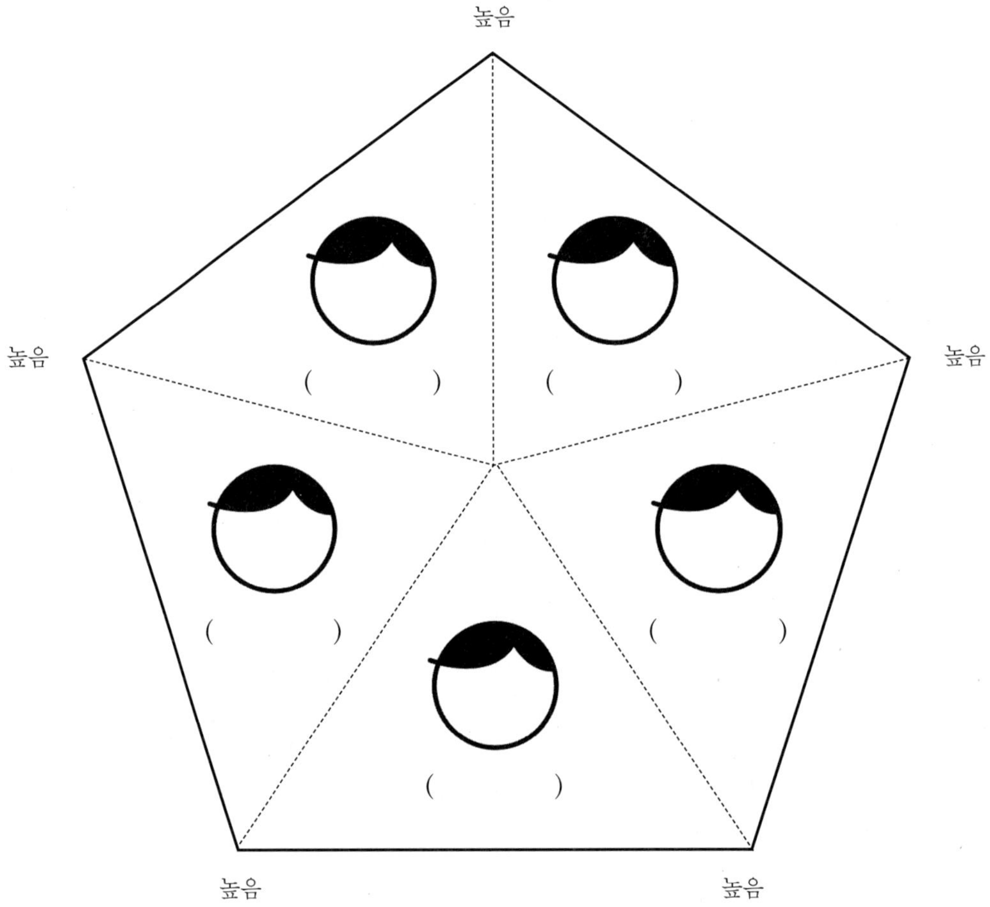

사용법

학생 수만큼 복사하여 놀이에 활용합니다.

[부록 16] 감정상태판

* 관련된 감정놀이: 감정상태판

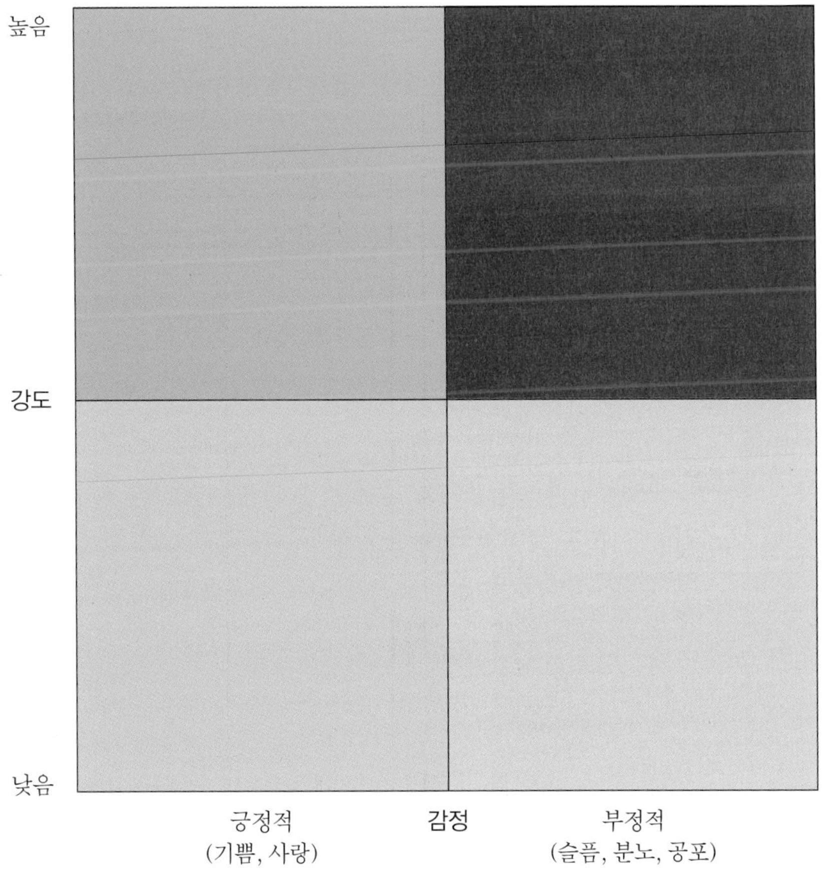

사용법

전지 크기로 복사한 뒤 놀이에 활용합니다.

[부록 17] 사연지

*관련된 감정놀이: DJ 공감

DJ 공감	
신청자	
신청곡	
공감의 말	

DJ 공감	
신청자	
신청곡	
공감의 말	

사용법

여러 장 복사합니다. → 점선(…)을 따라 가위로 오린 후 놀이에 활용합니다.

[부록 18] 신호등

*관련된 감정놀이: 감정 신호등

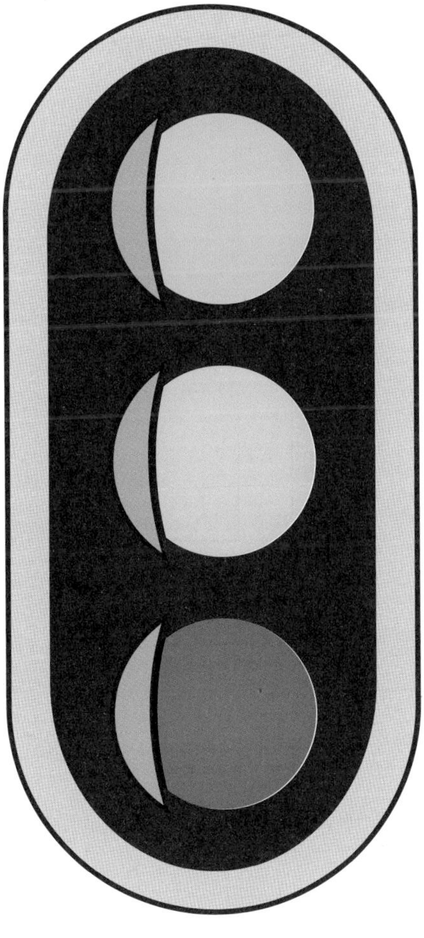

사용법

전지 크기로 복사한 후 놀이에 활용합니다.

[부록 19] 사다리타기

*관련된 감정놀이: 사나리타기

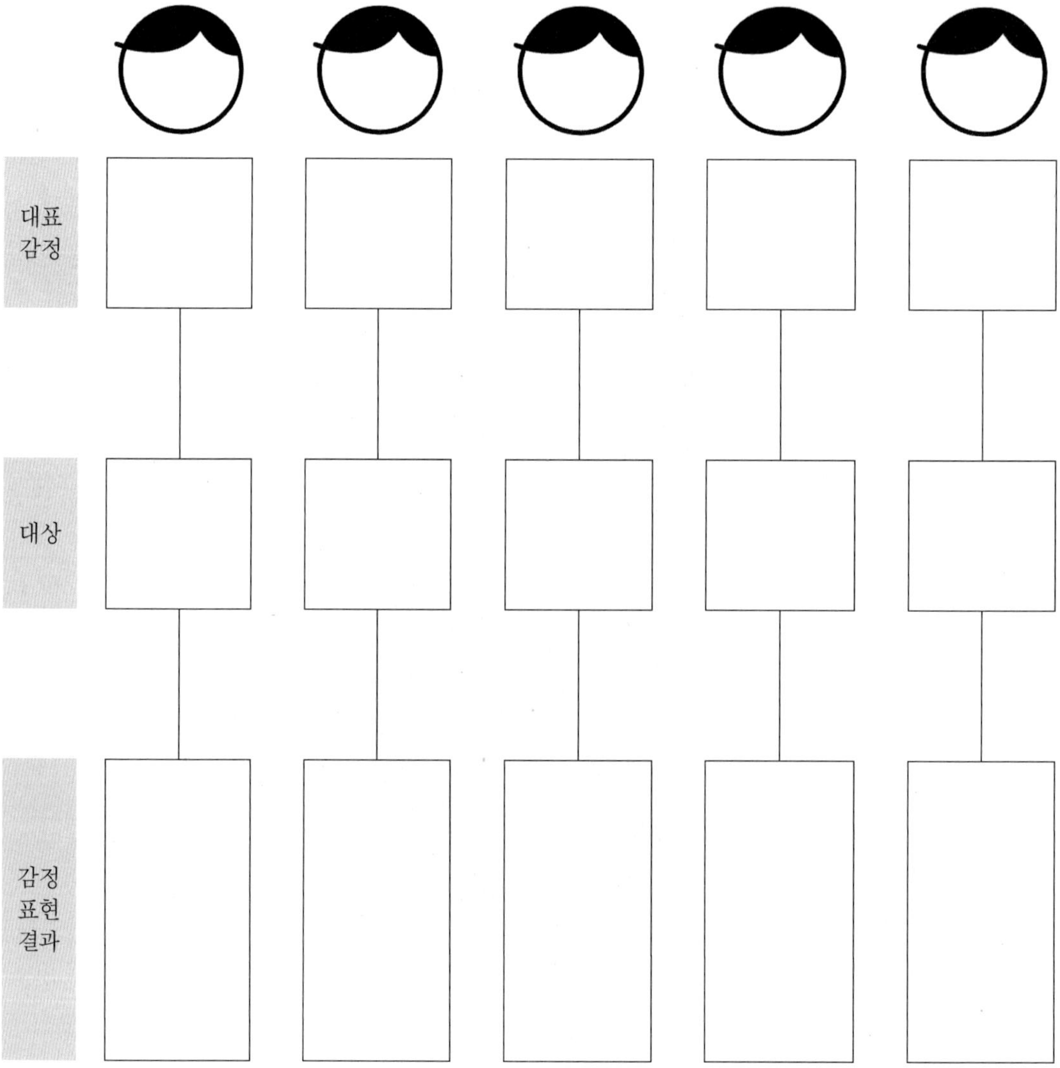

사용법

모둠 수만큼 복사하여 놀이에 활용합니다.

[부록 20] 감정 온도계

* 관련된 감정놀이: 감정 온도계

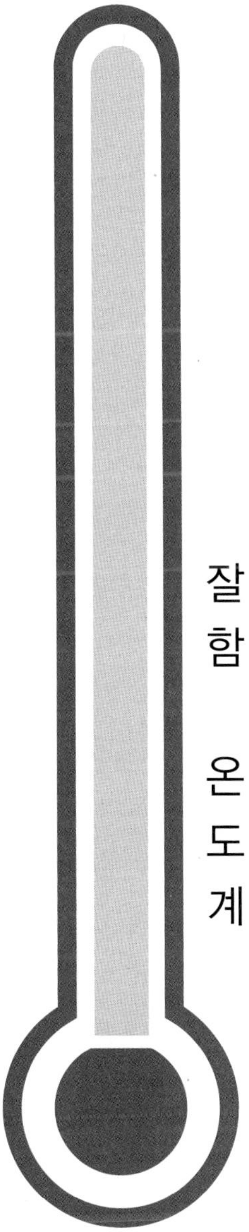

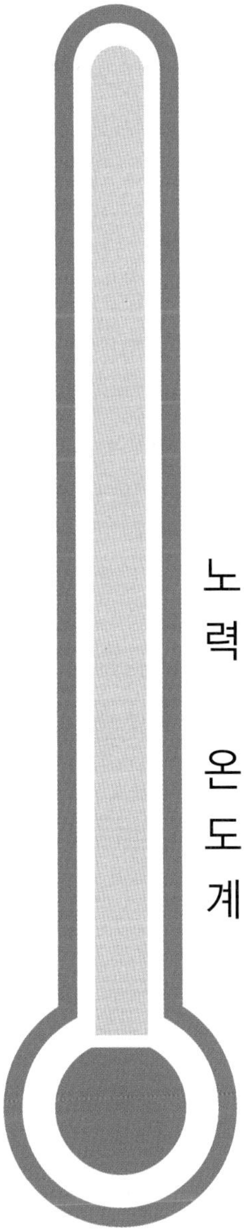

사용법

전지 크기로 복사한 후 놀이에 활용합니다.

[부록 21] 뇌 구조

*관련된 감정놀이: 뇌 구조

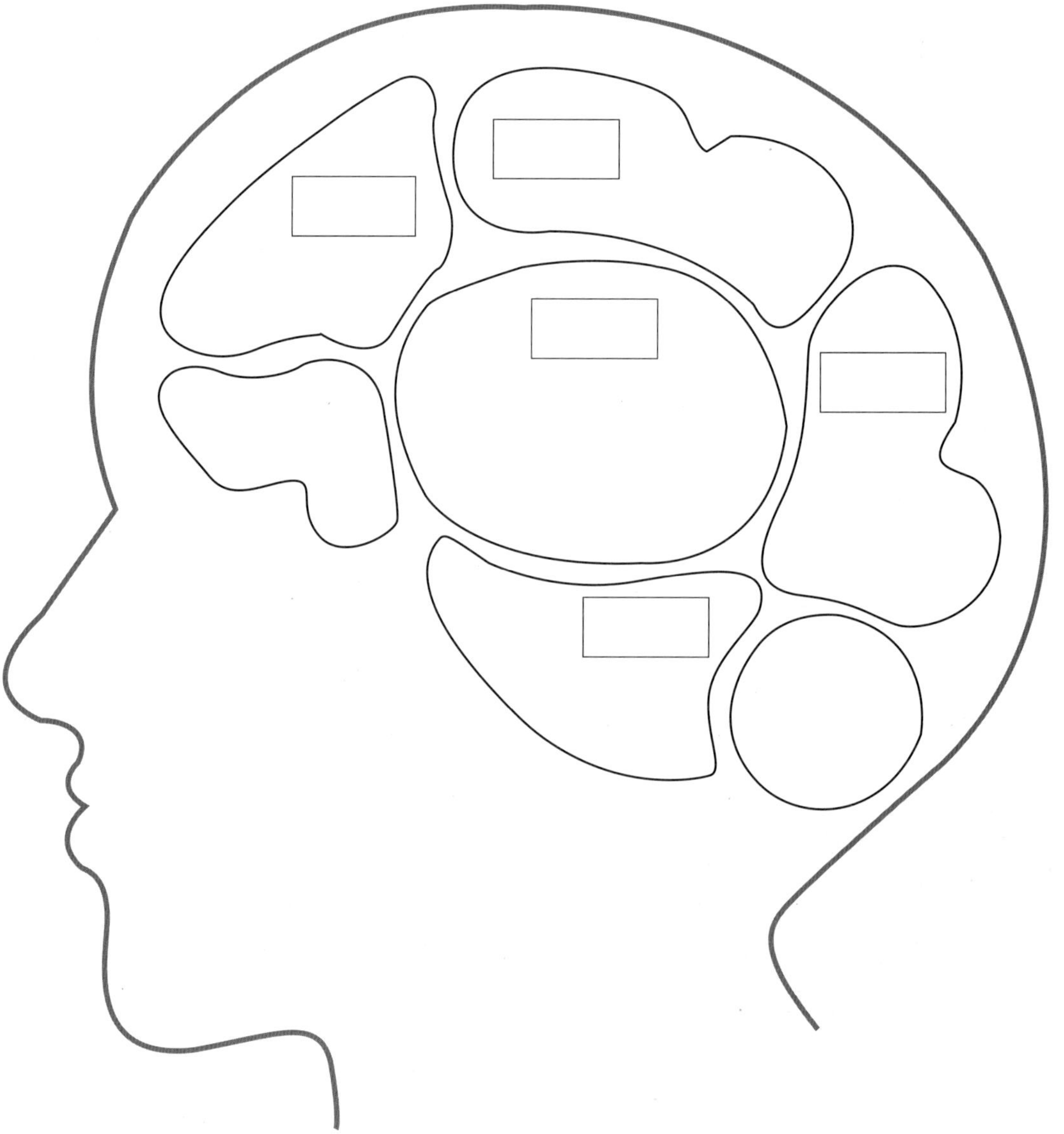

사용법

학생 수만큼 복사하여 놀이에 활용합니다.

[부록22] 감정법전

*관련된 감정놀이: 감정법전

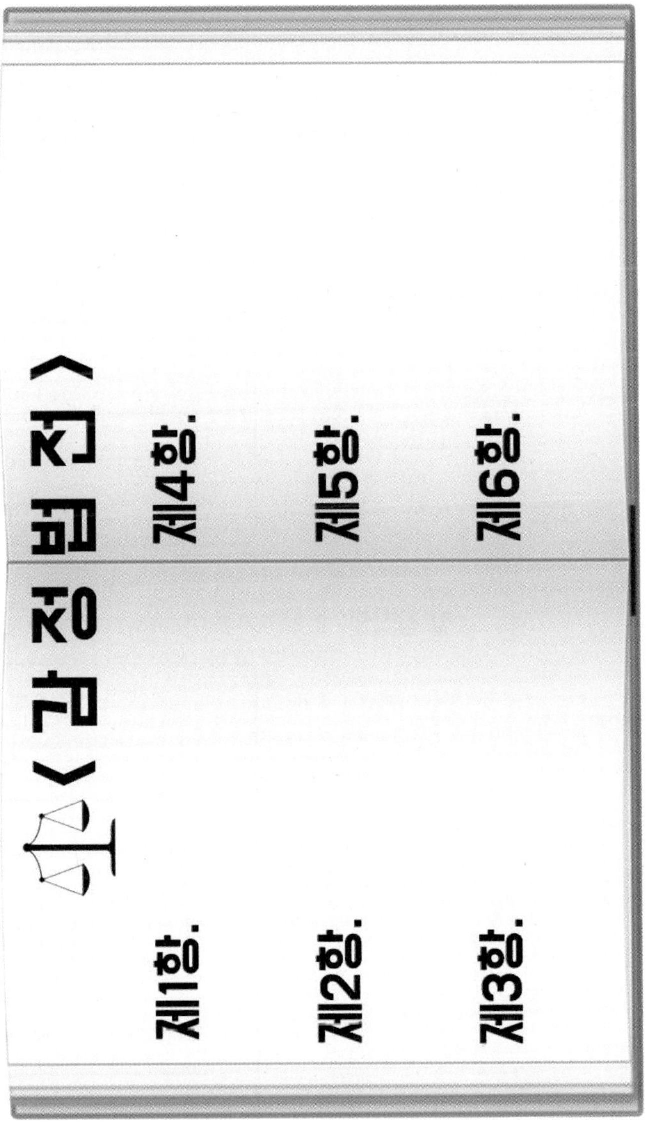

사용법

전지 크기로 복사한 후 놀이에 활용합니다.

[부록 23] 감정일기

*관련된 감정놀이: 소중한 나의 감정일기

♡ 20_____년 ___월 ___일 감정일기

〈감정이름: 〉

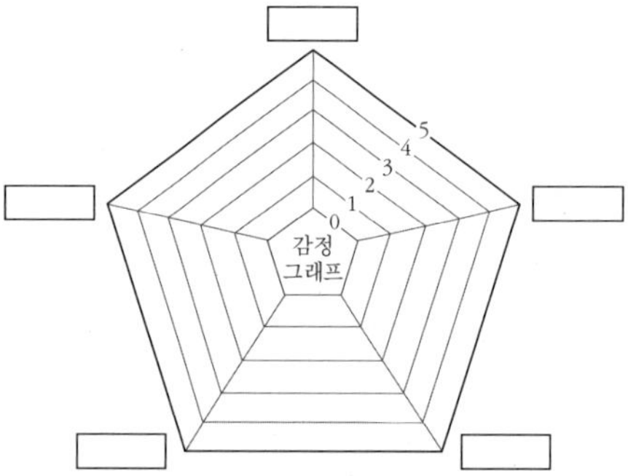

상황, 감정, 행동, 판단, 다짐

〈오늘의 감정일기〉

____
____
____
____
____
____
____
____
____

♡ 20_____년 ___월 ___일 감정일기

〈감정이름: 〉

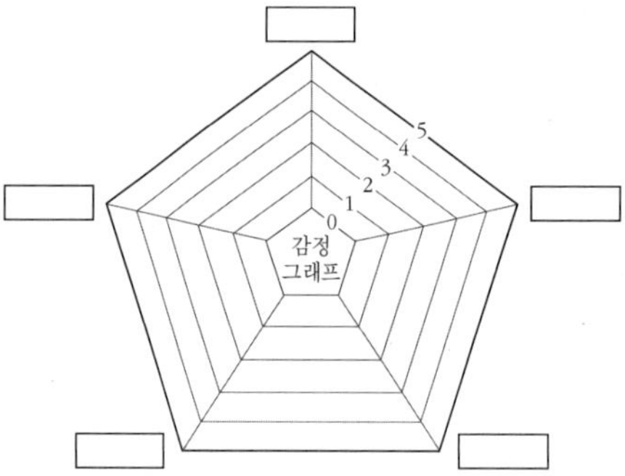

상황, 감정, 행동, 판단, 다짐

〈오늘의 감정일기〉

____
____
____
____
____
____
____
____
____

사용법

학생 수만큼 복사하여 놀이에 활용합니다.

[부록 24] 고민 손가락

＊관련된 감정놀이: 고민 손가락

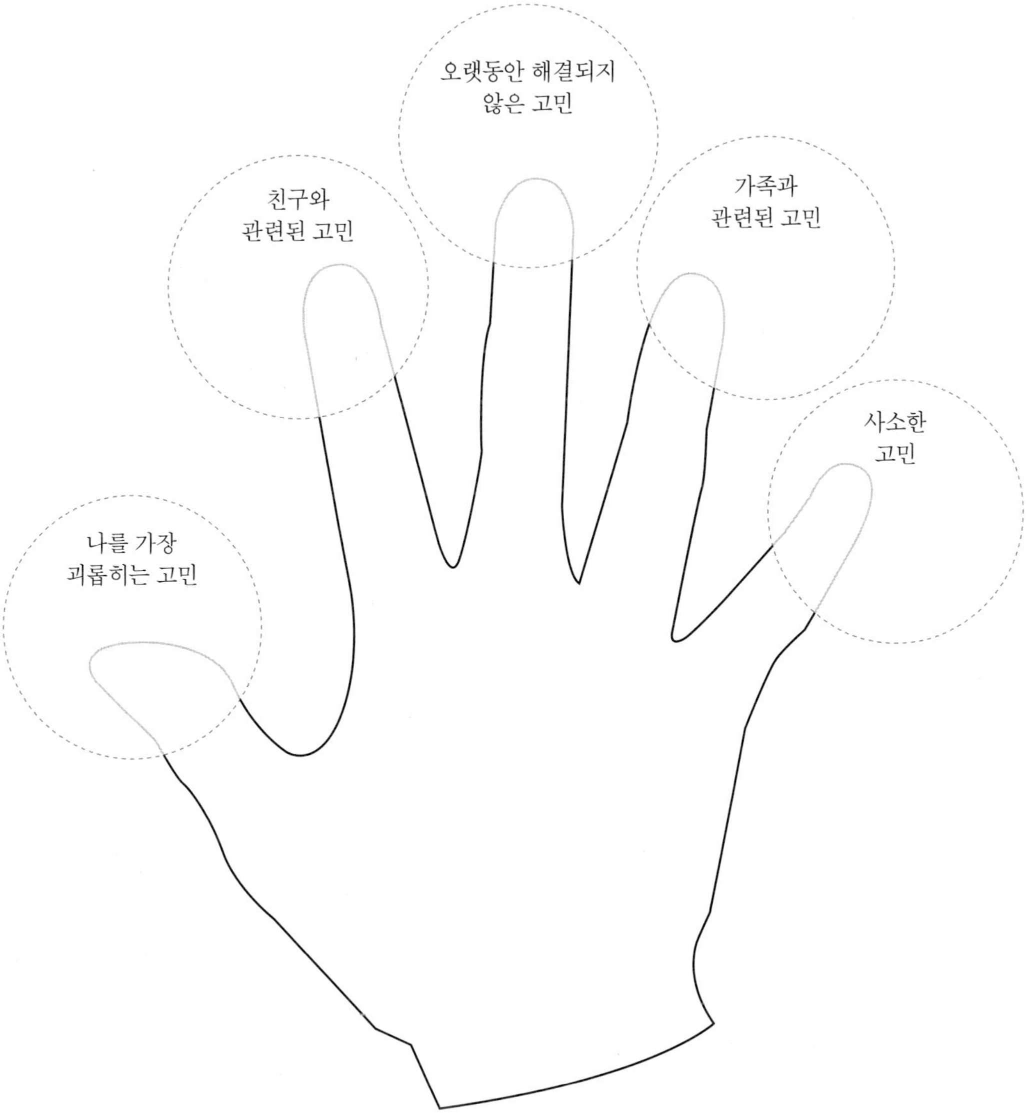

사용법

학생 수만큼 복사하여 놀이에 활용합니다.

[부록 25] 종이 돈

＊관련된 감정놀이: 고민해결 경매

사용법

학생 수만큼 복사합니다. → 점선을 따라 오린 후 놀이에 활용합니다.

[부록 26] 고민해결 카드

*관련된 감정놀이: 고민해결 쿠폰

고민해결 카드

나의 고민:

고민해결을 위한 나의 노력:

10장을 모았을 때 바라는 것:

사용법

학생 수만큼 복사하여 놀이에 활용합니다.

[부록 27] 연꽃기법

＊관련된 감정놀이: 상실의 시대

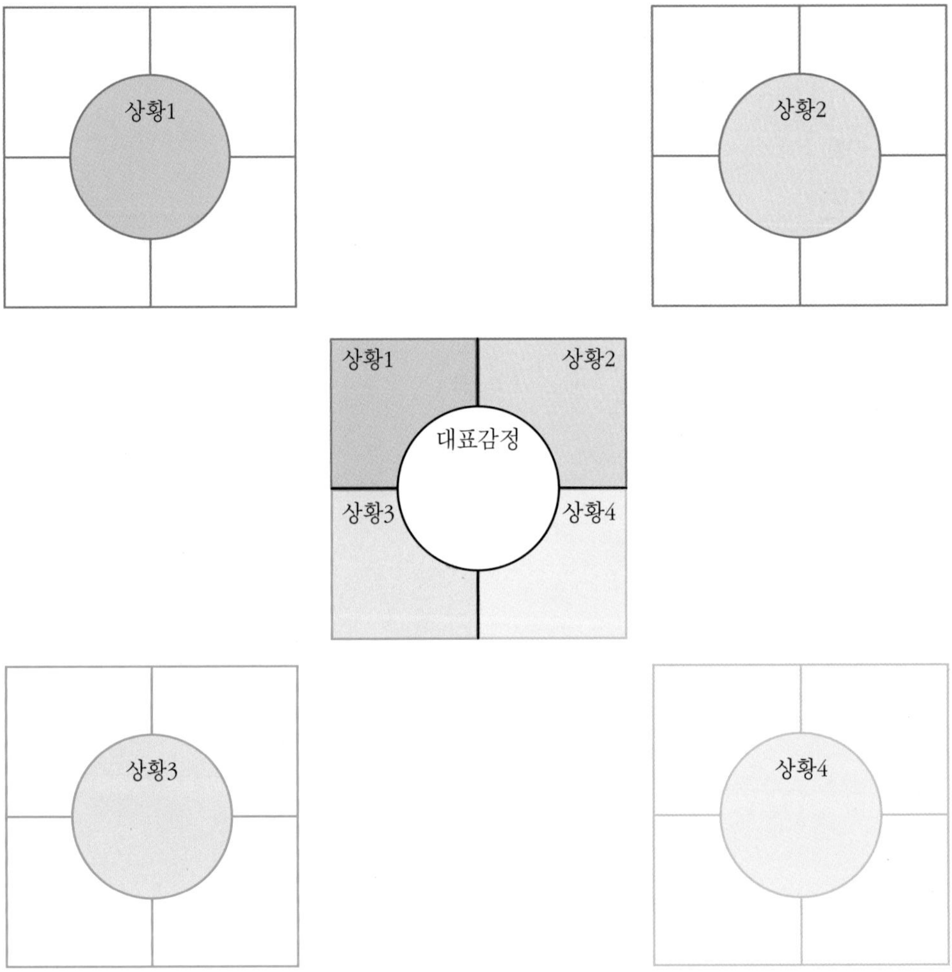

사용법

모둠 수만큼 복사하여 놀이에 활용합니다.

[부록 28] 그래프

*관련된 감정놀이: 나의 감정특색

0					
횟수 / 감정					
	긍정적 감정		부정적 감정		

사용법

학생 수만큼 복사하여 놀이에 활용합니다.

[부록 29] 약봉투 표지

*관련된 감정놀이: 김정약국

| 감정을 보완하는

마법의 약봉투

님

일주일에 한 번씩
약봉투를 꺼내 확인하세요.

20 년 월 일

또래 감정코칭 약국

사용법

모둠 수만큼 복사합니다. → 실선을 따라 오린 후 놀이에 활용합니다.

[부록 30] 약포지

*관련된 감정놀이: 감정약국

사용법

모둠 수만큼 복사합니다. → 실선을 따라 오린 후 놀이에 활용합니다.

[부록 31] 감정그램

＊관련된 감정놀이: 감정그램

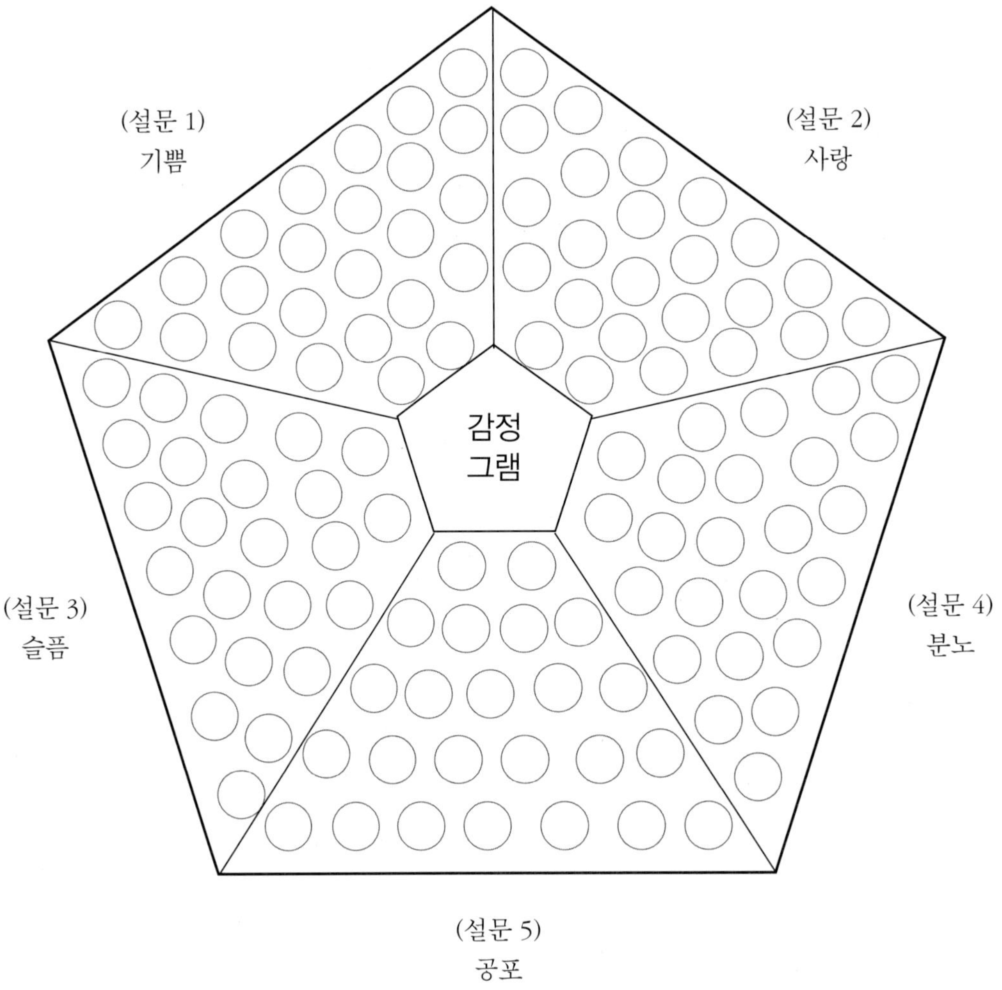

사용법

학생 수만큼 복사하여 놀이에 활용합니다.

[부록 32] 수료증

* 관련된 감정놀이: 또래 감정코칭 MVP

수료증

______________학교

____학년 __________

위 사춘기는 또래 감정코칭에 참여하며 자신의 감정에 귀 기울이고 친구의 감정에 공감하는 감정형 친구가 되기 위해 노력하였으므로 이 수료증을 수여합니다.

20_____년 ___월 ___일

담임교사 __________ 학급담임

사용법

학생 수만큼 복사하여 놀이에 활용합니다.

[부록 33] 감정특색 설문지

*관련된 감정놀이: 감정그램

〈설문 1〉

번호	질문	아니다	보통이다	그렇다
1	긍정적이다.			
2	남들을 즐겁게 해 준다.			
3	분노, 공포, 슬픔 등의 감정을 기쁨으로 해소한다.			
4	에너지가 넘친다.			
5	호기심이 많다.			
6	충동적이다.			
7	과몰입에 빠지기 쉽다.			
8	대화하는 것이 즐겁다.			
계 (아니다: 1점 / 보통이다: 2점 / 그렇다: 3점)				
총점				

<설문 2>

번호	질문	아니다	보통이다	그렇다
1	정이 많다.			
2	친절하다.			
3	희생정신이 강하다.			
4	타인의 입장에서 생각한다.			
5	헌신한 만큼 돌려받기를 원한다.			
6	자기 자신을 잘 챙기지 못한다.			
7	싫은 소리를 하지 못한다.			
8	돌려서 표현한다.			
계 (아니다: 1점 / 보통이다: 2점 / 그렇다: 3점)				
총점				

<설문 3>

번호	질문	아니다	보통이다	그렇다
1	자기성찰이 높다.			
2	감수성이 풍부하다.			
3	마음이 따뜻하다.			
4	말이 없는 편이다.			
5	울고 싶을 때가 많다.			
6	사소한 일에 쉽게 상처받는다.			

7	우울하다.			
8	죄책감이 지나치게 높다.			
계 (아니다: 1점 / 보통이다: 2점 / 그렇다: 3점)				
총점				

<설문 4>

번호	질문	아니다	보통이다	그렇다
1	솔직하다.			
2	타인에게 민감하다.			
3	자신감이 높다.			
4	단호하다.			
5	리더십이 강하다.			
6	고집이 세다.			
7	자신의 약점을 잘 인정하지 않으려 한다.			
8	화를 잘 참지 못한다.			
계 (아니다: 1점 / 보통이다: 2점 / 그렇다: 3점)				
총점				

<설문 5>

번호	질문	아니다	보통이다	그렇다
1	통찰력이 높다.			
2	눈치가 빠르다.			
3	규범에 충실하다.			
4	사소한 일에 걱정이 많다.			
5	쉽게 고민에 빠진다.			
6	막상 행동하는 데 어려움을 겪는다.			
7	갑자기 공포가 몰려오곤 한다.			
8	혼자 있는 것이 좋다.			
계 (아니다: 1점 / 보통이다: 2점 / 그렇다: 3점)				
총점				

사용법

학생 수만큼 복사하여 놀이에 활용합니다.

저자 소개

이진영 Lee Jinyoung

광주교육대학교 졸업

전남대학교 교육대학원 상담심리과 졸업

'감정이란 무엇일까?' '사춘기에게 감정은 어떤 존재일까?' '사춘기의 올바른 감정표현을 어떻게 도울 수 있을까?'를 고민하고 감정놀이로 답을 찾아가는 시골의 작은 초등학교 선생님입니다. 현재 전라남도 계산초등학교에 근무하고 있으며 현장 강의, 원격연수 등으로 사춘기의 문제행동이나 격한 감정표현으로 힘들어하는 선생님들께 도움을 드리고 있습니다.

사춘기들을 위한
감정놀이 수업 1, 2, 3
말썽 끝, 공감 시작
Sharing Emotions through Games 1, 2, 3

2019년 1월 10일 1판 1쇄 발행
2020년 2월 20일 1판 2쇄 발행

지은이 • 이 진 영
펴낸이 • 김 진 환
펴낸곳 • (주) 학지사
04031 서울특별시 마포구 양화로 15길 20 마인드월드빌딩 5층
대표전화 • 02) 330-5114 팩스 • 02) 324-2345
등록번호 • 제313-2006-000265호
홈페이지 • http://www.hakjisa.co.kr
페이스북 • https://www.facebook.com/hakjisabook

ISBN 978-89-997-1708-65 93370

정가 20,000원

이 도서의 국립중앙도서관 출판시도서목록(CIP)은 서지정보유통지원시스템 홈페이지(http://seoji.nl.go.kr)와 국가자료공동목록시스템(http://www.nl.go.kr/kolisnet)에서 이용하실 수 있습니다.
(CIP제어번호: CIP2018037366)